Die Eigenkapitalüberlassung in der Umsatzsteuer

Johannes Theobald

Die Eigenkapitalüberlassung in der Umsatzsteuer

PETER LANG

Bibliografische Information der Deutschen Nationalbibliothek
Die Deutsche Nationalbibliothek verzeichnet diese Publikation in der Deutschen Nationalbibliografie; detaillierte bibliografische Daten sind im Internet über http://dnb.d-nb.de abrufbar.

Zugl.: Berlin, Humboldt-Univ., Diss., 2019

Gedruckt auf alterungsbeständigem, säurefreiem Papier.
Druck und Bindung: CPI books GmbH, Leck

D 11
ISBN 978-3-631-80755-2 (Print)
E-ISBN 978-3-631-81501-4 (E-PDF)
E-ISBN 978-3-631-81502-1 (EPUB)
E-ISBN 978-3-631-81503-8 (MOBI)
DOI 10.3726/b16654

Peter Lang – Berlin · Bern · Bruxelles · New York ·
Oxford · Warszawa · Wien

Diese Publikation wurde begutachtet.

www.peterlang.com

Vorwort

Die vorliegende Arbeit wurde im Wintersemester 2018/2019 von der Juristischen Fakultät der Humboldt-Universität zu Berlin als Dissertation angenommen.

An dieser Stelle sei all denjenigen gedankt, die mich bei der Verwirklichung dieses Projekts unterstützten. Mein ganz besonderer Dank gilt meinem Doktorvater Prof. Dr. Thomas Stapperfend, der im Schwerpunktstudium meine Freude am Steuerrecht weckte, mich bei meinem Promotionsvorhaben engagiert betreute und mir stets mit guten Ratschlägen zur Seite stand. Prof. Dr. Andreas Musil danke ich für das Zweitgutachten, Prof. Dr. Christian Waldhoff für die Übernahme des Prüfungsvorsitzes bei der Disputation.

Ein ganz großes Dankeschön geht an den Bundestagsabgeordneten WP, StB Fritz Güntzler, von dem ich während meiner Zeit als sein Wissenschaftlicher Mitarbeiter enorm viel über die Steuerpolitik lernen durfte. Er hat meine Freude am Steuerrecht vertieft und war mir immer ein guter Gesprächspartner. Auch RA Dr. Matthias Golz, LL.M. sei besonders gedankt. Er gab mir oft genug und stets in Windeseile nützliche Hinweise für mein Promotionsvorhaben.

Nicht zuletzt möchte ich mich bei meinen Eltern und bei meinem Bruder bedanken, die mir immer eine große Stütze waren.

Berlin im Dezember 2019 Johannes Theobald

Inhaltsübersicht

Inhaltsverzeichnis

A. Einleitung

Sowohl der EuGH als auch der BFH – mittlerweile dabei an die Rspr. des EuGH anknüpfend – stehen auf dem Standpunkt, der bloße Erwerb und das bloße Halten einer Gesellschaftsbeteiligung seien keine wirtschaftlichen respektive unternehmerischen Tätigkeiten. Damit sind die sog. Finanzholdings nach der Rspr. keine Unternehmer.

Nach Auffassung von EuGH und BFH gilt aber dann etwas anderes, wenn das Halten der Beteiligung unbeschadet der Rechte, die dem Gesellschafter in seiner Eigenschaft als Gesellschafter zustehen, mit unmittelbaren oder mittelbaren Eingriffen in die Verwaltung der Gesellschaft einhergeht, an der die Beteiligung besteht, wobei die Eingriffe des Gesellschafters in die Verwaltung seiner Gesellschaft als wirtschaftliche Tätigkeit anzusehen seien, soweit sie die Vornahme von Tätigkeiten einschließen, die der MwSt unterliegen, wie etwa die Erbringung von administrativen, finanziellen, kaufmännischen und technischen Dienstleistungen. Damit sind die sog. Führungsholdings nach der Rspr. Unternehmer.

Darauf aufbauend gewährt der EuGH Gesellschaftern, die ihren (zukünftigen) Tochtergesellschaften solche steuerbaren Eingriffsleistungen erbringen (wollen), grds. das Recht auf Abzug der Vorsteuer, die auf den Eingangsleistungen lastet, die sie im Zusammenhang mit dem Erwerb, dem Halten oder der Veräußerung dieser Beteiligungen beziehen. Dazu führt er in fast allen Fällen aus, es bestehe zwar kein direkter und unmittelbarer Zusammenhang zwischen den besagten Eingangsleistungen und Ausgangsleistungen, die das Vorsteuerabzugsrecht eröffneten. Die Kosten für die Eingangsleistungen seien aber Teil der allgemeinen Kosten des Gesellschafters, so dass ein direkter und unmittelbarer Zusammenhang zwischen den Eingangsleistungen und der wirtschaftlichen Tätigkeit des Gesellschafters bestehe, soweit der Gesellschafter einer wirtschaftlichen Tätigkeit nachgeht respektive bei der Beteiligungsveräußerung mit den aus der Beteiligungsveräußerung eingenommenen Geldern einer solchen nachgehen will. Dabei sei das Halten von Beteiligungen, denen er steuerbare Eingriffsleistungen erbringt respektive erbringen will, in allen Fällen nicht vorsteuerabzugsschädlich. Diese Rspr. hat selbstverständlich dazu geführt, dass Holdings ihren (zukünftigen) Tochtergesellschaften steuerbare Eingriffsleistungen erbringen (wollen).

Holdings, die ihren (zukünftigen) Tochtergesellschaften diese Leistungen nicht erbringen (wollen), kommen nach Auffassung des EuGH hingegen nicht in den Genuss des Abzugs der bezeichneten Vorsteuern.

Nach einer Auffassung können diese Holdings die bezeichneten Vorsteuerbeträge aber dann abziehen, wenn sie mit ihren Tochtergesellschaften organschaftlich verbunden sind. Ihnen seien dann nämlich die Umsätze ihrer Tochtergesellschaften zuzurechnen.

Nach einer weiteren Auffassung können diese Holdings die bezeichneten Vorsteuerbeträge dann abziehen, wenn sie als geschäftsleitende Holdings, also als

Holdings, die die Tätigkeiten ihrer Tochtergesellschaften aufeinander abstimmen, ohne diesen steuerbare Eingriffsleistungen zu erbringen, zu qualifizieren sind. Dann seien ihnen nämlich für die Zwecke des Vorsteuerabzugs die Umsätze ihrer Tochtergesellschaften zuzurechnen.

M.E. sind die Gesellschafter von Personen- und Kapitalgesellschaften sehr wohl regelmäßig Unternehmer, und zwar unabhängig davon, ob sie neben dem Halten der Beteiligung ihrer Gesellschaft oder Dritten unumstritten steuerpflichtige Leistungen erbringen oder nicht. Das Halten einer Gesellschaftsbeteiligung geht m.E. nämlich regelmäßig mit der Überlassung von Eigenkapital durch den Gesellschafter an seine Gesellschaft gegen Beteiligung am Gewinn einher, worin m.E. ein steuerbarer Umsatz zu sehen ist.

B. Holdings als Unternehmer

I. Darstellung der verschiedenen Auffassungen

1. Rechtsprechung

a) Halten einer Beteiligung grds. keine wirtschaftliche Tätigkeit

Der EuGH ist der Auffassung, der bloße Erwerb und das bloße Halten von Gesellschaftsbeteiligungen seien keine wirtschaftlichen Tätigkeiten. Damit sind Finanzholdings, also Holdings, die sich auf das bloße Halten von Beteiligungen beschränken, seines Erachtens keine Steuerpflichtigen. Dies begründete er anfangs ausschließlich damit, dass der bloße Erwerb von Gesellschaftsbeteiligungen keine Nutzung eines Gegenstands zur nachhaltigen Erzielung von Einnahmen darstelle, weil eine etwaige Dividende als Ergebnis der gehaltenen Beteiligung Ausfluss der bloßen Innehabung des Gegenstands Beteiligung sei.[1] Damit knüpfte er an die Vorschrift an, nach der als wirtschaftliche Tätigkeit insbesondere die Nutzung von körperlichen oder nicht körperlichen Gegenständen zur nachhaltigen Erzielung von Einnahmen gilt (Art. 4 Abs. 2 S. 2 6. RL; heute: Art. 9 Abs. 1 UAbs. 2 S. 2 MwStSystRL).

Dieser Begründung stellte der EuGH später die Überlegung zur Seite, die Dividenden seien mit einer gewissen Unsicherheit behaftet.[2] Die Ausschüttung von Dividenden setze im Regelfall ausschüttungsfähige Gewinne voraus und sei somit von der Ertragsbilanz der Gesellschaft abhängig. Ferner bestimme sich die jeweilige Höhe der Dividende nach der Art der Beteiligung, insbesondere der Art der Aktien, und nicht nach der Identität des Inhabers der Beteiligung.

Im Jahr 2004 schließlich führte der EuGH im Urteil EDM aus, der Ertrag von Anlagen in Investmentfonds stelle nicht die unmittelbare Gegenleistung für Dienstleistungen dar, die in der Überlassung von Kapital an Dritte bestünden.[3] Wie

---

1 EuGH, Urt. v. 20.6.1991 – C-60/90 (Polysar Investments Netherlands), Slg. 1991, I-03111, Rn. 13 (bzgl. des Erwerbs einer Beteiligung); Urt. v. 22.6.1993 – C-333/91 (Sofitam), Slg. 1993, I-03513, Rn. 12 (bzgl. des Haltens einer Beteiligung unter Verweis auf das Urteil Polysar Investments Netherlands); Urt. v. 6.2.1997 – C-80/95 (Harnas & Helm), Slg. 1997, I-00745, Rn. 15 (bzgl. sowohl des Erwerbs als auch des Haltens einer Beteiligung).

2 EuGH, Urt. v. 14.11.2000 – C-142/99 (Floridienne, Berginvest), Slg. 2000, I-9567, Rn. 22; Urt. v. 27.9.2001 – C-16/00 (Cibo Participations), Slg. 2001, I-6663, Rn. 42.

3 EuGH, Urt. v. 29.4.2004 – C-77/01 (EDM), Slg. 2004, I-4295, Rn. 63.

bei Dividenden könne ein solcher Ertrag nicht als tatsächlicher Gegenwert einer erbrachten Dienstleistung angesehen werden.[4]

Der BFH steht ebenfalls auf dem Standpunkt, das bloße Erwerben und Halten einer Beteiligung sei keine unternehmerische Tätigkeit. Damit sind auch seiner Auffassung nach Finanzholdings keine Unternehmer. Im Laufe der Zeit verschob sich allerdings seine Argumentation:

Im Jahr 1987 führte er im Urteil V R 3/77 aus, das bloße Erwerben und Halten einer Beteiligung an einer Kapitalgesellschaft sei keine nachhaltige gewerbliche oder berufliche Tätigkeit.[5] Dabei ließ er ausdrücklich offen, ob sich dieses Ergebnis damit begründen lässt, dass keine Leistungen im wirtschaftlichen Sinn vorliegen. Es könne zwar nicht in Abrede gestellt werden, dass auch das Erwerben und Halten von Beteiligungen auf die Erzielung von Einnahmen gerichtet sei. Es sei aber ausschlaggebend, dass die Einnahmeerzielung durch Zufluss von Zinsen und anderen Erträgen aus Kapitalanlagen und -beteiligungen nicht auf nachhaltiger gewerblicher oder beruflicher Betätigung beruhe. Das bloße Einsammeln von Nutzungen aus einem Kapitalbestand sei nämlich nicht unternehmerisch, sondern lediglich private Kapitalansammlung.

Im darauf folgenden Jahr wiederholte er im Urteil X R 48/81 diese Argumentation bzgl. des Haltens einer Beteiligung an einer Personengesellschaft.[6] Ergänzend führte er aus, der Gesellschafter einer Personengesellschaft stehe dieser nicht in einem Austauschverhältnis gegenüber, soweit er lediglich am Gewinn oder Verlust der Gesellschaft teilnimmt.[7]

Mit dieser Ergänzung knüpfte der BFH an seine Rspr. an, nach der bei Personengesellschaften zwischen Gesellschafter und Gesellschaft nur dann ein Leistungsaustausch gegeben ist, wenn der Gesellschafter eine Leistung gegen Sonderentgelt erbringt, wobei es gleichgültig sein soll, ob die Leistung auf gesellschaftsrechtlicher Verpflichtung beruht oder nicht[8]. Dagegen liegt nach dieser Rspr. ein nichtsteuerbarer Gesellschafterbeitrag vor, wenn der Gesellschafter eine Leistung erbringt, die durch die Beteiligung am Gewinn und Verlust abgegolten wird. Diese

---

4 Damit folgte der EuGH der portugiesischen Regierung, die in ihrer Stellungnahme ausgeführt hatte, bei Dividenden bestehe kein unmittelbarer Zusammenhang zwischen ihrer Auszahlung und dem Wert der erbrachten Dienstleistung. Siehe dazu EuGH, Urt. v. 29.4.2004 – C-77/01 (EDM), Slg. 2004, I-4295, Rn. 36.

5 BFH, Urt. v. 15.1.1987 – V R 3/77, BStBl. II 1987, 512, BFHE 149, 272, Rn. 37 (amtliche Rn. gibt es erst ab BFHE 227; davor wird auf die von juris vergebenen Rn. zurückgegriffen).

6 BFH, Urt. v. 20.1.1988 – X R 48/81, BStBl. II 1988, 557, BFHE 152, 556, Rn. 19.

7 BFH, Urt. v. 20.1.1988 – X R 48/81, BStBl. II 1988, 557, BFHE 152, 556, Rn. 22.

8 BFH, Urt. v. 17.7.1980 – V R 5/72, BStBl. II 1980, 622, BFHE 131, 114, Rn. 13. Diese Rspr. führte der BFH später fort. Siehe dazu BFH, Urt. v. 10.5.1990 – V R 47/86, BStBl. II 1990, 757, BFHE 161, 185, Rn. 21; Urt. v. 7.11.1991 – V R 116/86, BStBl. II 1992, 269, BFHE 166, 195, Rn. 14; Urt. v. 16.3.1993 – XI R 44/90, BStBl. II 1993, 529, BFHE 171, 114, Rn. 16; Urt. v. 18.12.1996 – XI R 12/96, BStBl. II 1997, 374, BFHE 182, 395, Rn. 20.

Abgrenzung stützte er auf folgende Erwägungen: Der von der Gesellschaft erwirtschaftete Gewinn sei auf Grund des Gesamthandverhältnisses der gemeinsame Gewinn der Gesellschafter. Der Zufluss des Gewinns beim Gesellschafter beruhe mithin auf einem Gemeinschaftsverhältnis der Gesellschafter untereinander, nicht dagegen auf einem Austauschverhältnis, d.h. einer konkreten Leistungsbeziehung der Gesellschafter zur Gesellschaft. Eines solchen bedürfe es jedoch zur Bejahung eines Leistungsaustauschs. Später führte der BFH aus, diese Rspr. genüge auch den Vorgaben des EuGH, der einen unmittelbaren Zusammenhang von Leistung und Entgelt fordere, der bei einer allg. Gewinnbeteiligung aber nicht gegeben sei.[9]

Seine Auffassung, nach der es in den bezeichneten Fällen an einem Austauschverhältnis fehlt, begründete er nicht nur damit, dass der Zufluss des Gewinns auf einem Gemeinschaftsverhältnis beruhe. Dazu führte er bspw. auch aus, die Verpflichtung des Gesellschafters sei auf Leistungsvereinigung gerichtet.[10] In einem Urteil ging er davon aus, es fehle am ursächlichen Zusammenhang zwischen Leistung und Entgelt.[11] Auch argumentierte er, es sei kein konkretes Entgelt gegeben.[12]

Mittlerweile beruft sich der BFH nur noch auf die Rspr. des EuGH, nach der das bloße Erwerben und Halten von Gesellschaftsanteilen keine wirtschaftliche Tätigkeit darstellt.[13]

b) Halten einer Beteiligung ausnahmsweise eine wirtschaftliche Tätigkeit

aa) Eingriffsbeteiligungen

Der EuGH steht auf dem Standpunkt, der bloße Erwerb und das bloße Halten von Gesellschaftsbeteiligungen stellten keine wirtschaftlichen Tätigkeiten dar. Etwas anderes gelte aber, wenn die Beteiligung unbeschadet der Rechte, die dem Gesellschafter in seiner Eigenschaft als Gesellschafter zustehen, mit unmittelbaren

---

9 BFH, Urt. v. 6.6.2002 – V R 43/01, BStBl. II 2003, 36, BFHE 199, 49, Rn. 49 ff.; Urt. v. 5.12.2007 – V R 60/05, BStBl. II 2009, 486, BFHE 219, 455, Rn. 28; Urt. v. 15.4.2010 – V R 10/09, BFHE 229, 416, Rn. 33; Urt. v. 4.7.2013 – V R 33/11, BStBl. II 2013, 937, BFHE 242, 280, Rn. 15.

10 BFH, Urt. v. 25.3.1954 – V 241/53 U, BStBl. III 1954, 162, BFHE 58, 658, Rn. 7; Urt. v. 7.12.1967 – V 45/65, BStBl. II 1968, 398, BFHE 91, 448, Rn. 36; Urt. v. 19.6.1969 – V 210/65, BStBl. II 1969, 606, BFHE 96, 208, Rn. 2; Urt. v. 18.12.1975 – V R 131/73, BStBl. II 1976, 265, BFHE 117, 501, Rn. 14; Urt. v. 26.1.1984 – V R 65/76, BStBl. II 1984, 231, BFHE 140, 121, Rn. 16.

11 BFH, Urt. v. 11.12.1969 – V R 129/68, BStBl. II 1970, 358, BFHE 98, 92, Rn. 16, 27.

12 BFH, Urt. v. 24.10.1963 – V 294/60, BB 1964, 297; Urt. v. 21.3.1968 – V 43/65, BStBl. II 1968, 449, BFHE 92, 120, Rn. 9; Urt. v. 23.10.1969 – V R 54/66, BStBl. II 1970, 233, BFHE 97, 569, Rn. 7.

13 BFH, Urt. v. 9.10.2002 – V R 64/99, BStBl. II 2003, 375, BFHE 200, 319, Rn. 27; Urt. v. 18.11.2004 – V R 16/03, BStBl. II 2005, 503, BFHE 208, 461, Rn. 38; Urt. v. 9.2.2012 – V R 40/10, BStBl. II 2012, 844, BFHE 236, 258, Rn. 28.

oder mittelbaren Eingriffen in die Verwaltung der Gesellschaft einhergeht, an der die Beteiligung besteht.[14] Die Eingriffe des Gesellschafters in die Verwaltung seiner Gesellschaft seien als wirtschaftliche Tätigkeit i.S.d. Art. 4 Abs. 2 6. RL (heute: Art. 9 Abs. 1 UAbs. 2 MwStSystRL) anzusehen, soweit sie die Vornahme von Tätigkeiten einschließen, die gem. Art. 2 6. RL (heute: Art. 2 Abs. 1 lit. a) und lit. c) MwStSystRL) der MwSt unterliegen, wie etwa die Erbringung von administrativen, finanziellen, kaufmännischen und technischen Dienstleistungen.[15] Im Jahr 2018 stellte der EuGH im Urteil Marle Participations klar, dass es sich dabei nicht um eine abschließende Aufzählung handele, sondern dass Eingriffsleistungen alle Umsätze seien, die eine wirtschaftliche Tätigkeit i.S.d. MwStSystRL darstellen und von der Holding für ihre Tochtergesellschaft erbracht werden.[16]

Der BFH hat sich zu keiner Zeit selbständig so geäußert, dass man in Erwägung hätte ziehen müssen, dass er auf dem Standpunkt steht, dass das Halten einer Beteiligung dann eine unternehmerische Tätigkeit darstellt, wenn es mit steuerbaren Eingriffsleistungen einhergeht. Mittlerweile hat er aber die soeben dargestellte Rspr. des EuGH übernommen.[17]

bb) Gewerbsmäßiger Wertpapierhandel

Im Jahr 1996 entschied der EuGH im Urteil Wellcome Trust, dass dann, wenn der Erwerb einer Beteiligung keine wirtschaftliche Tätigkeit darstellt, dies auch für die Veräußerung solcher Beteiligungen gelte.[18] Damit übernahm er den Vortrag der Kommission. Daran anschließend folgerte er aus der Vorschrift, nach der die Umsätze, die sich auf Aktien, Anteile an Gesellschaften und Vereinigungen, Schuldverschreibungen oder sonstige Wertpapiere beziehen, von den Mitgliedstaaten von der Steuer zu befreien sind (Art. 13 Teil B lit. d) Nr. 5 6. RL, heute: Art. 135 Abs. 1 lit. f) MwStSystRL), dass diese Umsätze in den Anwendungsbereich der MwSt fallen können.[19] Sie fielen unter anderem dann in den Anwendungsbereich der MwSt,

---

14 EuGH, Urt. v. 20.6.1991 – C-60/90 (Polysar Investments Netherlands), Slg. 1991, I-03111, Rn. 14; Urt. v. 14.11.2000 – C-142/99 (Floridienne, Berginvest), Slg. 2000, I-9567, Rn. 18; Urt. v. 27.9.2001 – C-16/00 (Cibo Participations), Slg. 2001, I-6663, Rn. 20; Urt. v. 16.7.2015 – C-108/14, C-109/14 (Larentia + Minerva), ABl. EU 2015, Nr. C 302, 7, DStR 2015, 1673, Rn. 20.

15 EuGH, Urt. v. 14.11.2000 – C-142/99 (Floridienne, Berginvest), Slg. 2000, I-9567, Rn. 19; Urt. v. 27.9.2001 – C-16/00 (Cibo Participations), Slg. 2001, I-6663, Rn. 21; Urt. v. 16.7.2015 – C-108/14, C-109/14 (Larentia + Minerva), ABl. EU 2015, Nr. C 302, 7, DStR 2015, 1673, Rn. 21.

16 EuGH, Urt. v. 5.7.2018 – C-320/17 (Marle Participations), ABl. EU 2018, Nr. C 301, 8, DStR 2018, 1713, Rn. 31 f.

17 BFH, Urt. v. 18.11.2004 – V R 16/03, BStBl. II 2005, 503, BFHE 208, 461, Rn. 38; Urt. v. 9.2.2012 – V R 40/10, BStBl. II 2012, 844, BFHE 236, 258, Rn. 28; Urt. v. 19.1.2016 – XI R 38/12, BFHE 252, 516, Rn. 41.

18 EuGH, Urt. v. 20.6.1996 – C-155/94 (Wellcome Trust), Slg. 1996, I-03013, Rn. 33.

19 EuGH, Urt. v. 20.6.1996 – C-155/94 (Wellcome Trust), Slg. 1996, I-03013, Rn. 35.

wenn sie im Rahmen eines gewerbsmäßigen Wertpapierhandels erfolgen.[20] Dies begründete er nicht genauer. Diese Rspr. hat er seit dem regelmäßig wiederholt.[21]

Der BFH hatte sich bereits im Jahr 1987 im Urteil V R 3/77 auf den Standpunkt gestellt, eine unternehmerische Betätigung liege dann vor, wenn jemand durch geschäftsmäßigen An- und Verkauf von Gesellschaftsbeteiligungen wie ein Händler auftritt und damit eine nachhaltige, auf Einnahmeerzielung gerichtete Tätigkeit entfaltet.[22]

Die Rspr. hat sich nicht dazu geäußert, wie in diesen Fällen das Halten der Beteiligungen einzuordnen ist. Wenn der EuGH so zu verstehen sein sollte, dass das Halten von Eingriffsbeteiligungen selbst eine wirtschaftliche Tätigkeit darstellt, dann dürfte er auch beim gewerblichen Wertpapierhandel das Halten der Beteiligungen als wirtschaftliche Tätigkeit einordnen.

cc) Förderung einer unternehmerischen Tätigkeit

Im Jahr 1988 entschied der BFH, nicht jede Beteiligung an einer Gesellschaft sei der nichtunternehmerischen Sphäre zuzurechnen.[23] Beteiligungen, die erworben werden, um sich Einfluss bei einem potenziellen Konkurrenten zu verschaffen oder um einen Lieferanten oder Kunden zu stützen, könnten zum Beispiel anders zu beurteilen sein. Damit bejahte er in diesen Fällen das Recht der Gesellschafter auf Abzug der Vorsteuer, die auf den beteiligungsbezogenen Eingangsleistungen lasten, erkannte aber auch in diesen Fällen in dem Halten der Beteiligung selbst keinen Umsatz.

Der EuGH hingegen hat sich nicht mit dem Halten von Beteiligungen auseinandergesetzt, das eine wirtschaftliche Tätigkeit des Gesellschafters fördert, die nicht in der Erbringung von bspw. administrativen, finanziellen, kaufmännischen oder technischen Dienstleistungen an die jeweilige Beteiligungsgesellschaft besteht.

dd) Vermögensverwalter

Im Jahr 2004 führte der EuGH im Urteil BBL, anknüpfend an seine Rspr., nach der der bloße Verkauf von Gesellschaftsanteilen keine wirtschaftliche Tätigkeit darstellt und sich aus der Steuerbefreiungsvorschrift des Art. 13 Teil B lit. d) Nr. 5 6. RL ergibt, dass manche Veräußerungen von Gesellschaftsbeteiligungen steuerbar sein müssen, aus, die Tätigkeit eines Fonds, der beim Publikum beschaffte

20 EuGH, Urt. v. 20.6.1996 – C-155/94 (Wellcome Trust), Slg. 1996, I-03013, Rn. 35.

21 EuGH, Urt. v. 6.2.1997 – C-80/95 (Harnas & Helm), Slg. 1997, I-00745, Rn. 16; Urt. v. 29.4.2004 – C-77/01 (EDM), Slg. 2004, I-4295, Rn. 59; Urt. v. 21.10.2004 – C-8/03 (BBL), Slg. 2004, I-10157, Rn. 41; Urt. v. 26.5.2005 – C-465/03 (Kretztechnik), Slg. 2005, I-4357, Rn. 20; Urt. v. 29.10.2009 – C-29/08 (AB SKF), Slg. 2009, I-10413, Rn. 31.

22 BFH, Urt. v. 15.1.1987 – V R 3/77, BStBl. II 1987, 512, BFHE 149, 272, Rn. 38.

23 BFH, Urt. v. 20.1.1988 – X R 48/81, BStBl. II 1988, 557, BFHE 152, 556, Rn. 29; Urt. v. 27.7.1988 – X R 41/82, BFH/NV 1988, 811, Rn. 13 f.

Gelder für gemeinsame Rechnung in Gesellschaftsanteile anlegt, gehe über den bloßen Erwerb und den bloßen Verkauf von Gesellschaftsanteilen hinaus und diene der nachhaltigen Erzielung von Einnahmen und stelle damit eine wirtschaftliche Tätigkeit dar.[24] Der EuGH hat sich nicht dazu geäußert, wie in diesen Fällen das Halten von Beteiligungen einzuordnen ist. Wenn seine Rspr. zu den Eingriffsbeteiligungen aber so zu verstehen sein sollte, dass das Halten dieser Beteiligungen selbst eine wirtschaftliche Tätigkeit darstellt, sollte nach seiner Rspr. auch vorliegend das Halten von Beteiligungen als wirtschaftliche Tätigkeit einzuordnen sein.

Der BFH hat sich nicht mit der vorliegenden Konstellation auseinandergesetzt.

c) Erbringen von Einlagen

Der EuGH hat sich nicht mit der Frage beschäftigt, ob das Erbringen einer Einlage einen steuerbaren Umsatz darstellen kann.

Auf nationaler Ebene aber hat sich bereits der RFH mit dieser Frage befasst. Im Jahr 1925 stellte er sich auf den Standpunkt, bei Personengesellschaften könne in der Erbringung einer Einlage gegen Gewährung von Gesellschaftsrechten kein steuerbarer Umsatz gesehen werden, da der Vorgang der Gründung einer GbR der Gesellschaftsteuer unterliege und nicht anzunehmen sei, dass der Gesetzgeber eine Doppelbesteuerung beabsichtigt habe, die eintreten würde, wenn das Einbringen von Sachgütern der USt unterworfen würde.[25] Außerdem müsse andernfalls die Gewährung der Gesellschaftsrechte unter Umständen als steuerpflichtige Leistung behandelt werden. Später stellte er sich auf den gegenteiligen Standpunkt.[26] Der Gedanke der Doppelbesteuerung trage nicht, da die USt und die Gesellschaftsteuer unterschiedliche Tatbestände erfassten. Die Kapitalverkehrsteuer greife den Erwerb von Gesellschaftsrechten an Personengesellschaften, die USt aber Leistungen gegen Entgelt durch einen Unternehmer im Rahmen seines Unternehmens auf. Des Weiteren bestehe bei der Ablehnung eines Umsatzes ein Anreiz, die Veräußerung großer Warenbestände in die Form der Gründung einer Personengesellschaft aus Lieferer und Abnehmer zu kleiden.

Im Jahr 1964 führte der BFH im Urteil V 290/61 U aus, dass dann, wenn ein Einzelunternehmer nur Aktivwerte in eine Kapitalgesellschaft gegen Gewährung von Gesellschaftsanteilen einbringt, die Gegenleistung in den Gesellschaftsanteilen zu sehen sei, wenn er aber Aktiva und Passiva einbringt, das Entgelt in den Gesellschaftsanteilen und in der Übernahme der Schulden bestehe.[27]

---

24 EuGH, Urt. v. 21.10.2004 – C-8/03 (BBL), Slg. 2004, I-10157, Rn. 38, 41–43.

25 RFH, Urt. v. 17.2.1925 – V A 82/24, RFHE 16, 70, 72.

26 RFH, Urt. v. 9.9.1938 – V 573/37, RStBl. 1938, 1165, RFHE 45, 12, 13 f.

27 BFH, Urt. v. 23.7.1964 – V 290/61 U, BStBl. III 1964, 536, BFHE 80, 172, Rn. 11. Diese Rspr. bestätigte er im Urt. v. 22.4.1971 – V R 86/67, BStBl. II 1971, 657, BFHE 102, 419, Rn. 7.

Im Jahr 1987 äußerte er im Urteil V R 3/77, die Einbringung eines Unternehmens in eine Personengesellschaft unter Beteiligung des Einbringenden am Gesellschaftsvermögen sei eine entgeltliche Geschäftsveräußerung im Ganzen, die jedenfalls dann steuerbar sei, wenn sie der letzte Akt der vorangegangenen unternehmerischen Tätigkeit des eingebrachten Unternehmens sei.[28] Damals war noch nicht geregelt, dass eine Geschäftsveräußerung im Ganzen ein nichtsteuerbarer Vorgang ist. In dem dem Urteil zugrunde liegenden Sachverhalt kaufte die Klägerin ein Unternehmen und brachte es noch am selben Tag in eine neu gegründete KG ein. Der BFH stellte sich auf den Standpunkt, die Einbringung stelle in einer solchen Situation nicht den letzten Akt einer unternehmerischen Tätigkeit dar und lehnte damit die Nachhaltigkeit der Tätigkeit der Klägerin ab.[29] Auch aus der Tatsache, dass die Einbringung mehrere Umsätze umfasst, ergebe sich nicht ihre Nachhaltigkeit.

Im Jahr 1995 verwies der BFH im Urteil XI R 63/94 auf seine bereits vorgestellte Rspr.[30], nach der die Steuerbarkeit der Leistungen von Gesellschaftern an ihre Gesellschaften davon abhängt, ob die Leistungen gegen Sonderentgelt ausgeführt werden und damit auf einen Leistungsaustausch gerichtet sind, oder ob es sich um Leistungen handelt, die als Gesellschafterbeitrag durch eine Beteiligung am Gewinn und Verlust der Gesellschaft abgegolten werden.[31] Darauf aufbauend entschied er, ein Einzelunternehmer, der seine Wirtschaftsgüter zu Eigentum in eine neu gegründete Personengesellschaft einbringt, verfolge damit die Verschaffung der gesamthänderischen Beteiligung an dieser Gesellschaft.[32] Der Umstand, dass der Gesellschafter die Mitgliedschaft und die Teilhabe am Gesellschaftsvermögen bereits vorab von den Mitgesellschaftern, mit denen er den Gesellschaftsvertrag geschlossen hat, erhalten hat, stehe dem nicht entgegen. Der Gesellschafter leiste an die Gesellschaft, um hierdurch seine Gesamthandsbeteiligung zu begründen und diese mit wirtschaftlichem Wert zu versehen. Die Sacheinlage bedinge die Gesellschaftsanteile und erfolge wegen dieser. Sacheinlage und Gesellschaftsanteile stünden zueinander in unmittelbarem Zusammenhang. Es handele sich auch nicht um eine nichtsteuerbare Leistungsvereinigung.[33] Des Weiteren gingen auch die Vorschriften zur Geschäftsveräußerung im Ganzen, die unter anderem bestimmen, dass die Mitgliedstaaten die Übertragungen eines Gesamtvermögens oder eines Teilvermögens, die durch Einbringung in eine Gesellschaft erfolgen, so behandeln können, als ob keine Lieferung von Gegenständen vorliegt, vom Vorliegen eines Leistungsaustauschs aus.

28 BFH, Urt. v. 15.1.1987 – V R 3/77, BStBl. II 1987, 512, BFHE 149, 272, Rn. 41.
29 BFH, Urt. v. 15.1.1987 – V R 3/77, BStBl. II 1987, 512, BFHE 149, 272, Rn. 41.
30 Siehe dazu B.I.1.a).
31 BFH, Urt. v. 8.11.1995 – XI R 63/94, BStBl. II 1996, 114, BFHE 179, 189, Rn. 10.
32 BFH, Urt. v. 8.11.1995 – XI R 63/94, BStBl. II 1996, 114, BFHE 179, 189, Rn. 16.
33 BFH, Urt. v. 8.11.1995 – XI R 63/94, BStBl. II 1996, 114, BFHE 179, 189, Rn. 17.

Seine Auffassung, nach der die Einbringung von Wirtschaftsgütern durch einen Unternehmer in eine Personengesellschaft zu Eigentum gegen Beteiligung an der Personengesellschaft ein steuerbarer Umsatz ist, hat der BFH bis heute regelmäßig wiederholt und auch für die Einbringung von Wirtschaftsgütern in Kapitalgesellschaften vertreten.[34] Dabei äußerte er auch noch, die Gesellschaftsteuerrichtlinie[35] stehe dieser Auffassung nicht entgegen.[36] Des Weiteren wies er darauf hin, dass ein steuerbarer Umsatz in diesen Sachverhalten seit dem 1. Januar 1994 aber dann nicht mehr vorliege, wenn eine Geschäftsveräußerung im Ganzen gegeben ist, da seit diesem Tag § 1 Abs. 1a UStG in Kraft ist.[37]

Im Jahr 2005 befasste sich der BFH im Urteil V R 7/04 mit einem anderweitig nicht Steuerpflichtigen, der Sachanlagevermögen von einer GmbH erworben und in sechs neu gegründete GmbHs eingebracht hatte. Dabei ging er vom Vorliegen einer nachhaltigen Tätigkeit aus, da die fragliche Person gleich sechs GmbHs Sacheinlagen erbracht hatte und das Sachanlagevermögen seiner Auffassung nach eine erhebliche wirtschaftliche Bedeutung gehabt hatte.[38] Des Weiteren führte er aus, diese Einordnung stehe auch nicht im Widerspruch zu den Wertungen des Urteils V R 3/77. Gegenstand dieser Entscheidung seien zwar mehrere Verfügungsgeschäfte gewesen, diese hätten sich aber in einem einzigen Einbringungsvorgang vollzogen.

Zur Bareinlage ist noch auf das Urteil V R 63/68 aus dem Jahr 1972 hinzuweisen. In diesem befasste sich der BFH mit der Bareinlage einer atypisch stillen Gesellschafterin. Dabei stellte er sich auf den Standpunkt, die stille Gesellschaft sei Empfängerin der Leistung, da sie die von der Gesellschafterin ihr gegenüber erbrachte Leistung der Kapitaleinlage nicht weitergebe, also das letzte Glied der Umsatzkette sei, und so auch als Nichtunternehmerin Empfängerin der Leistung sein könne.[39] In der Folge komme es für die Frage der Steuerbarkeit dieser Leistung allein darauf an, ob die Leistung durch Leistungsentgelt abgegolten wird oder ob die Gesellschafterin lediglich am Gewinn der stillen Gesellschaft beteiligt ist und so eine Gegenleistung i.S.d. Umsatzsteuerrechts nicht vorliege.[40] Zwar verabschiedete sich der BFH später von der Auffassung, eine Innengesellschaft könne dann

34 BFH, Urt. v. 15.5.1997 – V R 67/94, BStBl. II 1997, 705, BFHE 183, 278, Rn. 16; Urt. v. 20.8.1998 – V R 24/96, BFH/NV 1999, 523, Rn. 11; Urt. v. 30.9.1999 – V R 9/97, BFH/NV 2000, 607, Rn. 13; EuGH-Vorlage v. 27.9.2001 – V R 32/00, BFHE 196, 349, Rn. 35; Urt. v. 13.11.2003 – V R 79/01, BStBl. II 2004, 375, BFHE 204, 332, Rn. 33; Urt. v. 6.10.2005 – V R 7/04, BFH/NV 2006, 834, Rn. 15.

35 Art. 12 Abs. 1 lit. f) RL 69/335/EWG des Rates der Europäischen Gemeinschaften vom 17. Juli 1969 betreffend die indirekten Steuern auf die Ansammlung von Kapital, ABl. L 249 v. 3.10.1969, 25.

36 BFH, EuGH-Vorlage v. 27.9.2001 – V R 32/00, BFHE 196, 349, Rn. 35.

37 BFH, Urt. v. 13.11.2003 – V R 79/01, BStBl. II 2004, 375, BFHE 204, 332, Rn. 34.

38 BFH, Urt. v. 6.10.2005 – V R 7/04, BFH/NV 2006, 834, Rn. 15.

39 BFH, Urt. v. 17.8.1972 – V R 63/68, BStBl. II 1972, 922, BFHE 107, 72, Rn. 13.

40 BFH, Urt. v. 17.8.1972 – V R 63/68, BStBl. II 1972, 922, BFHE 107, 72, Rn. 14.

Empfängerin einer umsatzsteuerlichen Leistung sein, wenn sie das letzte Glied der Umsatzkette ist, sie die Leistung also nicht weitergibt.[41] Es sieht aber so aus, als sei er auch im Urteil V R 63/68 davon ausgegangen, dass eine Kapitaleinlage eine umsatzsteuerliche Leistung darstellt.

2. Verwaltung

Die Verw. steht auf dem Standpunkt, das bloße Erwerben, Halten und Veräußern von gesellschaftsrechtlichen Beteiligungen stelle grds. keine unternehmerische Tätigkeit dar.[42] Es liege aber dann eine unternehmerische Tätigkeit vor, wenn die Beteiligungen im Sinne eines gewerblichen Wertpapierhandels gewerbsmäßig erworben und veräußert werden und dadurch eine nachhaltige, auf Einnahmeerzielungsabsicht gerichtete Tätigkeit entfaltet wird.[43] Des Weiteren sei das Erwerben, Halten und Veräußern von gesellschaftsrechtlichen Beteiligungen dann eine unternehmerische Tätigkeit, wenn die Beteiligungen nicht um ihrer selbst willen gehalten werden, sondern der Förderung einer bestehenden oder beabsichtigten unternehmerischen Tätigkeit dienen.[44] Schließlich liege dann eine unternehmerische Tätigkeit vor, wenn der Gesellschafter, abgesehen von der Ausübung seiner Rechte als Gesellschafter, unmittelbar in die Verwaltung der Gesellschaften, an denen die Beteiligungen bestehen, eingreift.[45] Die Eingriffe müssten dabei zwingend durch unternehmerische Leistungen i.S.d. § 1 Abs. 1 Nr. 1 und § 2 Abs. 1 UStG erfolgen. Hierbei könne es sich z.B. um administrative, finanzielle, kaufmännische oder technische Dienstleistungen an die jeweilige Beteiligungsgesellschaft handeln. So sei eine Holding, die im Sinne einer einheitlichen Leitung aktiv in das laufende Tagesgeschäft ihrer Tochtergesellschaften eingreift (sog. Führungs- oder Funktionsholding), unternehmerisch tätig.[46] Wenn eine Holding aber nur gegenüber einigen Tochtergesellschaften geschäftsleitend tätig wird, während sie Beteiligungen an anderen Tochtergesellschaften lediglich hält und verwaltet (sog. gemischte Holding), habe sie sowohl einen unternehmerischen als auch einen nichtunternehmerischen Bereich.[47]

Im Übrigen seien Finanzinvestoren, die (sanierungsreife) Gesellschaften erwerben, um sie nach erfolgter Sanierung gewinnbringend zu veräußern, insoweit Unternehmer.[48] Dabei seien der Erwerb und das Halten der gesellschaftsrechtlichen

---

41 BFH, Urt. v. 27.5.1982 – V R 110/81, V R 111/81, BStBl. II 1982, 678, BFHE 136, 315, Rn. 19.

42 Abschn. 2.3 Abs. 2 S. 1 UStAE.

43 Abschn. 2.3 Abs. 3 S. 5 Nr. 1 UStAE.

44 Abschn. 2.3 Abs. 3 S. 5 Nr. 2 UStAE.

45 Abschn. 2.3 Abs. 3 S. 5 Nr. 3 UStAE.

46 Abschn. 2.3 Abs. 3 S. 3 UStAE.

47 Abschn. 2.3 Abs. 3 S. 4 UStAE.

48 BMF, Schreiben v. 26.1.2007 – IV A 5 – S 7300 – 10/07, BStBl. I 2007, 211, Rn. 14 (nach BMF, Schreiben v. 18.3.2019 – IV A 2-O 2000/18/10001, 2019/0163664, BStBl. I 2019, 270, Anlage 1 Nr. 1635 auch noch anzuwenden).

Beteiligung unabdingbare Voraussetzungen für die Ausübung der unternehmerischen Tätigkeit. Die gesellschaftsrechtliche Beteiligung werde daher im unternehmerischen Bereich des Finanzinvestors gehalten.

Weiterhin steht die Verw. auf dem Standpunkt, Sacheinlagen eines Gesellschafters seien dann umsatzsteuerbar, wenn es sich um Lieferungen oder sonstige Leistungen im Rahmen eines Unternehmens des Gesellschafters handelt und keine Geschäftsveräußerung im Ganzen vorliegt.[49] Das Entgelt bestehe in der Verschaffung der Beteiligung an der Gesellschaft.[50]

3. Auffassung, nach der die Organschaft die Unternehmereigenschaft vermitteln kann

§ 2 Abs. 2 Nr. 2 S. 3 UStG bestimmt, dass die im Inland gelegenen Unternehmensteile einer Organschaft als ein Unternehmen zu behandeln sind. Vor dem Hintergrund, dass gem. § 2 Abs. 2 Nr. 2 S. 1 UStG Voraussetzung einer Organschaft die Eingliederung einer juristischen Person in das Unternehmen eines Organträgers ist, ergibt sich aus dieser Vorschrift, dass bei Vorliegen einer Organschaft die Umsätze der Organgesellschaft dem Organträger zuzurechnen sind.

Daraus folgt, dass dann, wenn die Erbringung eigener steuerbarer Umsätze durch den potenziellen Organträger keine Voraussetzung für die Bildung einer Organschaft sein sollte, die Organschaftsregelung den Organträgern die Unternehmereigenschaft ihrer Organgesellschaften vermitteln würde. So könnten auch die Gesellschafter, die von der Rspr. grds. nicht als Unternehmer eingeordnet werden, zum Unternehmer werden.

Im Jahr 1959 stellte sich der BFH auf den Standpunkt, bei der Prüfung, ob eine Mutter-AG eine Tätigkeit ausübt, die als Unternehmen anzusehen ist, und bejahendenfalls, ob ihre Tochter-AGs in dieses Unternehmen eingegliedert sind, könne die Stellung der beteiligten AGs nicht isoliert für sich betrachtet werden, sondern es unterliege der gesamte Sachverhalt der Würdigung.[51] Nach ständiger Rspr. sei für die Frage der Organschaft nämlich das Gesamtbild der tatsächlichen Verhältnisse entscheidend und somit auch für die Frage, ob eine Mutter-AG ein Unternehmen betreibt. Es seien deshalb sowohl der satzungsmäßige Zweck der Mutter-AG als auch die vertraglichen Abmachungen, die zu dem tatsächlich bestehenden Verhältnis zwischen Mutter-AG und Tochter-AGs führen, in ihrer wirtschaftlichen gegenseitigen Bedeutung zu prüfen und zu beurteilen.

Auf dieser Grundlage entschied der BFH zu dem diesem Urteil zugrunde liegenden Fall, in dem die Verträge zwischen der Mutter-AG und den beiden hundertprozentigen Tochter-AGs bestimmten, dass die Tochter-AGs im Innenverhältnis ausschließlich für Rechnung der Mutter-AG und nach ihrem Willen und nach ihren

---

49 Abschn. 1.6 Abs. 2 S. 4 UStAE.

50 Abschn. 1.6 Abs. 2 S. 5 UStAE.

51 BFH, Urt. v. 26.2.1959 – V 209/56 U, BStBl. III 1959, 204, BFHE 68, 538, Rn. 5.

Weisungen zu handeln hatten,[52] und in dem nach der Satzung der Mutter-AG ihr Unternehmensgegenstand Kohlenbergbau, Stahlerzeugung und Ähnliches durch Beteiligung an ihren Tochter-AGs war,[53] dass die Mutter-AG wirtschaftlich und tatsächlich als die Unternehmerin der Werke der Tochter-AGs erachtet werden müsse.[54] Unter Verweis auf Rspr. des RFH[55] äußerte er noch, der Umstand, dass die Umsätze nicht im Namen der Mutter-AG, sondern in dem der Tochter-AGs erfolgen, die Mutter-AG also nach außen nicht erkennbar hervortritt, vermöge hieran nichts zu ändern. Da er die Tochter-AGs für in die Mutter-AG eingegliedert hielt[56], lehnte er das Vorliegen einer Unternehmereinheit[57] zwischen den beiden Tochter-AGs ab und hielt so die Lieferungen der einen Tochter-AG an die andere Tochter-AG für steuerpflichtig. Damals gehörte zur Rechtsfolge der Organschaft nämlich noch nicht das Vorliegen eines einheitlichen Unternehmens bestehend aus allen nichtselbständigen Einheiten.[58]

Die Verw. übernahm diesen Standpunkt, indem sie in den UStR auf dieses Urteil ausdrücklich Bezug nahm und ausführte, für die Frage, ob der Organträger eine unternehmerische Tätigkeit ausübt, sei es nicht nötig, dass er Umsätze im eigenen Namen bewirkt, also nach außen erkennbar hervortritt.[59] Es reiche aus, wenn er sich hierbei der Tochtergesellschaften als seiner Organe bediene.

Im Jahr 2002 verabschiedete sich der BFH unter Verweis auf das EuGH-Urteil Cibo Participations aus dem Vorjahr von seiner bisherigen Rspr.[60] Die Eigenschaft als Unternehmer könne durch eine bloße Beteiligung nicht erlangt werden. Im Urteil Cibo Participations hatte der EuGH seine Rspr. aus dem Urteil Floridienne, Berginvest wiederholt, nach der Eingriffe einer Holding in die Verwaltung von Unternehmen, an denen es Beteiligungen erworben hat, eine wirtschaftliche Tätigkeit sind, wenn sie Tätigkeiten darstellen, die gem. Art. 2 6. RL der MwSt unterliegen, wie etwa das Erbringen von administrativen, finanziellen, kaufmännischen und technischen Dienstleistungen.

Die Verw. übernahm auch diesen geänderten Standpunkt des BFH, indem sie die Sätze 4 und 5 in Abschn. 21 Abs. 1 UStR 1996 in den UStR 2000 strich.

Für die Auffassung, der potenzielle Organträger müsse keine eigenen steuerbaren Umsätze erbringen, wird ausgeführt, § 2 Abs. 2 Nr. 2 S. 1 UStG spreche von der Eingliederung einer juristischen Person in das Unternehmen des Organträgers und nicht von ihrer Eingliederung in das Unternehmen eines anderen.[61] Diese

52 BFH, Urt. v. 26.2.1959 – V 209/56 U, BStBl. III 1959, 204, BFHE 68, 538, Rn. 11.
53 BFH, Urt. v. 26.2.1959 – V 209/56 U, BStBl. III 1959, 204, BFHE 68, 538, Rn. 6–9.
54 BFH, Urt. v. 26.2.1959 – V 209/56 U, BStBl. III 1959, 204, BFHE 68, 538, Rn. 12.
55 BFH, Urt. v. 26.2.1959 – V 209/56 U, BStBl. III 1959, 204, BFHE 68, 538, Rn. 12, 19.
56 BFH, Urt. v. 26.2.1959 – V 209/56 U, BStBl. III 1959, 204, BFHE 68, 538, Rn. 13.
57 BFH, Urt. v. 26.2.1959 – V 209/56 U, BStBl. III 1959, 204, BFHE 68, 538, Rn. 3, 15.
58 Siehe dazu RFH, Urt. v. 10.2.1925 – V A 97/24, RFHE 15, 312, 315.
59 Abschn. 21 Abs. 1 S. 4 und 5 UStR 1985.
60 BFH, Urt. v. 9.10.2002 – V R 64/99, BStBl. II 2003, 375, BFHE 200, 119, Rn. 27.
61 von Wallis, FS für Rädler, 639, 647.

Formulierung sei aber nötig, um eine lediglich auf der Organschaft beruhende Unternehmereigenschaft zu vermeiden.

Des Weiteren wird auf die umsatzsteuerliche Einordnung der Arbeitnehmerleistungen verwiesen.[62] Die Rechtsfolge der Organschaftsregelung sei die Unselbständigkeit der Organgesellschaft und die Zurechnung ihrer Tätigkeit an den Organträger vergleichbar der Unselbständigkeit des Arbeitnehmers und der Zurechnung seiner Tätigkeit an seinen Arbeitgeber. Bei den Arbeitnehmern hinge ihre Eingliederung nicht davon ab, dass ihr Arbeitgeber auch unabhängig von ihrer Tätigkeit als Unternehmer zu qualifizieren ist. Andernfalls setzte die Begründung der Unternehmereigenschaft des Arbeitgebers immer voraus, dass er selbst persönlich tätig ist, was bei juristischen Personen aber von vornherein ausgeschlossen sei. Entsprechend müsse auch bei der Organschaft der Organträger nicht selbst unternehmerisch tätig sein.

Für die Auffassung, der potenzielle Organträger müsse keine eigenen steuerbaren Umsätze erbringen, lässt sich auch die Entstehungsgeschichte der Organschaftsregelung anführen. Die erste Organschaftsregelung befand sich in § 2 Abs. 2 Nr. 2 UStG 1934[63]. Nach dieser Vorschrift wird die gewerbliche oder berufliche Tätigkeit nicht selbständig ausgeübt, wenn eine juristische Person dem Willen eines Unternehmers derart untergeordnet ist, dass sie keinen eigenen Willen hat. Ausweislich der Begründung zum UStG 1934[64] wurde mit dieser Regelung die einschlägige RFH-Rspr. niedergelegt. Hier sei nur auf das Urteil V A 97/24 aus dem Jahr 1925[65] hingewiesen. In diesem befasste sich der RFH mit mehreren Werken, die ein Kartell bildeten. Dazu hatten diese eine GmbH gegründet, die den Verkauf ihrer Waren besorgte. Parallel dazu hatten alle mit der GmbH einen gleichlautenden Vertrag geschlossen, der die Rechte und Pflichten der Werke und der GmbH im Kartell enthielt. Der RFH stellte sich auf den Standpunkt, die Werke seien daneben auch noch in einer GbR verbunden, da das Kartell nicht ohne Verpflichtung der einzelnen Werke auch untereinander hätte gebildet werden können.[66] Weiterhin war er der Auffassung, die GmbH sei Angestellte dieser GbR.[67] Damit kam er zu dem Ergebnis, es lägen Lieferungen der Werke an die GmbH und dann Lieferungen der GbR an die Abnehmer vor.[68] Die GmbH nehme den Verkauf zwar in eigenem Namen vor.[69] Aber aus der Auffassung, dass sie im Innenverhältnis Angestellte der von den Werkbesitzern gebildeten GbR ist und nur nach außen im eigenen Namen handelt, folge, dass nicht die GmbH, sondern die GbR Steuerschuldnerin wird. Der

---

62 Rödder, DStR 1993, 635, 639; von Wallis, FS für Rädler, 639, 647.
63 UStG v. 16.10.1934, RGBl. I 1934, 942, RStBl. 1934, 1116.
64 Begründung zum UStG 1934, RStBl. 1934, 1549, 1550.
65 RFH, Urt. v. 10.2.1925 – V A 97/24, RFHE 15, 312.
66 RFH, Urt. v. 10.2.1925 – V A 97/24, RFHE 15, 312, 313, 314.
67 RFH, Urt. v. 10.2.1925 – V A 97/24, RFHE 15, 312, 314.
68 RFH, Urt. v. 10.2.1925 – V A 97/24, RFHE 15, 312, 314, 315.
69 RFH, Urt. v. 10.2.1925 – V A 97/24, RFHE 15, 312, 315.

RFH rechnete also der originär umsatzlosen GbR die Umsätze der GmbH zu, weil er diese als ihre Angestellte ansah.

Für die Auffassung, der potenzielle Organträger müsse keine eigenen steuerbaren Umsätze erbringen, wird im Übrigen die richtlinienrechtliche Grundlage der Organschaftsregelung in Art. 11 MwStSystRL angeführt, nach der die Mitgliedstaaten Personen zusammen als einen Steuerpflichtigen behandeln können.[70] Diese Vorschrift spreche eben nicht davon, dass die Mitgliedstaaten Steuerpflichtige als einen Steuerpflichtigen behandelt können, sondern davon, dass sie Personen als einen Steuerpflichtigen behandeln können.

Wer dieses Argument vorträgt, kann mittlerweile auf die Rspr. des EuGH verweisen. Zwar ging der EuGH wohl bereits im Jahr 1991 im Urteil Polysar Investments Netherlands davon aus, ein Nichtsteuerpflichtiger könne Teil einer Mehrwertsteuergruppe sein. In diesem Urteil führte er nämlich aus, die Zugehörigkeit einer Holdinggesellschaft zu einem Weltkonzern nehme dieser die Eigenschaft des Nichtsteuerpflichtigen nicht, wenn sie ihre Tätigkeit auf den bloßen Erwerb von Beteiligungen beschränkt, denn gem. Art. 4 Abs. 4 UAbs. 2 6. RL könnten Personen, die zwar rechtlich unabhängig, aber durch gegenseitige finanzielle, wirtschaftliche und organisatorische Beziehungen eng miteinander verbunden sind, nur dann als ein Steuerpflichtiger behandelt werden, wenn sie im Hoheitsgebiet nur eines Mitgliedstaats ansässig sind[71]. Aber erst im Jahr 2013 machte er dies im Urteil Kommission/Irland ganz deutlich, indem er ausführte, aus der Wendung „zusammen als einen Steuerpflichtigen behandeln" des Art. 11 Abs. 1 MwStSystRL könne nicht abgeleitet werden, Art. 11 Abs. 1 MwStSystRL ziele nur darauf ab, dass mehrere Steuerpflichtige als eine einzige Einheit behandelt werden können, da sich diese Wendung nicht auf eine Anwendungsvoraussetzung des Art. beziehe, sondern auf sein Ergebnis[72]. Des Weiteren könne nicht argumentiert werden, Art. 11 MwStSystRL stelle eine Ausnahme einer allgemeinen Regel dar, nach der jeder Steuerpflichtige als gesonderte Einheit zu behandeln ist. Im Übrigen lasse sich nicht argumentieren, der Begriff der Mehrwertsteuergruppe setze voraus, dass die daran teilnehmenden Personen alle zu derselben Kategorie gehören, da er nicht in der MwStSystRL vorkomme. Auch lasse sich nicht sagen, die Ziele der Regelung des Art. 11 MwStSystRL, nämlich Steuervereinfachung und Missbrauchsvermeidung, stünden der Annahme entgegen, Nichtsteuerpflichtige könnten Teil einer Mehrwertsteuergruppe sein.[73]

70 Englisch, UR 2007, 290, 301.

71 EuGH, Urt. v. 20.6.1991 – C-60/90 (Polysar Investments Netherlands), Slg. 1991, I-03111, Rn. 15.

72 EuGH, Urt. v. 9.4.2013 – C-85/11 (Kommission/Irland), ABl. EU 2013, Nr. C 156, 3, DStR 2013, 806, Rn. 40.

73 EuGH, Urt. v. 9.4.2013 – C-85/11 (Kommission/Irland), ABl. EU 2013, Nr. C 156, 3, DStR 2013, 806, Rn. 48.

Es gibt also durchaus Argumente für die Auffassung, nach der die Organschaftsregelung den Organträgern die Unternehmereigenschaft ihrer Organgesellschaften vermittelt, sodass auch reine Finanzholdings Unternehmer sein könnten.

4. Theorie vom mittelbaren Unternehmer

Nach einer Auffassung sind den Gesellschaftern unter bestimmten Voraussetzungen die steuerbaren Ausgangsumsätze ihrer Gesellschaft – unabhängig davon, ob sie mit dieser organschaftlich verbunden sind oder nicht – für die Zwecke ihres Vorsteuerabzugs zuzurechnen. Sie findet sich in verschiedenen Ausprägungen und mit unterschiedlichen Begründungsansätzen:

So äußerte *Stadie* im Jahr 1986, einem Gesellschafter einer Personengesellschaft müsse – abweichend von der Auffassung der Rspr. – der Abzug der Vorsteuer zustehen, die auf den Eingangsleistungen lastet, die er für die unentgeltliche Überlassung eines Gegenstands an seine Gesellschaft bezieht, da dieser Gegenstand unmittelbar von der Gesellschaft verwendet werde.[74] Nur so könne Wettbewerbsneutralität zwischen der unternehmerischen Betätigung als Einzelunternehmer und der unternehmerischen Betätigung durch eine Personengesellschaft geschaffen werden. An der Ungleichbehandlung ändere auch die Tatsache nichts, dass es den Beteiligten offensteht, die Gegenstandsüberlassung entgeltlich auszugestalten.[75] Die Verweigerung des Rechts auf Vorsteuerabzug widerspreche auch den Urteilen zur Zwischenvermietung. Nach diesen ist der Vorsteuerabzug auch dann zulässig, wenn der Unternehmer den für den Vorsteuerabzug maßgeblichen Umsatz zwar nicht selbst ausführt, aber durch eine andere Person mit Hilfe der eigenen Leistungsbezüge ausführen lässt und ihm das wirtschaftliche Ergebnis des auf diese Weise aus seinem Unternehmen ausgelagerten Umsatzes zufließt.[76] Das UStG habe hinsichtlich der Vorsteuerbeträge, die auf das einkommensteuerliche Sonderbetriebsvermögen und die Sonderbetriebsausgaben entfallen, eine Lücke, soweit der Gesellschafter nichtunternehmerisch gegenüber seiner Gesellschaft tätig wird.[77] Es handele sich aber nicht um eine bewusste Lücke, sodass sie unter Rückgriff auf den mutmaßlichen Willen des Gesetzgebers zu schließen sei. Dazu sei die Unternehmereigenschaft der Gesellschaft dem Gesellschafter im Rahmen des Vorsteuerabzugs zuzurechnen. Leistungen, die gegenüber dem Gesellschafter erbracht werden, aber zur Ausführung der Umsätze der Gesellschaft verwendet werden, seien für sein Unternehmen ausgeführt und berechtigten ihn zum Vorsteuerabzug. Die vom Gesellschafter bezogenen Leistungen würden dann zur Ausführung der Umsätze der Gesellschaft verwendet, wenn sie in wirtschaftlichem Zusammenhang mit diesen stehen, was regelmäßig dann der Fall sei, wenn die vom Gesellschafter

74 Stadie, UR 1986, 137, 138.
75 Stadie, UR 1986, 137, 139.
76 BFH, Urt. v. 15.12.1983 – V R 169/75, BStBl. II 1984, 388, BFHE 140, 354, Rn. 14; Urt. v. 22.12.1983 – V R 35/73, BStBl. II 1984, 400, BFHE 140, 379, Rn. 31.
77 Stadie, UR 1986, 137, 139.

bezogenen Gegenstände oder Dienstleistungen einkommensteuerlich zu Sonderbetriebsvermögen oder Sonderbetriebsausgaben führen. Wenn die Gesellschaft den Vorsteuerabzug ausschließende Umsätze erbringt, schlage dies auf das Vorsteuerabzugsrecht des Gesellschafters durch. Im Ergebnis sei der Gesellschafter also auch umsatzsteuerlich insoweit als Mitunternehmer anzusehen.[78] Auf diesem Standpunkt steht *Stadie* auch heute noch.[79] Genauso sieht er im Übrigen auch das Vorsteuerabzugsrecht der Gesellschafter von Kapitalgesellschaften.[80] Bemerkenswert ist, dass er für diese Umsatzzurechnung nicht verlangt, dass der Gesellschafter einen besonderen Einfluss auf seine Gesellschaft ausübt und/oder dass er von den Umsätzen seiner Gesellschaft in besonderer Weise profitiert. Dies erwartet man nämlich nach seinem Verweis auf die Zwischenvermietungsurteile.

Den Ausführungen *Stadies* vergleichbar wurde gefordert, § 2 Abs. 1 UStG so zu lesen, dass Unternehmer jeder ist, der eine gewerbliche oder berufliche Tätigkeit selbständig als Einzel- oder Mitunternehmer ausübt.[81]

Diese Überlegungen wurden vom BFH zurückgewiesen. Im Jahr 1988 führte er im Urteil X R 48/81 aus, anders als im Einkommensteuerrecht sei im Umsatzsteuerrecht die Tätigkeit einer Personenhandelsgesellschaft nicht ihren Gesellschaftern zuzurechnen.[82] Im Jahr 1989 stellte er sich im Beschluss V B 48/88 auf den Standpunkt, das Umsatzsteuerrecht kenne keine Mitunternehmerschaft und keine Aufteilung der an die Unternehmereigenschaft geknüpften Rechtsfolgen auf mehrere Rechtssubjekte.[83] Umsatzsteuerlich könne nur ein Unternehmer Träger von Rechten und Pflichten sein. Auch für die Vorsteuerabzugsberechtigung sei die Definition des Unternehmerbegriffs in § 2 UStG maßgeblich.[84] Eine eigenständige Begriffsbestimmung nur für Zwecke des Vorsteuerabzugs sei mit § 2 UStG nicht vereinbar. Die Argumentation, nach der die Verwendung des Gegenstands durch die Gesellschaft zur Ausführung von Umsätzen und nicht für Zwecke des Endverbrauchs erfolgt, sei schon bereits deshalb unzutreffend, weil sie den maßgeblichen Verkehrsvorgang der Nutzungsüberlassung durch den Gesellschafter an die Gesellschaft außer Acht lasse.[85] Es liege auch keine gegen Art. 3 GG verstoßende Ungleichbehandlung der Einzelunternehmer und der Gesellschafter, die ertragsteuerlich als Mitunternehmer anzusehen sind, vor.[86] Die fehlende Unternehmereigenschaft der Gesellschafter rechtfertige die Versagung des Vorsteuerabzugs im Falle der Nutzungsüberlassung von Gegenständen durch die Gesellschafter. Bei

---

78 Stadie, UR 1986, 137, 140.
79 Stadie, UStG, § 2 Rn. 165.
80 Stadie, UStG, § 2 Rn. 168.
81 Bletz, BB 1987, 1788, 1789.
82 BFH, Urt. v. 20.1.1988 – X R 48/81, BStBl. II 1988, 557, BFHE 152, 556, Rn. 30.
83 BFH, Beschl. v. 9.3.1989 – V B 48/88, BStBl. II 1989, 580, BFHE 156, 535, Rn. 17.
84 BFH, Beschl. v. 9.3.1989 – V B 48/88, BStBl. II 1989, 580, BFHE 156, 535, Rn. 18.
85 BFH, Beschl. v. 9.3.1989 – V B 48/88, BStBl. II 1989, 580, BFHE 156, 535, Rn. 19.
86 BFH, Beschl. v. 9.3.1989 – V B 48/88, BStBl. II 1989, 580, BFHE 156, 535, Rn. 20.

einer vergleichenden Betrachtung dürften nicht einzelne Rechtsfolgen isoliert herausgegriffen werden, sondern es müsse die Gesamtheit der Regelungen berücksichtigt werden. So sei darauf hinzuweisen, dass die Gesellschafter – anders als die Einzelunternehmer – bei der Veräußerung des Gegenstands nicht der Umsatzsteuerbelastung unterliegen.

Davon unbeirrt steht *Stadie* auch auf dem Standpunkt, eine geschäftsleitende Holding, also eine Holding, die die unternehmerischen Aktivitäten ihrer Tochtergesellschaften lenkt und koordiniert, übe eine wirtschaftliche Tätigkeit im Rahmen ihres unternehmerischen Gesamtkonzepts mittelbar über ihre Tochtergesellschaften aus.[87] Art. 9 MwStSystRL und § 2 Abs. 1 UStG verlangten für die wirtschaftliche respektive unternehmerische Tätigkeit nicht zwingend die Erbringung eigener Umsätze. Art. 168 MwStSystRL und § 15 Abs. 1 und 2 UStG, die offensichtlich nur den Regelfall des unmittelbar tätigen Steuerpflichtigen im Auge hätten, seien dergestalt zu interpretieren, dass für die Zwecke des Vorsteuerabzugs einer geschäftsleitenden Holding die Umsätze ihrer Tochtergesellschaften als ihre Umsätze anzusehen sind. Das Ziel der Rechtsformneutralität verlange diese Auslegung.[88] Andernfalls würden als geschäftsleitende Holdings strukturierte Unternehmungen denjenigen gegenüber benachteiligt, die mit Zweigniederlassungen arbeiten. Beherrsche eine Person eine oder mehrere Gesellschaften durch Mehrheitsbeteiligung oder durch Beherrschungsvertrag, sei sie Steuerpflichtige, soweit die Tätigkeiten der beherrschten Gesellschaften unternehmerisch sind.[89]

Im Jahr 1991 entschied der EuGH im Urteil Polysar Investments Netherlands, der bloße Erwerb und das bloße Halten einer Beteiligung seien keine wirtschaftlichen Tätigkeiten, etwas anderes gelte aber dann, wenn die Beteiligung mit unmittelbaren oder mittelbaren Eingriffen in die Verwaltung der Gesellschaft einhergeht[90]. Diese Rspr. wurde in der Lit. als Bestätigung der Annahme, dass es eine mittelbare Unternehmereigenschaft gibt, aufgefasst.[91] Zu der bezeichneten Rspr. führte der EuGH aber später aus, dass die Eingriffe in die Verwaltung der Gesellschaft als wirtschaftliche Tätigkeit anzusehen seien, soweit sie die Vornahme von Tätigkeiten einschließen, die der MwSt unterliegen, wie etwa die Erbringung von administrativen, finanziellen, kaufmännischen und technischen Dienstleistungen[92]. Ob dies dahingehend zu verstehen ist, dass Erwerb und Halten einer

---

87 Stadie, UStG, § 2 Rn. 72.

88 Stadie, UStG, § 2 Rn. 73.

89 Stadie, UStG, § 2 Rn. 77.

90 EuGH, Urt. v. 20.6.1991 – C-60/90 (Polysar Investments Netherlands), Slg. 1991, I-03111, Rn. 13, 14.

91 Rödder, DStR 1993, 635, 638; Bachem, BB 1994, 1608, 1610; von Wallis, FS für Rädler, 639, 661 ff.; siehe dazu auch Stadie, UR 2007, 1.

92 EuGH, Urt. v. 14.11.2000 – C-142/99 (Floridienne, Berginvest), Slg. 2000, I-9567, Rn. 19; Urt. v. 27.9.2001 – C-16/00 (Cibo Participations), Slg. 2001, I-6663, Rn. 21; Urt. v. 16.7.2015 – C-108/14, C-109/14 (Larentia + Minerva), ABl. EU 2015, Nr. C 302, 7, DStR 2015, 1673, Rn. 21.

Beteiligung zur wirtschaftlichen Tätigkeit werden, wenn der Gesellschafter seiner Gesellschaft steuerbare Eingriffsleistungen erbringt, ist nicht klar,[93] vorliegend aber auch nicht von Bedeutung. Sicher ist nämlich, dass diese Rspr. die Erbringung solcher Eingriffsleistungen voraussetzt, so dass sie nicht für die Begründung der Unternehmereigenschaft einer geschäftsleitenden Holding, die ja keine steuerbaren Ausgangsleistungen erbringt, herangezogen werden kann.

Im Jahr 2006 befasste sich der EuGH im Urteil Cassa di Risparmio di Firenze mit der Frage, ob eine Holdinggesellschaft den wettbewerbsrechtlichen Unternehmerbegriff erfüllt. Dabei übernahm er aus seiner mehrwertsteuerrechtlichen Rspr. die Formel vom unmittelbaren oder mittelbaren Eingreifen der Holding in die Verwaltung der Tochtergesellschaften, nicht jedoch das einschränkende Erfordernis des Erbringens entgeltlicher Dienstleistungen an diese, sondern ließ die Kontrolle durch tatsächliche Einflussnahme für eine mittelbare wirtschaftliche Tätigkeit ausreichen.[94] Daraus wurde in der Lit. die Hoffnung geschöpft, der EuGH könnte im Mehrwertsteuerbereich nicht mehr auf die Erbringung entgeltlicher Dienstleistungen abstellen.[95] Diese Hoffnung dürfte sich aber zumindest mittlerweile erübrigt haben, da der EuGH im Mehrwertsteuerbereich auch nach dem Urteil Cassa di Risparmio di Firenze ausführte, dass Eingriffe einer Holding in die Verwaltung ihrer Tochtergesellschaften dann eine wirtschaftliche Tätigkeit darstellen, wenn sie die Durchführung von Transaktionen einschließen, die der MwSt unterliegen, wie etwa das Erbringen von administrativen, finanziellen, kaufmännischen und technischen Dienstleistungen.[96]

Für die Auffassung, ein Gesellschafter könne mittelbarer Unternehmer sein, wurde auch die Rspr. zum erfolglosen Unternehmer und zu den sog. Fehlmaßnahmen angeführt, aus der sich ergebe, dass es den Unternehmer ohne eigene Umsätze gebe.[97] Nach der Rspr. zum erfolglosen Unternehmer gilt als zum Vorsteuerabzug berechtigter Unternehmer bereits, wer die durch objektive Anhaltspunkte belegte Absicht hat, eine zu steuerbaren Umsätzen führende wirtschaftliche Tätigkeit aufzunehmen.[98] Übertragen auf die Holdingproblematik müsse es folglich ausreichen, dass die Holding Eingangsleistungen in der Absicht bezieht, durch ein Eingreifen in die Verwaltung der Tochtergesellschaften mittelbar über diese Umsätze auszuführen.[99]

93 Siehe dazu B.I.1.b)aa).

94 EuGH, Urt. v. 10.1.2006 – C-222/04 (Cassa di Risparmio di Firenze), Slg. 2006, I-289, Rn. 110, 111, 112.

95 Stadie, UR 2007, 1, 3. Dazu, was gegen diese Hoffnung sprach, siehe Teufel, Beteiligungsverwaltung, 72.

96 EuGH, Urt. v. 6.9.2012 – C-496/11 (Portugal Telecom), Slg. 2012, 0, Rn. 34; Urt. v. 16.7.2015 – C-108/14, C-109/14 (Larentia + Minerva), ABl. EU 2015, Nr. C 302, 7, DStR 2015, 1673, Rn. 21.

97 von Wallis, FS für Rädler, 639, 664, 665.

98 Heidner in Bunjes, UStG, § 15 Rn. 56.

99 von Wallis, FS für Rädler, 639, 665.

Für die Theorie vom mittelbaren Unternehmer wird auch angeführt, der Unternehmerbegriff sei ein Typusbegriff, woraus sich ergebe, dass lediglich eine wertende Gesamtbetrachtung der jeweiligen Holdingstruktur zu sachgerechten Ergebnissen führe.[100] Bei der Beurteilung müsse im Vordergrund stehen, dass mit der USt eine gleichmäßige Belastung der Verbraucherpreise ohne Kumulationseffekte erreicht werden soll.

Für die Theorie vom mittelbaren Unternehmer wird des Weiteren angeführt, es wäre widersprüchlich, einer Holding, die an der Spitze eines faktischen Konzerns gem. § 18 Abs. 1 S. 1 AktG steht, mit der Folge, dass ihre Tätigkeit zivilrechtlich als unternehmerisch einzuordnen sei, die umsatzsteuerliche Unternehmereigenschaft abzusprechen.[101] § 18 Abs. 1 S. 3 AktG vermute, dass ein abhängiges Unternehmen mit dem herrschenden Unternehmen einen Konzern bildet.[102] Das werde dem Umstand gerecht, dass eine rechtliche Machtposition in der Regel auch für die Durchsetzung der einheitlichen Leitung genutzt wird, gebe aber zugleich eine sachgerechte Lösung für solche Konstellationen, in denen dies ausnahmsweise nicht geschieht. Aus diesem Grund biete es sich auch an, widerlegbar zu vermuten, dass die Finanzholding umsatzsteuerlicher Unternehmer ist.

Es gibt also durchaus Argumente für die Auffassung, nach der die Ausgangsleistungen einer Gesellschaft für die Zwecke des Vorsteuerabzugs ihren Gesellschaftern zuzurechnen sind.

II. Kritik an den verschiedenen Auffassungen

1. Rechtsprechung

a) Halten einer Beteiligung grds. keine wirtschaftliche Tätigkeit

Die Auffassung des EuGH, Erwerb und Halten einer Beteiligung seien keine wirtschaftlichen Tätigkeiten, überzeugt nicht:

Zunächst ist seine Argumentation zu kritisieren, nach der der bloße Erwerb von Gesellschaftsbeteiligungen keine wirtschaftliche Tätigkeit darstellt, da es sich nicht um die Nutzung eines Gegenstands zur nachhaltigen Erzielung von Einnahmen handele, weil eine etwaige Dividende als Ergebnis der gehaltenen Beteiligung Ausfluss der bloßen Innehabung des Gegenstands Beteiligung sei.

100 von Wallis, FS für Rädler, 639, 650, 664; Schmidt-Liebig, BB 1994, Beilage 20 zu Heft 29, 1, 17.

101 Tiede, Holding, 169.

102 Tiede, Holding, 171.

Der EuGH vermittelt mit ihr nämlich den Anschein, bei der umsatzsteuerlichen Einordnung der Tätigkeit eines Gesellschafters käme als Leistung nur die Nutzung von Gegenständen in Betracht. Dies führt dazu, dass er den wirtschaftlichen Gehalt der Tätigkeit der Gesellschafter in den meisten Fällen übersieht. Dieser liegt m.E. regelmäßig in der Überlassung von Eigenkapital durch den Gesellschafter an seine Gesellschaft,[103] die m.E. im Übrigen auch eine Gegenstandsnutzung darstellt[104].

Des Weiteren beantwortet die vom EuGH dafür gegebene Begründung, warum der bloße Erwerb von Gesellschaftsbeteiligungen keine Nutzung eines Gegenstands zur nachhaltigen Erzielung von Einnahmen darstellen soll, eher die Vorfrage, ob überhaupt ein Umsatz gegeben ist, als die Frage, ob das Halten einer Beteiligung auch eine Nutzung eines Gegenstands und damit eine wirtschaftliche Tätigkeit ist. Womöglich ist der EuGH daher so zu verstehen, dass seiner Auffassung nach schon gar kein Umsatz gegeben ist und in der Folge dann auch keine wirtschaftliche Tätigkeit vorliegen kann. Für diese Einordnung spricht, dass der EuGH bei der Fremdkapitalüberlassung in einem ersten Schritt fragt, ob die Zinsen in den Anwendungsbereich der MwSt fallen, was dann nicht der Fall sein soll, wenn die Zinsen auf dem bloßen Eigentum an einem Wirtschaftsgut beruhen, und in einem zweiten Schritt prüft, ob der Umsatz selbst eine wirtschaftliche Tätigkeit oder aber eine unmittelbare, dauerhafte und notwendige Erweiterung einer anderen steuerbaren Tätigkeit darstellt[105]. Aber auch bei dieser Lesart der Rspr. des EuGH wäre er dafür zu kritisieren, dass er den wirtschaftlichen Gehalt der Tätigkeit des Gesellschafters übersieht.

Darüber hinaus ist die bezeichnete Auffassung des EuGH auch im Kontext seiner Beurteilung verschiedener Fremdkapitalüberlassungsformen zu kritisieren. Mit derselben Argumentation, mit der er die Wirtschaftlichkeit des Haltens einer Beteiligung ablehnte, lehnte er auch eine wirtschaftliche Tätigkeit des Inhabers von Schuldverschreibungen ab.[106] Bei der Vergabe eines Darlehens durch eine Holdinggesellschaft an eine Tochtergesellschaft hingegen ging er von einer wirtschaftlichen Tätigkeit aus.[107] Diese beiden Formen der Fremdkapitalüberlassung unterscheiden sich ihrem wirtschaftlichen Gehalt[108] nach aber nicht. Mit der

103 Siehe dazu C.II.1.a)bb)(2).

104 Siehe dazu C.IV.4.c)aa)(7).

105 EuGH, Urt. v. 11.7.1996 – C-306/94 (Régie dauphinoise), Slg. 1996, I-03695, Rn. 17 und 18; Urt. v. 14.11.2000 – C-142/99 (Floridienne, Berginvest), Slg. 2000, I-9567. Rn. 26, 27.

106 EuGH, Urt. v. 6.2.1997 – C-80/95 (Harnas & Helm), Slg. 1997, I-745, Rn. 18. Später ging der EuGH, Urt. v. 29.4.2004 – C-77/01 (EDM), Slg. 2004, I-4295, Rn. 69 allerdings bei Schatzbriefen und Zertifikaten, die eine Form der Schuldverschreibung darstellen, vom Vorliegen einer wirtschaftlichen Tätigkeit aus.

107 EuGH, Urt. v. 14.11.2000 – C-142/99 (Floridienne, Berginvest), Slg. 2000, I-9567. Rn. 26; Urt. v. 29.4.2004 – C-77/01 (EDM), Slg. 2004, I-4295, Rn. 65.

108 Siehe dazu Fn. 116.

Argumentation, die Zinsen seien Ausfluss der bloßen Innehabung der Darlehensforderung, hätte der EuGH eigentlich auch eine wirtschaftliche Tätigkeit der darlehensvergebenden Holding verneinen können. Um konsequent zu bleiben, hätte er das sogar gemusst. Das zeigt, dass die vorliegend kritisierte Auffassung des EuGH nichts anderes als eine reine Leerformel ist.

Das Argument, die Dividenden seien dem Grunde und der Höhe nach unsicher, so dass Erwerb und Halten einer Beteiligung nicht als wirtschaftliche Tätigkeiten eingeordnet werden könnten, überzeugt ebenfalls nicht. Warum sollte sich die MwStSystRL, der es um die Besteuerung der Leistungsfähigkeit des Endverbrauchers ausgedrückt durch seinen Verbrauchsaufwand geht,[109] bei der Frage, ob ein steuerbarer Umsatz vorliegt, dafür interessieren, ob das Entgelt dem Grunde und der Höhe nach zufällig ist?

Die Aussage des EuGH im Urteil EDM, der Ertrag von Anlagen in Investmentfonds stelle nicht die unmittelbare Gegenleistung für Dienstleistungen dar, die in der Überlassung von Kapital an Dritte bestünden, und wie bei Dividenden könne ein solcher Ertrag nicht als tatsächlicher Gegenwert einer erbrachten Dienstleistung angesehen werden, könnte nahelegen, dass der EuGH das Halten einer Beteiligung für mit einer Kapitalüberlassung verbunden hält und es auch deswegen für einen nichtsteuerbaren Vorgang hält, weil die Dividenden aus seiner Sicht nicht der tatsächliche Gegenwert der Kapitalüberlassung sind und es so am unmittelbaren Zusammenhang von Leistung und Entgelt fehlt. Dagegen spricht aber, dass der EuGH die bezeichneten Ausführungen in späteren Urteilen nicht mehr aufgriff und nur noch darauf abstellte, dass der bloße Erwerb einer Beteiligung keine Nutzung eines Gegenstands sei.[110] Dass der EuGH im Urteil EDM die Auffassung vertreten haben könnte, mit dem Halten einer Beteiligung gehe eine Kapitalüberlassung einher, ist zu begrüßen. Seine eventuelle Auffassung, es liege aber keine wirtschaftliche Tätigkeit vor, da die Dividenden nicht der tatsächliche Gegenwert der Leistung seien, ist aber abzulehnen. Erstens gibt er keine Begründung dafür, warum die Dividenden nicht der tatsächliche Gegenwert sein sollen. Und zweitens hätte er, wenn er schon mit den Dividenden argumentiert, bereits das Vorliegen eines Umsatzes und nicht erst das Vorliegen einer wirtschaftlichen Tätigkeit ablehnen müssen.

Die vom BFH vor der Übernahme der Rspr. des EuGH angeführten eigenen Argumente überzeugen genausowenig:

Die Aussage, die Einnahmeerzielung durch Zufluss von Zinsen und anderen Erträgen aus Kapitalanlagen und -beteiligungen beruhe nicht auf nachhaltiger gewerblicher oder beruflicher Betätigung, da das bloße Einsammeln von

---

109 Siehe dazu C.III.1.a)bb)(1).

110 EuGH, Urt. v. 26.5.2005 – C-465/03 (Kretztechnik), Slg. 2005, I-4357, Rn. 19; Urt. v. 29.10.2009 – C-29/08 (AB SKF), Slg. 2009, I-10413, Rn. 29; Urt. v. 16.7.2015 – C-108/14, C-109/14 (Larentia + Minerva), ABl. EU 2015, Nr. C 302, 7, DStR 2015, 1673, Rn. 19.

Nutzungen aus einem Kapitalbestand nicht unternehmerisch, sondern lediglich private Kapitalansammlung sei, verbleibt nämlich eine bloße Behauptung.

Die Ergänzung, der Gesellschafter einer Personengesellschaft stehe dieser nicht in einem Austauschverhältnis gegenüber, soweit er lediglich an ihrem Gewinn oder Verlust teilnimmt, da der von der Gesellschaft erwirtschaftete Gewinn auf Grund des Gesamthandverhältnisses der gemeinsame Gewinn der Gesellschafter sei, vermag ebenfalls nicht zu überzeugen.[111]

b) Halten einer Beteiligung ausnahmsweise eine wirtschaftliche Tätigkeit

aa) Eingriffsbeteiligungen

Die Rspr. des EuGH zu den Eingriffsbeteiligungen könnte so zu verstehen sein, dass nach seiner Auffassung Erwerb und Halten einer Gesellschaftsbeteiligung dann selbst wirtschaftliche Tätigkeiten darstellen, wenn der Gesellschafter steuerbare Eingriffe in die Verwaltung der Gesellschaft vornehmen will oder vornimmt. Sie könnte aber auch so zu verstehen sein, dass der EuGH mit ihr nur den Hinweis geben will, dass bestimmte Eingriffsleistungen steuerbar sind.

Für die erste Lesart spricht, dass der EuGH mit der Formulierung „etwas anderes gilt" eindeutig an die Frage anknüpft, ob Erwerb und Halten einer Beteiligung selbst wirtschaftliche Tätigkeiten darstellen. Des Weiteren ist zu sehen, dass der EuGH im Jahr 2015 im Urteil Larentia + Minerva ausführte, das bloße Halten einer Beteiligung stelle keine wirtschaftliche Tätigkeit dar, wenn der Gesellschafter nicht an ihrer Verwaltung teilnimmt[112]. Im Übrigen streitet für die erste Lesart, dass nicht ersichtlich ist, warum der EuGH auf die Selbstverständlichkeit hinweisen sollte, dass die fraglichen Leistungen gegen Entgelt erbracht steuerbar sind.

Für die zweite Lesart spricht aber, dass der EuGH – ebenfalls im Urteil Larentia + Minerva – ausführte, eine Holdinggesellschaft, die an der Verwaltung ihrer Tochtergesellschaften teilnimmt, übe insoweit eine wirtschaftliche Tätigkeit aus[113]. Das Wort „insoweit" bezieht sich nämlich eindeutig auf die Teilnahme an der Verwaltung der Tochtergesellschaften. Des Weiteren ist die Äußerung des EuGH im selben Urteil, nach der Holdinggesellschaften aufgrund der wirtschaftlichen Tätigkeit mehrwertsteuerpflichtig sind, die aus den Leistungen besteht, die sie an ihre Tochtergesellschaften gegen Entgelt erbringen,[114] zu sehen.

---

111 Siehe dazu C.III.1.a)bb)(1) bis (3).

112 EuGH, Urt. v. 16.7.2015 – C-108/14, C-109/14 (Larentia + Minerva), ABl. EU 2015, Nr. C 302, 7, DStR 2015, 1673, Rn. 29.

113 EuGH, Urt. v. 16.7.2015 – C-108/14, C-109/14 (Larentia + Minerva), ABl. EU 2015, Nr. C 302, 7, DStR 2015, 1673, Rn. 25.

114 EuGH, Urt. v. 16.7.2015 – C-108/14, C-109/14 (Larentia + Minerva), ABl. EU 2015, Nr. C 302, 7, DStR 2015, 1673, Rn. 28.

Diese Frage kann aber offenbleiben. Es ist nämlich eindeutig, dass der EuGH auch dann, wenn das Halten einer Beteiligung mit steuerbaren Eingriffsleistungen einhergeht, in dem Halten der Beteiligung selbst keinen steuerbaren Umsatz erkennt.

Sollte der EuGH die erste Lesart intendiert haben, dann wäre er dafür zu kritisieren, dass nicht ansatzweise nachvollziehbar ist, warum eine Tätigkeit, die seiner Auffassung nach grds. nichtwirtschaftlich ist, weil es seiner Auffassung nach vermutlich schon an einem Umsatz fehlt, plötzlich doch wirtschaftlich sein soll, wenn sie mit steuerbaren Leistungen einhergeht. Weiterhin wäre dann zu kritisieren, dass der EuGH den Begriff der wirtschaftlichen Tätigkeit auch für einen Bereich verwendete, in dem seiner Auffassung nach vermutlich schon gar keine Leistungen gegen Entgelt erbracht werden.

Sollte der EuGH hingegen die zweite Lesart intendiert haben, dann wären die bezeichneten Ausführungen als völlig überflüssig zu kritisieren, weil sie dann nur die Selbstverständlichkeit widergäben, dass die fraglichen Leistungen gegen Entgelt erbracht steuerbar sind.

bb) Gewerbsmäßiger Wertpapierhandel

An der Auffassung des EuGH zum gewerbsmäßigen Wertpapierhandel überzeugt m.E. schon ihr Ausgangspunkt nicht, nach dem die Veräußerung einer Beteiligung keine wirtschaftliche Tätigkeit darstellen kann, da Erwerb und Halten einer Beteiligung ebenfalls keine wirtschaftlichen Tätigkeiten seien. Die Argumente des EuGH gegen die Wirtschaftlichkeit des Haltens einer Beteiligung legen es nahe, dass er beim Halten einer Beteiligung schon gar keinen Umsatz sieht und damit dann auch die Wirtschaftlichkeit des Haltens einer Beteiligung ablehnt.[115] Aus dem Nichtvorliegen eines Umsatzes beim Halten einer Beteiligung kann man aber nicht die Nichtwirtschaftlichkeit einer Beteiligungsveräußerung schließen, gerade dann nicht, wenn man die Beteiligungsveräußerung für einen Umsatz hält.

Des Weiteren ergibt sich m.E. bei der maßgeblichen wirtschaftlichen Betrachtung[116] auch in den Fällen des gewerblichen Wertpapierhandels, dass der Wertpapierhändler während der Zeit des Haltens der Beteiligungen, mit denen er handelt, selbst wenn die Haltedauer nur sehr kurz ist, den Gesellschaften, an denen die jeweiligen Beteiligungen bestehen, Eigenkapital überlässt.

---

115 Siehe dazu B.II.1.a).

116 Nach dem gesetzgeberischen Willen ist für die steuerrechtliche Behandlung den wirtschaftlichen Umständen der Vorrang vor der Zivilrechtslage einzuräumen. Nach BFH, Urt. v. 17.2.2004 – VIII R 26/01, BStBl. II 2004, 651, BFHE 205, 204, Rn. 33 sind § 39 AO (Zurechnung) und § 41 AO (unwirksame Rechtsgeschäfte) Ausdruck dieser wirtschaftlichen Betrachtungsweise.

cc) Förderung einer unternehmerischen Tätigkeit

Die Auffassung des BFH, Beteiligungen könnten in die unternehmerische Sphäre fallen, wenn sie eine unternehmerische Tätigkeit fördern, mit der Folge, dass der Gesellschafter die auf den beteiligungsbezogenen Eingangsleistungen lastende Vorsteuer abziehen kann, erscheint in sich zwar stimmig, auch wenn m.E. zu bezweifeln ist, ob der Begriff der unternehmerischen Sphäre wirklich zielführend ist, schon allein deswegen, da das Gesetz ihn nicht vorsieht.

M.E. übersieht der BFH aber auch hier, dass der Gesellschafter bei der maßgeblichen wirtschaftlichen Betrachtung[117] seiner Gesellschaft Eigenkapital überlässt, und zwar unabhängig davon, welche Rolle seine Beteiligung im Gefüge seiner restlichen unternehmerischen Tätigkeit darstellt.

dd) Vermögensverwalter

Dass der EuGH die Tätigkeit eines Fonds, der beim Publikum beschaffte Gelder für gemeinsame Rechnung in Gesellschaftsanteile anlegt, damit für steuerbar erklärt, dass sie über den bloßen Erwerb und den bloßen Verkauf von Gesellschaftsanteilen hinausgeht und der nachhaltigen Erzielung von Einnahmen dient und damit eine wirtschaftliche Tätigkeit darstellt, ist viel zu umständlich. Es kann nämlich kein Zweifel daran bestehen, dass einer, der das Vermögen anderer entgeltlich verwaltet, diesen damit eine steuerbare Leistung erbringt.

c) Erbringen von Einlagen

Die Auffassung des BFH, in dem Erbringen einer Sacheinlage gegen Gewährung der Gesellschafterstellung könne ein steuerbarer Umsatz liegen, ist in mehrfacher Hinsicht zu kritisieren:

Die Gesellschafter erlangen ihre Gesellschafterstellung durch den Abschluss des Gesellschaftsvertrags mit ihren Mitgesellschaftern. Die Gesellschaftsanteile gelangen so direkt in der Person der Vertragsschließenden zur Entstehung. Das gilt nicht nur in der Situation der Gründung einer Gesellschaft, sondern auch in der Situation der Aufnahme weiterer Gesellschafter, und zwar selbstverständlich auch dann, wenn die Gesellschaft zur Vereinfachung von den bisherigen Gesellschaftern dazu entsprechend bevollmächtigt wurde. Damit können die Gesellschaftsanteile in diesen Situationen nicht Gegenstand einer Übertragung und erst recht nicht einer Übertragung von der Gesellschaft auf die Gesellschafter sein. Selbst wenn man doch von einer Übertragung der Gesellschaftsanteile von der Gesellschaft auf die Gesellschafter ausgehen wollte, ist zu sehen, dass der Gesellschaftsanteil als Ansammlung von Rechten und Pflichten nicht Gegenstand einer Leistung sein kann[118] und damit auch nicht als Entgelt taugt. Auch kann die Entstehung des

---

117 Siehe dazu Fn. 116.
118 Siehe dazu D.I.2.b).

Gesellschaftsanteils in der Person der Vertragsschließenden nicht als Leistung der Gesellschaft aufgefasst werden. Das zeigt sich in der Situation der Gründung einer Gesellschaft. Hier entstehen Gesellschaft und Gesellschaftsanteil in derselben juristischen Sekunde. Wie soll jemand etwas leisten, das zu exakt demselben Zeitpunkt wie er selbst entsteht?

Des Weiteren verkennt der BFH m.E. auch an dieser Stelle den wirtschaftlichen Gehalt der Tätigkeit der Gesellschafter. Diese überlassen ihren Gesellschaften beginnend mit der Erbringung der Sacheinlage Eigenkapital und werden dafür am Gesellschaftsgewinn beteiligt. Das ist der entscheidende Umsatz. Zu diesem gesellt sich bei der Erbringung einer Sacheinlage dann noch eine weitere Leistung.[119]

Hinzu kommt, dass Art. 19 Abs. 1 MwStSystRL, der Richtlinienvorschrift zur Geschäftsveräußerung im Ganzen, nach der die Mitgliedstaaten die Übertragung eines Gesamtvermögens oder eines Teilvermögens, die durch die Einbringung in eine Gesellschaft erfolgt, so behandeln können, als läge keine Lieferung von Gegenständen vor, anders als vom BFH vertreten, nicht entnommen werden kann, dass in der Erbringung einer Sacheinlage gegen Gewährung von Gesellschaftsanteilen ein steuerbarer Umsatz liegen muss. Diese Vorschrift sagt nämlich nichts zum Entgelt aus.

Dass die Gesellschaftsteuerrichtlinie[120] der Annahme, dass in der Erbringung einer Sacheinlage gegen Gewährung von Gesellschaftsanteilen ein Umsatz bestehen kann, nicht entgegenstünde, ist sicherlich richtig. Schließlich regelt sie heute in Art. 6 Abs. 1 lit. f) (früher: Art. 12 Abs. 1 lit. f)), dass die Mitgliedstaaten unbeschadet des Verbots, von Kapitalgesellschaften indirekte Steuern auf Kapitalzuführungen zu erheben, die MwSt erheben dürfen. Ihr lässt sich aber nicht entnehmen, dass in der Erbringung einer Sacheinlage gegen Gewährung von Gesellschaftsrechten ein steuerbarer Umsatz liegen kann.

2. Verwaltung

Die Verw. hat im Großen und Ganzen die Auffassungen der Rspr. übernommen. Damit ist hier auf die bereits geäußerte Kritik an der Rspr. zu verweisen.

3. Auffassung, nach der die Organschaft die Unternehmereigenschaft vermitteln kann

M.E. lässt sich nicht sagen, der Gesetzgeber hätte statt der Eingliederung der juristischen Person in das Unternehmen des Organträgers ihre Eingliederung in das Unternehmen eines anderen Unternehmers verlangen müssen, um eine lediglich auf der Organschaft beruhende Unternehmereigenschaft zu vermeiden.

---

119 Siehe dazu C.II.1.b)bb) und C.II.2.b)bb)(1) und (3).

120 RL 2008/7/EG des Rates der Europäischen Union vom 12. Februar 2008 betreffend die indirekten Steuern auf die Ansammlung von Kapital, ABl. L 46 v. 21.2.2008, 11.

Der Begriff des Organträgers ist eigentlich auf der Rechtsfolgenseite der Organschaftsregelung angesiedelt. Nur dann, wenn die Voraussetzungen der Organschaft vorliegen, kann man vom Organträger und von den Organgesellschaften sprechen. Vor der Bejahung ihres Vorliegens muss man vom potenziellen Organträger und von den potenziellen Organgesellschaften sprechen. In dem die Organschaftsregelung auf der Tatbestandsseite von der Eingliederung der juristischen Person in das Unternehmen des Organträgers spricht, ist sie also in ihrer Formulierung unsauber. Sie kann nur die Eingliederung in das Unternehmen des potenziellen Organträgers meinen. Damit ergibt sich aus der gegebenen Gesetzesformulierung, dass es keiner anderen bedurft hätte, um eine lediglich auf der Organschaft beruhende Unternehmereigenschaft zu vermeiden.

Auch der Vergleich mit der umsatzsteuerlichen Einordnung der Arbeitnehmerleistungen überzeugt nicht. Zunächst übersieht er, dass es sich bei den Arbeitnehmerleistungen um Leistungen des Arbeitnehmers an den Arbeitgeber und nicht um Leistungen des Arbeitnehmers an Dritte handelt. In der Folge kann § 2 Abs. 2 Nr. 1 UStG auch nicht dazu führen, dass diese Leistungen als Leistungen des Arbeitgebers an Dritte qualifizieren. Diese Vorschrift ordnet lediglich an, dass diese Leistungen nicht zu einer selbständigen Tätigkeit des Arbeitnehmers führen. Des Weiteren ist zu sehen, dass juristische Personen sehr wohl auch ohne eigene Arbeitnehmer eine unternehmerische Tätigkeit entfalten können. Sie können nämlich selbständige Dritte für die Erfüllung ihrer Leistungsversprechen einschalten. Hinzu kommt, dass nicht ersichtlich ist, warum aus der Regelung zur Unselbständigkeit der Arbeitnehmer zwingende Schlüsse für die Organschaft zu ziehen sein sollten.

Der Umstand, dass der Gesetzgeber mit der ersten Organschaftsregelung in § 2 Abs. 2 Nr. 2 UStG 1934 die einschlägige Rspr. des RFH niederschreiben wollte, und diese nicht verlangte, dass der potenzielle Organträger eigene steuerbare Umsätze erbringen muss, streitet jedoch dafür, dass auch nach der heutigen Organschaftsregelung der potenzielle Organträger keine steuerbaren Umsätze erbringen muss.

Es ist auch richtig, dass bei der Auslegung der Organschaftsregelung Art. 11 Abs. 1 MwStSystRL berücksichtigt werden muss, und dass nach dieser Vorschrift nicht alle Mitglieder einer Mehrwertsteuergruppe Steuerpflichtige sein müssen. Es ist aber nicht ausgeschlossen, dass die Beschränkung der Mehrwertsteuergruppe auf Steuerpflichtige den Mitgliedstaaten als erforderliche Maßnahme zur Vorbeugung von Steuerhinterziehungen oder -umgehungen gem. Art. 11 Abs. 2 MwStSystRL gestattet ist.

Es ist also nicht eindeutig, ob der potenzielle Organträger eigene steuerbare Umsätze erbringen muss oder nicht. Man darf aber nicht übersehen, dass es für seine durch die Organschaftsregelung vermittelte Unternehmereigenschaft neben der finanziellen und der organisatorischen Eingliederung auch noch der wirtschaftlichen Eingliederung bedürfte, deren Vorliegen bei der reinen Finanzholding nicht ganz unproblematisch wäre.

Selbst wenn man aber alle Eingliederungsvoraussetzungen bejahen wollte, bedeutete das nicht, dass eine reine Finanzholding die Vorsteuern abziehen kann, die auf ihren beteiligungsbezogenen Eingangsleistungen lasten. Eine Rechtsfolge der Organschaft ist zwar die Nichtsteuerbarkeit der sog. Innenumsätze. Das bedeutet aber nicht zwingend, dass auch das Halten der Finanzbeteiligungen, aus der Sicht der Rspr. eine nichtwirtschaftliche Tätigkeit und damit grds. vorsteuerabzugsschädlich, auszublenden wäre, auch wenn der BFH im Jahr 2013 genau dies im Vorlagebeschluss XI R 38/12 angedacht hat[121]. So machte auch die irische Regierung im Verfahren Kommission/Irland geltend, bei der Einbeziehung eines Nichtsteuerpflichtigen in eine Mehrwertsteuergruppe werde zwar keine MwSt erhoben, wenn diese Einheit Gegenstände oder Dienstleistungen von einem anderen Mitglied dieser Gruppe bezieht, ihre nichtwirtschaftlichen Tätigkeiten würden jedoch berücksichtigt, wenn es darum geht, das Recht dieser Gruppe auf Vorsteuerabzug zu bestimmen, so als sei das Unternehmen als eine einzige Person strukturiert.[122]

Schließlich ist zu sehen, dass die Wirkungen der Organschaft auf inländische Unternehmensteile und darüber hinaus in Deutschland auch auf Kapitalgesellschaften beschränkt sind.

4. Theorie vom mittelbaren Unternehmer

Nach einer Ausprägung der Theorie vom mittelbaren Unternehmer sind einem Gesellschafter für die Zwecke des Abzugs der Vorsteuer, die auf den Eingangsleistungen lastet, die er anlässlich der Erbringung unentgeltlicher Leistungen an seine Gesellschaft bezieht, die Umsätze seiner Gesellschaft zuzurechnen, mit der Folge, dass er die bezeichnete Vorsteuer insoweit abziehen kann, als seine Gesellschaft zum Vorsteuerabzug berechtigende Umsätze erbringt. Nach einer anderen Ausprägung dieser Theorie sind einem geschäftsleitenden Gesellschafter für die Zwecke des Abzugs der Vorsteuer, die auf den Eingangsleistungen lastet, die er als geschäftsleitender Gesellschafter bezieht, die Umsätze seiner Gesellschaft zuzurechnen.

Dem BFH ist darin zuzustimmen, dass die für die Zurechnung nach der ersten Ausprägung der Theorie vom mittelbaren Unternehmer ins Feld geführten Argumente nicht überzeugen. Insbesondere lässt sich nicht sagen, dass die Eingangsleistungen des Gesellschafters unmittelbar durch seine Gesellschaft verwendet werden. Es ist nämlich der Gesellschafter, der die Eingangsleistung verwendet, und zwar für eine Leistung an seine Gesellschaft. Auch lässt sich nicht sagen, dass die Zurechnung nötig sei für die Herstellung von Wettbewerbsneutralität zwischen dem Einzelunternehmer und demjenigen, der sich mit einer Personengesellschaft unternehmerisch betätigt. Bei einem Belastungsvergleich muss nämlich bspw. auch die Tatsache miteinbezogen werden, dass ein vom Gesellschafter erworbener

121 BFH, EuGH-Vorlage v. 11.12.2013 – XI R 38/12, BStBl. II 2014, 428, BFHE 244, 94, Rn. 56.

122 EuGH, Urt. v. 9.4.2013 – C-85/11 (Kommission/Irland), ABl. EU 2013, Nr. C 156, 3, DStR 2013, 806, Rn. 32.

Gegenstand, den er seiner Gesellschaft unentgeltlich überlässt, bei der Weiterveräußerung nicht mit MwSt belastet wird. Außerdem ist m.E. zu sehen, dass es zu einer der Vorsteuerbelastung des Gesellschafters vergleichbaren Belastung mit Vorsteuer auch dann kommt, wenn ein Dritter einem Einzelunternehmer einen Gegenstand unentgeltlich überlässt, die Belastung also nichts mit der Organisationsform der wirtschaftlichen Tätigkeit zu tun hat.

Des Weiteren lässt sich die theoretische Grundlage der Zwischenvermietungsurteile nicht auf die vorliegende Konstellation übertragen, da die Umsätze der Gesellschaft regelmäßig nicht vollumfänglich mit den Leistungsbezügen des Gesellschafters verwirklicht werden, man also die Umsätze der Gesellschaft nicht als ausgelagerte Umsätze des Gesellschafters einordnen kann. Im Übrigen stimmt es zwar, dass es der Wille des Gesetzgebers ist, nur den Endverbraucher mit USt zu belasten. Es lässt sich aber nicht sagen, ob er in der vorliegenden Konstellation davon ausging, dass beim Gesellschafter kein Endverbrauch vorliegt.

Auch die Zurechnung nach der zweiten Ausprägung der Theorie vom mittelbaren Unternehmer überzeugt nicht. Zunächst ist zu sehen, dass sie sich nicht auf die Entscheidung Polysar Investments Netherlands des EuGH stützen lässt. Es ist nicht klar, ob diese Entscheidung und seine Folgeurteile dahingehend zu verstehen sind, dass Erwerb und Halten einer Beteiligung zur wirtschaftlichen Tätigkeit werden, wenn der Gesellschafter seiner Gesellschaft steuerbare Eingriffsleistungen erbringen möchte respektive erbringt.[123] Klar ist aber, dass es dafür steuerbarer Eingriffsleistungen bedürfte, die ein geschäftsleitender Gesellschafter gerade nicht erbringt. Der EuGH-Entscheidung Cassa di Risparmio di Firenze lässt sich auch nichts Gegenteiliges entnehmen.[124]

Genauso wenig lässt sich diese Zurechnung auf die Rspr. zum erfolglosen Unternehmer oder auf die Rspr. zu den sog. Fehlmaßnahmen stützen. In beiden Fällen bejaht die Rspr. zwar den Vorsteuerabzug, obwohl keine steuerbaren Umsätze erbracht werden. Diese Rspr. beantwortet aber nur die Frage, ob der Vorsteuerabzug dann zu gewähren ist, wenn einer eine eigene Leistungserbringung plant, es zu dieser aber nicht mehr kommt. Sie beantwortet hingegen nicht die Frage, ob der Vorsteuerabzug zulässig ist, wenn keine eigenen Umsätze erbracht werden und die Erbringung eigener Umsätze auch nicht geplant ist.

§ 2 Abs. 1 S. 3 UStG legt zwar fest, dass gewerblich oder beruflich jede nachhaltige Tätigkeit zur Erzielung von Einnahmen ist, so dass man tatsächlich auf die Idee kommen könnte, dass die Vorschrift keine eigenen Umsätze des Steuerpflichtigen verlangt. Es ist aber zu sehen, dass der Regelungsgehalt der §§ 1 und 2 UStG vor dem UStG 1934 in einer Norm, dem damaligen § 1 Nr. 1 UStG zusammengefasst war, und der Gesetzgeber des UStG 1934 mit der Aufspaltung dieser Norm in zwei

123 Siehe dazu B.II.1.b)aa).

124 Siehe dazu B.I.4.

§§ keine Rechtsänderung herbeiführen wollte.[125] § 2 Abs. 1 S. 3 UStG ist daher so zu lesen, dass die Tätigkeit auf die Erzielung von Einnahmen durch die Erbringung von Leistungen gegen Entgelt gerichtet sein muss.

Die Argumentation mit dem Charakter des Unternehmerbegriffs als Typusbegriff trägt ebenfalls nicht. Nach einer Auffassung handelt es sich bei dem Unternehmerbegriff tatsächlich um einen Typusbegriff.[126] Typusbegriffe sollen nicht nur über geschriebene, sondern auch über ungeschriebene Tatbestandsmerkmale verfügen. Sie sollen dann erfüllt sein, wenn ihre wichtigsten Tatbestandsmerkmale vorliegen. Dies wird teilweise damit umschrieben, dass bei Typusbegriffen eine wertende Gesamtbetrachtung vorgenommen werden müsse. Es mag sein, dass es sich bei dem Unternehmerbegriff um einen Typusbegriff handelt. Es darf aber nicht übersehen werden, dass der Unternehmerbegriff die Aufgabe hat, die gegen Entgelt erbrachten Leistungen in steuerbare und nichtsteuerbare zu scheiden. Das zeigt § 1 Abs. 1 Nr. 1 S. 1 UStG ganz eindeutig, nach dem Lieferungen und sonstige Leistungen gegen Entgelt nur dann der USt unterliegen, wenn sie von einem Unternehmer ausgeführt werden. Daraus ergibt sich zwangsläufig, dass Unternehmer nur sein kann, wer eigene Leistungen erbringt. Es ist auch nicht ersichtlich, warum der Unternehmerbegriff im Rahmen des Vorsteuerabzugs anders ausgelegt werden sollte.

Die Überlegung, dass es zivilrechtlichen Wertungen widerspräche, wenn man Gesellschaftern, die die Spitze eines faktischen Konzerns bilden, die Eigenschaft als umsatzsteuerlicher Unternehmer vorenthielte, überzeugt ebenfalls nicht. Konzernrecht und Umsatzsteuerrecht verfolgen nämlich verschiedene Zielsetzungen. Hinzu kommt, dass der Begriff des Unternehmers auf dem Richtlinienbegriff des Steuerpflichtigen beruht, sodass nationale zivilrechtliche Regelung zur Auslegung des Unternehmerbegriffs nicht herangezogen werden können.

III. Zusammenfassung

Sowohl der EuGH als auch der BFH – mittlerweile dabei an die Rspr. des EuGH anknüpfend – stehen auf dem Standpunkt, der bloße Erwerb und das bloße Halten einer Beteiligung seien keine wirtschaftlichen respektive unternehmerischen Tätigkeiten. Diese Auffassung ist insbesondere dafür zu kritisieren, dass sie übersieht, dass mit dem Halten einer Gesellschaftsbeteiligung bei der maßgeblichen wirtschaftlichen Betrachtung regelmäßig eine Eigenkapitalüberlassung einhergeht.

---

125 Siehe dazu BFH, Urt. v. 17.7.1980 – V R 5/72, BStBl. II 1980, 622, BFHE 131, 114, Rn. 16 ff.

126 Zum Charakter des Unternehmerbegriffs siehe C.IV.2.

Nach Auffassung von EuGH und BFH soll aber dann etwas anderes gelten, wenn die Beteiligung unbeschadet der Rechte, die dem Gesellschafter in seiner Eigenschaft als Gesellschafter zustehen, mit unmittelbaren oder mittelbaren Eingriffen in die Verwaltung der Gesellschaft einhergeht, an der die Beteiligung besteht, wobei die Eingriffe des Gesellschafters in die Verwaltung seiner Gesellschaft als wirtschaftliche Tätigkeit anzusehen seien, soweit sie die Vornahme von Tätigkeiten einschließen, die der MwSt unterliegen, wie etwa die Erbringung von administrativen, finanziellen, kaufmännischen und technischen Dienstleistungen. Sollte diese Auffassung so zu verstehen sein, dass in diesen Fällen das Halten selber eine wirtschaftliche Tätigkeit darstellt, dann wäre der EuGH insbesondere dafür zu kritisieren, dass es nicht ansatzweise nachvollziehbar ist, warum eine Tätigkeit, die seiner Auffassung nach grds. nichtwirtschaftlich ist, weil es seiner Auffassung nach schon an einem Umsatz fehlt, plötzlich doch wirtschaftlich sein soll, wenn sie mit steuerbaren Leistungen einhergeht. Sollte diese Auffassung als Hinweis darauf zu verstehen sein, dass die Eingriffsleistungen steuerbar sein können, wenn sie gegen Entgelt erbracht werden, dann hätte der EuGH damit lediglich eine Selbstverständlichkeit angemerkt.

Die Auffassung des BFH, die Gesellschafter könnten mit einer Sacheinlage gegen Beteiligung an der Gesellschaft einen steuerbaren Umsatz erbringen, ist insbesondere deswegen zu kritisieren, da die Gesellschafter die Gesellschaftsbeteiligung durch den Abschluss des Gesellschaftsvertrags mit ihren Mitgesellschaftern erhalten und die Gesellschaftsbeteiligung damit als Entgelt der Gesellschaft für das Erbringen einer Sacheinlage ausfallen muss. Auch ist zu sehen, dass die Gesellschaftsbeteiligung als Ansammlung von Rechten und Pflichten gar kein einheitliches Entgelt sein könnte.

Die Verw. hat im Großen und Ganzen die Auffassung der Rspr. übernommen. Damit ist an ihr die gleiche Kritik wie an der Rspr. zu üben.

Nach einer Auffassung sind einem Gesellschafter die Umsätze seiner Gesellschaft zuzurechnen, wenn er mit dieser organschaftlich verbunden ist. Die an dieser Stelle auszutauschenden Argumente sprechen m.E. weder eindeutig für noch gegen diese Auffassung. Es ist aber zu sehen, dass bei einer reinen Finanzholding das Vorliegen der wirtschaftlichen Eingliederung nur schwer bejaht werden könnte. Des Weiteren führt die Organschaftsregelung zwar dazu, dass die sog. Innenumsätze nicht steuerbar sind. Es ist aber nicht klar, ob nach ihr auch nichtwirtschaftliche Tätigkeiten auszublenden sind. Es könnte also sein, dass das Vorliegen der Organschaft dem Organträger für den Abzug der Vorsteuer, die auf den von ihm bezogenen Eingangsleistungen lastet, womöglich überhaupt nicht weiterhülfe.

Nach einer weiteren Auffassung sind einem Gesellschafter, der seiner Gesellschaft unentgeltlich Leistungen erbringt, die Ausgangsleistungen seiner Gesellschaft für die Zwecke des Abzugs der Vorsteuern, die auf den Eingangsleistungen lasten, die er für die unentgeltlichen Leistungen an seine Gesellschaft bezieht, zuzurechnen. Vergleichbar sollen einer geschäftsleitenden Holding die Umsätze ihrer Tochtergesellschaften zuzurechnen sein. Gegen die erste Zurechnung spricht insbesondere, dass sich nicht sagen lässt, dass die Eingangsleistungen des Gesellschafters unmittelbar durch seine Gesellschaft verwendet werden. Es ist nämlich der Gesellschafter, der die Eingangsleistungen verwendet, und zwar für seine unentgeltlichen Leistungen an seine Gesellschaft. Gegen die zweite Zurechnung spricht insbesondere, dass sich § 1 Abs. 1 Nr. 1 S. 1 UStG ganz eindeutig entnehmen lässt, dass Unternehmer nur sein kann, wer eigene Leistungen erbringt.

C. Eigene Auffassung

I. Einleitung

M.E. geht mit dem Halten von Gesellschaftsbeteiligungen regelmäßig eine umsatzsteuerliche Leistung einher, und zwar die Überlassung von Eigenkapital.[127] Dieser steht bspw. mit den ausgeschütteten oder entnommenen Gewinnen auch ein Entgelt gegenüber. Sie stellt eine unternehmerische Tätigkeit dar. Und wenn der Gesellschafter nicht zu ihrer Steuerpflicht optiert, ist sie steuerfrei.

II. Leistung

1. Kapitalgesellschaften

a) Bareinlage

aa) Gesellschaftsrechtliche Einordnung

Die Verpflichtung eines Gesellschafters einer GmbH zur Erbringung einer Bareinlage anlässlich der Gründung seiner Gesellschaft ergibt sich aus dem Gesellschaftsvertrag oder aus der mit dem Abschluss des Gesellschaftsvertrags verbundenen Übernahme eines Gesellschaftsanteils.[128] Die entsprechende Verpflichtung eines Aktionärs ergibt sich aus der Satzung oder aus seiner in der Mitwirkung an der Feststellung der Satzung liegenden Übernahme der Aktien.[129] Bareinlagen können bspw. durch die Barzahlung des entsprechenden Geldbetrags an die Gesellschaft oder durch die Überweisung dieses Geldbetrags auf ein Konto der Gesellschaft erbracht werden.[130]

Bareinlagen spielen aber nicht nur bei der Gründung von Kapitalgesellschaften eine Rolle, sondern auch im Rahmen von effektiven Kapitalerhöhungen[131]. Diese

---

127 Dies sollte bspw. dann nicht der Fall sein, wenn ein Komplementär an seiner KG zu null beteiligt ist und im Hinblick auf die Haftungsübernahme auch keine Vergütung erhält.

128 Ebbing in Michalski, GmbHG, § 19 Rn. 3, Schwandtner in MüKo GmbHG, § 19 Rn. 12.

129 Bungeroth in MüKo AktG, § 54 Rn. 4.

130 Schäfer, Gesellschaftsrecht, § 35 Rn. 4, § 42 Rn. 2.

131 Anders als bei einer effektiven Kapitalerhöhung kommt es bei einer nominellen Kapitalerhöhung nicht zu einem Mittelfluss von den Gesellschaftern an die Gesellschaft. Es werden lediglich Rücklagen in Stammkapital (§ 57c Abs. 1 GmbHG) oder die Kapitalrücklage und/oder Gewinnrücklagen in Grundkapital (§ 207 Abs. 1 AktG) umgewandelt. Dies führt zu einer Vergrößerung des Haftungsvermögens.

bedürfen eines gesellschaftsvertragsändernden Beschlusses der Gesellschafter (§ 53 Abs. 1 GmbHG i.V.m. § 55 Abs. 1 GmbHG und § 179 Abs. 1 S. 1 AktG i.V.m. § 182 Abs. 1 S. 1 AktG). Erst die Übernahme eines oder mehrerer Geschäftsanteile (§ 55 Abs. 1 GmbHG)[132] oder die Zeichnung einer oder mehrerer Aktien (§ 185 AktG)[133] aber führt zur Verpflichtung des (neuen) Gesellschafters, die Bareinlage zu erbringen. Dabei kommt es zu einem Vertragsschluss zwischen dem dann zur Bareinlage Verpflichteten und der Gesellschaft. Die Geschäftsführer respektive der Vorstand können aber auch im Gesellschaftsvertrag zum Zeitpunkt der Gründung der Gesellschaft oder später durch die Änderung des Gesellschaftsvertrags dazu ermächtigt werden, das Stammkapital respektive das Grundkapital bis zu einem bestimmten Nennbetrag (sog. genehmigtes Kapital) durch die Ausgabe neuer Gesellschaftsanteile respektive Aktien gegen Einlagen zu erhöhen (§ 55a GmbHG und § 202 AktG). Auch bei dieser Art der effektiven Kapitalerhöhung kommt es erst durch die Übernahme von Geschäftsanteilen respektive die Zeichnung von Aktien durch die (neuen) Gesellschafter zur Verpflichtung dieser, eine Bareinlage zu erbringen.[134] Auch hier kommt es zu einem Vertragsschluss zwischen dem dann zur Bareinlage Verpflichteten und der Gesellschaft. Bei einer bedingten Kapitalerhöhung (§§ 192 ff. AktG) ergibt sich die Verpflichtung des (Neu-) Aktionärs zur Bareinlage aus seiner Bezugs- oder Umtauscherklärung (§ 198 Abs. 2 S. 1 AktG). Aber auch hier bedarf es noch einer korrespondierenden Willenserklärung der AG.[135]

bb) Umsatzsteuerliche Beurteilung

(1) Allgemein zur umsatzsteuerlichen Leistung

Das UStG bestimmt in § 3 Abs. 1, dass Lieferungen Leistungen sind, durch die der Unternehmer den Abnehmer befähigt, im eigenen Namen über einen Gegenstand zu verfügen. Weiterhin regelt es in § 3 Abs. 9 S. 1, dass sonstige Leistungen Leistungen sind, die keine Lieferungen sind. Daraus ergibt sich, dass der Begriff „Leistung" der Oberbegriff ist, während die Begriffe „Lieferung" und „sonstige Leistung" die dazugehörigen Unterbegriffe sind. In § 3 Abs. 9 S. 2 regelt das UStG noch, dass sonstige Leistungen auch in einem Unterlassen oder im Dulden einer Handlung oder eines Zustands bestehen können.

In der MwStSystRL findet der Begriff „Leistung" sein Pendant im Begriff „Umsatz". Dies zeigt sich in Art. 2 Abs. 1 lit. a) und c) MwStSystRL, nach dem der MwSt die Umsätze „Lieferungen von Gegenständen" und „Dienstleistungen" unterliegen. Die Begriffe „Lieferungen von Gegenständen" und „Dienstleistungen" sind

132 Ebbing in Michalski, GmbHG, § 19 Rn. 3.
133 Schürnbrand in MüKo AktG, § 185 Rn. 1.
134 Lieder in MüKo GmbHG, § 55a Rn. 47; Bayer in MüKo AktG, § 203 Rn. 13.
135 Fuchs in MüKo AktG, § 198 Rn. 25.

also Unterbegriffe des Oberbegriffs „Umsatz". Art. 24 Abs. 1 MwStSystRL nimmt die Abgrenzung der beiden Unterbegriffe vor, indem er bestimmt, dass als Dienstleistung jeder Umsatz gilt, der keine Lieferung von Gegenständen ist. Im Übrigen regelt Art. 25 lit. b) MwStSystRL noch, dass die Verpflichtung, eine Handlung zu unterlassen oder eine Handlung oder einen Zustand zu dulden, eine Dienstleistung sein kann.[136] Damit decken sich die Regelungen des UStG zur Leistung und die der MwStSystRL zum Umsatz. Im Gesetz findet sich aber keine allgemeine Definition dieser beiden Begriffe.

Nach einer Auffassung ist der umsatzsteuerliche Begriff der Leistung so wie der Begriff der Leistung i.S.d. § 241 BGB zu verstehen.[137] Der umsatzsteuerliche Leistungsbegriff sei nämlich historisch aus dem BGB gewachsen, was sich daran zeige, dass der Gesetzgeber des § 3 Abs. 1 UStG 1967 in der Gesetzesbegründung ausdrücklich auf § 241 BGB Bezug genommen habe.[138] Für das Vorliegen einer umsatzsteuerlichen Leistung sei es so nicht nötig, dass mit der Leistung die Übertragung wirtschaftlicher Substanz verbunden ist. Die Übertragung wirtschaftlicher Substanz hatte der BFH im Jahr 1986 in einem Urteil zur Frage, in welchem Verhältnis die Regelung des Kommissionsgeschäfts (§ 3 Abs. 3 UStG) zur Regelung der Lieferung (§ 3 Abs. 1 UStG) steht, für das Vorliegen einer Lieferung verlangt und darauf aufbauend das Vorliegen einer Lieferung nach der allgemeinen Regel des § 3 Abs. 1 UStG zwischen dem Kommittenten und dem Kommissionär im Falle einer Verkaufskommission abgelehnt.[139] § 3 Abs. 3 UStG fingiere dann eine Lieferung zwischen dem Kommittenten und dem Kommissionär. In der Folge dieses Urteils wurde in der Lit. die Übertragung wirtschaftlicher Substanz als Voraussetzung einer jeden Leistung angesehen.[140] Nach der bezeichneten Auffassung ist für die Steuerbarkeit aber vielmehr die Beantwortung der Frage entscheidend, für welches Handeln oder Unterlassen i.S.d. § 241 BGB der Abnehmer das Entgelt zahlt.[141] Die Übertragung wirtschaftlicher Substanz sei nur das Spiegelbild der Entgeltlichkeit der Leistung.

Nach einer anderen Auffassung lässt sich der umsatzsteuerliche Begriff der Leistung lediglich in Anlehnung an den Begriff der Leistung i.S.d. § 241 BGB beschreiben.[142] Leistung i.S.d. § 241 BGB sei jedes vom Willen eines Rechtssubjekts beherrschte Verhalten (Tun, Dulden oder Unterlassen), das zum Gegenstand

---

136 Richtigerweise müsste die MwStSystRL auf das Unterlassen oder Dulden an sich abstellen. Siehe dazu Stadie, UStG, § 3 Rn. 153.

137 Schön, UR 1988, 142, 143.

138 BT-Drs. 4/1590, 35: „Der Tatbestand ‚Lieferungen und sonstige Leistungen' ist unverändert aus dem bisherigen Recht übernommen worden. Oberbegriff ist die dem § 241 BGB entlehnte Leistung (im weiteren Sinn)."

139 BFH, Urt. v. 25.11.1986 – V R 102/78, BStBl. II 1987, 278, BFHE 148, 547, Rn. 20.

140 Giesberts, UR 1988, 137, 140.

141 Schön, UR 1988, 142, 143.

142 Englisch in Tipke/Lang, Steuerrecht, § 17 Rn. 87.

des Wirtschaftsverkehrs gemacht wird, insbesondere Gegenstand eines Schuldverhältnisses sein kann. Dem Charakter der USt als allgemeine Verbrauchsteuer entsprechend bedürfe es aber der Zurücknahme dieses weiten Leistungsbegriffs. Es seien nur solche entgeltlichen Handlungen im Rechtsverkehr zu erfassen, die ihrer Art nach beim Abnehmer zu Kosten für die Zwecke des privaten Endverbrauchs führen können. Ob die erbrachte Leistung schon unmittelbar beim Empfänger ein verbrauchsfähiges Konsumgut darstellt, oder ob die Leistung als Vorleistung Preisbestandteil verbrauchsfähiger Güter und Dienstleistungen für einen nichtunternehmerischen Endverbrauch werden kann, mache keinen Unterschied.[143]

Nach einer weiteren Auffassung sind die Begriffe in Steuergesetzen vom Zivilrecht autonom und die umsatzsteuerlichen Begriffe unionseinheitlich auszulegen.[144] Der Leistungsbegriff des UStG entspreche daher nicht dem des Zivilrechts. Vielmehr sei der umsatzsteuerliche Leistungsbegriff nach dem Sinn und Zweck des Umsatzsteuerrechts auszulegen. Das UStG ziele auf die Besteuerung der Verwendung von Einkommen und Vermögen für Güter jedweder Art einschließlich Dienstleistungen, die einen Gebrauchs- oder Verbrauchsnutzen haben.[145] Folglich sei damit jedes Verhalten, das einem anderen einen wirtschaftlichen Nutzen bringt, umsatzsteuerliche Leistung.[146] Es komme also auf die Verschaffung eines verbrauchbaren Vorteils an, wobei Verbrauch dabei nicht im Sinne eines tatsächlichen Wertverzehrs zu verstehen sei.[147]

---

143 Diese Auffassung ist von der Rspr. des BFH zu unterscheiden, nach der umsatzsteuerliche Leistungen nur Leistungen sind, die nicht nur Leistungen im rechtlichen, sondern auch im wirtschaftlichen Sinn sind. Eine solche Leistung sei gegeben, wenn der Leistende nicht nur die Erfüllung einer Zahlungsverpflichtung beabsichtigt, sondern ein eigenes wirtschaftliches Ziel verfolgt. Zur Diskussion dieser Auffassung siehe C.II.1.a)bb)(3)(ii).

144 Stadie, UStG, § 1 Rn. 9. Vergleichbar führte der EuGH, Urt. v. 6.2.2003 – C-185/01 (Auto Lease Holland), Slg. 2003, I-1317, Rn. 32 bzgl. des Begriffs der Lieferung eines Gegenstands aus, es komme nicht auf die nationalen Regelungen zur Übertragung von Eigentum an, sondern darauf, dass dem Empfänger ein körperlicher Gegenstand so übertragen wird, dass er über ihn faktisch so verfügen kann, als wäre er Eigentümer, da andernfalls der Zweck der Richtlinie gefährdet werden könnte.

145 Stadie, UStG, Vorbem. Rn. 17.

146 Stadie, UStG, § 1 Rn. 10. Diese Auffassung wird vergleichbar auch von anderen vertreten. Nieskens in Rau/Dürrwächter, UStG, § 1 Rn. 355 bspw. verlangt die Zuwendung eines wirtschaftlichen Vorteils. Nach Birkenfeld in Birkenfeld/Wäger, USt-Handbuch, § 31 Rn. 11 ist die umsatzsteuerliche Leistung die Zuwendung eines verwendbaren oder verbrauchbaren Vorteils. Giesberts, StuW 1991, 175, 177 hält die umsatzsteuerliche Leistung für einen Konsumgütertransfer.

147 Indem Stadie, UStG, § 1 Rn. 10 aber noch ausführt, jedes Verhalten, das Gegenstand eines Schuldverhältnisses sein kann, komme als umsatzsteuerliche Leistung in Betracht, schränkt er seine Aussage ein, nach der der umsatzsteuerliche Leistungsbegriff nicht dem Leistungsbegriff des Zivilrechts entspricht. Es verbleibt nämlich zwar die Möglichkeit, dass nach seiner Auffassung der umsatzsteuerliche

Gegen die erste Auffassung spricht, dass aus dem gesetzgeberischen Willen, den umsatzsteuerlichen Leistungsbegriff dem Zivilrecht zu „entlehnen", gerade nicht ableitbar ist, dass der zivilrechtliche Leistungsbegriff unverändert in das Umsatzsteuerrecht zu übernehmen ist.[148] Hinzu kommt, dass der zivilrechtliche Leistungsbegriff eine völlig andere Funktion hat als der umsatzsteuerliche.[149] Der zivilrechtliche Leistungsbegriff steht im Zusammenhang mit der Frage, wer von wem was verlangen kann. Beim umsatzsteuerlichen geht es um die Verbrauchbesteuerung. Zwar argumentieren die letzten beiden der drei dargestellten Auffassungen damit, dass die USt eine Verbrauchsteuer ist. Letztendlich kann aber nur die letzte Auffassung der Verbrauchbesteuerung umfassend zur Geltung verhelfen. Sie löst sich nämlich vollständig von dem Begriff der Leistung i.S.d. § 241 BGB, während die erste Auffassung ausschließlich auf den Leistungsbegriff des § 241 BGB abstellt und die zweite Auffassung diesen zwar dem Umfang nach zurücknimmt, aber im ersten Schritt doch von ihm ausgeht und so die Überschreitung seines Bereichs nicht zulässt. Dass nur die dritte Auffassung richtig sein kann, zeigen auch die folgenden Beispiele:

Wenn bspw. ein Landwirt einer Zuckerfabrik Zuckerrüben liefert und die Zuckerfabrik dem Landwirt später die Zuckerrüben entzuckert zurückgibt oder ihm sofort eine entsprechende Menge anderer bereits entzuckerter Zuckerrüben gibt und sich die Bezahlung des Landwirts nach dem Zuckergehalt der von ihm gelieferten Zuckerrüben bemisst, liegt eine sog. Gehaltslieferung vor. In diesen Fällen soll umsatzsteuerlich nur eine Lieferung, und zwar die Lieferung des in den Zuckerrüben enthaltenen Zuckers durch den Landwirt an die Zuckerfabrik gegeben sein, und nicht von zwei Lieferungen, einer Hinlieferung der zuckerhaltigen Zuckerrüben und einer Zurücklieferung der entzuckerten Zuckerrüben, auszugehen sein.

Bereits der RFH vertrat diesen Standpunkt.[150] Zur Begründung stellte er im Jahr 1925 im Urteil V A 87/25 auf die Interessenlage der Parteien ab. Der Zuckerfabrik komme es nur auf den Zuckergehalt der Zuckerrüben an, während der Landwirt die entzuckerten Rüben seinem Vieh verfüttern wolle. Zudem führte er an, dass sich der Preis alleine nach dem Zuckergehalt der Zuckerrüben richtet. Auch zeige die Tatsache, dass es nach Auffassung der Beteiligten keine Rolle spielt, wenn der Landwirt nicht seine entzuckerten Rüben, sondern gleichwertige und gleichartige zurückerhält, dass allein der Zuckergehalt Gegenstand des Leistungsaustauschs ist.[151] Des Weiteren führte der RFH aus, die dingliche Rechtsgestaltung, also die

Leistungsbegriff enger ist als der zivilrechtliche. Die Möglichkeit, dass er weiter ist, ist damit allerdings ausgeschlossen. Damit nähert sich Stadie der zweiten der dargestellten Auffassungen an.

148 Nieskens in Rau/Dürrwächter, § 1 Rn. 212.

149 Giesberts, UR 1988, 137, 139.

150 RFH, Urt. v. 8.5.1925 – V A 87/25, RFHE 16, 195.

151 RFH, Urt. v. 8.5.1925 – V A 87/25, RFHE 16, 195, 196.

Hinübereignung zuckerhaltiger Rüben und die Zurückübereignung entzuckerter Rüben, sei nicht Ausdruck des Parteiwillens, sondern eine den Beteiligten unerwünschte Folge der Regelung des § 93 BGB, nach der wesentliche Bestandteile einer Sache nicht Gegenstand besonderer Rechte sein können. Diese Regelung sei ausschließlich im Interesse der Klarheit der Rechtslage im Hinblick auf die Rechte Dritter getroffen worden. Dieser Gesetzeszweck stehe aber zu der allein maßgeblichen Frage, ob die Beteiligten einen Umsatz des in den Rüben enthaltenen Futterstoffs herbeizuführen beabsichtigen, in keiner Beziehung. Der vorübergehende Eigentumswechsel könne damit für die Beurteilung der Frage, was Gegenstand des Leistungsaustauschs ist, nicht maßgebend sein. Zudem verwies der RFH auf § 4 RAO, nach dem bei Auslegung der Steuergesetze ihr Zweck, ihre wirtschaftliche Bedeutung und die Entwicklung der Verhältnisse zu berücksichtigen sind. Des Weiteren führte er seine Rspr. zu den Goldgeschäften an.[152] Nach dieser lässt sich eine Goldschmiedearbeit umsatzsteuerlich nicht durch den steuerbefreiten Verkauf unbearbeiteten Goldes und durch den steuerfreien Rückkauf des verarbeiteten Goldes verschleiern.

Diese Rspr. zur Lieferung des Zuckergehalts von Zuckerrüben wiederholte der RFH zur Lieferung des Fettgehalts von Vollmilch.[153] Später wurde sie in § 6 UStDB und noch später in § 3 Abs. 5 UStG klarstellend verankert.[154] Folgte man der ersten oder der zweiten der dargestellten Auffassungen zur Frage, was eine umsatzsteuerliche Leistung ist, wäre man vorliegend bei der Suche nach der umsatzsteuerlichen Leistung an die zivilrechtlichen Leistungen und damit an die Hinübereignung von zuckerhaltigen Zuckerrüben und die Rückübereignung von entzuckerten Zuckerrüben gebunden. Der wirtschaftliche Gehalt des Gesamtvorgangs ließe sich nicht würdigen. Damit illustriert das Beispiel der Gehaltslieferung, dass nur die dritte Auffassung in der Lage ist, dem Ziel der USt, nämlich der Verbrauchbesteuerung, vollumfänglich zur Geltung zu verhelfen.

Wenn bspw. ein Landwirt einem Müller Getreide liefert und gegen Bezahlung eine der Menge des gelieferten Getreides entsprechende Menge Mehl erhält und sich die Bezahlung weder nach dem Wert des gelieferten Getreides noch nach dem Wert des erhaltenen Mehls, sondern nach dem Arbeitseinsatz für das Vermahlen einer Menge Getreide, die der Menge des gelieferten Getreides entspricht, richtet, liegt eine sog. Umtauschmüllerei vor. In diesen Fällen soll die umsatzsteuerliche Leistung das Vermahlen des Getreides zu Mehl sein und nicht von zwei Umsätzen, der Lieferung von Getreide und der Lieferung von Mehl, auszugehen sein.

Auch dies wurde so bereits vom RFH entschieden. Im Jahr 1925 führte er im Bescheid Gr. S 5/24 zur Begründung aus, die Umtauschmüllerei sei nach ihrer wirtschaftlichen Bedeutung nichts anders als ein zum Zwecke der Zeitersparnis

---

152 RFH, Urt. v. 6.2.1925 – V A 8/25, RFHE 15, 280.

153 RFH, Urt. v. 20.11.1925 – V A 276/25, RFHE 17, 316.

154 Martin in Sölch/Ringleb, § 3 Rn. 441 f.; Leonard in Bunjes, UStG, § 3 Rn. 189; Stadie, UStG, § 3 Rn. 113; Giesberts, StuW 1991, 175, 177.

verbessertes Verfahren der Lohnmüllerei.[155] Gleiche wirtschaftliche Vorgänge unterlägen ausnahmslos derselben steuerrechtlichen Behandlung, in welche äußere Rechtsform sie sich infolge der Entwicklung der Verhältnisse auch kleiden mögen. Deshalb unterfalle wie bei der einfachen Lohnmüllerei auch bei der Umtauschmüllerei allein der Mahllohn der Steuer. Zur Bestätigung dieser Ansicht führte der RFH an, der Mahllohn werde bei der Umtauschmüllerei wie bei der Lohnmüllerei berechnet.

In einem späteren Urteil betonte der RFH erneut die Bedeutung der wirtschaftlichen Betrachtungsweise und verwies dazu auf § 4 RAO.[156] Diese Rspr. wurde dann lediglich klarstellend normiert.[157] Zunächst in § 8 UStDB, später dann in § 3 Abs. 10 UStG. Folgte man der ersten oder der zweiten der dargestellten Auffassungen, wäre man an die Hinübereignung von Getreide und die Rückübereignung von Mehl gebunden. Der wirtschaftliche Gehalt des Gesamtvorgangs ließe sich nicht würdigen. Damit zeigt auch dieses Beispiel, dass nur die dritte der dargestellten Auffassungen in der Lage ist, dem Ziel der USt, nämlich der Verbrauchbesteuerung, vollumfänglich zur Geltung zu verhelfen.

Entscheidend für das Vorliegen einer umsatzsteuerlichen Leistung ist also nur, dass ein verbrauchbarer Vorteil verschafft wird. Es ist gleich, ob dies innerhalb oder außerhalb einer Leistung i.S.d. § 241 BGB geschieht.

(2) Eigenkapitalüberlassung als umsatzsteuerliche Leistung

Die Erbringung einer Bareinlage wird von der h.M. nicht als umsatzsteuerliche Leistung aufgefasst.[158] Soweit es nur um die Erbringung der Bareinlage selbst geht, ist das richtig. Geldzahlungen sind nämlich keine umsatzsteuerlichen Leistungen, da Geld nicht i.S.d. Umsatzsteuerrechts verbraucht werden kann.[159] Es ist lediglich dazu geeignet, umsatzsteuerlichen Verbrauch zu ermöglichen.[160]

M.E. ist für die korrekte umsatzsteuerliche Einordnung der Erbringung einer Bareinlage aber nicht nur die Geldzahlung des Gesellschafters an seine Gesellschaft zu betrachten, sondern darüber hinaus auch seine Beteiligung am Auflösungserlös

---

155 RFH, Bescheid vom 24.1.1925 – Gr. S. 5/24, RFHE 15, 282, 285.

156 RFH, Urt. v. 24.10.1930 – V A 824/30, RFHE 27, 218 f.

157 Martin in Sölch/Ringleb, UStG, § 3 Rn. 704, 705; Stadie, UStG, § 3 Rn. 187; Giesberts, StuW 1991, 175, 177.

158 Englisch in Tipke/Lang, Steuerrecht, § 17 Rn. 138; Robisch in Bunjes, UStG, § 1 Rn. 69. In einem Urteil zur Bareinlage einer atypisch stillen Gesellschafterin könnte der BFH aber davon ausgegangen sein, dass die Erbringung einer Bareinlage eine umsatzsteuerliche Leistung darstellt (siehe dazu Urt. v. 17.8.1972 – V R 63/68, BStBl. II 1972, 922, BFHE 107, 72, Rn. 13).

159 Englisch in Tipke/Lang, Steuerrecht, § 17 Rn. 89; Oelmaier in Sölch/Ringleb, § 1 Rn. 6; Giesberts, StuW 1991, 175, 177; Weiß, UR 1986, 83, 86 Fn. 17; Blanke, Gesellschafterbeiträge, 72.

160 Stadie, UStG, § 1 Rn. 28.

gem. § 72 GmbHG oder § 271 AktG. Das ist Ausdruck der maßgeblichen wirtschaftlichen Betrachtungsweise.[161] Bei ihr zeigt sich, dass ein Gesellschafter, der seiner Gesellschaft eine Bareinlage erbringt, nicht nur einmalig Kapital überträgt, sondern ihr dieses während der Zeit ihres Bestehens dauerhaft überlässt. Die Gesellschaft kann mit diesem Kapital wirtschaften. Sie erhält also einen verbrauchbaren Vorteil. Damit erbringt der Gesellschafter seiner Gesellschaft eine umsatzsteuerliche Leistung.[162] Sie ist m.E. als Eigenkapitalüberlassung zu bezeichnen. Dass sich die Eigenkapitalüberlassung eventuell außerhalb einer Leistung i.S.d. § 241 BGB abspielt, steht dem nicht entgegen.

Dass die h.M. die Eigenkapitalüberlassung nicht sieht, könnte daran liegen, dass sie eventuell glaubt, das System der Leistungen i.S.d. § 241 BGB nicht verlassen zu dürfen. Dies ist m.E. aber möglicherweise gar nicht nötig. Es ist nämlich sehr gut denkbar, dass der Gesellschafter einer Kapitalgesellschaft dieser nicht nur die Erbringung der Bareinlage, sondern darüber hinaus während der Zeit des Bestehens der Gesellschaft auch die Überlassung des durch die Erbringung der Bareinlage übertragenen Kapitals schuldet. In den einschlägigen Regelungen des GmbHG und des AktG ist diese Verpflichtung zwar nicht ausdrücklich niederlegt. Sie könnte sich aber aus einer systematischen und nach dem Sinn und Zweck dieser Regelungen fragenden Auslegung ergeben. Beim Darlehen wird trotz eines eher das Gegenteil andeutenden Wortlauts der gesetzlichen Regelung (gem. § 488 Abs. 1 S. 1 BGB wird der Darlehensgeber durch den Darlehensvertrag verpflichtet, dem Darlehensnehmer einen Geldbetrag in der vereinbarten Höhe zur Verfügung zu stellen, während der Darlehensnehmer gem. § 488 Abs. 1 S. 2 BGB dazu verpflichtet ist, bei Fälligkeit das zur Verfügung gestellte Darlehen zurückzuzahlen) davon ausgegangen, dass der Darlehensgeber während der Laufzeit des Darlehens

---

161 Siehe dazu Fn. 116.

162 Vereinzelt finden sich in diese Richtung gehende Aussagen: So sieht Eikelau, UR 1967, 236, 238 in der Einbringung einer Sacheinlage in eine Personengesellschaft gegen das Auseinandersetzungsguthaben einen Umsatz, gibt aber zu bedenken, der eigentliche Beitrag des Gesellschafters bestehe darin, dass er das durch das Auseinandersetzungsguthaben verkörperte Kapital der Gesellschaft zur Nutzung überlasse. Im Jahr 2004 stellte der EuGH im Urteil EDM zum Ertrag von Anlagen in Investmentfonds fest, dass er nicht die unmittelbare Gegenleistung für Dienstleistungen darstelle, die in der Überlassung von Kapital an Dritte bestünden (Urt. v. 29.4.2004 – C-77/01 (EDM), Slg. 2004, I-4295, Rn. 63). Wie bei Dividenden könne ein solcher Ertrag nicht als tatsächlicher Gegenwert einer erbrachten Dienstleistung angesehen werden. In späteren Urteilen griff der EuGH diese Überlegung nicht mehr auf. Ihr könnte aber zu entnehmen sein, dass der EuGH die Eigenkapitalüberlassung zumindest im Urteil EDM für eine umsatzsteuerliche Leistung hielt. Auch Korn in Bunjes, UStG, § 2 Rn. 78 geht wohl davon aus, dass Gesellschafter ihrer Gesellschaft Eigenkapital überlassen. Ein Leistungsaustausch liege aber nicht vor, da der Anleger auch auf Kursgewinne setzen könne, diese aber nicht zulasten der Gesellschaft, sondern zulasten anderer Marktteilnehmer gingen (Rn. 79).

dauerhaft zur Überlassung des zur Verfügung gestellten Kapitals verpflichtet ist.[163] Dafür wird die Eigenschaft des Darlehensvertrags als Dauerschuldverhältnis und sein Geschäftszweck, Kaufkraft auf Zeit zu verschaffen, angeführt.[164] Mit diesen Argumenten ließe sich m.E. auch dazu kommen, dass auch der Gesellschafter einer Kapitalgesellschaft dazu verpflichtet ist, dieser das durch die Erbringung der Bareinlage übertragene Kapital für die Zeit des Bestehens der Gesellschaft dauerhaft zu überlassen. Der Gesellschafter erbringt nämlich nicht nur die Bareinlage, sondern nimmt auch am Auflösungserlös teil, und erhält so das eingebrachte Kapital zurück.

Für die Annahme, die Erbringung einer Bareinlage und die spätere Beteiligung des Gesellschafters am Auflösungserlös seien zusammen als Eigenkapitalüberlassung und diese als umsatzsteuerliche Leistung aufzufassen, spricht, dass die Fremdkapitalüberlassung eine umsatzsteuerliche Leistung darstellt[165] und die Finanzierung durch eine Bareinlage bei späterer Beteiligung des sie Erbringenden am Auflösungserlös und die Finanzierung durch die Überlassung von Fremdkapital hinreichend gleich sind. Da die Eigenkapitalüberlassung und die

163 Berger in MüKo BGB, § 488 Rn. 31.

164 Die Annahme einer dauerhaften Pflicht des Darlehensgebers, dem Darlehensnehmer Kapital zu überlassen, hat zur Folge, dass Darlehen dem Wahlrecht des Insolvenzverwalters nach § 103 InsO unterfallen.

165 So entschied der EuGH, die Geldanlage auf einem Bankkonto falle in den Anwendungsbereich der RL (Urt. v. 11.7.1996 – C-306/94 (Régie dauphinoise), Slg. 1996, I-03695, Rn. 17; Urt. v. 29.4.2004 – C-77/01 (EDM), Slg. 2004, I-4295, Rn. 69). Entsprechend urteilte er zur Gewährung eines Darlehens durch eine Holdinggesellschaft an eine Tochtergesellschaft (Urt. v. 14.11.2000 – C-142/99 (Floridienne, Berginvest), Slg. 2000, I-9567. Rn. 26; Urt. v. 29.4.2004 – C-77/01 (EDM), Slg. 2004, I-4295, Rn. 65). Im Jahr 1997 stellte er sich zu Schuldverschreibungen aber auf den Standpunkt, die Zinsen flössen aus dem bloßen Eigentum an den Schuldverschreibungen und könnten damit nicht als Gegenleistung für eine vom Inhaber der Schuldverschreibung ausgeübten wirtschaftlichen Tätigkeit angesehen werden (Urt. v. 6.2.1997 – C-80/95 (Harnas & Helm), Slg. 1997, I-745, Rn. 18). Im Jahr 2004 entschied er im Urteil EDM zu Anlagen in Wertpapieren wie Schatzbriefen und Zertifikaten, die Zinsen stellten die Gegenleistung für die Überlassung von Kapital an einen Dritten dar (Urt. v. 29.4.2004 – C-77/01 (EDM), Slg. 2004, I-4295, Rn. 69). Damit hat er wahrscheinlich seine Harnas & Helm-Rspr. korrigiert, denn Wertpapiere wie Schatzbriefe und Zertifikate unterscheiden sich in ihrer Grundkonstruktion in nichts von den im Urteil Harnas & Helm untersuchten Schuldverschreibungen. Im Jahr 2000 stellte er sich im Urteil Floridienne Berginvest auf den Standpunkt, die mit der Vergabe eines Darlehens an eine Tochtergesellschaft verbundene Fremdkapitalüberlassung sei dann keine umsatzsteuerliche Leistung, wenn das Darlehen von der Tochtergesellschaft bezogene und bei dieser stehengelassene Dividenden zum Gegenstand hat (Urt. v. 14.11.2000 – C-142/99 (Floridienne, Berginvest), Slg. 2000, I-9567. Rn. 30). Das widerspricht völlig dem wirtschaftlichen Gehalt des Vorgangs und ist daher abzulehnen.

Fremdkapitalüberlassung nicht nur in ihren Reinformen vorkommen, sondern auch in verschiedenen Zwischenformen auftreten, sind ihre Unterschiede teilweise sogar verschwindend gering. Eine Fremdkapitalüberlassung kann bspw. durch die Vereinbarung eines qualifizierten Rangrücktritts[166] und eines Zinses, der sich am wirtschaftlichen Erfolg des Fremdkapitalempfängers orientiert, eigenkapitalüberlassungsähnlich ausgestaltet werden. Umgekehrt ist es möglich, eine Eigenkapitalüberlassung durch die Vereinbarung einer Garantieverzinsung fremdkapitalüberlassungsähnlich auszuformen.[167]

Wenn Eigenkapital überlassen wird, wird es in der Bilanz der Gesellschaft, der es überlassen wird, als gezeichnetes Kapital (§ 272 Abs. 1 S. 1 HGB) und, wenn ein Agio vereinbart wurde, teilweise als Kapitalrücklage (§ 272 Abs. 2 Nr. 1 und 4 HGB) ausgewiesen. Diese bilanzielle Darstellung ist für die vorliegende Frage irrelevant. So wirkt es sich auf den Umfang der Eigenkapitalüberlassung nicht aus, wenn sich der Eigenkapitalposten der Gesellschaft, der das Eigenkapital überlassen wird, außerhalb von Kapitalmaßnahmen ändert. Solche Änderungen zeigen nur ein Anwachsen oder Schrumpfen des Vermögens der Gesellschaft an, nicht aber eine Veränderung des Umfangs, in dem die Gesellschafter ihrer Gesellschaft Eigenkapital überlassen.

(3) Dem steht nicht entgegen

(i) Regelung zur Geschäftsveräußerung im Ganzen

Nach § 1 Abs. 1a S. 1 und 2 UStG unterliegt die Einbringung eines Unternehmens oder eines in der Gliederung eines Unternehmens gesondert geführten Betriebs im Ganzen in eine Gesellschaft nicht der USt. Diese Regelung beruht auf Art. 19 Abs. 1 MwStSystRL. Nach ihm können die Mitgliedstaaten die Übertragung eines Gesamt- oder Teilvermögens, die durch Einbringung in eine Gesellschaft erfolgt, behandeln, als ob keine Lieferung von Gegenständen vorliegt.

Gleich, ob die Rechtsfolge dieser Vorschriften auf der Ebene der Steuerbarkeit oder der der Steuerpflicht angesiedelt ist, lässt sich diesen Normen entnehmen, dass Einbringungen in Gesellschaften grds. steuerbare Vorgänge sein müssen. Denn andernfalls wären diese Vorschriften überflüssig.

---

166 Bei einem qualifizierten Rangrücktritt erklärt der Gläubiger sinngemäß, er wolle wegen der Forderung erst nach Befriedigung sämtlicher anderer Gläubiger der Gesellschaft und – bis zur Abwendung der Krise – auch nicht vor, sondern nur zugleich mit den Einlagenrückgewähransprüchen der Gesellschafter berücksichtigt, also so behandelt werden, als handele es sich bei seiner Forderung um statutarisches Kapital (BMF, Schreiben vom 8.9.2006 – IV B 2-S 2133-10/06, Rn. 2, nach BMF, Schreiben 18.3.2019 – IV A 2-O 2000/18/10001, 2019/0163664, BStBl. I 2019, 270, Anlage 1 Nr. 479 auch noch anzuwenden).

167 Ekkenga in MüKo GmbHG, § 29 Rn. 92 und Bayer in MüKo AktG, § 57 Rn. 197.

Ihnen ist aber nicht zu entnehmen, dass die Eigenkapitalüberlassung keine umsatzsteuerliche Leistung darstellen kann. Die Überlegung, dass sie dann, wenn die Eigenkapitalüberlassung eine umsatzsteuerliche Leistung darstellte, auch die Eigenkapitalüberlassung erfassen müssten, trägt nämlich nicht. Schließlich erfordert ihr Sinn und Zweck, den Fiskus von dem Risiko zu befreien, hohe Umsatzsteuerbeträge nicht zu erhalten,[168] nicht, dass sie die Eigenkapitalüberlassung erfassen.

(ii) Leistung nicht nur im rechtlichen, sondern auch im wirtschaftlichen Sinn

Im Jahr 1962 führte der BFH im Urteil V 246/59 S zur Schuldübernahme aus, die bloße Entgeltentrichtung sei keine sonstige Leistung.[169] In den meisten Fällen des Leistungsaustauschs sei so nur eine der beiden Leistungen zur USt heranzuziehen, während die andere als reines Entgelt aus der Besteuerung ausscheide. Gelegentlich seien beide Leistungen lediglich solche im Rechtssinn, z.B. beim Wechseln einer Banknote in Kleingeld. Umgekehrt könnten sowohl Leistung als auch Gegenleistung wirtschaftliche Leistungen sein und daher der USt unterliegen, insbesondere beim Tausch und bei tauschähnlichen Leistungen. Auf dieser Grundlage widmete sich der BFH der Schuldübernahme. Diese habe in der Regel reinen Entgeltcharakter.[170] Ob jemand eine gekaufte Ware in bar bezahlt oder statt dessen eine ihm gegen einen Dritten zustehende Geldforderung an den Verkäufer der Ware abtritt oder dessen Schuld übernimmt, mache wirtschaftlich gesehen keinen Unterschied. Es gebe aber auch Fälle, in denen der Zweitschuldner durch die Schuldübernahme nicht bloß eine Zahlungsverpflichtung erfüllen wolle, sondern in erster Linie ein eigenes wirtschaftliches Ziel verfolge.[171] Das treffe bei der Übernahme von Pensions- und Rentenverpflichtungen zu. Durch solche Zukunftssicherungen sollten die Sorgen, die Alter und Krankheiten mit sich bringen, für die Pensions- oder Rentenberechtigten verringert und sie selbst eng mit dem Unternehmen des Arbeitgebers verbunden werden. Wenn ein Unternehmer beim Eintritt neuer Arbeitskräfte vom früheren Arbeitgeber gegen Entgelt die diesem obliegenden Pensions- oder Rentenverpflichtungen übernimmt, so tue er das weitgehend im eigenen Interesse. Dasselbe gelte, wenn ein Unternehmer derartige Verpflichtungen übernimmt, weil eine seinem Unternehmen angegliederte, aber rechtlich selbständige Versorgungskasse aufgelöst wird. Die Schuldübernahme bilde in diesen Fällen einen Hauptgegenstand des Geschäfts. Sie habe nicht bloß Entgelt-, sondern auch Leistungscharakter.

168 Siehe dazu Englisch in Tipke/Lang, Steuerrecht, § 17 Rn. 180.
169 BFH, Urt. v. 18.4.1962 – V 246/59 S, BStBl. III 1962, 292, BFHE 75, 67, Rn. 6.
170 BFH, Urt. v. 18.4.1962 – V 246/59 S, BStBl. III 1962, 292, BFHE 75, 67, Rn. 7.
171 BFH, Urt. v. 18.4.1962 – V 246/59 S, BStBl. III 1962, 292, BFHE 75, 67, Rn. 8.

Im Jahr 1973 lehnte der BFH im Urteil V R 2/70 bei Giro-, Bauspar- und Sparkonten das Vorliegen einer umsatzsteuerlichen Leistung ab[172]. Dazu bezog er sich auf die eben dargestellte Rspr. Anders als in den Urteilen zur Schuldübernahme prüfte er in diesem Urteil aber nicht, ob der Kontoinhaber mit seiner potenziellen Leistung nur eine Zahlungsverpflichtung erfüllen wollte, oder ob er mit ihr ein eigenes wirtschaftliches Ziel verfolgte. Stattdessen argumentierte er, Leistungen im wirtschaftlichen Sinn lägen nach der Verkehrsauffassung nicht vor, da das Verhalten des Kontoinhabers bei der Ansammlung von Kapital nicht über das Nutzen des Eigenen und das Einsammeln von Nutzungen hinausgehe und damit den Rahmen des Eigenlebens (der privaten Sphäre) nicht überschreite.[173] An dieses Urteil anknüpfend entschied der BFH im selben Jahr im Urteil V R 14/73, auch das Eigentum an festverzinslichen Wertpapieren mache den Eigentümer nicht zum Unternehmer.[174] Es fehle an einer Leistung im wirtschaftlichen Sinn. Der Sparvorgang verbleibe in der privaten Sphäre des Sparers.

Im Jahr 1987 verneinte der BFH im Urteil V R 3/77 die Unternehmereigenschaft einer Inhaberin einer Beteiligung an einer Kapitalgesellschaft.[175] Dabei ließ er ausdrücklich offen, ob dies damit zu begründen ist, es lägen keine Leistungen im wirtschaftlichen Sinn vor. Stattdessen führte er an, es könne zwar nicht in Abrede gestellt werden, dass auch der Erwerb und das Halten von Beteiligungen auf die Erzielung von Einnahmen gerichtet seien. Die Einnahmeerzielung durch Zufluss von Zinsen und anderen Erträgen aus Kapitalanlagen und -beteiligungen beruhe aber nicht auf nachhaltiger gewerblicher oder beruflicher Betätigung. Das bloße Einsammeln von Nutzungen aus einem Kapitalbestand sei nicht unternehmerisch (private Kapitalansammlung).

Die Verw. hat diese Rspr. in ihrer ursprünglichen Form übernommen und steht so auf dem Standpunkt, der Leistungsaustausch umfasse alles, was Gegenstand eines Rechtsverkehrs sein kann.[176] Leistungen im Rechtssinne unterlägen aber nur insoweit der USt, als sie auch Leistungen im wirtschaftlichen Sinne sind, d.h. Leistungen, bei denen ein über die reine Entgeltentrichtung hinausgehendes eigenes wirtschaftliches Interesse des Entrichtenden verfolgt wird.[177]

Die Auffassung, eine umsatzsteuerliche Leistung sei nur eine solche Leistung, die nicht nur eine Leistung im rechtlichen, sondern auch eine Leistung im wirtschaftlichen Sinn ist, was der Fall sei, wenn der Leistende ein über die Entgeltentrichtung hinausgehendes eigenes wirtschaftliches Ziel verfolgt, ist abzulehnen. Zunächst ist nämlich zu sehen, dass bspw. bei der entgeltlichen Lieferung einer Sache der Lieferer regelmäßig kein eigenes wirtschaftliches Ziel im Sinne dieser

172 BFH, Urt. v. 1.2.1973 – V R 2/70, BStBl. II 1973, 172, BFHE 107, 494, Rn. 10 f.
173 Siehe dazu C.IV.4.c)aa)(5).
174 BFH, Urt. v. 11.10.1973 – V R 14/73, BStBl. II 1974, 47, BFHE 110, 439, Rn. 8 f.
175 BFH, Urt. v. 15.1.1987 – V R 3/77, BStBl. II 1987, 512, BFHE 149, 272, Rn. 37.
176 Abschn. 1.1 Abs. 3 S. 1 UStAE.
177 Abschn. 1.1 Abs. 3 S. 2 UStAE.

Rspr. verfolgen dürfte, dies ihrer Steuerbarkeit aber zweifelsfrei nicht entgegensteht. Des Weiteren ist zu sehen, dass das UStG auf die Besteuerung des Endverbrauchers nach seinem Verbrauchsaufwand abzielt.[178] Verlangte man aber für eine umsatzsteuerliche Leistung die Verfolgung eines über die Entgeltentrichtung hinausgehenden eigenen wirtschaftlichen Ziels des Leistenden, wäre die umfassende Erreichung dieses Ziels gefährdet. Im Übrigen ist diese Auffassung wie die Auffassungen, die für die Bestimmung der umsatzsteuerlichen Leistung auf die Leistung i.S.d. § 241 BGB rekurrieren,[179] dafür zu kritisieren, dass sie eventuell außerhalb des Bereichs der Leistungen im rechtlichen Sinn liegende umsatzsteuerliche Leistungen nicht erkennen kann und somit der vollumfänglichen Verbrauchsbesteuerung eventuell im Weg steht.

Die Argumentation, bei der Ansammlung von Kapital gehe das Verhalten nicht über das Nutzen des Eigenen und das Einsammeln von Nutzungen hinaus und damit werde der Rahmen des Eigenlebens (der privaten Sphäre) nicht überschritten, bezieht sich auf die Frage, ob eine umsatzsteuerliche Leistung auch als unternehmerische Tätigkeit einzuordnen ist. Daher wird dieser Argumentation erst an späterer Stelle nachgegangen.[180]

Die Auffassung, nach der eine umsatzsteuerliche Leistung nur eine solche Leistung ist, die nicht nur eine Leistung im rechtlichen, sondern auch eine Leistung im wirtschaftlichen Sinn ist, steht der Annahme, die Eigenkapitalüberlassung sei eine umsatzsteuerliche Leistung, also nicht entgegen.

(iii) Mitspracherechte der Gesellschafter

Die Gesellschafter können mit ihren Mitspracherechten Einfluss auf die Dauer und den Umfang ihrer Eigenkapitalüberlassung an ihre Gesellschaft nehmen. Das ist ihnen bspw. durch die Auflösung ihrer Gesellschaft[181] oder durch eine effektive Kapitalherabsetzung möglich. Dies steht der Annahme, die Eigenkapitalüberlassung sei eine umsatzsteuerliche Leistung, nicht entgegen. Andernfalls wäre nämlich stets dann, wenn der Leistende seine Leistungserbringung abbrechen oder im Umfang reduzieren kann, das Vorliegen einer umsatzsteuerlichen Leistung abzulehnen. Dies widerspräche aber dem Ziel der USt, die Endverbraucher möglichst umfassend mit ihrem Verbrauchsaufwand zu besteuern.[182]

Des Weiteren können die Gesellschafter mit ihren Mitspracherechten Einfluss auf die Verwendung des überlassenen Eigenkapitals nehmen.[183] Auch das könnte

---

178 Siehe dazu C.III.1.a)bb)(1).

179 Siehe dazu C.II.1.a)bb)(2).

180 Siehe dazu C.IV.4.c)aa)(5).

181 Siehe dazu § 60 Abs. 1 Nr. 2 GmbHG und § 262 Abs. 1 Nr. 2 AktG.

182 Siehe dazu C.III.1.a)bb)(1).

183 Die Geschäftsführer einer GmbH unterliegen bei der Ausübung ihrer Vertretungsmacht den Beschränkungen des Gesellschaftsvertrags und müssen sich an die Beschlüsse der Gesellschafter halten (§ 37 Abs. 1 GmbHG). Dazu können die

der Annahme, die Eigenkapitalüberlassung sei eine umsatzsteuerliche Leistung, entgegenstehen. Nach einer Auffassung ist nämlich für das Vorliegen einer umsatzsteuerlichen Leistung Voraussetzung, dass der Leistende dem Leistungsempfänger einen Vorteil zuwendet, über den der Leistungsempfänger selbst – also unabhängig von Vorstellung und Willen des Leistenden – bestimmen darf und kann.[184]

Hinter dieser Auffassung steht die Rspr. zur Material- und Personalbeistellung.[185] Sie bezieht sich auf Fälle, in denen der Leistungsempfänger dem Leistenden Material oder Personal für die Erbringung einer Werklieferung an ihn zur Verfügung stellt und der Leistungsempfänger (Beistellende) für das Material oder Personal keine Vergütung erlangt und der Leistende dem Leistungsempfänger für das zur Verfügung gestellte Material oder Personal nichts berechnet. Die Zurverfügungstellung des Materials oder Personals soll nach Auffassung der Rspr. in diesen Fällen keine umsatzsteuerliche Leistung sein und damit auch als Entgelt für die Leistung des Leistenden an den Leistungsempfänger entfallen.[186] Die Verw. teilt diesen Standpunkt.[187]

Wer dieser Rspr. entnehmen wollte, eine umsatzsteuerliche Leistung liege allgemein nur dann vor, wenn der Leistungsempfänger unbeschränkt über den Gegenstand der Leistung bestimmen darf und kann, verallgemeinerte sie m.E. in unzulässiger Art und Weise. Es lässt sich nur sagen, dass nach dieser Rspr. eine Zurverfügungstellung von Material oder Personal durch den Leistungsempfänger

---

Gesellschafter die Bestellung der Geschäftsführer grds. jederzeit widerrufen (§ 38 Abs. 1 GmbHG i.V.m. § 46 Nr. 5 GmbHG). Bei der AG hat der Vorstand die Gesellschaft zwar unter eigener Verantwortung zu leiten (§ 76 Abs. 1 AktG). Der Aufsichtsrat überwacht aber die Geschäftsführung (§ 111 Abs. 1 AktG). Zudem hat die Satzung oder der Aufsichtsrat zu bestimmen, dass der Vorstand bestimmte Arten von Geschäften nur mit Zustimmung des Aufsichtsrats vornehmen darf (§ 111 Abs. 4 S. 2 AktG). Die Mitglieder des Aufsichtsrats wiederum werden von der Hauptversammlung gewählt (§ 101 Abs. 1 S. 1 AktG).

184 Birkenfeld in Birkenfeld/Wäger, USt-Handbuch, § 30 Rn. 62.

185 BFH, Urt. v. 15.4.2010 – V R 10/08, BStBl. II 2010, 879, BFHE 229, 406, Rn. 28 f.; Urt. v. 6.12.2007 – V R 42/06, BStBl. II 2009, 493, BFHE 221, 74, Rn. 20 f.; Urt. v. 10.2.1966 – V 105/63, BStBl. III 1966, 257, BFHE 85, 128, Rn. 14.

186 Teilweise stützte der BFH dieses Ergebnis auf das Argument, dem Beistellungsempfänger werde an dem Gegenstand der Beistellung keine Verfügungsmacht verschafft (Urt. v. 10.2.1966 – V 105/63, BStBl. III 1966, 257, BFHE 85, 128, Rn. 10; Urt. v. 6.12.2007 – V R 42/06, BStBl. II 2009, 493, BFHE 221, 74, Rn. 20). Dass sich dieses Ergebnis letztendlich nur auf die maßgebliche wirtschaftliche Betrachtungsweise stützen lässt, zeigt sich in den Fällen, in denen der BFH von einer Materialbeistellung ausgeht, obwohl der Leistende für seine Leistung keinen Gegenstand des Leistungsempfängers nutzt, sondern nur einen solchen, der diesem vergleichbar ist (Urt. v. 10.2.1966 – V 105/63, BStBl. III 1966, 257, BFHE 85, 128, Rn. 14). In diesen Fällen erlangt der Leistende nämlich eindeutig die Verfügungsmacht an dem Gegenstand der Beistellung.

187 Abschn. 3.8 Abs. 2 S. 1 und Abschn. 1.1 Abs. 6 S. 4 UStAE.

an den Leistenden dann keine umsatzsteuerliche Leistung darstellt, wenn der Gegenstand der Zurverfügungstellung oder ein vergleichbarer Gegenstand Eingang in die Leistung des Beistellungsempfängers an den Beistellenden erlangt. Das und nur das ergibt sich nämlich bei der maßgeblichen wirtschaftlichen Betrachtung[188] des Gesamtvorgangs. Die Rspr. zur Material- und Personalbeistellung steht also der Annahme, die Eigenkapitalüberlassung sei eine umsatzsteuerliche Leistung, nicht entgegen.[189]

Dies ergibt sich auch aus dem Ziel der USt, den Endverbraucher mit seinen Verbrauchsaufwendungen zu besteuern[190]. Für seine Erreichung kann es keine Rolle spielen, ob der Leistungsempfänger im Bestimmendürfen und -können über den Gegenstand der Leistung beschränkt ist oder nicht. In beiden Fällen kann nämlich besteuerungswürdiger Verbrauchsaufwand vorliegen.

Dass die Mitspracherechte der Gesellschafter bzgl. der Verwendung des überlassenen Eigenkapitals der Annahme, die Eigenkapitalüberlassung sei eine umsatzsteuerliche Leistung, nicht entgegenstehen, ergibt sich auch daraus, dass andernfalls die Gesellschafter ihrer Gesellschaft nie umsatzsteuerliche Leistungen erbringen könnten.

Dass die Gesellschafter sowohl auf die Dauer und den Umfang der Eigenkapitalüberlassung als auch auf die Verwendung des überlassenen Eigenkapitals Einfluss haben, steht also der Annahme, die Eigenkapitalüberlassung sei eine umsatzsteuerliche Leistung, nicht entgegen.[191]

---

188 Siehe dazu Fn. 116.

189 Nur dann, wenn eine Gesellschaft einem eigenen Gesellschafter, der ihr Eigenkapital überlässt, umsatzsteuerliche Leistungen erbringt, seine Eigenkapitalüberlassung teilweise der Finanzierung dieser Leistungen dient und das Entgelt für diese Leistungen keinen Finanzierungsanteil enthält, ist i.S.d. Rspr. zur Material- und Personalbeistellung die Eigenkapitalüberlassung, soweit sie der Finanzierung der Leistungen der Gesellschaft an ihren Gesellschafter dient, ausnahmsweise nicht als umsatzsteuerliche Leistung einzuordnen.

190 Siehe dazu C.III.1.a)bb)(1).

191 Diejenigen, die Fremdkapital überlassen, haben ebenfalls regelmäßig Einfluss sowohl auf die Dauer und den Umfang ihrer Fremdkapitalüberlassung als auch auf die Verwendung des von ihnen überlassenen Fremdkapitals. Aufgrund von Kreditvereinbarungen (sog. Covenants) können sich die Empfänger des Fremdkapitals nämlich oftmals nur innerhalb eines bestimmten Handlungskorridors bewegen, da sie sich andernfalls der Kündigung der Fremdkapitalüberlassung durch den Gläubiger, Zinserhöhungen oder einem Anspruch des Gläubigers auf (erweiterte) Sicherheitenstellung aussetzten. Dieser Einfluss der Fremdkapitalüberlasser führt aber nicht dazu, dass gefordert würde, dass die Fremdkapitalüberlassung nicht als umsatzsteuerliche Leistung einzuordnen ist.

(iv) Gesellschaftsteuerrichtlinie

Weiterhin ist fraglich, ob die Gesellschaftsteuerrichtlinie[192] der Annahme entgegensteht, dass die Eigenkapitalüberlassung eine umsatzsteuerliche Leistung ist.

Die erste Version der Gesellschaftsteuerrichtlinie aus dem Jahr 1969 begründete die Verpflichtung der Mitgliedstaaten, auf Kapitalzuführungen an Kapitalgesellschaften eine harmonisierte Abgabe, die sog. Gesellschaftsteuer, zu erheben (Art. 1 RL 69/335/EWG). Daneben erlaubte sie es den Mitgliedstaaten die Gesellschaftsteuer auf Kapitalzuführungen an andere Gesellschaften, Personenvereinigungen und juristische Personen, die einen Erwerbszweck verfolgen, zu erheben (Art. 3 Abs. 2 RL 69/335/EWG). Unter Kapitalzuführungen sind Vorgänge wie die Gründung einer Kapitalgesellschaft, die Umwandlung einer Gesellschaft, Personenvereinigung oder juristischen Person, die keine Kapitalgesellschaft ist, in eine Kapitalgesellschaft oder die Erhöhung des Kapitals einer Kapitalgesellschaft durch Einlagen jeder Art zu verstehen (Art. 4 Abs. 1 RL 69/335/EWG). Daneben verbat die erste Version der Gesellschaftsteuerrichtlinie den Mitgliedstaaten, von Gesellschaften, Personenvereinigungen und juristischen Personen mit Erwerbszweck neben der Gesellschaftsteuer andere Steuern oder Abgaben auf Kapitalzuführungen zu erheben (Art. 10 lit. a) RL 69/335/EWG). Des Weiteren enthielt die erste Version der Gesellschaftsteuerrichtlinie auch schon das Verbot einer Wertpapiersteuer (Art. 11 RL 69/335/EWG).

Im Jahr 1985 wurde den Mitgliedstaaten das Recht eingeräumt, alle der Gesellschaftsteuer unterliegenden Vorgänge von der Gesellschaftsteuer zu befreien.[193] In Deutschland wurde von dieser Erlaubnis im Jahr 1990 durch die Aufhebung des Kapitalverkehrsteuergesetzes zum 1. Januar 1992 Gebrauch gemacht.[194] Dieses betraf nur Kapitalgesellschaften.[195]

Nach der neu gefassten Gesellschaftsteuerrichtlinie aus dem Jahr 2008 darf die Gesellschaftsteuer grds. nicht mehr erhoben werden (Art. 5 Abs. 1 lit. a) RL 2008/7/

---

192 Die erste Version der Gesellschaftsteuerrichtlinie (RL 69/335/EWG des Rates der Europäischen Gemeinschaften vom 17.7.1969 betreffend die indirekten Steuern auf die Ansammlung von Kapital, ABl. L 249 v. 3.10.1969, 25.) wurde im Laufe der Zeit mehrmals geändert und im Jahr 2008 schließlich gänzlich neu gefasst (RL 2008/7/EG des Rates der Europäischen Union vom 12.2.2008 betreffend die indirekten Steuern auf die Ansammlung von Kapital, ABl. L 46 v. 21.2.2008, 11).

193 Art. 7 Abs. 2 RL 69/335/EWG in der Fassung des Art. 1 Nr. 2 RL 85/303/EWG des Rates der Europäischen Gemeinschaften v. 10.6.1985 zur Änderung der Richtlinie 69/335/EWG betreffend die indirekten Steuern auf die Ansammlung von Kapital, ABl. L 156 v. 15.6.1985, 23.

194 Art. 4 Abs. 1 Nr. 2 lit. a) Gesetz zur Verbesserung der Rahmenbedingungen der Finanzmärkte (Finanzmarktförderungsgesetz) v. 22.2.1990, BGBl. I 1990, 226, 282.

195 Der Erwerb von Gesellschaftsrechten an Personengesellschaften unterlag bis zum Jahr 1934 dem Kapitalverkehrsteuergesetz, wurde dann aber dem Urkundensteuergesetz unterworfen. Die Urkundensteuer wurde gem. § 5 der Steueränderungs-Verordnung vom 20.8.1941 seit dem 1.9.1941 nicht mehr erhoben.

EG). Nur die Mitgliedstaaten, die die Gesellschaftsteuer am 1. Januar 2006 erhoben haben, dürfen ihre Erhebung fortsetzen (Art. 7 Abs. 1 RL 2008/7/EG). Damit hat die Gesellschaftsteuerrichtlinie eine Zweckänderung erfahren. Ging es ihr bis zum Jahr 1985 darum, durch eine Harmonisierung der Gesellschaftsteuern der einzelnen Mitgliedstaaten Diskriminierungen, Doppelbesteuerungen und Unterschiedlichkeiten, die den freien Kapitalverkehr behindern, zu beseitigen,[196] verfolgt sie seitdem in erster Linie die Abschaffung der Gesellschaftsteuer, da ihre wirtschaftlichen Auswirkungen als ungünstig erachtet werden[197].

In den Fällen, in denen die Gesellschaftsteuer noch erhoben werden darf und auch erhoben wird, schuldet die Kapitalgesellschaft die Gesellschaftsteuer.[198] Aber letztlich tragen die Gesellschafter die Gesellschaftsteuer, denn die Erhebung der Gesellschaftsteuer führt dazu, dass sie eine entsprechend höhere Einlage erbringen müssen, damit die Gesellschaft im Ergebnis mit den Mitteln ausgestattet ist, die sie hätte, wenn es die Gesellschaftsteuer nicht gäbe. Damit handelt es sich bei der Gesellschaftsteuer um eine indirekte Steuer.[199]

Die Vorschriften der aktuellen Gesellschaftsteuerrichtlinie, nach denen die sog. Kapitalzuführungen in manchen Fällen noch der Gesellschaftsteuer unterworfen werden können,[200] stehen der Annahme, die Eigenkapitalüberlassung sei eine umsatzsteuerliche Leistung, nicht entgegen. Die Eigenkapitalüberlassung ist nämlich keine Kapitalzuführung i.S.d. Gesellschaftsteuerrichtlinie, sodass sich nicht argumentieren lässt, die Besteuerung der Eigenkapitalüberlassung sei nur nach der Gesellschaftsteuerrichtlinie zulässig und könne so keine umsatzsteuerliche Leistung sein.[201] Dass die Eigenkapitalüberlassung keine Zuführung von Kapital

---

196 Siehe Erwägungsgründe RL 69/335/EWG.

197 Siehe Erwägungsgründe RL 85/303/EWG und Erwägungsgründe 4 bis 6 RL 2008/7/EG.

198 Das ergibt sich aus Art. 5 Abs. 1 lit. a) i.V.m. Art. 7 Abs. 1 RL 2008/7/EWG.

199 Siehe dazu Art. 5 Abs. 1 lit. a) und Erwägungsgrund 9 RL 2008/7/EG.

200 Art. 3 i.V.m. Art. 5 Abs. 1 lit. a) i.V.m. Art. 7 Abs. 1 RL 2008/7/EG.

201 Ähnlich, allerdings mit dem genau gegenteiligen Ergebnis, argumentierte der RFH bei der Frage, ob die Gewährung von Gesellschaftsrechten das umsatzsteuerliche Entgelt für das Abwracken von Schiffen als Beitrag zu einer GbR ist (Urt. v. 17.2.1925 – V A 82/24, RFHE 16, 70, 72). Er verneinte dies, da der Gründungsvorgang der GbR der Gesellschaftsteuer unterliege und es andernfalls zu einer Doppelbesteuerung käme. Zu diesem Zeitpunkt unterlag die Gründung von Personengesellschaften noch der Gesellschaftsteuer (§ 17 lit. a) KVStG 1922). Später vollzog der RFH aber einen Rechtsprechungswechsel. Bei der Einbringung eines Betriebs in eine Personengesellschaft nahm er an, das UStG und das KVStG respektive das UrkStG, das mittlerweile den Vorgang der Gründung einer Personengesellschaft an Stelle des KVStG für steuerbar erklärte (§ 36 Abs. 2 Nr. 1 UrkStG 1936), knüpften an unterschiedliche Tatbestände an (Urt. v. 9.9.1938 – V 573/37, RFHE 45, 12, 14). Einmal soll es um den Erwerb von Gesellschaftsrechten an Personengesellschaften, das andere Mal um eine Leistung eines Unternehmers im Rahmen seines Unternehmens gehen.

i.S.d. Gesellschaftsteuerrichtlinie ist, zeigt sich daran, dass Kapitalzuführungen in diesem Sinn nur einmalige Vorgänge wie die Gründung einer Kapitalgesellschaft, die Umwandlung einer Gesellschaft, Personenvereinigung oder juristischen Person, die keine Kapitalgesellschaft ist, in eine Kapitalgesellschaft oder die Erhöhung des Kapitals einer Kapitalgesellschaft durch Einlagen jeder Art sind (siehe dazu Art. 3 RL 2008/7/EG). Die Eigenkapitalüberlassung ist aber ein Vorgang mit Dauercharakter. Dass die Kapitalzuführungen einmalige Vorgänge sind, zeigt sich an der Bemessungsgrundlage der Gesellschaftsteuer. Sie ist bspw. der tatsächliche Wert der von den Gesellschaftern geleisteten oder zu leistenden Einlagen (Art. 11 Abs. 1 RL 2008/7/EG). Dass sich aus dem Umstand, dass die Kapitalzuführungen nach der Gesellschaftsteuerrichtlinie in manchen Fällen noch der Gesellschaftsteuer unterworfen werden können, nicht ergibt, dass die Eigenkapitalüberlassung keine umsatzsteuerliche Leistung sein kann, lässt sich auch daraus ableiten, dass bei der Gesellschaftsteuer die Kapitalgesellschaft und nicht der Gesellschafter Steuerschuldner, der Gesellschafter und nicht die Kapitalgesellschaft Steuerträger ist, es sich also bei der Gesellschaftsteuer und der USt um völlig verschiedene Steuern handelt.[202]

Das grds. Verbot indirekter Steuern auf Kapitalzuführungen gem. Art. 5 Abs. 1 lit. a) RL 2008/7/EG steht der Annahme, die Eigenkapitalüberlassung sei eine umsatzsteuerliche Leistung, ebenfalls nicht entgegen. Bei der Eigenkapitalüberlassung handelt es sich nämlich nicht um eine Kapitalzuführung. Auch erfasst das Verbot nur Steuern, die von der Kapitalgesellschaft geschuldet werden. Schließlich verbietet Art. 5 Abs. 1 lit. a) RL 2008/7/EG ausdrücklich nur die Steuererhebung von Kapitalgesellschaften. Die USt auf die Eigenkapitalüberlassung wird aber von den Gesellschaftern und nicht von der Gesellschaft geschuldet.

Selbst wenn man sich, vielleicht mit dem Geist der Gesellschaftsteuerrichtlinie argumentierend, auf den Standpunkt stellen sollte, die Eigenkapitalüberlassung könne unter das Verbot der Gesellschaftsteuerrichtlinie, von Kapitalgesellschaften indirekte Steuern auf Kapitalzuführungen zu erheben, fallen, ergibt sich aus Art. 6 Abs. 1 lit. f) RL 2008/07/EG, dass die Gesellschaftsteuerrichtlinie der Annahme, die Eigenkapitalüberlassung sei eine umsatzsteuerliche Leistung, nicht entgegensteht. Nach dieser Vorschrift dürfen die Mitgliedstaaten nämlich unbeschadet des in Art. 5 Abs. 1 lit. a) RL 2008/07/EG verankerten Verbots, von Kapitalgesellschaften

202 Hinzu kommt, dass die Gesellschaftsteuer nicht in allen Mitgliedstaaten erhoben werden darf und wird und es gerade das erklärte Ziel der Gesellschaftsteuerrichtlinie ist, die Gesellschaftsteuer zurückzudrängen. Es gibt also nicht *das* Gesellschaftsteuersystem, das geeignet erschiene, eine Einschränkung des einheitlichen MwStSyst hinsichtlich der Steuerbarkeit der Eigenkapitalüberlassung zu begründen. Auch zu früheren Zeiten gab es nicht *das* Gesellschaftsteuersystem, da es gem. Art. 3 Abs. 2 RL 69/335/EWG den Mitgliedstaaten freigestellt war, bei anderen Gesellschaften als Kapitalgesellschaften, Personenvereinigungen und juristischen Personen, die einen Erwerbszweck verfolgen, die Gesellschaftsteuer nicht zu erheben.

indirekte Steuern auf Kapitalzuführungen einzunehmen, die MwSt erheben. Die Gesellschaftsteuerrichtlinie nimmt damit die Vorschriften der MwStSystRL ausdrücklich nicht zurück.[203] Im Übrigen ging auch der deutsche Gesetzgeber davon aus, Gesellschaftsteuer und USt seien nebeneinander anwendbar.[204]

Damit steht die Gesellschaftsteuerrichtlinie nicht der Annahme entgegen, die Eigenkapitalüberlassung sei eine umsatzsteuerliche Leistung.

(v) Organschaft

Des Weiteren könnte die Regelung zur umsatzsteuerlichen Organschaft der Annahme entgegenstehen, die Eigenkapitalüberlassung sei eine umsatzsteuerliche Leistung. Dies wäre dann der Fall, wenn die bezeichnete Annahme ein Tatbestandsmerkmal der umsatzsteuerlichen Organschaftsregelung überflüssig werden ließe. Gesetzesauslegungen, die andere gesetzliche Vorschriften des gleichen Rangs gegenstandslos werden lassen, verbieten sich nämlich.

---

203 Siehe dazu BFH, Vorlagebeschl. v. 27.9.2001 – V R 32/00, BFHE 196, 349, Rn. 35. Hier bejahte der BFH die Frage, ob ein Gesellschafter einer Personengesellschaft mit der Einbringung einer Sache in eine Personengesellschaft eine umsatzsteuerbare Leistung erbringt, und führte aus, dass dies nicht gegen die Gesellschaftsteuerrichtlinie verstoße. Dies ergebe sich aus der Regelung des Art. 12 Abs. 1 lit. f) RL 69/335/EG (die inhaltlich mit der Regelung des Art. 6 Abs. 1 lit. f) RL 2008/7/EG übereinstimmt). Sacheinlagen unterlägen der MwSt und könnten auch der Gesellschaftsteuer unterliegen.
GA Jacobs hingegen übersah diese Vorschrift oder hielt sie zumindest für irrelevant und führte im Verfahren Kretztechnik aus, ein Vergleich zwischen der Gesellschaftsteuerrichtlinie und den Mehrwertsteuerrichtlinien ließe annehmen, dass Kapitalumsätze überhaupt nicht in den Anwendungsbereich der MwSt fielen (EuGH, Schlussanträge v. 24.2.2005 – C-465/03 (Kretztechnik), Slg. 2005, I-04357, Rn. 64 ff.). In diesem Verfahren ging es um die Frage, ob die Ausgabe von Aktien eine umsatzsteuerbare Dienstleistung darstellt. Es handele sich um zwei Richtlinienkomplexe, die zwei verschiedene Kategorien von Umsätzen beträfen. Die MwSt betreffe den freien Waren- und Dienstleistungsverkehr, die Gesellschaftsteuerrichtlinie hingegen den freien Kapitalverkehr. Die Gesellschaftsteuerrichtlinie und die MwStSystRL sollen sich also dergestalt zueinander verhalten, dass ein Umsatz stets nur einer RL unterfallen kann. Der EuGH griff in seinem diesen Schlussanträgen folgenden Urteil diese Überlegung richtigerweise nicht auf (Urt. v. 26.5.2005 – C-465/03 (Kretztechnik), Slg. 2005, I-4357).

204 Dies ergibt sich aus der Vorschrift, die bis zum Jahr 1979 Umsätze, die auch unter die Gesellschaftsteuer fielen, von der USt befreite. Der Gesetzgeber hob sie mit der Begründung auf, für sie gebe es in der 6. RL keine Grundlage, weil es sich um Umsätze im Unternehmensbereich handele, bei denen weitgehend die Möglichkeit des Vorsteuerabzugs bestehe (Gesetzentwurf der BReg, Entwurf eines Umsatzsteuergesetzes (UStG 1979), BT-Drs. 8/1779, 33). Damit ging er aber weiterhin davon aus, dass ein Vorgang sowohl der Gesellschaftsteuer als auch der MwSt unterfallen kann.

Die finanzielle Eingliederung der Organgesellschaft in das Unternehmen des Organträgers setzt nach Auffassung des BFH voraus, dass der Organträger die Anteilsmehrheit an der Organgesellschaft hält, die nach dem Gesetz oder der Satzung nötig ist, um die wesentlichen Entscheidungen in der Organgesellschaft durchzusetzen.[205] Er verlangt also ein Über-/Unterordnungsverhältnis von Organträger und Organgesellschaft. Es ist umstritten, ob dieser Standpunkt von Art. 11 Abs. 1 MwStSystRL gedeckt ist.[206] Nach dieser Vorschrift kann jeder Mitgliedstaat in seinem Gebiet ansässige Personen, die zwar rechtlich unabhängig, aber durch gegenseitige finanzielle, wirtschaftliche und organisatorische Beziehungen eng miteinander verbunden sind, zusammen als einen Steuerpflichtigen behandeln. Diese Frage war unter anderem Gegenstand des EuGH-Urteils Larentia + Minerva aus dem Jahr 2015. In diesem stellte sich der EuGH auf den Standpunkt, es sei den Mitgliedstaaten grds. nicht gestattet, eine Mehrwertsteuergruppe nur beim Vorliegen eines Über-/Unterordnungsverhältnisses anzuerkennen, da die MwStSystRL diese Beschränkung nicht vorsehe.[207] Er hielt es jedoch für möglich, dass eine solche Einschränkung in einem bestimmten nationalen Kontext als Maßnahme zur Missbrauchsbekämpfung zulässig ist.[208] Der V. Senat des BFH hielt im Nachgang zu dieser Entscheidung an dem Erfordernis der finanziellen Eingliederung fest.[209] Es fehle an einem Verfahren zur Feststellung der Voraussetzungen der Organschaft.[210] Daher könne nicht auf das unbestimmte und unpräzise Merkmal einer lediglich engen finanziellen Verbindung abgestellt werden. Diese Verbindung ermögliche es nicht, die Person rechtssicher zu bestimmen, die Organträger ist und die die steuerrechtlichen Verpflichtungen für den Organkreis zu erfüllen hat. Das Erfordernis der finanziellen Eingliederung sei vor diesem Hintergrund genauso wie das Vorsehen eines Feststellungsverfahrens nicht zu beanstanden.[211] Das Erfordernis der finanziellen Eingliederung sei auch als Maßnahme zur Missbrauchsbekämpfung gerechtfertigt.[212] Der XI. Senat des BFH hingegen konnte im Urteil XI R 38/12 offen lassen, ob er sich der Auffassung des V. Senats anschließt.[213]

Die organisatorische Eingliederung ist nach Auffassung des BFH dann gegeben, wenn der Organträger die mit der finanziellen Eingliederung verbundene Möglichkeit der Beherrschung der Organgesellschaft in der laufenden Geschäftsführung auch wahrnimmt.[214] In aller Regel soll dies bei einer personellen Verflechtung der

205 Korn in Bunjes, UStG, § 2 Rn. 117.
206 Korn in Bunjes, UStG, § 2 Rn. 120.
207 EuGH, Urt. v. 16.7.2015 – C-108/14 und C-109/14 (Larentia + Minerva), ABl. EU 2015, Nr. C 302, DStR 2015, 1673, Rn. 44.
208 EuGH, Urt. v. 16.7.2015 – C-108/14 und C-109/14 (Larentia + Minerva), ABl. EU 2015, Nr. C 302, DStR 2015, 1673, Rn. 45.
209 BFH, Urt. v. 2.12.2015 – V R 15/14, BStBl. II 2017, 553, BFHE 252, 158, Rn. 21.
210 BFH, Urt. v. 2.12.2015 – V R 15/14, BStBl. II 2017, 553, BFHE 252, 158, Rn. 22.
211 BFH, Urt. v. 2.12.2015 – V R 15/14, BStBl. II 2017, 553, BFHE 252, 158, Rn. 36.
212 BFH, Urt. v. 2.12.2015 – V R 15/14, BStBl. II 2017, 553, BFHE 252, 158, Rn. 38.
213 BFH, Urt. v. 19.1.2016 – XI R 38/12, BFHE 252, 158, Rn. 104.
214 Korn in Bunjes, UStG, § 2 Rn. 131.

Geschäftsführungen von Organträger und Organgesellschaft, wenn leitende Mitarbeiter des Organträgers in die Geschäftsführung der Organgesellschaft entsandt werden, wenn zwischen Organträger und Organgesellschaft ein Beherrschungsvertrag geschlossen wurde und der Organträger von seinen sich daraus ergebenden Weisungsrechten tatsächlich Gebrauch macht oder wenn der Organträger die Geschäftsführung der Organgesellschaft durch Geschäftsordnungen oder Konzernrichtlinien vorgibt, zu bejahen sein.[215]

Für die wirtschaftliche Eingliederung ist nach der Rspr. des BFH charakteristisch, dass die Organgesellschaft im Gefüge des übergeordneten Organträgers als dessen Bestandteil erscheint.[216] Auf eine Zweckabhängigkeit der Organgesellschaft, wie sie der BFH früher bei der körperschaftsteuerlichen Organschaft forderte, komme es dabei aber nicht an.[217] Wenn bei deutlicher Ausprägung der finanziellen und organisatorischen Eingliederung die wirtschaftliche Eingliederung weniger deutlich zu Tage tritt, sei dies unschädlich.[218] Es genüge dann, wenn zwischen der Organgesellschaft und dem Unternehmen des Organträgers ein vernünftiger wirtschaftlicher Zusammenhang im Sinne einer wirtschaftlichen Einheit, Kooperation oder Verflechtung vorhanden ist.[219] Die Tätigkeiten von Organträger und Organgesellschaft müssten dann aufeinander abgestimmt sein und müssten sich fördern und ergänzen.[220]

Ein wirtschaftlicher Zusammenhang in diesem Sinne von Organgesellschaft und Unternehmen des Organträgers soll bspw. bei einer den Betrieb der Organgesellschaft fördernden Tätigkeit des Organträgers vorliegen.[221] Als fördernde Tätigkeit sollen Lieferungen und sonstige Leistungen in Betracht kommen, denen eine mehr als nur unwesentliche Bedeutung zukommt[222] und die für die Organgesellschaft eine mehr als nur unbedeutende Entlastung darstellen.[223] Bspw. soll die Vermietung eines Betriebsgrundstücks ausreichen, auf dem die Organgesellschaft ihr Unternehmen betreibt.[224] In Anlehnung an seine Rspr. zur wesentlichen

---

215 Korn in Bunjes, UStG, § 2 Rn. 133 f.

216 BFH, Urt. v. 3.4.2003 – V R 63/01, BStBl. II 2004, 434, BFHE 202, 79, Rn. 17; Urt. v. 17.1.2002 – V R 37/00, BStBl. II 2002, 373, BFHE 197, 357, Rn. 28; Urt. v. 20.1.1999 – XI R 69/97, BFH/NV 1999, 1136, Rn. 14.

217 BFH, Urt. v. 3.4.2003 – V R 63/01, BStBl. II 2004, 434, BFHE 202, 79, Rn. 21.

218 BFH, Urt. v. 3.4.2008 – V R 76/05, BStBl. II 2008, 905, BFHE 221, 443, Rn. 37; Urt. v. 29.10.2008 – XI R 74/07, BStBl. II 2009, 256, BFHE 223, 498, Rn. 19.

219 BFH, Urt. v. 29.10.2008 – XI R 74/07, BStBl. II 2009, 256, BFHE 223, 498, Rn. 19.

220 BFH, Urt. v. 3.4.2003 – V R 63/01, BStBl. II 2004, 434, BFHE 202, 79, Rn. 17; Urt. v. 29.10.2008 – XI R 74/07, BStBl. II 2009, 256, BFHE 223, 498, Rn. 19.

221 BFH, Urt. v. 3.4.2003 – V R 63/01, BStBl. II 2004, 434, BFHE 202, 79, Rn. 18.

222 BFH, Urt. v. 18.6.2009 – V R 4/08, BStBl. II 2010, 310, BFHE 226, 382, Leitsatz 2; Urt. v. 6.5.2010 – V R 26/09, BStBl. II 2010, 1114, BFHE 230, 256, Rn. 28 f.

223 BFH, Urt. v. 18.6.2009 – V R 4/08, BStBl. II 2010, 310, BFHE 226, 382, Rn. 36; Urt. v. 25.6.1998 – V R 76/97, BFH/NV 1998, 1534, Rn. 28.

224 BFH, Urt. v. 16.8.2001 – V R 34/01, BFH/NV 2002, 223, Rn. 21; Beschl. v. 25.4.2002 – V B 128/01, BFH/NV 2002, 1058, Rn. 17.

Betriebsgrundlage bei der Betriebsaufspaltung hält es der BFH dabei teilweise für nötig, dass die Organgesellschaft nicht jederzeit am Markt ein gleichwertiges Grundstück mieten oder kaufen kann.[225] An anderer Stelle dagegen betont er i.S.d. mittlerweile extensiveren Auslegung des Begriffs der wesentlichen Betriebsgrundlage[226], entscheidend sei die Bedeutung des gemieteten Betriebsgrundstücks aufgrund der inneren betrieblichen Struktur des Betriebsunternehmens.[227] Auch wenn die Organgesellschaft ein gleichwertiges Grundstück mieten oder kaufen könnte, reiche die Überlassung des Grundstücks durch den Organträger an die Organgesellschaft dementsprechend als fördernde Tätigkeit aus, wenn der Grundstückswechsel der Organgesellschaft nicht nur unerhebliche Schwierigkeiten bereitete. Teilweise vertritt der BFH, der Organträger müsse eine beherrschende Stellung auf die Organgesellschaft dadurch innehaben, dass er durch Kündigung des der Leistung zugrunde liegenden Rechtsverhältnisses der Organgesellschaft wesentliche Grundlagen ihrer Umsatztätigkeit entziehen kann.[228] M.E. handelt es sich hierbei aber eher um eine Frage der finanziellen und der darauf aufbauenden organisatorischen Eingliederung. Einen Mindestumsatz verlangt der BFH nicht.[229] Er überlegt aber, dass die Leistungen des Organträgers an die Organgesellschaft für die Beurteilung ihrer Wesentlichkeit für die Organgesellschaft im Vergleich zu allen Ausgangsleistungen des Organträgers oder zu allen Eingangs- oder Ausgangsleistungen der Organgesellschaft gesehen werden müssen.[230]

Der Vollständigkeit halber sei noch angeführt, dass nach der Rspr. das Vorliegen des wirtschaftlichen Zusammenhangs von Organgesellschaft und Unternehmen des Organträgers daneben auch in den Fällen in Betracht kommt, in denen sich die Tätigkeiten von Organträger und Organgesellschaft ergänzen.[231] Gleiches gilt für Situationen, in denen die Organgesellschaft Leistungen mindestens eines bestimmten Umfangs an das Unternehmen des Organträgers erbringt.[232]

Vor diesem Hintergrund kommt in Betracht, dass bei der Annahme, die Eigenkapitalüberlassung sei eine umsatzsteuerliche Leistung, dann, wenn die finanzielle

---

225 BFH, Urt. v. 9.9.1993 – V R 124/89, BStBl. II 1994, 129, BFHE 172, 541, Rn. 18 unter Hinweis auf das Urt. v. 7.8.1990 – VIII R 110/87, BFH/NV 1991, 93, BStBl. II 1991, 336, Rn. 17.

226 Siehe dazu Montag in Tipke/Lang, Steuerrecht, § 13 Rn. 83.

227 BFH, Urt. v. 9.9.1993 – V R 124/89, BStBl. II 1994, 129, BFHE 172, 541, Rn. 19 unter Hinweis auf das Urt. v. 26.5.1993 – X R 78/91, BStBl. II 1993, 718, BFHE 171, 476, Rn. 22.

228 BFH, Urt. v. 25.6.1998 – V R 76/97, BFH/NV 1998, 1534, Rn. 28; Urt. v. 9.9.1993 – V R 124/89, BStBl. II 1994, 129, BFHE 172, 541, Rn. 14.

229 BFH, Urt. v. 29.10.2008 – XI R 74/07, BStBl. II 2009, 256, BFHE 223, 498, Rn. 19.

230 Siehe dazu BFH, Urt. v. 3.4.2003 – V R 63/01, BStBl. II 2004, 434, BFHE 202, 79, Rn. 19 f.

231 BFH, Urt. v. 29.10.2008 – XI R 74/07, BStBl. II 2009, 256, BFHE 223, 498, Rn. 19.

232 BFH, Urt. v. 27.8.1964 – V 101/62 U, BStBl. III 1964, 539, BFHE 80, 181, Rn. 6; Urt. v. 23.7.1959 – V 176/55 U, BStBl. III 1959, 376, BFHE 69, 307, Rn. 4.

Eingliederung gegeben ist, stets auch die wirtschaftliche Eingliederung gegeben sein könnte.

Wenn die Eigenkapitalüberlassung des potenziellen Organträgers an die potenzielle Organgesellschaft eines solchen Umfangs ist, dass die finanzielle Eingliederung der potenziellen Organgesellschaft in das Unternehmen des potenziellen Organträgers gegeben ist, erscheint die potenzielle Organgesellschaft nicht alleine deswegen im Gefüge des übergeordneten potenziellen Organträgers als dessen Bestandteil, sodass die wirtschaftliche Eingliederung der potenziellen Organgesellschaft in das Unternehmen des potenziellen Organträgers nicht schon unter diesem Aspekt bejaht werden kann.[233]

Wenn die finanzielle und die organisatorische Eingliederung deutlich ausgeprägt sind, kann die wirtschaftliche Eingliederung schon beim Vorliegen eines vernünftigen wirtschaftlichen Zusammenhangs von Organgesellschaft und Unternehmen des Organträgers im Sinne einer wirtschaftlichen Einheit, Kooperation oder Verflechtung gegeben sein. Dieser wirtschaftliche Zusammenhang könnte vorliegend unter dem Aspekt nicht nur unerheblicher Leistungserbringung durch den Organträger an die Organgesellschaft zu bejahen sein. Dagegen spricht jedoch womöglich, dass Eigenkapital auch von dritter Seite bezogen werden kann. Zudem kann die Eigenkapitalüberlassung auch nicht einfach so gekündigt werden, sodass sich aus der Eigenkapitalüberlassung alleine keine besonderen Einflussnahmemöglichkeiten des potenziellen Organträgers auf die potenzielle Organgesellschaft ergeben. Des Weiteren ist es möglich, dass die Eigenkapitalüberlassung im Vergleich zu den anderen Eigenkapitalüberlassungen des potenziellen Organträgers oder gemessen an den anderen Eingangsleistungen der potenziellen Organgesellschaft oder an ihren Ausgangsleistungen für sie unwesentlich ist.

Aber schon davor darf bei der Auslegung des Tatbestandsmerkmals der wirtschaftlichen Eingliederung nicht übersehen werden, dass es neben dem

---

233 Nach Auffassung des BFH erscheint die Organgesellschaft bspw. dann als Bestandteil des Organträgers, wenn sie die Funktion einer Vertriebsabteilung erfüllt (Urt. v. 17.1.2002 – V R 37/00, BStBl. II 2002, 373, BFHE 197, 357, Rn. 28). Gleiches gilt in den Fällen der Betriebsaufspaltung (Urt. v. 20.1.1999 – XI R 69/97, BFH/NV 1999, 1136, DStRE 1999, 346, Rn. 14). M.E. kann im zweiten Fall nicht davon gesprochen werden, die Organgesellschaft erscheine im Gefüge des übergeordneten potenziellen Organträgers als dessen Bestandteil. Dafür bedürfte es neben der Überlassung der wesentlichen Betriebsgrundlagen weiterer Ausgangsleistungen des Organträgers. Damit kann die wirtschaftliche Eingliederung in diesem Fall nach den Grundsätzen der Rspr. nur dann vorliegen, wenn die finanzielle und organisatorische Eingliederung deutlich ausgeprägt ist, denn dann sollen nach ihrer Auffassung für die wirtschaftliche Eingliederung Leistungen des potenziellen Organträgers an die potenzielle Organgesellschaft, die nicht nur unwesentlich sind, ausreichen. Entsprechend lässt sich nicht sagen, alleine die Eigenkapitalüberlassung führe dazu, dass die Organgesellschaft im Gefüge des übergeordneten Organträgers als dessen Bestandteil erscheint.

Tatbestandsmerkmal der finanziellen Eingliederung steht. Die finanzielle Eingliederung soll dann gegeben sein, wenn der potenzielle Organträger der potenziellen Organgesellschaft Eigenkapital in einem Umfang überlässt, mit dem die Möglichkeit des potenziellen Organträgers einhergeht, die wesentlichen Entscheidungen in der Organgesellschaft durchzusetzen. Daraus ist m.E. zu schließen, dass die Eigenkapitalüberlassung bei der Frage, ob die wirtschaftliche Eingliederung gegeben ist, außer Acht zu lassen ist. Die Tatbestandsmerkmale der finanziellen und wirtschaftlichen Eingliederung beziehen sich damit m.E. auf unterschiedliche Umsätze.

Hinzu kommt, dass die MwStSystRL die finanzielle Eingliederung der Organgesellschaft in das Unternehmen des Organträgers nicht verlangt, sondern nur, dass die Personen einer Mehrwertsteuergruppe durch gegenseitige finanzielle Beziehungen eng miteinander verbunden sind. Vor dem Hintergrund der geschilderten Rspr. ist es nicht ausgeschlossen, dass der BFH zukünftig auf dem Standpunkt stehen wird, dass Schwestergesellschaften eine Organschaft bilden können.[234] Zwischen Schwestergesellschaften kommt es nicht zur Eigenkapitalüberlassung. Dann führte die Annahme, die Eigenkapitalüberlassung sei eine umsatzsteuerliche Leistung, noch viel weniger dazu, dass das Tatbestandsmerkmal der wirtschaftlichen Eingliederung gegenstandslos wird.

Mithin steht die Regelung der umsatzsteuerlichen Organschaft der Annahme, die Eigenkapitalüberlassung sei eine umsatzsteuerliche Leistung, nicht entgegen.

(vi) Keine Eigenkapitalüberlassung an den privaten Endverbraucher

Eigenkapital kann der Natur der Sache nach nicht dem privaten Endverbraucher überlassen werden. Da die USt auf die Besteuerung des privaten Endverbrauchs abzielt,[235] stellt sich daher die Frage, ob dieser Umstand der Annahme entgegensteht, dass die Eigenkapitalüberlassung eine umsatzsteuerliche Leistung ist.

Die USt ist eine Allphasenumsatzsteuer[236] und keine allein auf der letzten Stufe der Leistungskette ansetzende Einphasenumsatzsteuer. Ginge man davon aus, Leistungen, die aus rechtlichen oder tatsächlichen Gründen nicht für den privaten Endverbrauch geeignet sind, seien keine umsatzsteuerlichen Leistungen, höhlte man damit das System der Allphasenumsatzsteuer aus, da ein Großteil der Leistungen von Unternehmern an Unternehmer nicht für den Endverbrauch geeignet ist.

Dass Eigenkapital der Natur der Sache nach dem privaten Endverbraucher nicht überlassen werden kann, steht damit der Annahme, die Eigenkapitalüberlassung sei eine umsatzsteuerliche Leistung, nicht entgegen.

---

234 Es wurde schon einmal von der Rspr. und der Verw. vertreten, dass bei Schwestergesellschaften untereinander die finanzielle Eingliederung gegeben sein kann. Siehe dazu Korn in Bunjes, UStG, § 2 Rn. 119.

235 Siehe dazu C.III.1.a)bb)(1).

236 Siehe dazu Englisch in Tipke/Lang, Steuerrecht, § 17 Rn. 15, 19.

(vii) Leistung führt zu privatem Endverbrauch

Nach einer Auffassung ist Voraussetzung einer umsatzsteuerlichen Leistung, dass sie unmittelbar einen privaten Endverbrauch nach sich zieht oder als Vorleistung mittelbar Eingang in eine Leistung finden können muss, die dann den privaten Endverbrauch nach sich zieht.[237] Dem Wortlaut der einschlägigen Regelungen (§ 1 Abs. 1 Nr. 1 S. 1 UStG, Art. 2 Abs. 1 lit. c) MwStSystRL) lässt sich das nicht entnehmen. Für diese Auffassung spricht aber richtigerweise das Ziel der USt, den privaten Endverbrauch zu besteuern.[238]

Die Eigenkapitalüberlassung erfüllt diese Voraussetzung, da sie als Vorleistung mittelbar Eingang in Leistungen finden kann, die privaten Endverbrauch nach sich ziehen. Die Eigenkapitalüberlassung dient schließlich, genauso wie die Fremdkapitalüberlassung, der Unternehmensfinanzierung. Dass sie nicht körperlich in den Ausgangsleistungen des sie beziehenden Unternehmens aufgeht, spielt keine Rolle. Das ist nämlich bei vielen Vorleistungen, insbesondere bei allen Dienstleistungen, der Fall.

(viii) Keine Ungleichbehandlung der Kapitalgesellschaften gegenüber den Einzelunternehmern

Es ist fraglich, ob die Annahme, die Eigenkapitalüberlassung sei eine umsatzsteuerliche Leistung, zu einer ungerechtfertigten Ungleichbehandlung der Kapitalgesellschaften gegenüber den Einzelunternehmern oder genauer der Abnehmer der Kapitalgesellschaften gegenüber den Abnehmern der Einzelunternehmer führt.[239] Dann wäre die bezeichnete Annahme nämlich abzulehnen.[240]

---

237 Englisch in Tipke/Lang, Steuerrecht, § 17 Rn. 87 f. Mit vergleichbarer Argumentation begründete der EuGH im Jahr 1996 im Urteil Mohr (Urt. v. 29.2.1996 – C-215/94 (Mohr), Slg. 1996, I-959, Rn. 22) und im Jahr 1997 im Urteil Landboden-Agrardienste/Finanzamt Calau (Urt. v. 18.12.1997 – C-384/95, Slg. 1997, I-7387, Rn. 23), warum seiner Auffassung nach dann, wenn ein Bauer für die vollständige Einstellung oder Reduzierung seiner landwirtschaftlichen Tätigkeit von öffentlichen Stellen Zahlungen erhält, darin kein steuerbarer Umsatz zu sehen sei. Siehe dazu auch EuGH, Schlussanträge v. 24.2.2005 – C-465/03 (Kretztechnik), Slg. 2005, I-04357, Rn. 52 f.

238 Englisch in Tipke/Lang, Steuerrecht, § 17 Rn. 87.

239 Der deutsche Gleichheitssatz spielt bei der Auslegung europäisch determinierten deutschen Rechts, obwohl er im Rang von Verfassungsrecht steht, nach Auffassung mancher nur eine eingeschränkte Rolle. Der Gleichheitssatz ist aber auch Bestandteil des europäischen Rechts und muss damit bei der vorliegenden Fragestellung Berücksichtigung finden. Zu dieser Problematik siehe Becker/Englisch, UR 2009, 701, 707.

240 Mit vergleichbarer Argumentation lehnt Reiß, BB 1986, 1407, 1410 und UR 1988, 298, 301 die Einordnung von Gewinnanteilen als Entgelt für Gesellschafterleistungen bei Personengesellschaften ab. Entsprechend argumentieren Becker/Englisch, UR 2009, 701, 708 gegen die Steuerbarkeit von Geschäftsführungsleistungen bei Personengesellschaften und Stadie in Rau/Dürrwächter, UStG, § 2 Rn. 522 gegen

Diese Ungleichbehandlung kommt in Betracht, da Einzelunternehmern anders als Kapitalgesellschaften grds. kein Eigenkapital überlassen wird.[241] Damit kann es nicht zu einer auf einer Eigenkapitalüberlassung beruhenden Vorsteuerbelastung der Einzelunternehmer oder ihrer Abnehmer kommen, die gem. § 15 Abs. 2 S. 1 Nr. 1 UStG (teilweise) definitiv würde, wenn die Einzelunternehmer (teilweise) den Vorsteuerabzug ausschließende steuerfreie Ausgangsleistungen erbringen.

M.E. führt die Annahme, die Eigenkapitalüberlassung sei eine umsatzsteuerliche Leistung, aber nicht zu einer Ungleichbehandlung der Kapitalgesellschaften gegenüber den Einzelunternehmern oder der Abnehmer der Kapitalgesellschaften gegenüber den Abnehmern der Einzelunternehmer. Der Umfang der Vorsteuerbelastung hängt nämlich auch dann letztendlich nicht von der Rechtsform des Unternehmers, sondern von dem Umfang ab, in dem er auf Fremdmittel zurückgreift. Wenn er nur Eigenmittel verwendet, kommt es zu keiner Vorsteuerbelastung. Je mehr Fremdmittel er aber einsetzt, desto größer ist die Vorsteuerbelastung.

Die Frage aber, ob § 15 Abs. 2 S. 1 Nr. 1 UStG, nach dem der Abzug der Vorsteuer, die auf Eingangsleistungen lastet, die ein Unternehmer für steuerfreie Ausgangsleistungen verwendet, grds. ausgeschlossen ist und somit dazu führt, dass die Steuerbelastung des Endverbrauchers dieser steuerfreien Ausgangsleistungen vom Umfang der Wertschöpfung auf der letzten Stufe der Leistungskette im Vergleich zu dem der Wertschöpfung auf den Vorstufen der Leistungskette abhängt, zu einer ungerechtfertigten Ungleichbehandlung von Endverbrauchern führt, die gleiche Leistungen von unterschiedlichen Unternehmern mit unterschiedlichem Wertschöpfungsumfang auf der letzten Stufe der Leistungskette beziehen, führt, kann für die vorliegende Fragestellung unbeantwortet bleiben. Sie betrifft nämlich nicht nur die Eigenkapitalüberlassung. Und ihre Bejahung stünde der Annahme, die Eigenkapitalüberlassung stelle eine umsatzsteuerliche Leistung dar, nicht entgegen.

Gleichbehandlungsüberlegungen sprechen also nicht gegen die Annahme, die Eigenkapitalüberlassung sei eine umsatzsteuerliche Leistung.[242]

---

die Steuerbarkeit des Tragens des Haftungsrisikos durch einen Gesellschafter. Der BFH, Urt. v. 3.3.2011 – V R 24/10, BStBl. II 2011, 950, BFHE 233, 282, Rn. 17 hingegen bejaht die Steuerbarkeit des Tragens des Haftungsrisikos durch einen Gesellschafter und führt dazu aus, dem stünde keine Ungleichbehandlung gegenüber dem Einzelunternehmer entgegen, denn es lägen schon gar keine vergleichbaren Fälle vor.

241 Zu einer Eigenkapitalüberlassung an den Einzelunternehmer kann es jedoch dann kommen, wenn dieser einen stillen Gesellschafter an seinem Unternehmen beteiligt. Siehe dazu Schmidt in MüKO HGB, § 230 Rn. 171.

242 M.E. ist die Eigenkapitalüberlassung steuerfrei. Siehe dazu C.VII. Damit führt die Annahme, die Eigenkapitalüberlassung sei eine umsatzsteuerliche Leistung, ganz sicher nicht zu einer Ungleichbehandlung der Kapitalgesellschaften gegenüber den Einzelunternehmern oder genauer der Abnehmer der Kapitalgesellschaften gegenüber den Abnehmern der Einzelunternehmer.

(ix) Eventueller Auflösungsverlust

Es ist möglich, dass die Gesellschafter das Kapital, das sie ihrer Gesellschaft überlassen, bei ihrer Auflösung nicht vollständig zurückerhalten, sie also einen Auflösungsverlust erleiden. Dies steht der Annahme, die Eigenkapitalüberlassung sei eine umsatzsteuerliche Leistung, aber nicht entgegen, so wie die Fremdkapitalüberlassung im Rahmen eines Darlehens auch dann als umsatzsteuerliche Leistung einzuordnen ist, wenn die Darlehensvaluta nicht vollständig zurückgezahlt werden. Während bei den Gesellschaften der Anspruch der Gesellschafter auf Rückzahlung des überlassenen Kapitals gesellschaftsvertraglich auf ihren Anteil am verbliebenen Gesellschaftsvermögen beschränkt ist, ergibt sich beim Darlehen die Beschränkung des Rückzahlungsanspruchs des Gläubigers auf seinen Anteil am verbliebenen Vermögen des Schuldners nicht schon aus dem Darlehensvertrag, sondern erst aus dem Insolvenzrecht. Dieser Unterschied muss aber umsatzsteuerlich unbeachtlich sein.

(x) Sinn und Zweck der USt

Nach einer Auffassung ist die Unterhaltung von Sparkonten, das Eigentum an festverzinslichen Wertpapieren und Ähnliches nur deshalb nicht steuerbar, weil die USt als allgemeine Verbrauchsteuer den Verbrauch des Einkommens für Konsumzwecke steuerlich belasten wolle, nicht aber das Sparen des Verbrauchers.[243]

Es ist richtig, dass die USt die Leistungsfähigkeit des Verbrauchers ausgedrückt durch seinen Verbrauchsaufwand besteuern möchte.[244] Der Gesetzgeber hatte aber nicht die Absicht, den Sparvorgang des Verbrauchers aus der Steuerbarkeit herauszuhalten. § 4 Nr. 8 lit. a) UStG, nach dem die Kreditgewährung nicht steuerpflichtig ist, und § 9 Abs. 1 UStG, nach dem derjenige, der einem Unternehmer für dessen Unternehmen einen Kredit gewährt, zur Steuerpflicht seiner Kreditgewährung optieren kann, bspw. zeigen vielmehr, dass auch der Sparvorgang des Verbrauchers steuerbar sein können muss. Im System der Allphasenumsatzsteuer[245] dient die Besteuerung des Sparvorgangs der Verbraucher der frühzeitigen Besteuerung ihres Verbrauchsaufwands. Sie stehen nicht nur ganz am Ende, sondern auch ganz am Anfang der umsatzsteuerlichen Leistungskette.

Da sich nicht sagen lässt, die USt wolle den Sparvorgang des Verbrauchers aus der Steuerbarkeit heraushalten, steht diese Überlegung auch der Annahme, die Eigenkapitalüberlassung sei eine umsatzsteuerliche Leistung, nicht entgegen.

---

243 Söhn, StuW 1975, 164, 166 m.w.N.

244 Siehe dazu C.III.1.a)bb)(1).

245 Siehe dazu Englisch in Tipke/Lang, Steuerrecht, § 17 Rn. 15, 19.

b) Sacheinlage

aa) Gesellschaftsrechtliche Einordnung

Die Verpflichtung eines Gesellschafters zur Erbringung einer Sacheinlage ergibt sich aus der sog. Sacheinlagevereinbarung, die unselbständiger Teil des Gesellschaftsvertrags ist.[246] In den verschiedenen Situationen der effektiven Kapitalerhöhung ergibt sich diese Verpflichtung aus dem Übernahme- oder aus dem Zeichnungsvertrag und bei der bedingten Kapitalerhöhung bei der AG aus dem sog. Umtausch- oder Bezugsvertrag.[247]

Die Sacheinlage tritt an die Stelle der Bareinlage und muss daher deren für die Kapitalaufbringung wesentlichen Funktionen, also die Schaffung einer Betriebsvermögensreserve und eines Haftungsfonds für die Gläubiger, erfüllen können.[248] So können etwa Sacheigentum, Anwartschaftsrechte auf den dinglichen Eigentumserwerb, Erbbaurechte, Grundpfandrechte, Nießbrauchrechte, beschränkt persönliche Dienstbarkeiten, gewerbliche Schutzrechte und andere Immaterialgüterrechte und Lizenzen, Gesellschaftsanteile und Sach- und Rechtsgesamtheiten wie Unternehmen Gegenstand einer Sacheinlage sein.[249] Die Frage nach der Einlagefähigkeit von Forderungen ist ein weites Feld.[250] Nicht alle sollen einlagefähig sein. Oftmals wird verlangt, dass verschiedenste Risiken durch einen Bewertungsabschlag berücksichtigt werden.

Erreicht der Wert einer Sacheinlage im Zeitpunkt der Anmeldung einer GmbH zur Eintragung in das Handelsregister nicht den Nennbetrag des dafür übernommenen Geschäftsanteils, so hat der Gesellschafter in Höhe des Fehlbetrags eine Einlage in Geld zu leisten (§ 9 Abs. 1 S. 1 GmbHG). Dies gilt auch in den Fällen der effektiven Kapitalerhöhung (§ 56 Abs. 2 GmbHG). Im AktG fehlt es zwar an einer ausdrücklichen Regelung dieser Differenzhaftung. Sie ist aber bis auf ihre dogmatische Begründung unumstritten.[251]

---

246 Siehe dazu Schwandtner in MüKo GmbHG, § 5 Rn. 64 und Pentz in MüKo AktG, § 27 Rn. 15. Nach anderer Auffassung ist die Sacheinlagevereinbarung ein vom Gesellschaftsvertrag getrenntes eigenständiges Rechtsgeschäft, und zwar ein einseitig verpflichtender Vertrag eigener Art, der zwischen dem Inferenten und den übrigen Gründern geschlossen wird. Für die vorliegende Problematik spielt dieser Streit aber keine Rolle.

247 Siehe dazu die Ausführungen zur gesellschaftsrechtlichen Einordnung der Bareinlage unter C.II.1.a)aa).

248 Schwandtner in MüKo GmbHG, § 5 Rn. 68; Pentz in MüKo AktG, § 27 Rn. 19.

249 Schwandtner in MüKo GmbHG, § 5 Rn. 78 ff.; Pentz in MüKo AktG, § 27 Rn. 22 ff.

250 Schwandtner in MüKo GmbHG, § 5 Rn. 109 ff.; Pentz in MüKo AktG, § 27 Rn. 26 ff.

251 Siehe dazu Heider in MüKo AktG, § 9 Rn. 27 und Solveen in Hölters, AktG, § 9 Rn. 9.

bb) *Umsatzsteuerliche Beurteilung*

(1) Sacheigentum

Der BFH erkennt dann, wenn ein Gesellschafter im Rahmen einer Sacheinlage Sacheigentum in seine Gesellschaft einbringt, darin lediglich eine Lieferung gegen Beteiligung an seiner Gesellschaft.[252] M.E. ist in diesen Fällen tatsächlich von der Lieferung des Gegenstands der Sacheinlage durch den Gesellschafter an seine Gesellschaft auszugehen: Nach § 3 Abs. 1 UStG sind Lieferungen eines Unternehmers Leistungen, durch die er den Abnehmer befähigt, im eigenen Namen über einen Gegenstand zu verfügen (Verschaffung der Verfügungsmacht). Diese Vorschrift beruht auf Art. 14 Abs. 1 MwStSystRL. Danach gilt als Lieferung von Gegenständen die Übertragung der Befähigung, wie ein Eigentümer über einen körperlichen Gegenstand zu verfügen. Nach Auffassung des EuGH umfasst der Begriff der Lieferung von Gegenständen jede Übertragung eines körperlichen Gegenstands durch eine Partei, die die andere Partei ermächtigt, über diesen Gegenstand faktisch so zu verfügen, als wäre sie sein Eigentümer.[253] Andernfalls wirkten sich seiner Auffassung nach Unterschiede in der zivilrechtlichen Eigentumsübertragung von Mitgliedstaat zu Mitgliedstaat aus, was dem Vereinheitlichungsziel der MwStSystRL entgegenstünde.[254] Der Gesellschafter verschafft bei der Einbringung von Sacheigentum in seine Gesellschaft dieser nicht nur die formale Rechtsposition Eigentum an der Sache, sondern darüber hinaus auch die Substanz an der Sache. Damit bestehen keine Zweifel daran, dass die Gesellschaft so über die Sache verfügen kann, als wäre sie ihr Eigentümer. Es liegt also tatsächlich eine Lieferung vor.

Anders als bei den Personengesellschaften[255] kommt es bei den Kapitalgesellschaften im Rahmen ihrer Auflösung grds. nicht zur Rückübertragung der Sacheinlagen auf die Gesellschafter.[256] Daher ist die Frage, ob die Gesellschafter ihrer

---

252 Siehe dazu B.I.1.c).

253 EuGH, Urt. v. 8.2.1990 – C-320/88 (Shipping and Forwarding Enterprise Safe), Slg. 1990, I-00285, Rn. 7.

254 EuGH, Urt. v. 8.2.1990 – C-320/88 (Shipping and Forwarding Enterprise Safe), Slg. 1990, I-00285, Rn. 8.

255 Wird eine Sache quoad usum in eine Personengesellschaft eingebracht, so ist sie gem. § 732 S. 1 BGB in der Auseinandersetzung dem Gesellschafter zurückzugeben. Das soll auch bei quoad sortem eingebrachten Sachen gelten. Siehe dazu Schäfer in MüKo BGB, § 732 Rn. 8 ff. Dafür wird angeführt, der Gesellschafter übertrage hier der Gesellschaft gerade nicht das Eigentum an der Sache. Wenn eine Sache aber quoad dominium eingebracht wird, ist dem Gesellschafter in der Auseinandersetzung gem. § 733 Abs. 2 S. 1 und 2 BGB nur der Wert der Sache zur Zeit der Einbringung zu ersetzen.

256 § 70 S. 1 HS. 1 GmbHG und § 268 Abs. 1 S. 1 AktG verlangen, dass bei der Liquidation respektive bei der Abwicklung der Gesellschaft das Vermögen der Gesellschaft in Geld umgesetzt wird. § 72 S. 1 GmbHG und § 271 Abs. 1 AktG ordnen an, dass das

Gesellschaft mit der Einbringung der Sacheinlage eventuell doch keine Lieferung erbringen, nicht zu stellen. Schließlich fehlt es nicht an der endgültigen Übertragung wirtschaftlicher Substanz.[257]

Diese Lieferung führt aber nur dann zu einem steuerbaren Umsatz, wenn ihr auch ein Entgelt gegenübersteht. Die Erbringung einer Sacheinlage, die Sacheigentum zum Gegenstand hat, unterscheidet sich bei der maßgeblichen wirtschaftlichen Betrachtung[258] nicht von der Situation, in der ein Gesellschafter seiner Gesellschaft eine Bareinlage erbringt und die Gesellschaft mit den so eingenommenen Mitteln von dem Gesellschafter eine entsprechende Lieferung bezieht. Sie unterscheidet sich auch nicht von der Situation, in der der Gesellschafter seiner Gesellschaft eine entsprechende Sache liefert und das dafür fällige Entgelt mit seiner Bareinlageverpflichtung verrechnet/aufgerechnet wird. Ein Gesellschafter, der seiner Gesellschaft im Rahmen einer Sacheinlage Sacheigentum überträgt, nimmt nämlich genauso wie ein Gesellschafter, der seiner Gesellschaft eine Bareinlage erbringt, bei der Auflösung seiner Gesellschaft am Auflösungserlös teil. Bringt also ein Gesellschafter Sacheigentum in seine Gesellschaft ein, ist dies umsatzsteuerlich so zu beurteilen, als ob er seiner Gesellschaft eine Bareinlage erbrächte und die Gesellschaft mit den so eingenommenen Mitteln von ihm die Sache erwürbe oder so, als ob er seiner Gesellschaft eine Sache lieferte und das dafür fällige Entgelt mit seiner Bareinlageverpflichtung verrechnet/aufgerechnet würde. Damit ist in der Einbringung von Sacheigentum sowohl eine entgeltliche Lieferung als auch der Beginn einer Eigenkapitalüberlassung zu sehen. Die Höhe des Entgelts für die Lieferung und der Umfang des überlassenen Eigenkapitals entsprechen dem Wert, den die Gesellschafter der eingebrachten Sache zumessen. Mit der Beteiligung des Gesellschafters am Auflösungserlös findet die Eigenkapitalüberlassung ihr Ende.

Die Gesellschaftsteuerrichtlinie steht der Einordnung der Erbringung einer Sacheinlage, die Sacheigentum zum Gegenstand hat, nicht entgegen.[259] Zwar erfasst sie mit dem Begriff der Kapitalzuführung die Sacheinlage. Es ist aber die Gesellschaft, die die Gesellschaftsteuer schuldet und der Gesellschafter, der sie trägt, nicht aber wie bei der USt der Gesellschafter, der sie schuldet und die Gesellschaft, die sie trägt. Selbst wenn man aber, vielleicht mit dem Geist der Gesellschaftsteuer argumentierend, auf dem Standpunkt stehen sollte, die Gesellschaftsteuerrichtlinie

---

so umgesetzte Vermögen unter den Gesellschaftern verteilt wird. Nur in Ausnahmefällen kann auf die Umsetzung in Geld verzichtet werden und eine Verteilung in Natur stattfinden. Siehe dazu Koch in MüKo AktG, § 268 Rn. 20.

257 So ist nach Weiß, Anmerkung zum BFH-Urteil V R 56/79 v. 7.5.1987, UR 1987, 229, 232 die Hinübereignung beim Sachdarlehen im Lichte der Rückübereignung der Sache nach vereinbarter Zeit nicht als Lieferung einzuordnen, da es nicht zur endgültigen Übertragung der wirtschaftlichen Substanz komme.

258 Siehe dazu Fn. 116.

259 Ausführlich zur Gesellschaftsteuerrichtlinie siehe die Beantwortung der Frage, ob die Gesellschaftsteuerrichtlinie der Annahme, die Eigenkapitalüberlassung sei eine umsatzsteuerliche Leistung, entgegensteht, unter C.II.1.a)bb)(3)(iv).

stehe der Annahme, die Erbringung einer Sacheinlage, die Sacheigentum zum Gegenstand hat, sei keine umsatzsteuerliche Leistung, ist zu sehen, dass Art. 6 Abs. 1 lit. f) Gesellschaftsteuerrichtlinie ausdrücklich bestimmt, dass die Mitgliedstaaten die MwSt unbeschadet des Verbots der Besteuerung von Kapitalzuführungen durch eine Gesellschaftsteuer erheben dürfen.

Die einmalige Erbringung einer Sacheinlage, die Sacheigentum zum Gegenstand hat, stellt keine nachhaltige Tätigkeit i.S.d. früheren rein auf den temporalen Aspekt des Begriffs der Nachhaltigkeit abstellenden Rspr. des BFH dar.[260] Vor dem Hintergrund, dass die USt auf die umfassende Besteuerung des Endverbrauchers mit seinem Verbrauchsaufwand abzielt,[261] lässt sich argumentieren, für die Steuerbarkeit eines Umsatzes dürfe es keine Rolle spielen, ob der ihn bewirkende potenzielle Unternehmer nur diesen einen Umsatz oder aber mehrere Umsätze bewirkt. Wenn man dieser Auffassung nicht folgen will, muss man sehen, dass die Übertragung von Sacheigentum auf die Gesellschaft im Rahmen einer Sacheinlage im Zusammenhang mit der mit der Sacheinlage ihren Anfang nehmenden Eigenkapitalüberlassung des Gesellschafters an die Gesellschaft steht. Wenn man diese als nachhaltige Tätigkeit, die auch die sonstigen Anforderungen an eine unternehmerische Tätigkeit erfüllt, einordnet, muss man daher auch die einmalige Übertragung von Sacheigentum auf die Gesellschaft im Rahmen einer Sacheinlage für steuerbar halten, da sie dann im Rahmen des Unternehmens des Gesellschafters erbracht wird. Das gilt auch dann, wenn man die Eigenkapitalüberlassung für steuerfrei halten sollte und, falls man der Auffassung sein sollte, der Gesellschafter habe die Möglichkeit, zu ihrer Steuerpflicht zu optieren, er nicht zu ihrer Steuerpflicht optiert hat. Die Definition des Unternehmers in § 2 Abs. 1 UStG knüpft nämlich nicht daran an, ob die möglicherweise jemanden zum Unternehmer machenden Umsätze steuerpflichtig oder steuerfrei sind.

Die sich im Rahmen einer Sacheinlage ereignende Lieferung einer Sache durch den Gesellschafter an die Gesellschaft ist allerdings dann nicht steuerbar, wenn sie Teil einer gem. § 1 Abs. 1a UStG nichtsteuerbaren Geschäftsveräußerung im Ganzen ist.

Der Umstand, dass sich die Übertragung von Sacheigentum auf die Gesellschaft im Rahmen einer Sacheinlage bei der maßgeblichen wirtschaftlichen Betrachtung[262] nicht von der Situation unterscheidet, in der ein Gesellschafter seiner Gesellschaft eine Bareinlage erbringt und die Gesellschaft mit den so eingenommenen Mitteln von dem Gesellschafter eine entsprechende Lieferung bezieht, und dass bei dieser Betrachtung auch kein Unterschied zu der Situation gegeben ist, in der der Gesellschafter seiner Gesellschaft eine entsprechende Sache liefert und das dafür fällige Entgelt mit seiner Bareinlageverpflichtung verrechnet/aufgerechnet wird, ist auch bei der Ermittlung des Zeitpunkts der Entstehung der USt auf die Lieferung

260 Zum Begriff der Nachhaltigkeit siehe C.IV.3.d).
261 Siehe dazu C.III.1.a)bb)(1).
262 Siehe dazu Fn. 116.

der Sache zu berücksichtigen. Gleich, ob man auf die erste oder die zweite Vergleichssituation abstellt, und gleich, ob der Gesellschafter die Steuer nach vereinbarten oder nach vereinnahmten Entgelten berechnet,[263] kommt man zum selben Zeitpunkt. Die Steuer entsteht stets mit Ablauf des Voranmeldungszeitraums, in dem der Gesellschafter das Sacheigentum auf seine Gesellschaft überträgt. In der ersten Vergleichssituation (Bezug entsprechender Lieferung mit durch eine Bareinlage eingenommenen Mitteln) ist von einer Zug-um-Zug-Lieferung auszugehen, da nur so die wirtschaftliche Vergleichbarkeit gegeben ist, sodass die Steuer, gleich, ob sie nach vereinbarten oder nach vereinnahmten Entgelten berechnet wird, mit Ablauf des Voranmeldungszeitraums entsteht, in dem der Gesellschafter seiner Gesellschaft die Sache erbringt. In der zweiten Vergleichssituation (entsprechende Lieferung unter Verrechnung/Aufrechnung des Entgelts mit der Bareinlageverpflichtung) entsteht die Steuer, ebenfalls unabhängig davon, ob der Gesellschafter die Steuer nach vereinbarten oder nach vereinnahmten Entgelten berechnet, mit Ablauf des Voranmeldungszeitraums, in dem der Gesellschafter der Gesellschaft die Sache liefert. Der bei der Berechnung der USt nach vereinnahmten Entgelten maßgebliche Zeitpunkt der Vereinnahmung des Entgelts wird nämlich nicht dadurch nach hinten hinausgeschoben, dass der Leistende dem Empfänger das Entgelt temporär überlässt.[264] Schließlich macht es bei der maßgeblichen wirtschaftlichen Betrachtung[265] keinen Unterschied, ob das Entgelt direkt gezahlt wird und der Leistende dem Leistungsempfänger dieses Kapital dann wieder zur temporären Überlassung zurücküberträgt, oder ob auf diese Hin- und Herzahlung vereinfachend verzichtet wird und es unmittelbar zur temporären Überlassung des Kapitals kommt.

Bringt also ein Gesellschafter im Rahmen einer Sacheinlage Sacheigentum in seine Gesellschaft ein, ist darin nicht nur eine Lieferung durch den Gesellschafter an seine Gesellschaft, sondern dazu auch noch der Beginn einer Eigenkapitalüberlassung durch den Gesellschafter an seine Gesellschaft zu sehen.[266] Diese endet mit der Beteiligung des Gesellschafters am Auflösungserlös.

---

263 Grds. ist die Steuer nach vereinbarten Entgelten zu berechnen (§ 16 Abs. 1 S. 1 UStG). Nur ausnahmsweise darf die Steuer nach Gestattung durch das Finanzamt nach vereinnahmten Entgelten berechnet werden (§ 20 S. 1 UStG). Im ersten Fall entsteht die Steuer mit Ablauf des Voranmeldungszeitraums, in dem die Leistungen ausgeführt worden sind (§ 13 Abs. 1 Nr. 1 lit. a) S. 1 UStG). Im zweiten Fall entsteht sie mit Ablauf des Voranmeldungszeitraums, in dem die Entgelte vereinnahmt worden sind (§ 13 Abs. 1 Nr. 1 lit. b) UStG).

264 Leipold in Sölch/Ringleb, UStG, § 13 Rn. 62.

265 Siehe dazu Fn. 116.

266 Manchmal leisten die Gesellschafter bei einer Sachgründung oder bei einer Sachkapitalerhöhung untereinander Ausgleichszahlungen, um sicherzustellen, dass ihre Leistungen an die Gesellschaft im Ergebnis den im Gesellschaftsvertrag bestimmten Beteiligungsverhältnissen entsprechen. Auch in dieser Situation ist davon auszugehen, dass sie ihrer Gesellschaft Eigenkapital in einem Umfang überlassen, der

(2) Anteile an Drittgesellschaft

Wenn ein Gesellschafter einen Anteil an einer dritten Gesellschaft in seine Gesellschaft einbringt, erkennt die h.M. darin eine sonstige umsatzsteuerliche Leistung.[267] Die Übertragung eines Gesellschaftsanteils stellt m.E. aber regelmäßig keine umsatzsteuerliche Leistung dar.[268] Entsprechend ist die Zahlung des Kaufpreises für die Übertragung eines Gesellschaftsanteils m.E. die Zusammenfassung zweier umsatzsteuerlich irrelevanter Abwicklungszahlungen und damit selbst umsatzsteuerlich irrelevant.

Das bedeutet aber nicht, dass bei der Einbringung eines Gesellschaftsanteils keine umsatzsteuerliche Leistung vorliegt. Wenn ein Gesellschafter einen Anteil an einer dritten Gesellschaft in seine Gesellschaft einbringt, entspricht dies bei der maßgeblichen wirtschaftlichen Betrachtung[269] der Situation, in der ein Gesellschafter seiner Gesellschaft zunächst eine Bareinlage erbringt und die Gesellschaft dann mit den so eingenommenen Mitteln den Anteil an der dritten Gesellschaft von ihrem Gesellschafter erwirbt. Die vorliegende Situation entspricht auch der Situation, in der eine Gesellschaft von einem ihrer Gesellschafter einen Anteil an einer dritten Gesellschaft erwirbt und das Entgelt für den Anteil an der dritten Gesellschaft mit der Bareinlageverpflichtung verrechnet/aufgerechnet wird. Der Gesellschafter, der einen Anteil an einer dritten Gesellschaft in seine Gesellschaft einbringt, ist nämlich genauso wie ein Gesellschafter, der eine Bareinlage erbringt, in der Auflösungssituation am Auflösungserlös beteiligt. Daher ist die Einbringung eines Anteils an einer dritten Gesellschaft genauso wie diese beiden Vergleichssituationen einzuordnen. Mit der Einbringung des Anteils an der dritten Gesellschaft beginnt also die Überlassung von Eigenkapital durch den Gesellschafter an seine Gesellschaft. Der Umfang des überlassenen Eigenkapitals entspricht dabei dem Wert, den die Gesellschafter dem eingebrachten Gesellschaftsanteil zumessen. Mit der Beteiligung des Gesellschafters am Auflösungserlös endet die Eigenkapitalüberlassung.

---

dem Wert ihrer jeweiligen Sacheinlage entspricht. In einem zweiten Schritt kommt es aber durch die Ausgleichszahlungen zu einer Anpassung des Umfangs ihrer Eigenkapitalüberlassungen an die im Gesellschaftsvertrag bestimmten Beteiligungsverhältnisse. Die Ausgleichszahlungen stellen dabei entsprechend den Kaufpreiszahlungen für die Übertragung eines Anteils (siehe dazu D.I.2.b)) die Zusammenfassung zweier umsatzsteuerlich irrelevanter Abwicklungszahlungen dar, nämlich der teilweisen Kapitalrückzahlung durch die Gesellschaft an den einen Gesellschafter (den Empfänger der Ausgleichszahlung) und die Einzahlung von Kapital in gleichem Umfang durch den anderen Gesellschafter (den Zahler der Ausgleichszahlung) in die Gesellschaft. Damit ist auch die Ausgleichszahlung umsatzsteuerlich irrelevant.

267 Siehe dazu Abschn. 3.5 Abs. 8 S. 1 UStAE.

268 Siehe dazu D.I.2.b).

269 Siehe dazu Fn. 116.

Die Einbringung eines Anteils an einer dritten Gesellschaft führt also im Ergebnis dazu, dass der einbringende Gesellschafter nicht mehr der dritten Gesellschaft, sondern seiner eigenen Gesellschaft Eigenkapital überlässt, und seine Gesellschaft wiederum der dritten Gesellschaft Eigenkapital überlässt.

(3) Gegen Dritte gerichtete Geldforderungen

Wenn ein Gesellschafter eine gegen einen Dritten gerichtete Geldforderung in seine Gesellschaft einbringt, sieht die h.M. darin eine sonstige Leistung.[270] Die Abtretung einer Forderung stellt m.E. aber keine umsatzsteuerliche Leistung dar.[271] Entsprechend ist die Zahlung des Kaufpreises für die Übertragung einer Geldforderung m.E. die Zusammenfassung zweier umsatzsteuerlich irrelevanter Abwicklungszahlungen und damit selbst umsatzsteuerlich irrelevant.

Der Einbringung eines Anteils an einer dritten Gesellschaft in die eigene Gesellschaft[272] vergleichbar, ist m.E. davon auszugehen, dass mit der Einbringung einer gegen einen Dritten gerichteten Geldforderung in die eigene Gesellschaft die Überlassung von Eigenkapital durch den Gesellschafter an seine eigene Gesellschaft beginnt. Der Umfang des überlassenen Eigenkapitals entspricht dabei dem Wert, den die Gesellschafter der eingebrachten Geldforderung zumessen. Mit der Beteiligung des Gesellschafters am Auflösungserlös endet die Eigenkapitalüberlassung.

Die Einbringung einer gegen einen Dritten gerichteten Geldforderung führt also im Ergebnis dazu, dass der einbringende Gesellschafter nicht mehr dem Dritten Fremdkapital überlässt, sondern seiner eigenen Gesellschaft Eigenkapital, und diese wiederum dem Dritten Fremdkapital.

(4) Nutzungsrechte an Sachen und Immaterialgüterrechten

Wenn ein Gesellschafter im Rahmen einer Sacheinlage seiner Gesellschaft ein dingliches oder obligatorisches Nutzungsrecht an einer eigenen Sache oder ein Unternutzungsrecht an einer Sache, die zwar nicht in seinem Eigentum steht, an der er aber ein Nutzungsrecht hat, einräumt, ihr eine Lizenz an einem eigenen Immaterialgüterrecht gewährt oder eine eigene Lizenz ihr zugunsten mit einer Unterlizenz belastet,[273] erbringt er seiner Gesellschaft eine sonstige Leistung mit

270 Siehe dazu BFH, Beschl. v. 15.7.1997 – V B 122/96, BFH/NV 1998, 499, Rn. 10; Urt. v. 13.11.2003 – V R 79/01, BStBl. II 2004, 375, BFHE 204, 332, Rn. 39; Abschn. 2.4 Abs. 3 S. 5 und Abschn. 10.5 Abs. 6 UStAE; Heidner in Bunjes, UStG, § 4 Nr. 8 Rn. 20; Wäger in Sölch/Ringleb, UStG, § 4 Nr. 8 Rn. 131.

271 Siehe dazu F.II.2.

272 Siehe dazu C.II.1.b)bb)(2).

273 Der Nießbrauch (§§ 1030 ff. BGB), die beschränkte persönliche Dienstbarkeit (§§ 1090 ff. BGB), die Grunddienstbarkeit (§§ 1018 ff. BGB), das Dauerwohnrecht (§ 31 Abs. 1 WEG), das Dauernutzungsrecht (§ 31 Abs. 2 WEG) und das Erbbaurecht (ErbbauRG) stellen bspw. dingliche Nutzungsrechte an Sachen dar. Dabei können beim Nießbrauch (§ 1059 S. 2 BGB), bei der beschränkt persönlichen Dienstbarkeit

Dauercharakter. Dadurch, dass er für eine bestimmte Zeit die eigene Nutzung der Sache oder des Immaterialgüterrechts unterlässt und die Nutzung durch die Gesellschaft duldet, verschafft er ihr nämlich einen verbrauchbaren Vorteil.[274] Es liegt auch keine Lieferung vor. Nach § 3 Abs. 1 UStG ist eine Lieferung zwar eine Leistung, durch die der Unternehmer den Abnehmer befähigt, im eigenen Namen über einen Gegenstand zu verfügen, sodass man in den Fällen, in denen das Nutzungsrecht oder die Lizenz dinglicher Natur ist, auf die Idee kommen könnte, seine respektive ihre Bestellung stelle eine Lieferung dar. Es ist aber anerkannt, dass § 3 Abs. 1 UStG mit dem Begriff des Gegenstands nur körperliche Gegenstände meint.[275]

Der Situation bei der Einlage von Sacheigentum[276] vergleichbar ist davon auszugehen, dass auch dieser sonstigen Leistung ein Entgelt gegenübersteht. Seine Höhe entspricht dem Wert, den die Gesellschafter der Nutzungsüberlassung zumessen. Darüber hinaus beginnt mit der Einbringung des Nutzungsrechts eine Eigenkapitalüberlassung in selber Höhe. Mit der Beteiligung des Gesellschafters am Auflösungserlös findet sie ihr Ende.

Die USt auf die Nutzungsüberlassung entsteht mit Ablauf des Voranmeldungszeitraums, in dem der Gesellschafter der Gesellschaft das Nutzungsrecht einräumt. Dies ergibt sich aus den beiden bei der maßgeblichen wirtschaftlichen Betrachtung[277] unterschiedslosen Vergleichssituationen (Bezug entsprechender Nutzungsüberlassung mit durch eine Bareinlage eingenommenen Mitteln, entsprechende Nutzungsüberlassung unter Verrechnung/Aufrechnung des Entgelts mit der Bareinlageverpflichtung). In diesen wird das Entgelt für die Nutzungsüberlassung

---

(§ 1092 Abs. 1 S. 2 BGB), beim Dauerwohnrecht und beim Dauernutzungsrecht (ex § 37 Abs. 1 WEG) Unternutzungsrechte eingeräumt werden. Sie sind obligatorischer Natur. Siehe Pohlmann in MüKo BGB, § 1059 Rn. 7 zum Unternutzungsrecht beim Nießbrauch und Joost in MüKo BGB, § 1092 Rn. 6 zum Unternutzungsrecht bei der beschränkt persönlichen Dienstbarkeit. Obligatorische Nutzungsrechte an Sachen ergeben sich aus Miet- und Pachtverträgen. Nutzungsrechte an immateriellen Wirtschaftsgütern ergeben sich aus Lizenzen. Es ist umstritten, ob alle Arten von Lizenzen dinglichen Charakter haben (siehe dazu Ahrens, Gewerblicher Rechtsschutz, § 11 Rn. 281 ff.).

274 Stadie, UStG, § 4 Nr. 12 Rn. 19 bzgl. dinglicher Nutzungsrechte an Grundstücken; Birkenfeld in Birkenfeld/Wäger, USt-Handbuch, § 66 Rn. 311 bzgl. Miete und Pacht; Birkenfeld in Birkenfeld/Wäger, USt-Handbuch, § 66 Rn. 331 f. bzgl. Erbbaurechts; Birkenfeld in Birkenfeld/Wäger, USt-Handbuch, § 66 Rn. 336 ff. bzgl. Nießbrauchs.

275 BFH, Urt. v. 16.7.1970 – V R 95/66, BStBl. II 1970, 706, BFHE 99, 429, Rn. 9. Dies lässt sich seit der Harmonisierung der MwSt aber auch eindeutig den MwStRL entnehmen. Nach Art. 5 Abs. 1 6. RL und Art. 14 Abs. 1 MwStSystRL gilt nämlich als Lieferung eines Gegenstands die Übertragung der Befähigung, wie ein Eigentümer über einen *körperlichen Gegenstand* zu verfügen.

276 Siehe dazu C.II.1.b)bb)(1).

277 Siehe dazu Fn. 116.

nicht über die Dauer der Nutzungsüberlassung gestreckt, sondern gleich zu Beginn der Nutzungsüberlassung entrichtet. Wird die USt nach vereinnahmten Entgelten berechnet, entsteht die USt gem. der Grundregel des § 13 Abs. 1 Nr. 1 lit. b) UStG mit Ablauf des Voranmeldungszeitraums, in dem es zur Vereinnahmung des Entgelts kommt. Wird die USt nach vereinbarten Entgelten berechnet, entsteht sie gem. § 13 Abs. 1 Nr. 1 lit. a) S. 4 UStG zum selben Zeitpunkt. Diese Ausnahmeregelung greift nämlich dann, wenn das Entgelt vereinnahmt wird, bevor die Leistung ausgeführt worden ist. Und der Zeitpunkt der Vereinnahmung des Entgelts in den Vergleichssituationen entspricht in der vorliegenden Situation dem Zeitpunkt der Einräumung des Nutzungsrechts.

(5) Sonstige Sacheinlageobjekte ohne Dauercharakter

Wenn ein Gesellschafter im Rahmen einer Sacheinlage seiner Gesellschaft bspw. ein dingliches Nutzungsrecht an der Sache eines Dritten, ein Immaterialgüterrecht, eine bestehende Lizenz an einem Immaterialgüterrecht eines Dritten oder eine Forderung gegen einen Dritten gerichtet auf die Erbringung einer Dienstleistung, überträgt, erbringt er ihr damit eine sonstige Leistung, die keinen Dauercharakter hat.

Der Situation bei der Einbringung von Sacheigentum[278] vergleichbar ist davon auszugehen, dass dieser sonstigen Leistung ein Entgelt gegenübersteht.[279] Seine Höhe entspricht dem Wert, den die Gesellschafter dem Gegenstand der Einbringung zumessen. Darüber hinaus beginnt mit der Einbringung eine Eigenkapitalüberlassung in selber Höhe. Mit der Beteiligung des Gesellschafters am Auflösungserlös findet sie ihr Ende.

Die Übertragung der bezeichneten Gegenstände durch den Gesellschafter an die Gesellschaft ist allerdings dann nicht steuerbar, wenn sie Teil einer gem. § 1 Abs. 1a UStG nichtsteuerbaren Geschäftsveräußerung im Ganzen ist.

Die USt auf die Übertragung eines der bezeichneten Gegenstände entsteht mit Ablauf des Voranmeldungszeitraums, in dem der Gesellschafter diese sonstige Leistung erbringt. Dies gilt auch dann, wenn der Gesellschafter die USt nach vereinnahmten Entgelten berechnet. Dies ergibt sich aus den beiden bei der maßgeblichen wirtschaftlichen Betrachtung[280] unterschiedslosen Vergleichssituationen (Bezug eines entsprechenden Gegenstands mit durch eine Bareinlage eingenommenen Mitteln, Übertragung eines entsprechenden Gegenstands unter Verrechnung/Aufrechnung des Entgelts mit der Bareinlageverpflichtung). In diesen zahlt die Gesellschaft den Gesellschafter für die Übertragung der bezeichneten Gegenstände nämlich zum Zeitpunkt ihrer Einbringung.

---

278 Siehe dazu C.II.1.b)bb)(1).

279 Dass die sonstige Leistung keinen Dauercharakter hat, steht ihrer Steuerbarkeit nicht entgegen. Siehe dazu C.II.1.b)bb)(1).

280 Siehe dazu Fn. 116.

(6) Differenzhaftung

Die GmbH-Gesellschafter und die Aktionäre haften unabhängig vom Gegenstand der Sacheinlage sowohl in der Gründungssituation als auch in den Fällen der effektiven Kapitalerhöhung für eine eventuelle Differenz zwischen dem Wert des Gegenstands der Sacheinlage und dem Nennbetrag des oder der dafür übernommen Gesellschaftsanteile.[281] Wenn sie aufgrund dieser Differenzhaftung eine Geldzahlung an ihre Gesellschaft leisten, führt dies zu einer Erweiterung ihrer Eigenkapitalüberlassung.

c) (Verdeckte) Sachübernahme und verdeckte Sacheinlage

aa) Gesellschaftsrechtliche Einordnung

Eine Sachübernahme liegt vor, wenn sich ein Gesellschafter anlässlich der Gründung seiner Gesellschaft oder einer effektiven Kapitalerhöhung nicht nur zur Erbringung einer Bareinlage, sondern daneben auch noch in einem gewöhnlichen schuldrechtlichen Austauschvertrag, dem sog. Sachübernahmevertrag, dazu verpflichtet, der Gesellschaft etwas zu übertragen, das auch Gegenstand einer Sacheinlage sein könnte. In diesen Konstellationen droht – vergleichbar der Situation bei einer Sacheinlage – eine Überbewertung des Gegenstands der Sachübernahme. Daher ordnen das GmbHG und das AktG Schutzregelungen an, die denen entsprechen oder zumindest vergleichbar sind, die bei Sacheinlagen Anwendung finden. Bei der AG sind diese aber nur in der Gründungssituation[282] und bei der GmbH nur dann einzuhalten, wenn die Anrechnung des Vergütungsanspruchs des Gesellschafters aus dem Sachübernahmevertrag auf seine Bareinlageverpflichtung verabredet wird[283]. Wenn bei der AG die Anrechnung des Vergütungsanspruchs des Aktionärs aus dem Sachübernahmevertrag auf seine Bareinlageverpflichtung verabredet wird, gilt dies nach § 27 Abs. 1 S. 2 AktG als Sacheinlage. Das hat zur Folge, dass in diesen Fällen der Sachübernahme der Gegenstand der Sachübernahme gem. § 36a Abs. 2 S. 1 AktG vor der Anmeldung der AG vollständig geleistet worden sein muss.[284] Und wenn der Gegenstand der Sachübernahme in der Verpflichtung, einen Vermögensgegenstand auf die Gesellschaft zu übertragen, besteht, so muss diese

---

281 Siehe dazu C.II.1.b)aa).

282 § 183 AktG erwähnt nur die Sacheinlage. Folglich finden die in dieser Vorschrift vorgesehenen Schutzregelungen in den Fällen der Sachübernahme keine Anwendung. Siehe dazu Schürnbrand in MüKo AktG, § 183 Rn. 8 ff.

283 § 5 Abs. 4 GmbHG spricht zwar nur von Sacheinlagen. Aus der Historie der Norm ergibt sich aber, dass sie auch Sachübernahmen erfasst, bei denen die Anrechnung des Vergütungsanspruchs des Gesellschafters aus dem Sachübernahmevertrag auf seine Bareinlageverpflichtung verabredet wird. Siehe dazu Schwandtner in MüKo GmbHG, § 5 Rn. 187 ff.

284 Pentz in MüKo AktG, § 27 Rn. 66; § 36a Rn. 18 ff.

Leistung gem. § 36a Abs. 2 S. 1 AktG innerhalb von fünf Jahren nach der Eintragung der Gesellschaft in das Handelsregister zu bewirken sein.

Dass nach § 27 Abs. 1 S. 2 AktG bei der AG bei der Verabredung der Anrechnung des Vergütungsanspruchs des Aktionärs aus dem Sachübernahmevertrag auf seine Bareinlageverpflichtung eine Sacheinlage vorliegt, führt dazu, dass der Aktionär wie bei einer überbewerteten Sacheinlage für die Differenz zwischen dem Wert der Sacheinlage im Zeitpunkt der Anmeldung der Gesellschaft zur Eintragung in das Handelsregister und dem Nennbetrag der dafür übernommenen Aktien haftet.[285] Der Grundsatz der realen Kapitalaufbringung soll zur Folge haben, dass der Aktionär aber auch dann haftet, wenn die Anrechnung des Vergütungsanspruchs nicht verabredet wurde.[286] Bei der GmbH ergibt sich die Differenzhaftung aus § 9 Abs. 1 S. 1 GmbHG. Die Sachübernahme gilt im GmbH-Recht nämlich als Fall der Sacheinlage.[287]

Wenn die Beteiligten die Schutzregelungen gesetzeswidrig nicht beachten, liegt eine verdeckte Sachübernahme vor.[288] In diesen Fällen ist nach den Regelungen zur verdeckten Sacheinlage zu verfahren:[289] Dies hat zur Folge, dass die Bareinlageverpflichtung des Gesellschafters fortbesteht (§ 19 Abs. 4 S. 1 GmbHG, § 27 Abs. 3 S. 1 AktG). Der Sachübernahmevertrag und die zu seiner Ausführung vorgenommenen Geschäfte sind jedoch nicht unwirksam (§ 19 Abs. 4 S. 2 GmbHG, § 27 Abs. 3 S. 2 AktG). Der Wert des Gegenstands der Sachübernahme wird auf die Bareinlageverpflichtung angerechnet (§ 19 Abs. 4 S. 3 GmbHG, § 27 Abs. 3 S. 3 AktG).

Eine verdeckte Sacheinlage liegt nach der gesetzlichen Regelung vor, wenn eine Geldeinlage eines Gesellschafters bei wirtschaftlicher Betrachtung und aufgrund

---

285 Im AktG fehlt es zwar an einer ausdrücklichen Regelung der Differenzhaftung des Gesellschafters bei überbewerteten Sacheinlagen, sie ist aber bis auf ihre dogmatische Begründung unumstritten. Siehe dazu Heider in MüKo AktG, § 9 Rn. 27. Zur Differenzhaftung in den Fällen der Sachkapitalerhöhung siehe Solveen in Hölters, AktG, § 9 Rn. 9.

286 Vedder in Grigoleit, AktG, § 27 Rn. 37.

287 Schwandtner in MüKo GmbHG, § 9 Rn. 8.

288 Eine verdeckte Sachübernahme kommt sowohl mit als auch ohne Verrechnung in Betracht. § 19 Abs. 2 S. 2 GmbHG und § 66 Abs. 1 S. 2 AktG verbieten nämlich nur die Aufrechnung des Gesellschafters mit einer Forderung gegen den Anspruch der Gesellschaft auf Erbringung der Bareinlage, nicht aber die Aufrechnung durch die Gesellschaft oder den Abschluss eines Verrechnungsvertrags durch den Gesellschafter und die Gesellschaft. Siehe dazu Schwandtner in MüKo GmbHG, § 19 Rn. 80 ff. und Bayer in MüKo AktG, § 66 Rn. 41 ff. Die Aufrechnung durch die Gesellschaft und der Abschluss eines Verrechnungsvertrags sind dabei allerdings nur unter bestimmten Voraussetzungen möglich.

289 Im Recht der AG geht man von einer zumindest entsprechenden Anwendung aus. Siehe dazu Pentz in MüKo AktG, § 27 Rn. 88. Im Recht der GmbH ergibt sich die Anwendbarkeit daraus, dass das GmbHG unter dem Begriff der Sacheinlage auch die Sachübernahme versteht. Siehe dazu Leitzen in Michalski, GmbHG, § 5 Rn. 53.

einer im Zusammenhang mit der Übernahme der Geldeinlage getroffenen Abrede als Sacheinlage zu bewerten ist (§ 19 Abs. 4 S. 1 GmbHG, § 27 Abs. 3 S. 1 AktG). In der Lit. wird richtigerweise darauf hingewiesen, dass es sich in den meisten Fällen der verdeckten Sacheinlage bei systematischer Betrachtung um eine verdeckte Sachübernahme handelt.[290] Der Reinfall einer verdeckten Sacheinlage läge nur vor, wenn die Beteiligten eine Sacheinlage vereinbarten, aber die nach § 27 Abs. 1 AktG nötigen Festsetzungen und das daran anknüpfende Sacheinlageverfahren unterließen.

bb) Umsatzsteuerliche Beurteilung

Wenn bei einer Sachübernahme der Vergütungsanspruch des Gesellschafters aus dem Sachübernahmevertrag auf seine Bareinlageverpflichtung nicht angerechnet wird, liegen aus umsatzsteuerlicher Sicht eine Bareinlage und eine Sachübernahme vor. Die Erbringung der Bareinlage selbst ist keine umsatzsteuerliche Leistung.[291] Sie stellt aber den Beginn einer Eigenkapitalüberlassung dar. Mit der Beteiligung des Gesellschafters am Auflösungserlös findet diese ihr Ende. Der Vollzug der Sachübernahme kann einen steuerbaren Umsatz darstellen.

Auch dann, wenn bei einer Sachübernahme der Vergütungsanspruch des Gesellschafters aus dem Sachübernahmevertrag auf seine Bareinlageverpflichtung angerechnet wird, kann der Vollzug der Sachübernahme einen steuerbaren Umsatz darstellen. Das Entgelt ist dabei in der Befreiung des Gesellschafters von seiner Bareinlageverpflichtung zu sehen. Es macht bei der maßgeblichen wirtschaftlichen Betrachtung[292] nämlich keinen Unterschied, ob Geld gezahlt, eine Forderung abgetreten, eine Schuld übernommen oder anderweitig von einer Verbindlichkeit befreit wird.[293] Die Befreiung des Gesellschafters von der Bareinlageverpflichtung durch die Anrechnung des Vergütungsanspruchs aus dem Sachübernahmevertrag

---

290 Benz in Spindler/Stilz, AktG, § 27 Rn. 107 ff.

291 Siehe dazu C.II.1.a)bb)(2).

292 Siehe dazu Fn. 116.

293 Berechnet der Gesellschafter die USt nach vereinbarten Entgelten, entsteht die USt auf die Lieferung des Gegenstands der Sachübernahme oder die sonstige Leistung der Sachübernahme mit Ablauf des Voranmeldungszeitraums, in dem die Leistungen ausgeführt worden sind (§ 13 Abs. 1 Nr. 1 lit. a) S. 1 UStG). Wenn es sich um Leistungen mit Dauercharakter handelt, entsteht die USt hingegen mit Ablauf des Voranmeldungszeitraums, in dem es zur Anrechnung des Vergütungsanspruchs des Gesellschafters aus dem Sachübernahmevertrag auf seine Bareinlageverpflichtung kommt (§ 13 Abs. 1 Nr. 1 lit. a) S. 4 UStG). Berechnet der Gesellschafter die USt nach vereinnahmten Entgelten, entsteht sie gem. § 13 Abs. 1 Nr. 1 lit. b) UStG mit Ablauf des Voranmeldungszeitraums, in dem die Entgelte vereinnahmt worden sind. Vorliegend entsteht sie also mit Ablauf des Voranmeldungszeitraums, in dem es zur Anrechnung der Bareinlageverpflichtung des Gesellschafters auf seinen Vergütungsanspruch aus dem Sachübernahmevertrag kommt. Zum Begriff der Vereinnahmung in § 13 Abs. 1 Nr. 1 lit. b) UStG siehe Leonard in Bunjes, UStG, § 13 Rn. 19.

führt dann auch zum Beginn der Eigenkapitalüberlassung. Der Umfang des überlassenen Eigenkapitals richtet sich nach dem Wert, den die Gesellschafter dem Gegenstand der Sachübernahme zumessen.

Die Fälle der verdeckten Sachübernahme sind genauso wie die Fälle der offenen Sachübernahme zu behandeln. Wenn keine Anrechnung erfolgt, nimmt die Eigenkapitalüberlassung mit der Bareinlage ihren Anfang, während der Vollzug der Sachübernahme einen steuerbaren Umsatz darstellen kann. Auch dann, wenn es zur Anrechnung kommt, kann die Sachübernahme einen steuerbaren Umsatz darstellen, während die Eigenkapitalüberlassung mit der Anrechnung ihren Anfang findet, auch hier allerdings im Umfang des tatsächlichen Werts des Gegenstands der Sachübernahme.

Eine verdeckte Sacheinlage ist, wenn sie bei systematischer Betrachtung eigentlich eine verdeckte Sachübernahme darstellt, umsatzsteuerlich genauso wie eine solche zu behandeln. Das bedeutet, dass dann, wenn keine Anrechnung erfolgt, die Eigenkapitalüberlassung mit der Erbringung der Bareinlage ihren Anfang nimmt und der Vollzug der Sachübernahme einen steuerbaren Umsatz darstellen kann. Wenn es zur Anrechnung kommt, kann die Sachübernahme ebenfalls einen steuerbaren Umsatz darstellen. Die Eigenkapitalüberlassung findet dann aber mit der Anrechnung ihren Anfang. Auch hier entspricht die Höhe des überlassenen Eigenkapitals dem Wert, den die Gesellschafter dem Gegenstand der Sachübernahme zumessen.

Reinfälle der verdeckten Sacheinlage sind genauso wie Sacheinlagen zu behandeln.

Ob der Vollzug der Sachübernahme einen steuerbaren Umsatz darstellen kann, hängt wie bei der offenen Sacheinlage[294] vom Gegenstand der Sachübernahme ab. Gleiches gilt für die verdeckte Sacheinlage. Wenn der Gegenstand der Sachübernahme oder der verdeckten Sacheinlage bspw. Sacheigentum ist, kann eine steuerbare Lieferung vorliegen.[295] Wenn Gesellschaftsanteile oder gegen Dritte gerichtete Geldforderungen ihr Gegenstand sind, liegt kein Umsatz vor. Wenn Nutzungsrechte an Sachen oder Immaterialgüterrechten, die der Gesellschafter der Gesellschaft einräumt, ihr Gegenstand sind, liegt ein steuerbarer Umsatz mit Dauercharakter vor.

Wenn es bei einer offenen oder verdeckten Sachübernahme mit Anrechnung des Vergütungsanspruchs des Gesellschafters aus dem Sachübernahmevertrag auf seine Bareinlageverpflichtung oder bei einer verdeckten Sacheinlage, die bei systematischer Betrachtung einer verdeckten Sachübernahme mit dieser Anrechnung entspricht, aufgrund der Differenzhaftung zu einer Zahlung des Gesellschafters an die Gesellschaft kommt, führt diese zu einer Erweiterung der

294 Siehe dazu C.II.1.b)bb)(1)–(5).

295 Dass in diesen Fällen die Lieferung eine nur einmalige Tätigkeit darstellt, steht ihrer Steuerbarkeit nicht entgegen. Siehe dazu C.II.1.b)bb)(1).

Eigenkapitalüberlassung auf den versprochenen Umfang. Der Gesellschaft wird in diesen Fällen bis zur Zahlung aufgrund der Differenzhaftung nämlich nur Eigenkapital im Umfang des tatsächlichen Werts des Gegenstands der Sachübernahme oder der verdeckten Sacheinlage überlassen.

Wenn es bei einer offenen oder verdeckten Sachübernahme ohne Anrechnung des Vergütungsanspruchs des Gesellschafters aus dem Sachübernahmevertrag auf seine Bareinlageverpflichtung oder bei einer verdeckten Sacheinlage, die bei systematischer Betrachtung einer verdeckten Sachübernahme ohne diese Anrechnung entspricht, aufgrund der Differenzhaftung zu einer Zahlung des Gesellschafters an die Gesellschaft kommt, führt diese nicht zu einer Erweiterung der Eigenkapitalüberlassung. Die Eigenkapitalüberlassung erreicht in diesen Fällen nämlich bereits durch die vollständige Bareinlage ihren vollen Umfang.

d) Nebenleistungen und Nachschusspflichten

aa) Gesellschaftsrechtliche Einordnung

(1) Nebenleistungen

Sowohl die GmbH-Gesellschafter als auch die Aktionäre können sich im Gesellschaftsvertrag zu sog. Nebenleistungen verpflichten (§ 3 Abs. 2 Alt. 2 GmbHG und § 55 AktG). Bei der AG kommen gem. § 55 Abs. 1 S. 1 AktG als Nebenleistung aber nur wiederkehrende, nicht in Geld bestehende Leistungen in Betracht. Einmalige und dauernde Leistungen sind damit bei den AGs als Nebenleistungen ausgeschlossen.[296] Während also bei der GmbH die Nebenleistung bspw. in der dauerhaften Überlassung eines Grundstücks oder in der einmaligen Übertragung des Eigentums oder der Rechtsinhaberschaft an einem Gegenstand bestehen kann, sind diese Leistungen bei der AG als Nebenleistung ausgeschlossen. Die Möglichkeit der Gesellschafter, im Rahmen einer Nebenverpflichtung Dienstleistungen zu versprechen, wenn bei der AG auch nur wiederkehrende, hat besondere Bedeutung, da es ausgeschlossen sein soll, eine gegen den Einbringenden gerichtete Forderung auf Erbringung einer Dienstleistung im Rahmen einer Sacheinlage in eine Gesellschaft einzubringen.[297] Die Nebenleistungen können entgeltlich oder unentgeltlich ausgestaltet werden.[298] Sie werden nicht auf das Stammkapital respektive das Grundkapital erbracht. Es ist aber nicht ausgeschlossen, dass dem Gesellschafter,

296 Bungeroth in MüKo AktG, § 55 Rn. 16.

297 Zum Ausschluss der Einlegbarkeit von Forderungen gegen den Inferenten, die auf die Erbringung von Dienstleistungen gerichtet sind, siehe Schwandtner in MüKo GmbHG, § 5 Rn. 109 und Pentz in MüKo AktG, § 27 Rn. 26.

298 Wicke in MüKo GmbHG, § 5 Rn. 75. Für die AG ist das ausdrücklich in § 55 Abs. 1 S. 2 AktG geregelt.

der sich zu einer Nebenleistung verpflichtet, dafür eine höhere Beteiligung am Gewinn und/oder am Auflösungserlös versprochen wird.[299]

Die Verpflichtung eines Gesellschafters zur Zahlung eines Agios kann gesellschafts- oder schuldrechtlicher Natur sein. Grds. soll sie dann gesellschaftsrechtlicher Natur sein, wenn sie im Gesellschaftsvertrag oder im Kapitalerhöhungsbeschluss und in der Folge im Übernahme- oder Zeichnungsvertrag niedergelegt wird.[300] Ist sie schuldrechtlicher Natur, muss sie nicht unbedingt mit einem Forderungsrecht der Gesellschaft einhergehen. Sie beruht dann lediglich auf einem Vertrag der Gesellschafter untereinander, der nicht als echter Vertrag zugunsten der Gesellschaft einzuordnen ist.[301] Ist die Verpflichtung zur Zahlung eines Agios bei einer GmbH gesellschaftsrechtlicher Natur, soll es sich bei ihr um eine Nebenverpflichtung i.S.d. § 3 Abs. 2 Alt. 2 GmbHG handeln. Bei der AG ist die Einordnung eines gesellschaftsrechtlichen Agios als Nebenverpflichtung ausgeschlossen. Schließlich können nach § 55 Abs. 1 S. 1 AktG nur Leistungen, die nicht in Geld bestehen, Nebenleistungen sein. Das schuldrechtliche Agio hat bei der AG eine besondere Bedeutung, da sich mit ihm die Vorgabe des § 36 Abs. 2 HS. 1 AktG i.V.m. § 36a Abs. 1 AktG umgehen lassen können soll, nach der die Anmeldung der Gesellschaft zur Eintragung in das Handelsregister erst dann erfolgen darf, wenn das Agio ordnungsgemäß eingezahlt worden ist.[302]

Die Gesellschafter einer GmbH können sich im Rahmen einer Nebenverpflichtung auch zum Verlustausgleich verpflichten.[303] Bei der AG ist dies nicht möglich, da gem. § 55 Abs. 1 S. 1 AktG nur nicht in Geld bestehende Leistungen Nebenleistungen sein können.

(2) Nachschuss

Die GmbH-Gesellschafter können gem. § 26 Abs. 1 GmbHG in ihrem Gesellschaftsvertrag bestimmen, dass sie über die Nennbeträge der Geschäftsanteile hinaus die Einforderung weiterer Einzahlungen (sog. Nachschüsse) beschließen können. Dies ist im AktG nicht nur nicht vorgesehen, sondern soll auch ausgeschlossen sein, da die §§ 54 und 55 AktG, die die Aktionärspflichten regeln, abschließend sein sollen.[304]

---

299 Dass dies möglich ist, ergibt sich für die GmbH aus § 29 Abs. 3 S. 2 und § 72 S. 2 GmbHG und für die AG aus § 60 Abs. 3 und § 271 Abs. 2 HS. 2 AktG i.V.m. § 11 S. 1 AktG.

300 Ziemons in Beck'scher OK GmbHG, § 5 Rn. 105 f.

301 Zur Zulässigkeit des schuldrechtlichen Agios bei der AG siehe Mayer, MittBayNot 2006, 281, 289 f.

302 Schwandtner in MüKo GmbHG, § 5 Rn. 50a.

303 Wicke in MüKo GmbHG, § 3 Rn. 77; Schmidt in Michalski, GmbHG, § 3 Rn. 58.

304 Bungeroth in MüKo AktG, § 54 Rn. 24.

bb) Umsatzsteuerliche Beurteilung

(1) Nebenleistungen

Bei den Nebenleistungen kann es sich um Lieferungen oder sonstige Leistungen handeln. Wenn eine Nebenleistung die Übertragung eines Gesellschaftsanteils oder einer Geldforderung zum Gegenstand hat, stellt sie aber keine umsatzsteuerliche Leistung dar.[305] Wenn die Gesellschaft dem Gesellschafter für eine Nebenleistung, die als umsatzsteuerliche Leistung einzuordnen ist, ein Entgelt zahlt, kann die Erbringung der Nebenleistung einen steuerbaren Umsatz darstellen.[306] Der Steuerbarkeit steht es nicht entgegen, wenn sich das Entgelt nach dem Gewinn der Gesellschaft bemisst. Andernfalls dürfte man das partiarische Darlehen auch nicht als steuerbaren Umsatz einordnen.[307] Ein steuerbarer Umsatz ist auch dann gegeben, wenn der Nebenleistung eine Beteiligung am Gewinn oder am Auflösungserlös gegenübersteht.

Wenn einer Nebenleistung aber sowohl eine Beteiligung am Gewinn als auch am Auflösungserlös gegenübersteht, kommt es m.E. neben dem bezeichneten potenziell steuerbaren Umsatz auch noch zur Überlassung von Eigenkapital durch den Gesellschafter an die Gesellschaft.[308] Diese Situation unterscheidet sich nämlich bei der maßgeblichen wirtschaftlichen Betrachtung[309] nicht von der Situation, in der ein Gesellschafter seiner Gesellschaft eine zusätzliche Bareinlage erbringt und die Gesellschaft mit den so eingenommenen Mitteln von dem Gesellschafter Leistungen bezieht, die auch Gegenstand einer Nebenverpflichtung sein könnten. Sie unterscheidet sich auch nicht von der Situation, in der der Gesellschafter der Gesellschaft solche Leistungen erbringt, die auch Gegenstand einer Nebenverpflichtung sein könnten, und das dafür fällige Entgelt mit einer zusätzlichen Bareinlageverpflichtung verrechnet/aufgerechnet wird.

Wenn die Nebenleistung in diesem Fall Dauercharakter hat, gilt für die Entstehung der sie belastenden USt Folgendes: Gleich, ob der Gesellschafter die USt nach vereinbarten oder vereinnahmten Entgelten berechnet, entsteht in den beiden Vergleichssituationen die USt, die die Leistung belastet, die die Nebenleistung der vorliegenden Situation repräsentiert, mit Ablauf des Voranmeldungszeitraums, in dem diese Leistung ihren Anfang nimmt. Berechnet der Gesellschafter die USt nach vereinnahmten Entgelten, ergibt sich dies aus § 13 Abs. 1 Nr. 1 lit. b) UStG.

---

305 Siehe dazu D.I.2.b) und F.II.2.

306 Wenn die Nebenleistung eine nur einmalige Tätigkeit darstellt, steht dies ihrer Steuerbarkeit nicht entgegen. Siehe dazu C.II.1.b)bb)(1).

307 Siehe dazu C.III.1.d).

308 Das ist auch dann der Fall, wenn eine höhere Beteiligung des Gesellschafters am Gewinn und Auflösungserlös zwar nicht verabredet wurde, aber alle Gesellschafter Bareinlagen oder Sacheinlagen und Nebenleistungen im gleichen Umfang erbringen.

309 Siehe dazu Fn. 116.

In den Vergleichssituationen wird das Entgelt für die die Nebenleistung repräsentierende Leistung nämlich sofort entrichtet. Berechnet der Gesellschafter die USt nach vereinbarten Entgelten, ergibt sich die Entstehung der USt mit Ablauf des Voranmeldungszeitraums, in dem die Leistung ihren Anfang nimmt, aus der Ausnahmeregelung des § 13 Abs. 1 Nr. 1 lit. a) S. 4 UStG. Nach dieser Regel entsteht die Steuer mit Ablauf des Voranmeldungszeitraums, in dem das Entgelt vereinnahmt worden ist, wenn das Entgelt vereinnahmt wird, bevor die Leistung ausgeführt worden ist. Damit entsteht die USt auch in der vorliegenden Situation mit Ablauf des Voranmeldungszeitraums, indem die Nebenleistung ihren Anfang nimmt.

Nicht nur dann, wenn ein Agio als Nebenleistung einzuordnen ist, führt seine Einzahlung zu einer Überlassung von Eigenkapital durch den Gesellschafter an die Gesellschaft. Dies gilt unabhängig davon, ob das Agio gesellschafts- oder schuldrechtlicher Natur ist. Es gilt auch unabhängig davon, ob im zweiten Fall die Gesellschaft gegen den Gesellschafter einen Anspruch auf Leistung des Agios hat oder nicht. Der das Agio zahlende Gesellschafter ist nämlich in allen Fällen am Auflösungserlös beteiligt. Es lässt sich auch nicht sagen, die Beteiligung am Auflösungserlös beruhe nur auf der neben der Zahlung des Agios geleisteten Bareinlage oder Sacheinlage. Mit der Beteiligung des Gesellschafters am Auflösungserlös findet die Eigenkapitalüberlassung insgesamt ihr Ende.[310]

Wenn ein GmbH-Gesellschafter aufgrund einer Verpflichtung zum Verlustausgleich eine Geldzahlung an seine Gesellschaft leistet, führt dies m.E. zu einer Erweiterung der bisherigen Eigenkapitalüberlassung. Der Gesellschafter, der eine Verlustausgleichszahlung vornimmt, ist nämlich am Auflösungserlös beteiligt.[311] Es lässt sich auch nicht sagen, die Beteiligung am Auflösungserlös gehe ausschließlich auf die bereits laufende Eigenkapitalüberlassung zurück. Die Motivation des Gesellschafters, mit der Verlustausgleichszahlung einen Verlust seiner Gesellschaft zu vermeiden, ändert auch nichts daran, dass die Zahlung den Beginn der Überlassung weiteren Eigenkapitals markiert. Entscheidend ist der Blick aus der Sicht des Leistungsempfängers. Mit der Beteiligung des Gesellschafters am Auflösungserlös findet auch diese Eigenkapitalüberlassung ihr Ende.[312]

---

310 Für die Berechnung des auf einen Gesellschafter entfallenden Auflösungsgewinns, also des letzten Entgelts für seine Eigenkapitalüberlassung (siehe dazu C.III.2.b)), ist entsprechend von seinem Auflösungserlös nicht nur der Wert, den die Gesellschafter ursprünglich seiner Einlage zugemessen haben, abzuziehen, sondern auch das Agio.

311 Wenn eine Gesellschaft ihren zum Verlustausgleich oder zu Nachschüssen verpflichteten Gesellschaftern regelmäßig umsatzsteuerliche Leistungen erbringt, führen regelmäßige Verlustausgleichszahlungen der Gesellschafter m.E. nicht zu einer Erweiterung ihrer Eigenkapitalüberlassung, sondern stellen das oder ein zusätzliches Entgelt für die bezeichneten Leistungen der Gesellschaft an ihre Gesellschafter dar.

312 Für die Berechnung des auf einen Gesellschafter entfallenden Auflösungsgewinns ist entsprechend von seinem Auflösungserlös nicht nur der Wert, den die

(2) Nachschuss

Wenn ein Gesellschafter auf eine Nachschusspflicht Geld an seine Gesellschaft zahlt, führt dies zu einer Erweiterung der Eigenkapitalüberlassung. Entscheidend ist auch hier die Beteiligung des Gesellschafters am Auflösungserlös.[313] Es lässt sich nicht sagen, sie gehe ausschließlich auf die bereits laufende Eigenkapitalüberlassung zurück. Die Motivation des Gesellschafters spielt keine Rolle. Es kommt nur auf die Sicht des Leistungsempfängers an. Auch diese erweiterte Eigenkapitalüberlassung findet mit der Beteiligung des Gesellschafters am Auflösungserlös ihr Ende.[314]

2. Personengesellschaften

a) Bareinlage

aa) Gesellschaftsrechtliche Einordnung

Die Verpflichtung eines Gesellschafters einer Personengesellschaft zur Erbringung einer Bareinlage ergibt sich in der Situation der Gründung der Gesellschaft aus dem Gesellschaftsvertrag. Beschließen die Gesellschafter später eine effektive Kapitalerhöhung, ergibt sich die Verpflichtung zur Bareinlage aus dem dann durch den Gesellschafterbeschluss geänderten Gesellschaftsvertrag. Ein solcher Beschluss bedarf zumindest der Zustimmung der Gesellschafter, die zur Bareinlage verpflichtet werden sollen.[315] Die Gesellschafter können ihrer Bareinlageverpflichtung bspw.

Gesellschafter ursprünglich seiner Einlage zugemessen haben, abzuziehen, sondern neben einem eventuell geleisteten Agio auch noch möglicherweise geleistete Verlustausgleichszahlungen.

313 Wenn eine Gesellschaft ihren zu Nachschüssen verpflichteten Gesellschaftern regelmäßig umsatzsteuerliche Leistungen erbringt und die Gesellschafter regelmäßig Nachschüsse leisten, führen diese m.E. nicht zu einer Erweiterung der Eigenkapitalüberlassung. Stattdessen stellen sie das oder ein zusätzliches Entgelt für die bezeichneten Leistungen der Gesellschaft an die Gesellschafter dar.

314 Für die Berechnung des auf einen Gesellschafter entfallenden Auflösungsgewinns ist entsprechend von seinem Auflösungserlös nicht nur der Wert, den die Gesellschafter ursprünglich seiner Einlage zugemessen haben, abzuziehen, sondern neben einem eventuell geleisteten Agio und möglicherweise geleisteten Verlustausgleichszahlungen auch Zahlungen auf Nachschusspflichten.

315 Gesellschafterbeschlüsse bedürfen grds. der Zustimmung aller Gesellschafter, es sei denn, der Gesellschaftsvertrag sieht etwas Anderes vor. Siehe dazu Ulmer/Schäfer in MüKo BGB, § 705 Rn. 55. Eine Erhöhung der Pflicht eines Gesellschafters zur Erbringung von Beiträgen i.e.S., also von vermögenswerten Leistungen, benötigt aber stets die Zustimmung des jeweiligen Gesellschafters. Dies ergibt sich aus der Abgrenzung von Geschäftsführungs- und Grundlagenbereich und wird in § 707 BGB nur noch besonders hervorgehoben. Siehe dazu Schäfer in MüKo BGB, § 707 Rn. 1.

durch Barzahlung des entsprechenden Geldbetrags an die Gesellschaft oder durch Überweisung dieses Geldbetrags auf ein Konto der Gesellschaft nachkommen.

bb) Umsatzsteuerliche Beurteilung

Die Bareinlage ist bei den Personengesellschaften genauso wie bei den Kapitalgesellschaften einzuordnen.[316] Die Erbringung der Bareinlage an sich ist keine umsatzsteuerliche Leistung. Durch die Geldzahlung verschafft der Gesellschafter seiner Gesellschaft nämlich keinen verbrauchbaren Vorteil. Die Geldzahlung ist aber im Zusammenhang mit der Beteiligung des Gesellschafters am Auflösungserlös gem. § 734 BGB zu sehen. Dann zeigt sich, dass der Gesellschafter seiner Gesellschaft während der Dauer ihres Bestehens Eigenkapital überlässt. Mit der Erbringung der Bareinlage beginnt die Eigenkapitalüberlassung. Mit der Beteiligung des Gesellschafters am Auflösungserlös findet sie ihr Ende.

b) Gegenstandseinbringung

aa) Gesellschaftsrechtliche Einordnung

(1) Quoad dominium

Wenn ein Gesellschafter verspricht, einen Gegenstand quoad dominium, also zu Eigentum in seine Gesellschaft einzubringen, muss er das Eigentum oder die Rechtsinhaberschaft an dem einzubringenden Gegenstand auf die Gesellschaft übertragen.[317] In der Auseinandersetzung oder beim Ausscheiden kann er den Gegenstand nicht zurückfordern. Die Einbringung eines Gegenstands quoad dominium ist nämlich keine Überlassung eines Gegenstands zur Benutzung i.S.d. § 732 S. 1 BGB. Der Gesellschafter hat gem. § 733 Abs. 2 S. 2 BGB aber einen Anspruch auf Ersatz des Werts des Gegenstands, den er zum Zeitpunkt der Einbringung gehabt hat. Damit gehen Wertveränderungen des Gegenstands, die während der Dauer des Bestehens der Gesellschaft eintreten, zugunsten oder zulasten der Gesellschaft. Neben dem Anspruch auf Wertersatz partizipiert der Gesellschafter gem. § 734 BGB auch noch am Auflösungserlös.

(2) Quoad sortem

Wenn ein Gesellschafter einen Gegenstand quoad sortem, also dem Werte nach in seine Gesellschaft einbringt, so stellt er der Gesellschaft den wirtschaftlichen Wert des Gegenstands ohne formelle Rechtsänderung zur Verfügung.[318] Der Gesellschafter bleibt also Eigentümer oder Rechtsinhaber des Gegenstands der Einbringung.

---

316 Zur Bareinlage bei den Kapitalgesellschaften siehe C.II.1.a)bb)(2).

317 Schäfer in MüKo BGB, § 706 Rn. 11.

318 Schäfer in MüKo BGB, § 706 Rn. 12.

Im Außenverhältnis bleibt er verfügungsbefugt, während er im Innenverhältnis der Gesellschaft gegenüber dazu verpflichtet ist, sich Verfügungen über den Gegenstand zu enthalten.[319] Wenn die Gesellschaft über den Gegenstand verfügen möchte, hat sie gegen den Gesellschafter einen Anspruch auf Zustimmung zur Verfügung.[320] Ob sich dieser Anspruch auch auf die Zustimmung zur Verfügung über das Eigentum oder die Rechtsinhaberschaft an diesem Gegenstand bezieht, ist Sache der Auslegung des Gesellschaftsvertrags. Ein Interesse des Gesellschafters am Zurückerhalt des Gegenstands dürfte gegen diesen Anspruch sprechen. Nach der h.M. kann der Gesellschafter in der Auseinandersetzung gem. § 732 S. 1 BGB analog den quoad sortem eingebrachten Gegenstand zurückfordern, muss sich allerdings den Wert des Gegenstands zum Zeitpunkt der Auseinandersetzung auf seinen Anteil am Auflösungserlös anrechnen lassen.[321] Wenn der Wert des Gegenstands zu diesem Zeitpunkt den Anteil des Gesellschafters am Auflösungserlös überschreitet, muss der Gesellschafter einen Wertausgleich leisten. Durch diese Anrechnung oder den Wertausgleich ist sichergestellt, dass Wertveränderungen des Gegenstands während der Dauer des Bestehens der Gesellschaft zugunsten oder zulasten der Gesellschaft gehen, der Gesellschafter der Gesellschaft also tatsächlich den wirtschaftlichen Wert des Gegenstands zur Verfügung gestellt hat. Ein quoad sortem eingebrachter Gegenstand haftet nicht für die Verbindlichkeiten der Gesellschaft.[322] Zur Haftungsmasse gehört aber der sog. Wertdeckungsanspruch der Gesellschaft gegen den Gesellschafter, also der Anspruch auf wertmäßigen Ausgleich. Quoad sortem eingebrachte Gegenstände sind in der Bilanz der Gesellschaft und nicht in der des Gesellschafters zu aktivieren.[323]

(3) Quoad usum

Wenn ein Gesellschafter einen Gegenstand quoad usum in eine Personengesellschaft einbringt, ihr also den Gebrauch an dem Gegenstand überlässt, bleibt er Eigentümer und verfügungsbefugt. In der Auseinandersetzung kann er den eingebrachten Gegenstand gem. § 732 S. 1 BGB zurückfordern. Für einen durch Zufall in

---

319 Berninger, DStR 2010, 874, 876; Reinhardt, DStR 1991, 588.

320 Roser in Gosch, KStG, § 8 Rn. 131 Stichwort: Quoad Sortem; Schöne in BeckOK BGB, § 706 Rn. 11; Reinhardt, DStR 1991, 588.

321 Schäfer in MüKo BGB, § 732 Rn. 10. Nach anderer Auffassung kann der Gesellschafter den Gegenstand nicht zurückfordern, hat aber gem. § 733 Abs. 2 S. 2 BGB analog einen Anspruch auf Ersatz des Werts des Gegenstands zum Zeitpunkt der Einbringung. Er soll verpflichtet sein, dass Eigentum an dem Gegenstand auf die Gesellschaft oder auf ihr Verlangen auf einen Dritten zu übertragen. Für die h.M. spricht aber, dass bei einer Einbringung quoad sortem gerade nur der wirtschaftliche Wert, nicht aber das zivilrechtliche Eigentum eingebracht werden soll.

322 Schmidt, Gesellschaftsrecht, § 20 II. 2. d); Berninger, DStR 2010, 874, 876.

323 Hennrichs in MüKo Bilanzrecht, § 246 HGB Rn. 224; Roser in Gosch, KStG, § 8 Rn. 131 Stichwort: Quoad Sortem; Reinhardt, DStR 1991, 588, 591.

Abgang gekommenen oder verschlechterten Gegenstand kann er aber gem. § 732 S. 2 BGB nicht Ersatz verlangen. Die Abnutzung durch bestimmungsgemäßen Gebrauch soll auch unter diese Vorschrift fallen.[324] Der quoad usum eingebrachte Gegenstand gehört nicht zur Haftungsmasse der Gesellschaft.[325] Und es ist der Gesellschafter und nicht die Gesellschaft, die ihn zu bilanzieren hat.

(4) Differenzhaftung

Anders als im Kapitalgesellschaftsrecht findet sich im Personengesellschaftsrecht keine Haftung der Gesellschafter für eine Differenz zwischen dem tatsächlichen Wert des Gegenstands ihrer Sacheinbringung und dem Nennbetrag des dafür übernommenen Gesellschaftsanteils. Mit anderen Worten sind die Gesellschafter einer Personengesellschaft darin frei, dem Gegenstand der Sacheinbringung einen Wert beizumessen. Hintergrund ist, dass die Gesellschafter den Gesellschaftsgläubigern gegenüber für die Gesellschaftsverbindlichkeiten persönlich haften[326]. Es ist aber nicht ausgeschlossen, dass dem Gesellschaftsvertrag einer Personengesellschaft zu entnehmen ist, dass der Gesellschafter für den Betrag aufkommen muss, um den der tatsächliche Wert des von ihm eingebrachten Gegenstands hinter dem von den Gesellschaftern diesem Gegenstand zuvor zugemessenen Wert zurückbleibt.

Aufgrund der persönlichen Haftung der Gesellschafter gibt es auch keine Regelungen zur Sachübernahme und zur versteckten Sacheinlage.

bb) Umsatzsteuerliche Beurteilung

(1) Quoad dominium

Wenn ein Gesellschafter einen Gegenstand quoad dominium in seine Gesellschaft einbringt, erkennt die h.M. darin lediglich eine Lieferung oder eine sonstige Leistung.[327] M.E. ist es richtig, dass eine Lieferung oder eine sonstige Leistung vorliegen kann. Wenn ein Gesellschafter bspw. eine Sache quoad dominium in seine Gesellschaft einbringt, überträgt er ihr das Eigentum an der Sache und ihren wirtschaftlichen Wert. In den Worten des EuGH kann sie so über diese Sache faktisch so verfügen, als wäre sie ihr Eigentümer.[328] Es liegt also eine Lieferung

---

324 Schäfer in MüKo BGB, § 732 Rn. 5.

325 Zur Haftungsmasse gehört aber der Anspruch der Gesellschaft auf Gebrauch des quoad usum eingebrachten Gegenstands.

326 Bei der Außen-GbR ist die persönliche Haftung der Gesellschafter allgemein anerkannt. Sie wird jedoch unterschiedlich begründet. Siehe dazu Windbichler, Gesellschaftsrecht, § 8 Rn. 11. Bei der OHG ergibt sie sich aus § 128 S. 1 HBG. Und bei der KG zzgl. i.V.m. § 161 Abs. 2 HGB.

327 Siehe dazu Stadie, UStG, § 1 Rn. 81; Schön, DStJG 13, 81, 99; Blanke, Gesellschafterbeiträge, 74.

328 Siehe dazu C.II.1.b)bb)(1).

vor.[329] Und wenn ein Gesellschafter bspw. ein Immaterialgüterrecht quoad dominium in seine Gesellschaft einbringt, überträgt er ihr die Rechtsinhaberschaft an diesem und seinen wirtschaftlichen Wert, sodass gem. § 3 Abs. 9 S. 1 UStG mangels Lieferung eine sonstige Leistung gegeben ist.

Diese Lieferungen und sonstigen Leistungen führen aber nur dann zu einem steuerbaren Umsatz, wenn ihnen auch ein Entgelt gegenübersteht. Der Gesellschafter, der einen Gegenstand quoad dominium einbringt, nimmt genauso wie der Gesellschafter, der eine Bareinlage erbringt, in der Auseinandersetzung gem. § 734 BGB am Auflösungserlös teil. Der Situation bei der Einlage von Sacheigentum in eine Kapitalgesellschaft[330] vergleichbar ist daher davon auszugehen, dass der Lieferung oder sonstigen Leistung ein Entgelt gegenübersteht.[331] Es entspricht der Höhe nach dem Wert, den die Gesellschafter dem eingebrachten Gegenstand zumessen. Darüber hinaus beginnt mit der Einbringung des Gegenstands quoad dominium eine Eigenkapitalüberlassung in selber Höhe. Mit der Beteiligung des Gesellschafters am Auflösungserlös findet sie ihr Ende.

Die sich im Rahmen einer Einbringung quoad dominium ereignenden Lieferungen oder sonstigen Leistungen durch den Gesellschafter an seine Gesellschaft sind allerdings dann nicht steuerbar, wenn sie Teil einer gem. § 1 Abs. 1a UStG nichtsteuerbaren Geschäftsveräußerung im Ganzen sind.

Wenn ein Gesellschafter einen Anteil an einer dritten Gesellschaft oder eine gegen einen Dritten gerichtete Geldforderung quoad dominium in seine Gesellschaft einbringt, ist darin m.E. keine umsatzsteuerliche Leistung zu sehen. Wie an

329 Da die Gesellschafter quoad dominium eingebrachte Gegenstände in der Auseinandersetzung nicht zurückfordern können, sondern nur einen Anspruch auf Ersatz des Werts des Gegenstands zum Zeitpunkt seiner Einbringung haben, stellt sich die Frage, ob vergleichbar der Situation beim Sachdarlehen doch keine Lieferung vorliegt, nicht. Siehe dazu C.II.1.b)bb)(1).
Eikelau, UR 1967, 236 ist der Auffassung, bei Personengesellschaften seien Beiträge, also Gesellschafterleistungen, denen eine Beteiligung am Gewinn und Verlust, aber kein Auseinandersetzungsguthaben gegenübersteht, nicht steuerbar, weil der Gesellschafter, der seinen Beitrag in das gesamthänderisch gebundene Gesellschaftsvermögen einbringt, damit nicht einem anderen die Verfügungsmacht verschaffe, da er den Beitrag auch an sich selbst als Mitglied der Gesamthand leiste. Bei individualrechtlichen Drittbeziehungen sei die Gesellschaft für den Gesellschafter aber ein Fremder und damit umsatzsteuerlich ein anderer (S. 237). Gleiches soll seiner Auffassung nach auch bei der Sacheinlage gelten, da sich Gesellschafter und Gesellschaft bei einer Sacheinlage zunächst wie Fremde gegenüberstünden (S. 238). Eikelaus Auffassung ist m.E. höchst widersprüchlich. Er müsste eigentlich in allen bezeichneten Fällen das Vorliegen einer Leistung ablehnen. Hinzu kommt, dass sie seit der Anerkennung der Rechtsfähigkeit der Außen-GbR insoweit überholt ist. Siehe dazu Schäfer in MüKO BGB, § 705 Rn. 299 ff.

330 Siehe dazu C.II.1.b)bb)(1).

331 Dass die Lieferung oder sonstige Leistung keinen Dauercharakter hat, steht ihrer Steuerbarkeit nicht entgegen. Siehe dazu C.II.1.b)bb)(1).

späterer Stelle noch genauer auszuführen sein wird, stellen die Übertragungen von Gesellschaftsanteilen und Geldforderungen m.E. nämlich schon gar keine umsatzsteuerlichen Leistung dar.[332] Entsprechend sind die Zahlungen der Kaufpreise für Gesellschaftsanteile und Geldforderungen m.E. lediglich die Zusammenfassung zweier umsatzsteuerlich irrelevanter Abwicklungszahlungen und damit selbst umsatzsteuerlich irrelevant. Das bedeutet aber nicht, dass bei der Einbringung eines Anteils an einer dritten Gesellschaft oder einer gegen einen Dritten gerichteten Geldforderung quoad dominium keine umsatzsteuerliche Leistung vorliegt. In diesen Fällen nimmt der Gesellschafter nämlich genauso wie ein Gesellschafter, der eine Bareinlage erbringt, in der Auseinandersetzung gem. § 734 BGB am Auflösungserlös teil. Der Einbringung eines Anteils an einer dritten Gesellschaft oder einer gegen einen Dritten gerichteten Geldforderung im Rahmen einer Sacheinlage in eine Kapitalgesellschaft[333] vergleichbar ist daher m.E. davon auszugehen, dass mit der Einbringung eines Anteils an einer dritten Gesellschaft oder einer gegen einen Dritten gerichteten Geldforderung quoad dominium die Überlassung von Eigenkapital durch den Gesellschafter an seine Gesellschaft beginnt. Der Umfang des überlassenen Eigenkapitals entspricht dem Wert, den die Gesellschafter dem Gesellschaftsanteil oder der Geldforderung zumessen. Mit der Beteiligung des Gesellschafters am Auflösungserlös endet die Eigenkapitalüberlassung. Die Gesellschaft führt in diesen Fällen also die Eigen- oder Fremdkapitalüberlassung des einbringenden Gesellschafters an die Drittgesellschaft oder an den Drittschuldner fort.

Die Einbringung eines Anteils an einer dritten Gesellschaft quoad dominium führt damit im Ergebnis dazu, dass der einbringende Gesellschafter nicht mehr der dritten Gesellschaft, sondern seiner eigenen Gesellschaft Eigenkapital überlässt, und seine Gesellschaft wiederum der dritten Gesellschaft Eigenkapital überlässt. Und die Einbringung einer gegen einen Dritten gerichteten Geldforderung quoad dominium führt im Ergebnis dazu, dass der einbringende Gesellschafter nicht mehr dem Dritten Fremdkapital überlässt, sondern seiner eigenen Gesellschaft Eigenkapital, und diese wiederum dem Dritten Fremdkapital.

Damit überlässt der Gesellschafter seiner Gesellschaft in den Fällen der Einbringung eines Gegenstands quoad dominium stets Eigenkapital für die Dauer der Gesellschaft. Wenn der Gegenstand der Einbringung eine Sache oder bspw. ein Immaterialgüterrecht ist, liegt dazu auch noch eine Lieferung oder eine sonstige Leistung vor.

(2) Quoad usum

Wenn ein Gesellschafter einen Gegenstand quoad usum in seine Gesellschaft einbringt, erbringt er ihr, vergleichbar der Situation bei der Einbringung eines

332 Siehe dazu D.I.2.b) und F.II.2.

333 Siehe dazu C.II.1.b)bb)(2) und (3).

dinglichen oder obligatorischen Nutzungsrechts an einer Sache oder an einem Immaterialgüterrecht in eine Kapitalgesellschaft,[334] eine umsatzsteuerliche Leistung, indem er die Nutzung der Sache oder des Immaterialgüterrechts unterlässt und seine Nutzung durch die Gesellschaft duldet.

Diese Nutzungsüberlassung ist aber nur dann steuerbar, wenn sie der Gesellschafter gegen Entgelt erbringt. In der Auseinandersetzung hat er nicht nur den Anspruch gem. § 732 S. 1 BGB auf Rückgabe des eingebrachten Gegenstands, sondern daneben auch noch, genauso wie der Gesellschafter, der eine Bareinlage erbringt, gem. § 734 BGB einen Anspruch auf Beteiligung am Auflösungserlös. Der Situation bei der Einlage von Sacheigentum in eine Kapitalgesellschaft[335] vergleichbar ist daher davon auszugehen, dass der Nutzungsüberlassung ein Entgelt gegenübersteht. Es entspricht der Höhe nach dem Wert, den die Gesellschafter der Nutzungsüberlassung beimessen. Darüber hinaus beginnt mit der Einbringung des Gegenstands quoad usum eine Eigenkapitalüberlassung in selber Höhe. Mit der Beteiligung des Gesellschafters am Auflösungserlös findet sie ihr Ende.

Die USt auf die Überlassung der Nutzung des quoad usum eingebrachten Gegenstands entsteht mit Ablauf des Voranmeldungszeitraums, in dem die Nutzungsüberlassung ihren Anfang findet. Dies ergibt sich aus den beiden bei der maßgeblichen wirtschaftlichen Betrachtung[336] unterschiedslosen Vergleichssituationen (Bezug entsprechender Nutzungsüberlassung mit durch eine Bareinlage eingenommenen Mitteln, entsprechende Nutzungsüberlassung unter Verrechnung/Aufrechnung des Entgelts mit einer Bareinlageverpflichtung). In diesen wird das Entgelt für die Nutzungsüberlassung nicht über die Dauer der Nutzungsüberlassung gestreckt, sondern gleich zu Beginn der Nutzungsüberlassung entrichtet. Wird die USt nach vereinnahmten Entgelten berechnet, entsteht sie gem. der Grundregel des § 13 Abs. 1 Nr. 1 lit. b) UStG mit Ablauf des Voranmeldungszeitraums, in dem es zur Vereinnahmung des Entgelts kommt. Wird sie nach vereinbarten Entgelten berechnet, entsteht sie gem. § 13 Abs. 1 Nr. 1 lit. a) S. 4 UStG zum selben Zeitpunkt. Diese Ausnahmeregelung greift nämlich dann, wenn das Entgelt vereinnahmt wird, bevor die Leistung ausgeführt worden ist. Und der Zeitpunkt der Vereinnahmung des Entgelts in den Vergleichssituationen entspricht in der vorliegenden Situation dem Zeitpunkt des Beginns der Nutzungsüberlassung.

(3) Quoad sortem

Die Einbringung eines Gegenstands quoad sortem entspricht der Einbringung eines Gegenstands quoad usum darin, dass der Gesellschafter der Gesellschaft nicht das Eigentum oder die Rechtsinhaberschaft an dem Gegenstand der Einbringung überträgt und der Gesellschafter diesen in der Auseinandersetzung zurückerhält. Diese

334 Siehe dazu C.II.1.b)bb)(4).
335 Siehe dazu C.II.1.b)bb)(1).
336 Siehe dazu Fn. 116.

Ähnlichkeit könnte dafür sprechen, dass bei der Einbringung eines Gegenstands quoad sortem genauso wie bei der Einbringung eines Gegenstands quoad sortem umsatzsteuerlich eine Nutzungsüberlassung vorliegt.

Es ist aber zu sehen, dass der Rückforderungsanspruch des Gesellschafters dann nicht gegeben ist, wenn den gesellschaftsvertraglichen Regelungen zu entnehmen ist, dass die Gesellschaft vom Gesellschafter die Zustimmung zur Übertragung des Eigentums oder der Rechtsinhaberschaft an dem Gegenstand der Einbringung verlangen kann, und die Gesellschaft auch tatsächlich über das Eigentum oder die Rechtsinhaberschaft an dem Gegenstand zugunsten eines Dritten verfügt hat oder dies beabsichtigt. Des Weiteren spricht der Umstand, dass Wertveränderungen des Gegenstands während der Dauer der Gesellschaft die Gesellschaft treffen, gegen die Annahme, bei der Einbringung eines Gegenstands quoad sortem läge eine Nutzungsüberlassung vor.

Vielmehr ist es so, dass dann, wenn der Gegenstand der Einbringung quoad sortem eine Sache ist, eine Lieferung vorliegt. Der Begriff der Lieferung von Gegenständen umfasst nämlich jede Übertragung eines körperlichen Gegenstands durch eine Partei, die die andere Partei ermächtigt, über diesen Gegenstand faktisch so zu verfügen, als wäre sie sein Eigentümer.[337] Und die Gesellschaft kann den quoad sortem eingebrachten Gegenstand nutzen. Hinzu kommt, dass eventuell während der Dauer der Gesellschaft eintretende Wertveränderungen die Gesellschaft treffen. Dass der Gesellschafter den Gegenstand der Einbringung in der Auseinandersetzung eventuell zurückerhält, steht der Annahme, dass eine Lieferung vorliegt, nicht entgegen. In dieses Bild passt, dass es die Gesellschaft ist, die eine quoad sortem eingebrachte Sache zu bilanzieren hat.

Wenn der Gegenstand der Einbringung bspw. ein Immaterialgüterrecht ist, stellt die Einbringung des Immaterialgüterrechts eine sonstige Leistung dar. Auch hier ist nämlich umsatzsteuerlich nicht von einer dauerhaften Überlassung der Nutzung des Immaterialgüterrechts auszugehen, denn auch hier treffen eventuelle Wertveränderungen des Gegenstands der Einbringung während der Dauer der Gesellschaft die Gesellschaft.

Diese Lieferungen und sonstigen Leistungen führen aber nur dann zu einem steuerbaren Umsatz, wenn ihnen auch ein Entgelt gegenübersteht. Der Gesellschafter, der eine Sache oder ein Immaterialgüterrecht quoad sortem in seine Gesellschaft einbringt, nimmt genauso wie ein Gesellschafter, der eine Bareinlage erbringt, in der Auseinandersetzung gem. § 734 BGB am Auflösungserlös teil, auch wenn er sich den Wert des Gegenstands der Einlage, den er zum Zeitpunkt der Auseinandersetzung gehabt hat, auf seine Beteiligung am Auflösungserlös anrechnen lassen muss. Der Situation bei der Einlage von Sacheigentum in eine Kapitalgesellschaft[338] vergleichbar ist daher davon auszugehen, dass auch dieser sonstigen

337 Siehe dazu C.II.1.b)bb)(1).

338 Siehe dazu C.II.1.b)bb)(1).

Leistung ein Entgelt gegenübersteht.[339] Es entspricht der Höhe nach dem Wert, den die Gesellschafter dem Gegenstand der Einbringung zumessen. Darüber hinaus beginnt mit der Einbringung des Gegenstands quoad sortem eine Eigenkapitalüberlassung in selber Höhe. Mit der Beteiligung des Gesellschafters am Auflösungserlös findet sie ihr Ende.

Die sich im Rahmen einer Einbringung quoad sortem ereignenden Lieferungen oder sonstigen Leistungen durch den Gesellschafter an die Gesellschaft sind allerdings dann nicht steuerbar, wenn sie Teil einer gem. § 1 Abs. 1a UStG nichtsteuerbaren Geschäftsveräußerung im Ganzen sind.

Wenn der Gegenstand der Einbringung quoad sortem ein Anteil an einer dritten Gesellschaft oder eine gegen einen Dritten gerichtete Geldforderung ist, liegt m.E. keine umsatzsteuerliche Leistung vor. Wie an späterer Stelle noch genauer auszuführen sein wird, stellen die Übertragungen von Gesellschaftsanteilen und Geldforderungen m.E. nämlich schon gar keine umsatzsteuerlichen Leistungen dar.[340] Entsprechend sind die Zahlungen der Kaufpreise für Gesellschaftsanteile und Geldforderungen m.E. lediglich die Zusammenfassung zweier umsatzsteuerlich irrelevanter Abwicklungszahlungen und damit selbst umsatzsteuerlich irrelevant. Das bedeutet aber nicht, dass bei der Einbringung eines Anteils an einer dritten Gesellschaft oder einer gegen einen Dritten gerichteten Geldforderung quoad sortem keine umsatzsteuerliche Leistung vorliegt. In diesen Fällen ist der Gesellschafter nämlich genauso wie ein Gesellschafter, der eine Bareinlage erbringt, in der Auseinandersetzung gem. § 734 BGB am Auflösungserlös beteiligt. Der Einbringung eines Anteils an einer dritten Gesellschaft oder einer gegen einen Dritten gerichteten Geldforderung im Rahmen einer Sacheinlage in eine Kapitalgesellschaft[341] vergleichbar ist daher m.E. davon auszugehen, dass mit der Einbringung eines Anteils an einer dritten Gesellschaft oder einer gegen einen Dritten gerichteten Geldforderung quoad sortem die Überlassung von Eigenkapital durch den Gesellschafter an seine Gesellschaft beginnt. Der Umfang des überlassenen Eigenkapitals entspricht dabei dem Wert, den die Gesellschafter dem Gesellschaftsanteil oder der Geldforderung zumessen. Mit der Beteiligung des Gesellschafters am Auflösungserlös endet die Eigenkapitalüberlassung. Die Gesellschaft führt in diesen Fällen also die Eigen- oder Fremdkapitalüberlassung des einbringenden Gesellschafters an die Drittgesellschaft oder an den Drittschuldner fort.

Die Einbringung eines Anteils an einer dritten Gesellschaft quoad sortem führt damit im Ergebnis dazu, dass der einbringende Gesellschafter nicht mehr der dritten Gesellschaft, sondern seiner eigenen Gesellschaft Eigenkapital überlässt, und seine Gesellschaft wiederum der dritten Gesellschaft Eigenkapital überlässt. Und die Einbringung einer gegen einen Dritten gerichteten Geldforderung quoad

339 Dass diese Lieferungen oder sonstigen Leistungen keinen Dauercharakter haben, steht ihrer Steuerbarkeit nicht entgegen. Siehe dazu C.II.1.b)bb)(1).

340 Siehe dazu D.I.2.b) und F.II.2.

341 Siehe dazu C.II.1.b)bb)(2) und (3).

sortem führt im Ergebnis dazu, dass der einbringende Gesellschafter nicht mehr dem Dritten Fremdkapital überlässt, sondern seiner eigenen Gesellschaft Eigenkapital, und diese wiederum dem Dritten Fremdkapital.

Damit überlässt der Gesellschafter seiner Gesellschaft in den Fällen der Einbringung eines Gegenstands quoad sortem stets Eigenkapital für die Dauer der Gesellschaft. Wenn der Gegenstand der Einbringung eine Sache oder bspw. ein Immaterialgüterrecht ist, liegt dazu auch noch eine Lieferung oder sonstige Leistung vor.

(4) Differenzhaftung

Wenn ein Gesellschafter aufgrund einer Differenzhaftung eine Geldzahlung an seine Gesellschaft leistet, führt dies zu einer Erweiterung seiner Eigenkapitalüberlassung. Mit der Beteiligung des Gesellschafters am Auflösungserlös findet die Eigenkapitalüberlassung insgesamt ihr Ende.

c) Sonstige Beiträge

aa) Gesellschaftsrechtliche Einordnung

(1) Dienstleistungen

Die Gesellschafter von Personengesellschaften können sich anders als die Gesellschafter von Kapitalgesellschaften im Gesellschaftsvertrag uneingeschränkt zur Erbringung von Dienstleistungen verpflichten.[342]

Durch den Abschluss des Gesellschaftsvertrags kommt es dazu stets zu ihrer Haftung für die Verbindlichkeiten ihrer Gesellschaft.[343] Bei der KG haftet der Kommanditist gem. § 171 Abs. 1 HGB aber nur bis zur Höhe seiner Einlage, und wenn und soweit er seine Einlage geleistet hat, gar nicht.

Sowohl für die Erbringung von Dienstleistungen als auch für das Tragen der Haftung für die Verbindlichkeiten der eigenen Gesellschaft kann ein Entgelt

342 Im Kapitalgesellschaftsrecht sollen gegen den Inferenten gerichtete Forderungen auf die Erbringung von Dienstleistungen nicht sacheinlagefähig sein. Siehe dazu Schwandtner in MüKo GmbHG, § 5 Rn. 109 und Pentz in MüKo AktG, § 27 Rn. 26. Dahinter steht, dass im Kapitalgesellschaftsrecht aufgrund der fehlenden persönlichen Haftung der Gesellschafter ein strenges System zur Sicherung der Kapitalaufbringung besteht. Dass sich die Gesellschafter im Kapitalgesellschaftsrecht aber im Rahmen von sog. Nebenleistungen (§ 3 Abs. 2 Alt. 2 GmbHG und § 55 AktG) zu Dienstleistungen verpflichten können, liegt daran, dass die Nebenleistungen keinen Beitrag zur Kapitalaufbringung leisten.

343 Bei der Außen-GbR ist die persönliche Haftung der Gesellschafter allgemein anerkannt. Sie wird jedoch unterschiedlich begründet. Siehe dazu Windbichler, Gesellschaftsrecht, § 8 Rn. 11. Bei der OHG ergibt sie sich aus § 128 S. 1 HBG. Und bei der KG zzgl. i.V.m. § 161 Abs. 2 HGB.

verabredet werden. Möglich ist auch, dass die Gesellschafter dafür eine Beteiligung am Gewinn und/oder Auflösungserlös erhalten.

(2) Verlustausgleich und Nachschuss

Die Gesellschafter einer Personengesellschaft können sich auch zum Verlustausgleich oder zu Nachschüssen verpflichten.[344]

bb) Umsatzsteuerliche Beurteilung

(1) Dienstleistungen

Wenn ein Gesellschafter seiner Gesellschaft aufgrund einer Verpflichtung im Gesellschaftsvertrag eine Dienstleistung erbringt, stellt dies umsatzsteuerlich eine sonstige Leistung dar. Dies nimmt der BFH mittlerweile auch wieder bei Geschäftsführungs- und Vertretungsleistungen an.[345] Auch das Tragen der Haftung für die Verbindlichkeiten der Gesellschaft stellt eine umsatzsteuerliche Leistung dar.[346]

---

344 Umstritten ist allerdings, inwieweit die Verpflichtung zu Nachschüssen im Gesellschaftsvertrag konkretisiert werden muss. Siehe dazu Wertenbruch, DStR 2007, 1680.

345 Seine sog. Organwaltertheorie gab der BFH im Jahr 2002 im Urteil V R 43/01 auf (Urt. v. 6.6.2002 – V R 43/01, BStBl. II 2003, 36, BFHE 199, 49, Rn. 51 ff.). Diese Theorie hatte er im Jahr 1980 im Urteil V R 5/72 aufgestellt (Urt. v. 17.7.1980 – V R 5/72, BStBl. II 1980, 622, BFHE 131, 114, Rn. 9 ff.). Nach ihr sollten Geschäftsführungs- und Vertretungsleistungen bei Personengesellschaften nicht steuerbar sein, da sich der zur Geschäftsführung und Vertretung berufene Gesellschafter und seine Gesellschaft nicht in dem Sinn gegenüberstünden, dass der Gesellschafter eine Leistung erbringt und die Gesellschaft diese empfängt. Vor diesem Urteil hatte der BFH die Geschäftsführungs- und Vertretungsleistungen wie andere Gesellschafterleistungen, also abhängig davon, ob ihnen ein Sonderentgelt oder eine Gewinn- und Verlustbeteiligung gegensteht, behandelt (Urt. v. 19.7.1973 – V R 157/71, BStBl. II 1973, 764, BFHE 110, 145, Rn. 8).

346 Im Jahr 2003 führte die Verwaltung aus, eine Vergütung für die Haftung der Gesellschafter durch die Gesellschaft werde grds. nicht im Rahmen eines Leistungsaustauschverhältnisses gewährt. Damit lehnte sie die Steuerbarkeit des Tragens der Haftung ab (BMF, Schreiben v. 23.12.2003 – IV B 7-S 7100-246/03, BStBl. I 2004, 240 (durch BMF, Schreiben v. 29.3.2007 – IV C 6-O 1000/07/0018, 2007/0145039, BStBl. I 2007, 369 aufgehoben, da nicht in Positivliste)). Im Jahr 2007 nahm sie an, eine Haftungsvergütung sei als zusätzliches Entgelt für die Geschäftsführung einzuordnen (BMF, Schreiben v. 31.5.2007 – IV A 5-S 7100/07/0031, 2007/0222008, BStBl. I 2007, 503 (nach BMF, Schreiben v. 18.3.2019 – IV A 2-O 2000/18/10001, 2019/0163664, BStBl. I 2019, 270, Anlage 1 Nr. 1305 auch noch anzuwenden)). Im Jahr 2011 schließlich ging der BFH im Urteil V R 24/10 von einer einheitlichen Leistung aus Geschäftsführung, Vertretung und Haftungsübernahme aus (Urt. v. 3.3.2011 – V R 24/10, BStBl. II 2011, 950, BFHE 233, 282, Rn. 24). In der Folge änderte die Verwaltung ihre Sicht dahingehend, dass auch dann, wenn der Gesellschafter einer

Wenn diesen umsatzsteuerlichen Leistungen ein Entgelt gegenübersteht, liegt ein steuerbarer Umsatz vor. Dies gilt m.E. auch dann, wenn sich die Höhe des Entgelts nach dem Gewinn der Gesellschaft richtet. Andernfalls wäre auch die Steuerbarkeit partiarischer Darlehen zu verneinen.[347] Insbesondere dann, wenn die sonstige Leistung dauerhaft erbracht wird, ist es denkbar, dass ihr eine Beteiligung am Gewinn oder eine Beteiligung am Auflösungserlös gegenübersteht. Auch in diesen Fällen liegt m.E. ein steuerbarer Umsatz vor.[348]

Wenn den bezeichneten Leistungen aber nicht nur eine Beteiligung am Gewinn, sondern auch noch eine Beteiligung am Auflösungserlös gegenübersteht, gilt m.E. Folgendes: Der Situation bei der Einlage von Sacheigentum in eine Kapitalgesellschaft[349] vergleichbar ist davon auszugehen, dass der sonstigen Leistung ein Entgelt gegenübersteht, das der Höhe nach dem Wert, den die Gesellschafter der sonstigen Leistung zumessen, entspricht.[350] Darüber hinaus fängt mit dem Beginn der Erbringung der Dienstleistung eine Eigenkapitalüberlassung in selber Höhe an. Mit der Beteiligung des Gesellschafters am Auflösungserlös findet sie ihr Ende.

Die USt auf die bezeichneten Leistungen entsteht mit Ablauf des Voranmeldungszeitraums, in dem diese bezeichneten Leistungen ihren Anfang finden. Dies ergibt sich aus den beiden bei der maßgeblichen wirtschaftlichen Betrachtung[351] unterschiedslosen Vergleichssituationen (Bezug entsprechender Leistungen mit durch eine Bareinlage eingenommenen Mitteln, entsprechende Leistungserbringung unter Verrechnung/Aufrechnung des Entgelts mit einer Bareinlageverpflichtung). In diesen wird das Entgelt für die bezeichneten Leistungen nicht über ihre Dauer gestreckt, sondern gleich zu ihrem Beginn entrichtet. Wird die USt nach vereinnahmten Entgelten berechnet, entsteht sie gem. der Grundregel des § 13 Abs. 1 Nr. 1 lit. b) UStG mit Ablauf des Voranmeldungszeitraums, in dem es zur Vereinnahmung des Entgelts kommt. Wird sie nach vereinbarten Entgelten berechnet, entsteht sie gem. § 13 Abs. 1 Nr. 1 lit. a) S. 4 UStG zum selben Zeitpunkt. Diese Ausnahmeregelung greift nämlich dann, wenn das Entgelt vereinnahmt wird, bevor

---

Personengesellschaft für die persönliche Haftung für ihre Verbindlichkeiten von ihr ein Sonderentgelt erhält, von einem steuerbaren Vorgang auszugehen sei (BMF, Schreiben v. 14.11.2011 – IV D 2-S 7100/07/10028:003, 2011/0877938, BStBl. I 2011, 1158 (nach BMF, Schreiben v. 18.3.2019 – IV A 2-O 2000/18/10001, 2019/0163664, BStBl. I 2019, 270, Anlage 1 Nr. 1313 auch noch anzuwenden) und Abschn. 1.6 Abs. 6 UStAE).

347 Siehe dazu C.III.1.d).

348 In all diesen Fällen steht es der Steuerbarkeit der sonstigen Leistung nicht entgegen, wenn sie keinen Dauercharakter haben sollte. Siehe dazu C.II.1.b)bb)(1).

349 Siehe dazu C.II.1.b)bb)(1).

350 Der Steuerbarkeit der sonstigen Leistung steht es nicht entgegen, wenn sie keinen Dauercharakter haben sollte. Siehe dazu C.II.1.b)bb)(1).

351 Siehe dazu Fn. 116.

die Leistung ausgeführt worden ist. Und der Zeitpunkt der Vereinnahmung des Entgelts in den Vergleichssituationen entspricht in der vorliegenden Situation dem Zeitpunkt des Beginns der bezeichneten Leistungen.

(2) Verlustausgleich und Nachschuss

Wenn ein Gesellschafter auf die Verpflichtung einen Verlust auszugleichen oder einen Nachschuss zu leisten eine Zahlung an seine Gesellschaft leistet, führt dies m.E. zu einer Erweiterung seiner bisherigen Eigenkapitalüberlassung.[352] Es lässt sich nämlich nicht sagen, die Beteiligung des Gesellschafters am Auflösungserlös gehe nur auf die bereits ohnehin bestehende Eigenkapitalüberlassung zurück. Mit der Beteiligung des Gesellschafters am Auflösungserlös findet die Eigenkapitalüberlassung insgesamt ihr Ende.

III. Gegen Entgelt ausgeführt

1. Ausgeschüttete oder entnommene Gewinne

a) Verhältnis des Entgelts zur Leistung

aa) Rechtsprechungsübersicht

In den 1920er und 1930er Jahren äußerte der RFH mehrfach, Leistung und Entgelt müsse kein gegenseitiger Vertrag zugrunde liegen.[353] Im Rennstallfall meinte er, es genüge, dass jemand eine Tätigkeit, bei deren Vornahme sich ein anderer zu einer Leistung verpflichtet hat, entfaltet, um einen Anspruch auf diese andere Leistung zu erlangen.[354] Bei der Auslegung der Steuergesetze seien nach § 4 RAO schließlich ihr Zweck und ihre wirtschaftliche Bedeutung zu berücksichtigen. Im Fall eines sog. Ausübers der Christlichen Wissenschaft hielt er es für entscheidend, dass zwischen Leistung und Entgelt eine innere Verknüpfung gegeben ist, dass die Entgeltzahlung also davon abhängig und um deswillen geleistet ist, dass der Leistende die von ihm erwartete Tätigkeit entwickelt hat.[355] Im Messstipendienfall nahm er an, diese innere Verknüpfung sei bei einem Verhältnis der Wechselbeziehung und der

352 Wenn eine Gesellschaft ihren zum Verlustausgleich oder zu Nachschüssen verpflichteten Gesellschaftern regelmäßig umsatzsteuerliche Leistungen erbringt, führen regelmäßige Verlustausgleichszahlungen oder Nachschüsse der Gesellschafter m.E. nicht zu einer Erweiterung ihrer Eigenkapitalüberlassung, sondern stellen das oder ein zusätzliches Entgelt für die bezeichneten Leistungen der Gesellschaft an ihre Gesellschafter dar.

353 RFH, Urt. v. 15.11.1921 – V A 202/21, RFHE 7, 244 f.; Urt. v. 19.7.1935 – V A 500/34, RFHE 38, 147, 148; Urt. v. 24.8.1938 – V 306/37, RFHE 44, 328 f.

354 RFH, Urt. v. 15.11.1921 – V A 202/21, RFHE 7, 244 f.

355 RFH, Urt. v. 19.7.1935 – V A 500/34, RFHE 38, 147 f.

gegenseitigen Abhängigkeit von Leistung und Entgelt gegeben.[356] Nur diese weite Auslegung werde dem Wesen der USt als allgemeine Verbrauchsteuer gerecht.

In den 1970er Jahren befasste sich der BFH mit der Frage, ob verpflichtende und freiwillige Zusatzzahlungen zur Bemessungsgrundlage eines Umsatzes gehören. In dem Fall des verpflichtenden Bedienzuschlags bejahte er das unter Hinweis auf § 5 Abs. 1 S. 1 UStG 1951 i.V.m. § 10 S. 1 UStDB 1951, nach denen Entgelt alles ist, was der Leistungsempfänger aufwendet, um die Leistung zu erhalten.[357] Der Bedienzuschlag werde erbracht, um die Leistung zu erhalten. In dem Fall des freiwilligen Trinkgelds bejahte er das ebenfalls.[358] Auch freiwillig an den Leistenden gezahlte Beträge würden aufgewendet, um die Leistung zu erhalten, wenn zwischen der Zahlung und der Leistung des Unternehmers eine innere Verknüpfung i.S.d. Rspr. des RFH besteht. An dieses Urteil anknüpfend entschied er, die Ausgabe von kostenlosen Mittagessen durch einen Arbeitgeber an seine Arbeitnehmer sei steuerbar.[359] Das Entgelt bestehe in einem ideellen Teil der Arbeitnehmerleistungen.[360] Die Arbeitsleistungen der Arbeitnehmer seien schließlich kausal für die Mittagessensausgabe des Arbeitgebers.[361]

Im Jahr 1980 stellte sich der BFH in einem Urteil zu einem halbfertig errichteten Werk unter Verweis auf den Rennstallfall und auf Ausführungen von *Weiß*[362] auf den Standpunkt, die Leistung müsse erbracht werden, um die Gegenleistung zu erhalten, und die Gegenleistung wiederum müsse bewirkt werden, um die Leistung zu erhalten, zumindest aber deshalb, weil die Leistung erbracht worden ist.[363] Gegenstand der Besteuerung sei der auf innerer Verknüpfung beruhende Austausch von Leistung und Gegenleistung.

Im Folgejahr führte der BFH aus, Voraussetzung eines steuerbaren Umsatzes sei es, dass die Leistung auf den Erhalt einer Gegenleistung gerichtet ist und damit die gewollte, erwartete oder erwartbare Gegenleistung auslöst, so dass schließlich die wechselseitig erbrachten Leistungen miteinander innerlich verbunden sind.[364] Damit hatte er die Formel gefunden, die er mit wenigen Ausnahmen[365]

356 RFH, Urt. v. 24.8.1938 – V 306/37, RFHE 44, 328 f.
357 BFH, Urt. v. 19.8.1971 – V R 74/68, BStBl. II 1972, 24, BFHE 103, 278, Rn. 6.
358 BFH, Urt. v. 17.2.1972 – V R 118/71, BStBl. II 1972, 405, BFHE 105, 79, Rn. 17.
359 BFH, Urt. v. 6.2.1975 – V R 103/72, BStBl. II 1975, 255, BFHE 115, 74, Rn. 19, 25.
360 BFH, Urt. v. 6.2.1975 – V R 103/72, BStBl. II 1975, 255, BFHE 115, 74, Rn. 22.
361 BFH, Urt. v. 6.2.1975 – V R 103/72, BStBl. II 1975, 255, BFHE 115, 74, Rn. 21.
362 Weiß, Steuerberater-Jahrbuch 1975/1976, 249, 258.
363 BFH, Urt. v. 28.2.1980 – V R 90/75, BStBl. II 1980, 535, BFHE 130, 430, Rn. 14.
364 BFH, Urt. v. 7.5.1981 – V R 47/76, BStBl. II 1981, 495, BFHE 133, 133, Rn. 10 f.
365 Nach BFH, Urt. v. 4.7.1985 – V R 107/76, BStBl. II 1986, 153, BFHE 145, 244, Rn. 14 und Urt. v. 16.3.1993 – XI R 44/90, BStBl. II 1993, 529, BFHE 171, 114, Rn. 15 ist die innere Verknüpfung von Leistung und Gegenleistung dann gegeben, wenn die Leistung erbracht wird, um die Gegenleistung zu erhalten, und diese wiederum bewirkt wird, um die Leistung zu erhalten. Nach BFH, Urt. v. 18.12.1996 – XI R 12/96, BStBl. II 1997, 374, BFHE 182, 395, Rn. 20 muss zwischen Leistung und Gegenleistung ein innerer (synallagmatischer) Zusammenhang im Sinne eines do ut des bestehen.

immer wieder über einen langen Zeitraum wiederholte.[366] Auf dieser Basis lehnte er zunächst die Steuerbarkeit der Beförderung von Arbeitnehmern durch ihren Arbeitgeber ab.[367] Die Beförderungsleistungen würden nämlich nicht im Austausch zur Arbeitsleistung gewährt.

Seit dem Jahr 2003 stellt der BFH für das Vorliegen eines Leistungsaustauschs mehr oder weniger auf die einschlägige Rspr. des EuGH ab.[368]

In den 1980er Jahren stellte sich der EuGH unter Rückgriff auf die Richtlinienvorschrift zur Besteuerungsgrundlage (Art. 8 lit. a) 2. RL: alles, was den Gegenwert für die Lieferung des Gegenstands oder die Dienstleistung bildet; Art. 11 Teil A Abs. 1 lit. a) 6. RL: alles, was den Wert der Gegenleistung bildet, die der Lieferer oder Dienstleistende für die Umsätze vom Abnehmer oder Dienstleistungsempfänger erhält oder erhalten soll) auf den Standpunkt, dass zwischen der erbrachten Dienstleistung und dem erhaltenen Gegenwert/der Gegenleistung/dem Entgelt ein unmittelbarer Zusammenhang gegeben sein muss.[369] Erst im Jahr 1994 führte er erstmals weiter aus, wann der unmittelbare Zusammenhang von Leistung und Entgelt gegeben sein soll.[370] Dafür müsse zwischen dem Leistenden und dem Leistungsempfänger ein Rechtsverhältnis bestehen, in dessen Rahmen gegenseitige Leistungen ausgetauscht werden, wobei die vom Leistenden empfangene Vergütung den tatsächlichen Gegenwert für die dem Leistungsempfänger erbrachte Dienstleistung bildet. Dieser Auffassung ist er bis heute.[371]

---

366 Siehe dazu bspw. BFH, Beschl. v. 17.9.1981 – V B 43/80, BStBl. II 1981, 775, BFHE 134, 65, Rn. 5; Urt. v. 26.6.1986 – V R 93/77, BStBl. II 1986, 723, BFHE 147, 79, Rn. 14; Urt. v. 18.4.1996 – V R 123/93, BStBl. II 1996, 387, BFHE 180, 204, Rn. 12.

367 BFH, Urt. v. 7.5.1981 – V R 47/76, BStBl. II 1981, 495, BFHE 133, 133, Rn. 9.

368 BFH, Urt. v. 16.1.2003 – V R 92/01, BStBl. II 2003, 732, BFHE 201, 339, Rn. 19; Urt. v. 5.12.2007 – V R 60/05, BStBl. II 2009, 486, BFHE 219, 455, Rn. 24; Urt. v. 27.11.2008 – V R 8/07, BStBl. II 2009, 397, BFHE 223, 520, Rn. 19 f.; Urt. v. 15.4.2010 – V R 10/08, BStBl. II 2010, 879, BFHE 229, 406, Rn. 34; Urt. v. 24.4.2013 – XI R 7/11, BStBl. II 2013, 648, BFHE 241, 459, Rn. 20. Der BFH hatte bereits vor dem Urteil V R 92/01 aus dem Jahr 2003 darauf hingewiesen, dass der EuGH einen unmittelbaren Zusammenhang von Leistung und Gegenwert verlangt, aber seine Prüfung an diesem Merkmal noch nicht ausgerichtet. Siehe dazu BFH, Urt. v. 30.1.1997 – V R 133/93, BStBl. II 1997, 335, BFHE 182, 413, Rn. 12; Urt. v. 15.10.1998 – V R 51/96, BFH/NV 1999, 833, Rn. 20; Urt. v. 26.10.2000 – V R 12/00, BFH/NV 2001, 494, Rn. 17.

369 EuGH, Urt. v. 5.2.1981 – 154/80 (Coöperatieve Aardappelenbewaarplaats), Slg. 1981, 445, Rn. 12; Urt. v. 8.3.1988 – 102/86 (Apple and Pear Development Council), Slg. 1988, 1443, Rn. 12; Urt. v. 23.11.1988 – 230/87 (Naturally Yours Cosmetics), Slg. 1988, 6365, Rn. 12.

370 EuGH, Urt. v. 3.3.1994 – C-16/93 (Tolsma), ABl. EG 1994, Nr. C 103, 2, Rn. 14.

371 EuGH, Urt. v. 18.7.2007 – C-277/05 (Societe thermale d'Eugenie-les-Bains), Slg. 2007, I-6415, Rn. 19; Urt. v. 29.10.2009 – C-246/08 (Kommission/Finnland), Slg. 2009, I-10605, Rn. 44 f.; Urt. v. 3.5.2012 – C-520/10 (Lebara), ABl. EU 2012, Nr. C 174, 9, DStRE 2013, 228, Rn. 27; Urt. v. 27.3.2014 – C-151/13 (Le Rayon d'or), ABl. EU 2014,

bb) Im Einzelnen

(1) Finalität der Leistung

Zunächst wird der Frage nachgegangen, ob die Leistung auf den Erhalt des Entgelts gerichtet sein muss (Finalität der Leistung). Wenn das der Fall sein sollte, ist zu untersuchen, ob die Eigenkapitalüberlassung entsprechend auf den Erhalt der ausgeschütteten oder entnommenen Gewinne gerichtet ist.

Im Rennstallfall verlangte der RFH, dass die Leistung entfaltet werden müsse, um einen Anspruch auf die andere Leistung zu erlangen.[372] Damit forderte bereits der RFH die Finalität der Leistung, denn es macht keinen Unterschied, ob verlangt wird, dass die Leistung auf den Erhalt des Anspruchs auf die andere Leistung gerichtet ist, oder ob verlangt wird, dass sie direkt auf den Erhalt der anderen Leistung gerichtet ist. In dem Urteil zur Tätigkeit eines Ausübers der Christlichen Wissenschaft[373] und in dem Urteil zu den Messstipendien[374] stellte der RFH nicht mehr auf die Finalität der Leistung ab. Zunächst verlangte der BFH ebenfalls nicht die Finalität der Leistung, sondern forderte, dass das Entgelt aufgewendet werden müsse, um die Leistung zu erhalten.[375] In dem Urteil zu dem halbfertig errichteten Werk[376] und in dem Urteil zur kostenlosen Beförderung der Arbeitnehmer[377] stellte der BFH dann erstmals auf die Finalität der Leistung ab. Daneben hielt er es aber zusätzlich für nötig, dass die Gegenleistung wiederum bewirkt wird, um die Leistung zu erhalten, zumindest aber deshalb, weil die Leistung erbracht worden ist. Im Jahr 2003 schließlich schloss sich der BFH der Rspr. des EuGH an,[378] nach der es auf einen unmittelbaren Zusammenhang von Leistung und Entgelt ankommt,[379] und führte aus, die Finalität der Leistung müsse nicht immer gegeben sein.[380] Der EuGH hat sich nicht dazu geäußert, ob er die Finalität der Leistung als Voraussetzung für das Vorliegen eines steuerbaren Umsatzes ansieht. Aus seinen Ausführungen, nach denen es für die Steuerbarkeit einer Tätigkeit unerheblich ist, dass sie aus Gründen des Gemeinwohls ausgeübt wird,[381] schließt aber eine Auffassung, dass

---

Nr. C 151, 6, UR 2014, 487, Rn. 29, 35; Urt. v. 22.10.2015 – C-264/14 (Hedqvist), ABl. EU 2015, Nr. C 414, 6, DStR 2015, 2433, Rn. 27.

372 RFH, Urt. v. 15.11.1921 – V A 202/21, RFHE 7, 244, 245.

373 RFH, Urt. v. 19.7.1935 – V A 500/34, RFHE 38, 147, 148.

374 RFH, Urt. v. 24.8.1938 – V 306/37, RFHE 44, 328, 329.

375 BFH, Urt. v. 19.8.1971 – V R 74/68, BStBl. II 1972, 24, BFHE 103, 278, Rn. 6; Urt. v. 17.2.1972 – V R 118/71, BStBl. II 1972, 405, BFHE 105, 79, Rn. 17; Urt. v. 6.2.1975 – V R 103/72, BStBl. II 1975, 255, BFHE 115, 74, Rn. 19, 25.

376 BFH, Urt. v. 28.2.1980 – V R 90/75, BStBl. II 1980, 535, BFHE 130, 430, Rn. 14.

377 BFH, Urt. v. 7.5.1981 – V R 47/76, BStBl. II 1981, 495, BFHE 133, 133, Rn. 10 f.

378 BFH, Urt. v. 16.1.2003 – V R 92/01, BStBl. II 2003, BFHE 201, 339, 732 Rn. 19.

379 EuGH, Urt. v. 3.3.1994 – C-16/93 (Tolsma), ABl. EG 1994, Nr. C 103, 2, Rn. 13.

380 BFH, Urt. v. 16.1.2003 – V R 92/01, BStBl. II 2003, 732, BFHE 201, 339, Rn. 20.

381 EuGH, Urt. v. 29.10.2009 – C-246/08 (Kommission/Finnland), Slg. 2009, I-10605, Rn. 40.

es nach der Sicht des EuGH allgemein nicht auf die Intention des Leistenden und damit auch nicht auf die Finalität der Leistung für die Steuerbarkeit einer Leistung ankomme.[382]

Im Jahr 1988 stellte der BFH im Urteil X R 48/81 seiner Auffassung, das Halten einer Beteiligung an einer Personengesellschaft sei keine unternehmerische Tätigkeit, da das bloße Einsammeln von Nutzungen aus einem Kapitalbestand nicht unternehmerisch, sondern lediglich private Kapitalansammlung sei, die Argumentation zur Seite, der Gesellschafter einer Personengesellschaft stehe seiner Gesellschaft nicht in einem Austauschverhältnis gegenüber, soweit er lediglich an dem Gewinn oder Verlust der Gesellschaft teilnimmt.[383] Im Jahr 1993 brachte der BFH im Urteil XI R 44/90 diese Rspr. mit seiner Rspr., nach der der Leistungsaustausch von der inneren Verknüpfung von Leistung und Gegenleistung gekennzeichnet ist, die Leistung also erbracht werden muss, um die Gegenleistung zu erhalten, und diese wiederum bewirkt werden muss, um die Leistung zu erhalten, in Verbindung.[384] Da der BFH offen gelassen hatte, ob beim Halten einer Gesellschaftsbeteiligung eine Leistung im wirtschaftlichen Sinne vorliegt[385], könnte er mit der bezeichneten Ergänzung seiner bisherigen Rspr. im Jahr 1988 durch das Urteil X R 48/81 zum Ausdruck gebracht haben, dass es für den Fall, dass beim Halten einer Gesellschaftsbeteiligung eine Leistung vorliegen sollte, bei den Personengesellschaften aber an der Finalität der Leistung und an der Finalität des Entgelts, also an der inneren Verknüpfung, fehlt.

Nach § 1 Abs. 1 Nr. 1 S. 1 UStG unterliegen der USt Leistungen, die ein Unternehmer gegen Entgelt ausführt. Nach einer Auffassung ergibt sich aus dieser Vorschrift, dass der Leistende leisten muss, weil er die Gegenleistung will.[386] Der Wortlaut dieser Vorschrift könnte das Erfordernis der Finalität der Leistung sicherlich decken. Es lässt sich aber nicht sicher aus ihm ableiten.[387] Gleiches gilt für Art. 2 Abs. 1 lit. a) MwStSystRL („Lieferungen von Gegenständen, die ein Steuerpflichtiger gegen Entgelt tätigt“) und Art. 2 Abs. 1 lit. c) MwStSystRL („Dienstleistungen, die ein Steuerpflichtiger gegen Entgelt erbringt“).

Das Erfordernis der Finalität der Leistung lässt sich auch nicht auf § 1 Abs. 1 Nr. 1 S. 2 UStG stützen. Nach dieser Norm entfällt die Steuerbarkeit eines Umsatzes nicht, wenn er auf Grund gesetzlicher oder behördlicher Anordnung ausgeführt wird oder nach gesetzlicher Vorschrift als ausgeführt gilt.[388] Es wird argumentiert,

382 Robisch in Bunjes, UStG, § 1 Rn. 18.
383 BFH, Urt. v. 20.1.1988 – X R 48/81, BStBl. II 1988, 557, BFHE 152, 556, Rn. 22.
384 BFH, Urt. v. 16.3.1993 – XI R 44/90, BStBl. II 1993, 529, BFHE 171, 114, Rn. 16.
385 BFH, Urt. v. 15.1.1987 – V R 3/77, BStBl. II 1987, 512, BFHE 149, 272, Rn. 37.
386 Weiß, Steuerberater-Jahrbuch 1975/1976, 249, 260.
387 Siehe dazu Reiß, StuW 1983, 364, 368.
388 Diese Vorschrift hat ihre Grundlage in Art. 14 Abs. 2 lit. a) MwStSystRL (bzgl. Lieferung von Gegenständen) und Art. 25 lit. c) MwStSystRL (bzgl. Erbringung einer Dienstleistung).

diese Vorschrift wäre entbehrlich, wenn die Leistung eines steuerbaren Umsatzes nicht auf den Erhalt eines Entgelts gerichtet sein müsste.[389] Dahinter steht die Überlegung, dass sich Auslegungen verbieten, die andere Vorschriften ganz oder teilweise entbehrlich werden lassen. Vorliegend ist aber zu sehen, dass auch in den von § 1 Abs. 1 Nr. 1 S. 2 UStG erfassten Fällen die Leistung regelmäßig zumindest auch auf den Erhalt eines Entgelts gerichtet sein wird. § 1 Abs. 1 Nr. 1 S. 2 UStG hat damit rein klarstellenden Charakter. In den von ihm erfassten Fällen sind die allgemeinen Voraussetzungen eines steuerbaren Umsatzes abzuprüfen.[390]

Nach § 2 Abs. 1 S. 3 UStG ist jede nachhaltige Tätigkeit zur Erzielung von Einnahmen gewerblich oder beruflich, auch wenn die Absicht, Gewinn zu erzielen, fehlt. Auch dieser Vorschrift kann die Finalität der Leistung nicht entnommen werden. Zunächst bezieht sich diese Regelung nämlich auf das Steuersubjekt und nicht auf das Steuerobjekt. Zwar erlangt die Regelung zum Steuersubjekt mittelbar auch beim Steuerobjekt Bedeutung, da gem. § 1 Abs. 1 Nr. 1 S. 1 UStG nur Umsätze eines Unternehmers im Rahmen seines Unternehmens steuerbar sind. Das ändert aber nichts daran, dass beim Steuerobjekt primär nur der einzelne Umsatz betrachtet werden muss, während beim Steuersubjekt die gesamte potenziell unternehmerische Tätigkeit des potenziellen Unternehmers in den Blick zu nehmen ist. Des Weiteren ist es auch beim Steuersubjekt alles andere als klar, ob die Tätigkeit auf den Erhalt von Einnahmen gerichtet sein muss. Nach Art. 9 Abs. 1 UAbs. 2 S. 2 MwStSystRL gilt als wirtschaftliche Tätigkeit zwar insbesondere die Nutzung von körperlichen oder nicht körperlichen Gegenständen zur nachhaltigen Erzielung von Einnahmen. Nach der allgemeinen Vorschrift des Art. 9 Abs. 1 UAbs. 1 MwStSystRL gilt als Steuerpflichtiger aber, wer eine wirtschaftliche Tätigkeit unabhängig von ihrem Ort, Zweck und Ergebnis selbständig ausübt.

Nach § 10 Abs. 1 S. 2 UStG ist Entgelt alles, was der Leistungsempfänger aufwendet, um die Leistung zu erhalten. Diese Norm spricht dafür, dass das Entgelt auf den Erhalt der Leistung gerichtet sein muss (Finalität des Entgelts). Und damit spricht sie eventuell auch gegen das Erfordernis der Finalität der Leistung. Es ließe sich nämlich argumentieren, der Gesetzgeber würde das Erfordernis der Finalität der Leistung schon ausdrücklich verlangen, wenn er es denn wollte, da er schließlich auch die Finalität des Entgelts ausdrücklich verlangt.[391] Gegen diese Argumentation wird eingewendet, der Entgeltbegriff des § 10 Abs. 1 S. 2 UStG sei ein anderer als der des § 1 Abs. 1 Nr. 1 S. 1 UStG.[392] Warum das so sein sollte, ist aber nicht erkennbar. Grds. ist derselbe Begriff in demselben Gesetz nicht unterschiedlich zu verstehen, es sei denn, es gibt einen besonderen Grund dafür. Ein solcher ist vorliegend nicht gegeben.

389 Robisch in Bunjes, UStG, § 1 Rn. 17.
390 Oelmaier in Sölch/Ringleb, UStG, § 1 Rn. 131.
391 Zum Ergebnis siehe Reiß, StuW 1983, 364, 368 f. und Söhn, FS von Wallis, 439, 448.
392 Weiß, Steuerberater-Jahrbuch 1975/1976, 249, 260.

Des Weiteren ist jedoch zu sehen, dass die MwStSystRL nicht eindeutig regelt, ob die Finalität des Entgelts Voraussetzung eines steuerbaren Umsatzes ist. Nach Art. 73 MwStSystRL, der allgemeinen Vorschrift zur Bemessungsgrundlage, umfasst diese bei der Lieferung von Gegenständen und Dienstleistungen alles, was den Wert der Gegenleistung bildet, die der Lieferer oder Dienstleistungserbringer für diese Umsätze vom Erwerber oder Dienstleistungsempfänger oder einem Dritten erhält oder erhalten soll. Diese Vorschrift stellt nicht auf die Finalität des Entgelts ab. Nach Art. 72 Abs. 1 MwStSystRL hingegen gilt als Normalwert, der in manchen Situationen an die Stelle des vereinbarten Entgelts tritt, der gesamte Betrag, den ein Empfänger einer Lieferung oder ein Dienstleistungsempfänger auf derselben Absatzstufe, auf der die Lieferung der Gegenstände oder die Dienstleistung erfolgt, an einen selbständigen Lieferer oder Dienstleistungserbringer in dem Mitgliedstaat, in dem der Umsatz steuerpflichtig ist, zahlen müsste, um die betreffenden Gegenstände oder Dienstleistungen zu diesem Zeitpunkt unter den Bedingungen des freien Wettbewerbs zu erhalten. Damit stellt diese Vorschrift auf die Finalität des Entgelts ab.

Der Charakter der USt spricht aber eindeutig dagegen, dass die Finalität der Leistung Voraussetzung eines steuerbaren Umsatzes ist. Die USt knüpft im Wesentlichen an Umsätze, also an Lieferungen und sonstige Leistungen gegen Entgelt, an. Damit ist sie ihrem Äußeren nach eine Verkehrsteuer. Entsprechend wird die USt im Steuerverfahren auch als Verkehrsteuer behandelt.[393] Regelungen wie die des Vorsteuerabzugs führen aber dazu, dass die USt ihrem Inneren nach eine Verbrauchsteuer ist.[394] Der Vorsteuerabzug bewirkt, dass die Unternehmer von der auf sie abgewälzten USt entlastet werden und nur der Endverbraucher von der USt belastet wird. Auch die Bestimmungen über die Besteuerung der Entnahmen zeigen, dass die USt ihrem Inneren nach eine Verbrauchsteuer ist. Mit anderen Worten ist die USt eine Verbrauchsteuer im Gewand einer Verkehrsteuer. Bereits die Begründung zum UStG 1919 hat das so gesehen.[395] Aber auch danach haben verschiedene Gesetzgebungsmaterialien immer wieder auf den Verbrauchsteuercharakter der USt hingewiesen.[396] Mit Art. 2 Abs. 1 1. RL wurde der Verbrauchsteuercharakter der USt schließlich direkt im Gesetzestext verankert. Nach dieser Vorschrift beruht das gemeinsame MwStSyst auf dem Grundsatz, dass auf Gegenstände und Dienstleistungen, ungeachtet der Zahl der Umsätze, die auf den vor der Besteuerungsstufe liegenden Produktions- und Vertriebsstufen bewirkt wurden, eine allgemeine zum Preis der Gegenstände und Dienstleistungen genau

393 Stadie, UStG, Vorbem. Rn. 18.

394 Stadie, UStG, Vorbem. Rn. 16.

395 Entwurf eines Umsatzsteuergesetzes v. 26.7.1919, verfassungsgebende Deutsche Nationalversammlung Drs. 676, 27.

396 Für einen Nachweis dieser zahlreichen Gesetzgebungsmaterialien siehe Stadie, UStG, Vorbem. Rn. 15 und Birkenfeld/Wäger, USt-Handbuch, § 5 Rn. 134.1 Fn. 6.

proportionale Verbrauchsteuer anzuwenden ist. Diese Vorgabe findet sich heute in Art. 1 Abs. 2 UAbs. 1 MwStSystRL.

Nach einer Auffassung ist die Besteuerung des Verbrauchs nur finanzpolitische Zielsetzung des Gesetzgebers.[397] Sie weigert sich also, die Besteuerung des Endverbrauchs als Ziel des UStG anzuerkennen. Die Tatsache, dass nur unternehmerische Umsätze der Besteuerung unterfallen, sei nicht nur bloße Rechtstechnik, sondern Ausdruck des gesetzgeberischen Willens, die finanzpolitische Zielsetzung einer allgemeinen Verbrauchsbesteuerung nur in eingeschränktem Umfang zu verwirklichen. Genauso ordnet diese Auffassung den Umstand ein, dass der Gesetzgeber die Bemessungsgrundlage nicht an den objektiven Wert der Leistung, sondern an das verabredete Entgelt anknüpft.[398] Diese Sicht überzeugt aber nicht. Der Gesetzgeber hat ausweislich der Gesetzesbegründung zum UStG 1918 auf die Steuerbarkeit privater Umsätze verzichtet, weil er der Auffassung war, die Vorgänge im privaten Kaufverkehr entzögen sich einer Nachprüfung.[399] Es waren also bloß praktische Überlegungen, die ihn davon abhielten, die privaten Umsätze der Steuerbarkeit zu unterwerfen. Das gilt auch für den Verzicht der Anknüpfung der Bemessungsgrundlage an den objektiven Wert der Leistung.[400] Damit sind der Verzicht auf die Besteuerung der privaten Umsätze und das Anknüpfen der Bemessungsgrundlage an das verabredete Entgelt kein Ausdruck eines gesetzgeberischen Willens, von dem Konzept der allgemeinen Verbrauchsteuer abzurücken. Die betroffenen Vorschriften spiegeln vielmehr schlicht die Anerkennung der praktischen Gegebenheiten der Umsatzbesteuerung durch den Gesetzgeber wider. Es bleibt also dabei, dass es der USt um die Belastung des Endverbrauchs geht.[401]

Dieses Ziel kann aber nur erreicht werden, wenn auch solche Umsätze steuerbar sind, bei denen die Leistung nicht auf den Erhalt eines Entgelts gerichtet ist.[402]

397 Weiß, UR 1981, 149.

398 Weiß, DStJG 1983, 351, 359.

399 Entwurf eines Umsatzsteuergesetzes v. 20.4.1918, RT-Drs. 13/1461, 26.

400 Popitz, Handbuch, 180, 185.

401 Schon der RFH führte aus, dass die USt eine Verbrauchsteuer sei: RFH, Gutachten v. 9.7.1937 – V D 1/37, RFHE 42, 253 f.; Urt. v. 24.8.1938 – V 306/37, RFHE 44, 328 f. Das BVerfG hat die USt nach ihrer technischen Ausgestaltung als allgemeine Verkehrsteuer, nach ihrer Belastungswirkung als allgemeine Verbrauchsteuer eingeordnet: BVerfG, Beschl. v. 27.7.1971, BStBl. II 1971, 567, BVerfGE 31, 314, 331. Der EuGH ist ebenfalls der Auffassung, dass die MwSt eine Verbrauchsteuer ist: EuGH, Urt. v. 5.5.1982 – 15/81, Slg. 1982, 1409, Rn. 10; Urt. v. 29.2.1996 – C-215/94 (Mohr), Slg. 1996, I-959, Rn. 19. Mittlerweile hat auch der BFH eindeutig geäußert, dass die USt eine Verbrauchsteuer ist: BFH, Urt. v. 12.1.2006 – V R 3/04, BStBl. II 2006, 479, BFHE 213, 69, Rn. 24.

402 M.E. ist es nicht ausgeschlossen, dass die Gesellschafter nach den gesetzlichen Regelungen solange keinen Anspruch auf die Beteiligung am Gewinn haben, wie sie ihrer Einlageverpflichtung nicht nachkommen. Siehe dazu Fn. 424. In erster Linie wird aber nur gefragt, ob Gesellschaften die Beteiligung ihrer Gesellschafter am Gewinn solange zurückbehalten dürfen, bis diese ihrer Einlageverpflichtung nachgekommen

Daher ist die Finalität der Leistung als Voraussetzung eines steuerbaren Umsatzes abzulehnen.[403]

(2) Finalität des Entgelts

Nun wird der Frage nachgegangen, ob die Zahlung des Entgelts auf den Erhalt der Leistung gerichtet sein muss (Finalität des Entgelts). Wenn das der Fall sein

---

sind. Die dazu vertretenen Auffassungen sind kaum zu überschauen: Nach einer Auffassung bspw. dürfen Personengesellschaften in dieser Situation die Einrede des nicht erfüllten Vertrags gem. § 320 BGB erheben. Nach anderer Auffassung ist der Gesellschaftsvertrag kein gegenseitiger Vertrag und die Zurückbehaltung so nur gem. § 273 BGB möglich. Für zahlreiche Nachweise dieser beiden Auffassungen siehe Hüttemann, Personengesellschaften, 141.
Hüttemann selbst ist der Auffassung, die Gesellschafter einer Personengesellschaft könnten dem Verlangen eines Mitgesellschafters auf Leistung eines rückständigen Beitrags die Einrede des nicht erfüllten Vertrags gem. § 320 BGB entgegenhalten, wenn dieser selbst seiner Einlageverpflichtung noch nicht nachgekommen ist. Und einem entsprechenden Verlangen der Geschäftsführung der Gesellschaft könnten sie dann, wenn einer oder mehrere Mitgesellschafter ihrer Einlageverpflichtung noch nicht nachgekommen sind, den Gleichbehandlungsgrundsatz entgegenhalten. Vor diesem Hintergrund seien die Gesellschafter erst recht befugt, gem. § 320 BGB die Auszahlung der Gewinnbeteiligung an einen säumigen Gesellschafter einstweilen zu verweigern. Insgesamt dazu siehe Hüttemann, Personengesellschaften, 82 ff., 98 ff., 144 ff.
M.E. ist es nicht ausgeschlossen, dass auch die Kapitalgesellschaften die Einrede der nicht erbrachten Einlage erheben können. Vor dem Hintergrund des Ziels der Kapitalaufbringungsvorschriften wäre diese als weiteres Druckmittel sogar zu begrüßen. Allgemein zur Frage der Leistungsstörungen im von ihm sog. Beitragsverhältnis sowohl bei den Personengesellschaften als auch bei den Kapitalgesellschaften siehe Schmidt, Gesellschaftsrecht, 578 ff.
Aber auch dann, wenn die Gesellschaften nach den gesetzlichen Regelungen nicht die Einrede der nicht erbrachten Einlage erheben können sollten, und man der Auffassung sein sollte, es komme doch auf die Finalität der Leistung an, wäre m.E. davon auszugehen, dass die Gesellschafter die Eigenkapitalüberlassung zumindest auch deswegen erbringen, um die Gewinnausschüttungen oder -entnahmen zu erhalten. Hinzu käme, dass es nicht ausgeschlossen ist, dass in anderen Mitgliedstaaten die Gesellschaften die Einrede der nicht erbrachten Einlage erheben können oder Gesellschafter schon gar keinen Anspruch auf die Gewinnbeteiligung haben, solange sie ihrer Einlageverpflichtung noch nicht nachgekommen sind, und es so den Harmonisierungsbemühungen der MwStSystRL entgegenstehen könnte, wenn man in Deutschland die Finalität der Leistung aufgrund von Zweifeln am Bestehen der Einrede der nicht erbrachten Einlage ablehnen würde. Zum zweiten Punkt siehe EuGH, Urt. v. 17.9.2002 – C-498/99 (Town & County Factors), Slg. 2002, I-7173, Rn. 21.

403 Reiß, StuW 1983, 364, 368; Tehler, DStR 1983, 215, 217; Söhn, FS für von Wallis, 439, 449.

sollte, ist zu untersuchen, ob die Gewinnausschüttungen und Auszahlungen der Gewinnentnahmen entsprechend auf den Erhalt der Eigenkapitalüberlassung gerichtet sind.

Im Jahr 1971 rechnete der BFH unter Rückgriff auf die Norm zur Bemessungsgrundlage, nach der Entgelt alles ist, was der Leistungsempfänger aufwenden muss, um die Leistung zu erhalten, einen obligatorischen Bedienzuschlag zur Bemessungsgrundlage der Lieferung von Speisen und Getränken.[404] Damit war für ihn die Finalität des Entgelts Voraussetzung eines steuerbaren Umsatzes. Im Jahr 1980 führte er anlässlich der Frage der Steuerbarkeit eines halbfertig errichteten Werks aus, die Leistung müsse erbracht werden, um die Gegenleistung zu erhalten, und die Gegenleistung wiederum müsse bewirkt werden, um die Leistung zu erhalten, zumindest aber deshalb, weil die Leistung erbracht worden ist.[405] Damit stellte er sich auf den Standpunkt, die Finalität des Entgelts sei nicht zwingende Voraussetzung eines steuerbaren Umsatzes, und begnügte sich mit dem kumulativen Vorliegen von Finalität der Leistung und Kausalität der Leistung für das Entgelt. In einem Urteil aus dem Jahr 1981 führte er schließlich aus, die Leistung müsse auf den Erhalt einer Gegenleistung gerichtet sein und damit die gewollte, erwartete oder erwartbare Gegenleistung auslösen.[406] In diesem Urteil erwähnte er die Finalität des Entgelts schon gar nicht mehr. Bei dieser Rspr. beließ er es bis zur Übernahme der Auffassung des EuGH. Ein Ausreißer davon ist das Urteil V R 107/76 aus dem Jahr 1985, in dem er urteilte, die Steuerbarkeit eines Umsatzes sei dann gegeben, wenn die Leistung erbracht wird, um die Gegenleistung zu erhalten, und diese wiederum bewirkt wird, um die Leistung zu erhalten.[407]

Es ist möglich, dass der BFH im Jahr 1988 mit seinem Urteil X R 48/81 zum Ausdruck gebracht hat, dass es für den Fall, dass beim Halten einer Gesellschaftsbeteiligung eine Leistung vorliegen sollte, bei den Personengesellschaften an der Finalität der Leistung und an der Finalität des Entgelts, also an der inneren Verknüpfung von Leistung und Gegenleistung, fehlt.[408] In der Lit. wurden Beiträge eines Personengesellschafters gegen eine Beteiligung am Gewinn und Verlust ebenfalls für nichtsteuerbar erklärt, weil es an der Finalität des Entgelts fehle.[409]

Den Vorschriften zur Bemessungsgrundlage lässt sich nicht eindeutig entnehmen, ob das Entgelt auf den Erhalt der Leistung gerichtet sein muss.[410] § 10 Abs. 1 S. 2 UStG, nach dem Entgelt alles ist, was der Leistungsempfänger aufwendet, um die Leistung zu erhalten, spricht zwar für das Erfordernis der Finalität des Entgelts. Genauso die Definition des Normalwerts in Art. 72 Abs. 1 MwStSystRL. Art. 73

---

404 BFH, Urt. v. 19.8.1971 – V R 74/68, BStBl. II 1972, 24, BFHE 103, 278, Rn. 6.
405 BFH, Urt. v. 28.2.1980 – V R 90/75, BStBl. II 1980, 535, BFHE 130, 430, Rn. 14.
406 BFH, Urt. v. 7.5.1981 – V R 47/76, BStBl. II 1981, 495, BFHE 133, 133, Rn. 10 f.
407 BFH, Urt. v. 4.7.1985 – V R 107/76, BStBl. II 1986, 153, BFHE 145, 244, Rn. 14.
408 Siehe dazu C.III.1.a)bb)(1).
409 Blanke, Gesellschafterbeiträge, 42; Schön, DStJG 13, 81, 106; Reiß, UR 1988, 298, 301.
410 Siehe dazu C.III.1.a)bb)(1).

MwStSystRL hingegen, nach dem die Bemessungsgrundlage alles umfasst, was den Wert der Gegenleistung bildet, die der Lieferer oder Dienstleistungserbringer für seine Umsätze vom Erwerber oder Dienstleistungsempfänger erhält oder erhalten soll, stellt nicht auf die Finalität des Entgelts ab.

Dem Umstand, dass die USt ihrem Inneren nach eine Verbrauchsteuer ist,[411] lässt sich aber eindeutig entnehmen, dass es nicht auf die Finalität des Entgelts ankommen kann. Das Ziel der USt, den Verbrauchsaufwand des Endverbrauchers zu besteuern, würde nämlich nicht erreicht werden, wenn ein steuerbarer Umsatz nur dann vorläge, wenn der Leistungsempfänger das Entgelt zahlt, um die Leistung zu erhalten. Die Steuerbarkeit muss bspw. aber auch dann gegeben sein, wenn er zahlt, weil er die Leistung erhalten hat.

Damit muss der Frage, ob die Gewinnausschüttungen und Auszahlungen der Gewinnentnahmen auf den Erhalt der Eigenkapitalüberlassung gerichtet sind, nicht nachgegangen werden.[412]

(3) Kausalität der Leistung für das Entgelt

Im Folgenden wird der Frage nachgegangen, ob die Leistung kausal für das Entgelt sein muss. Wenn das der Fall sein sollte, ist zu untersuchen, ob die Eigenkapitalüberlassung entsprechend kausal für die ausgeschütteten oder entnommenen Gewinne ist.

Der RFH bejahte die Steuerbarkeit der Tätigkeit eines Ausübers der Christlichen Wissenschaft, weil die Zahlungen an diesen davon abhängig und um deswillen geleistet seien, dass der Praktiker die von ihm erwartete Tätigkeit entwickelt hat.[413] Messstipendien hielt er ebenfalls für steuerbar, da die Zuwendung zum Lebensunterhalt dem Priester dafür gegeben werde, dass er das Messopfer liest.[414] In beiden Urteilen stellte der RFH damit m.E. allein auf die Kausalität der Leistung für das Entgelt ab. In dem Urteil zur Frage der Steuerbarkeit der von einem Taxifahrer vereinnahmten Trinkgelder prüfte der BFH die Kausalität der Leistung für das Entgelt unter dem Deckmantel der Finalität des Entgelts.[415] In seinem Urteil zu einem halbfertig errichteten Werk führte er aus, die Leistung müsse erbracht werden, um die Gegenleistung zu erhalten, und die Gegenleistung wiederum müsse bewirkt werden, um die Leistung zu erhalten, zumindest aber deshalb, weil die Leistung erbracht worden ist.[416] Damit ließ er die Kausalität der Leistung für das Entgelt zusätzlich zur Finalität der Leistung genügen. In dem Urteil zur Frage der

411 Siehe dazu C.III.1.a)bb)(1).

412 Gegen die Annahme einer Einrede der nicht erbrachten Gewinnausschüttung oder -entnahme spricht zumindest bei den Kapitalgesellschaften der Sinn der Kapitalaufbringungsvorschriften.

413 RFH, Urt. v. 19.7.1935 – V A 500/34, RFHE 38, 147 f.

414 RFH, Urt. v. 24.8.1938 – V 306/37, RFHE 44, 328 f.

415 BFH, Urt. v. 17.2.1972 – V R 118/71, BStBl. II 1972, 405, BFHE 105, 79, Rn. 17.

416 BFH, Urt. v. 28.2.1980 – V R 90/75, BStBl. II 1980, 535, BFHE 130, 430, Rn. 14.

Steuerbarkeit des Transports von Arbeitnehmern durch ihren Arbeitgeber führte er aus, Voraussetzung eines steuerbaren Umsatzes sei, dass die Leistung auf den Erhalt einer Gegenleistung gerichtet ist und damit die gewollte, erwartete oder erwartbare Gegenleistung auslöst.[417] Damit führte er seine Rspr. fort, nach der es nur auf die Finalität der Leistung und die Kausalität der Leistung für das Entgelt ankommt. Diese Rspr. behielt er bis zur Übernahme der Rspr. des EuGH bei. In einem Urteil zu einer Werbegemeinschaft ließ er die Kausalität der Leistung für das Entgelt neben der Finalität der Leistung aber nicht genügen, sondern verlangte die Finalität der Leistung und des Entgelts.[418] Der EuGH hat sich nicht dazu geäußert, ob die Kausalität der Leistung für das Entgelt Voraussetzung eines steuerbaren Umsatzes ist.

Der EuGH ist der Auffassung, der bloße Erwerb und das bloße Halten von Gesellschaftsbeteiligungen seien keine wirtschaftlichen Tätigkeiten, da der bloße Erwerb von Gesellschaftsbeteiligungen keine Nutzung eines Gegenstands zur nachhaltigen Erzielung von Einnahmen darstelle, weil eine etwaige Dividende als Ergebnis der gehaltenen Beteiligung Ausfluss der bloßen Innehabung des Gegenstands Beteiligung sei.[419] Womöglich ist diese Rspr. so zu verstehen, dass nach Auffassung des EuGH schon gar kein Umsatz vorliegt und in der Folge auch keine wirtschaftliche Tätigkeit vorliegen kann.[420] Dann könnte der EuGH damit die Kausalität der Leistung für das Entgelt angesprochen haben.

Die Finalität der Leistung und die Finalität des Entgelts können nicht Voraussetzung der Steuerbarkeit eines Umsatzes sein. Dies liegt daran, dass das Ziel der USt, den Endverbraucher mit seinem Verbrauchsaufwand zu besteuern, andernfalls nicht vollumfänglich erreicht würde. Irgendeinen Zusammenhang von Leistung und Entgelt verlangt die Regelung der Steuerbarkeit in § 1 Abs. 1 Nr. 1 S. 1 UStG aber. Dies ergibt sich aus ihrer Formulierung, die eine Leistung gegen Entgelt verlangt, und nicht etwa eine Leistung gegen Zahlung oder eine Leistung und eine Zahlung. Aber auch aus der praktischen Erwägung, dass die Umsatzbesteuerung nur funktionieren kann, wenn der Leistung eine bestimmte Zahlung zugeordnet werden kann, muss das UStG einen bestimmten Zusammenhang von Leistung und Entgelt verlangen. Des Weiteren erfordert auch die Abgrenzung von USt und Schenkungsteuer einen bestimmten Zusammenhang von Leistung und Entgelt.[421]

---

417 BFH, Urt. v. 7.5.1981 – V R 47/76, BStBl. II 1981, 495, BFHE 133, 133, Rn. 10 f.

418 BFH, Urt. v. 4.7.1985 – V R 107/76, BStBl. II 1986, 153, BFHE 145, 244, Rn. 14.

419 EuGH, Urt. v. 20.6.1991 – C-60/90 (Polysar Investments Netherlands), Slg. 1991, I-03111, Rn. 13 (bzgl. des Erwerbs einer Beteiligung); Urt. v. 22.6.1993 – C-333/91 (Sofitam), Slg. 1993, I-03513, Rn. 12 (bzgl. des Haltens einer Beteiligung unter Verweis auf das Urteil Polysar Investments Netherlands); Urt. v. 6.2.1997 – C-80/95 (Harnas & Helm), Slg. 1997, I-00745, Rn. 15 (bzgl. sowohl des Erwerbs als auch des Haltens einer Beteiligung).

420 Siehe dazu B.II.1.a).

421 Siehe dazu Englisch in Tipke/Lang, Steuerrecht, § 17 Rn. 122.

Die Frage, welche Anforderungen die Regelung der Steuerbarkeit an den Zusammenhang von Leistung und Entgelt stellt, ist anhand des Ziels der USt, die Leistungsfähigkeit des Endverbrauchers ausgedrückt durch seinen Verbrauchsaufwand zu besteuern,[422] zu beantworten. Dieses Ziel verlangt die Steuerbarkeit eines Umsatzes, gleich, ob der Leistungsempfänger, der Leistende oder keiner der beiden vorleistungsverpflichtet ist. Es macht keinen Unterschied, ob der Leistungsempfänger als erster seiner Verpflichtung nachkommt, weil er dies muss, oder weil er dem Leistenden die Einrede des § 320 Abs. 1 S. 1 BGB abschneiden möchte, ob der Leistungsempfänger zahlt, nachdem er die Leistung erhalten hat, oder ob Leistung und Entgelt Zug-um-Zug ausgetauscht werden. Dieses Ziel verlangt die Steuerbarkeit bspw. auch dann, wenn der Leistung kein Austauschvertrag zugrunde liegt und der Leistungsempfänger eigentlich nichts zahlen müsste, aber dennoch freiwillig für die Leistung zahlt. In all diesen Situationen zahlt der Leistungsempfänger für vergangenen, gegenwärtigen oder zukünftigen Leistungsbezug, beruht das Entgelt kausal auf der Leistung. Damit muss die so verstandene Kausalität der Leistung für das Entgelt die gesetzliche Anforderung an den Zusammenhang von Leistung und Entgelt sein.[423]

Wenn man davon ausgeht, Gesellschaften müssten ihre Gesellschafter so lange nicht am Gewinn beteiligen, bis sie das versprochene Eigenkapital zur Verfügung gestellt haben,[424] kann man ohne Weiteres zu dem Schluss gelangen, dass

---

422 Siehe dazu C.III.1.a)bb)(1).

423 Englisch in Tipke/Lang, Steuerrecht, § 17 Rn. 122 und Stadie, UStG, § 1 Rn. 75 bspw. sprechen sich ebenfalls dafür aus, dass die Kausalität der Leistung für das Entgelt die einzige Anforderung an die Beziehung von Leistung und Entgelt ist.

424 Wenn ein Gesellschafter einer Personengesellschaft nach § 275 Abs. 1 BGB teilweise von seiner Beitragspflicht befreit wird, haben nach verbreiteter Auffassung seine Mitgesellschafter gegen ihn einen Anspruch auf Anpassung seiner Gewinnbeteiligung. Nach den einen ergibt sich dieser aus der gesellschaftsvertraglichen Treuepflicht. Nach den anderen aus einem Wegfall der Geschäftsgrundlage. Für Nachweise zu dieser Auffassung siehe Hüttemann, Personengesellschaften, 193 ff. Hüttemann selbst ist der Auffassung, die allgemeinen Gefahrtragungsregelungen des BGB gälten auch im Gesellschaftsverhältnis. Jeder Gesellschafter leiste Beiträge, weil und damit auch die anderen Beiträge leisten und alle mit einem bestimmten Anteil am Ergebnis der gemeinsamen Leistungen teilnehmen. Das Synallagma im Gesellschaftsverhältnis reiche somit über die wechselseitigen Beitragspflichten hinaus, weil jeder Gesellschafter erst über die Beteiligung am Ergebnis an den Gegenleistungen der Mitgesellschafter partizipiere. An die Stelle des Austauschverhältnisses trete beim Gesellschaftsvertrag das Beteiligungsverhältnis, die proportionale Beteiligung am Ergebnis entsprechend den übernommenen Beiträgen. Daher ergebe sich in den Fällen der zufälligen teilweisen Unmöglichkeit der Beitragsleistung unmittelbar aus dem Inhalt des Gesellschaftsvertrags, dass die Gewinnbeteiligung anzupassen ist. Darin liege der allgemeine Rechtsgedanke des § 323 Abs. 1 BGB-alt (vor der Schuldrechtsmodernisierung). Bei der vom Gesellschafter verschuldeten teilweisen Unmöglichkeit seiner Beitragsleistung ergebe sich in den Fällen, in denen die Beitragsleistung nicht ersetzbar ist, die Anpassung der

die ausgeschütteten oder entnommenen Gewinne bei ordnungsgemäßer Zurverfügungstellung des Eigenkapitals für die Eigenkapitalüberlassung gezahlt werden.

Aber auch dann, wenn man annimmt, Gesellschaften müssten ihre Gesellschafter auch dann ungeschmälert am Gewinn beteiligen, wenn sie ihnen das versprochene Eigenkapital nicht zur Verfügung stellen, kann man zu dem Schluss gelangen, dass die ausgeschütteten oder entnommenen Gewinne bei ordnungsgemäßer Zurverfügungstellung des Eigenkapitals für die Eigenkapitalüberlassung gezahlt werden. Gesellschaftern, die ihrer Gesellschaft das versprochene Eigenkapital nicht (vollumfänglich) zur Verfügung stellen, droht nämlich der Verlust ihrer Gesellschafterstellung und damit der Verlust der Gewinnausschüttungen oder -entnahmen.[425]

Gewinnbeteiligung aus § 325 Abs. 1 S. 2 BGB-alt oder allgemein aus § 325 Abs. 1 S. 3 i.V.m. § 323 Abs. 1 BGB-alt. Siehe dazu Hüttemann, Personengesellschaften, 200, 205 f., 208, 212 f., 398, 400.

M.E. ist es sehr gut denkbar, dass die Gesellschafter einer Kapitalgesellschaft vergleichbar der Situation beim Darlehen, bei dem trotz eines eher das Gegenteil andeutenden Gesetzeswortlauts davon ausgegangen wird, dass der Darlehensgeber während der Laufzeit des Darlehens dauerhaft zur Überlassung des zur Verfügung gestellten Kapitals verpflichtet ist, nicht nur dazu verpflichtet sind, ihrer Gesellschaft die versprochene Einlage zu erbringen, sondern ihr darüber hinaus auch das mit der Erbringung der versprochenen Einlage zur Verfügung gestellte Eigenkapital dauerhaft überlassen müssen. Siehe dazu C.II.1.a)bb)(2). Das muss m.E. auch bei den Personengesellschaften gelten.

Bei dieser Sicht der Dinge ist m.E. bspw. bei einer verspätet eingebrachten Sacheinlage für die Zeit der Verspätung von einer gem. § 275 Abs. 1 BGB unmöglich gewordenen Eigenkapitalüberlassung auszugehen. Schließlich kommt es bei der Eigenkapitalüberlassung auf die Finanzierung des Empfängers während eines bestimmten Zeitraums an. Zum sog. absoluten Fixgeschäft siehe Ernst in MüKo BGB, § 275 Rn. 46 ff. Nach der von Hüttemann vertretenen Anwendung der allgemeinen Gefahrtragungsregelungen des BGB bedeutet das m.E., dass die Gesellschafter gem. § 326 Abs. 1 S. 1 BGB für die Zeit, in der sie ihrer Gesellschaft kein Eigenkapital überlassen, von der Gewinnbeteiligung ausgeschlossen sind. Nach den anderen bezeichneten Auffassungen ergäbe sich das aus der gesellschaftsvertraglichen Treuepflicht oder aus einem Wegfall der Geschäftsgrundlage.

M.E. könnte man so auch bei den Kapitalgesellschaften dazu kommen, dass die Gesellschafter solange nicht am Gewinn zu beteiligen sind, bis sie bspw. ihrer Sacheinlageverpflichtung nachgekommen sind.

425 Wenn im Gesellschaftsvertrag einer GbR bestimmt ist, dass dann, wenn ein Gesellschafter kündigt, die Gesellschaft unter den übrigen Gesellschaftern fortbestehen soll, kann ein Gesellschafter, in dessen Person ein die übrigen Gesellschafter zur Kündigung berechtigender Umstand eintritt, von diesen gem. § 737 S. 1 BGB aus der Gesellschaft ausgeschlossen werden. Die hartnäckige Weigerung eines Gesellschafters, eine fällige Einlage zu leisten, stellt dabei einen zum Ausschluss berechtigenden Umstand dar. Siehe dazu Schäfer in MüKo BGB, § 723 Rn. 31. Wenn es der Gesellschaftsvertrag vorsieht, können auch die Gesellschafter einer OHG oder KG einen Mitgesellschafter

Des Weiteren ist zu sehen, dass es nicht ausgeschlossen ist, dass in anderen Mitgliedstaaten die Gesellschaften die Gesellschafter so lange nicht am Gewinn beteiligen müssen, bis diese das versprochene Eigenkapital vollumfänglich zur Verfügung gestellt haben, und es so den Harmonisierungsbemühungen der MwStSystRL entgegenstünde, wenn man in Deutschland die Kausalität der Eigenkapitalüberlassung für die Gewinnausschüttungen oder -entnahmen aufgrund von Zweifeln daran, ob die Gesellschaften die Gesellschafter so lange nicht am Gewinn beteiligen müssen, bis diese das versprochene Eigenkapital vollumfänglich überlassen, ablehnen würde.[426] Im Interesse einer erfolgreichen Harmonisierung ist eine gewisse Loslösung von den nationalen zivilrechtlichen Vorgaben nötig.

Dass die ausgeschütteten oder entnommenen Gewinne für die Eigenkapitalüberlassung gezahlt werden, zeigt sich auch daran, dass sich die Höhe der Gewinnausschüttungen und -entnahmen in der Regel nach dem Umfang der Eigenkapitalüberlassung bemisst.[427]

Aus dem Umstand, dass sich die Höhe der Gewinnausschüttungen und -entnahmen nicht danach richtet, wie lange die sie beziehenden Gesellschafter ihrer

---

bei Vorliegen eines wichtigen Grundes ausschließen. Siehe dazu Schmidt in MüKo HGB, § 140 Rn. 2. Auch hier muss die hartnäckige Weigerung eines Gesellschafters, eine fällige Einlage zu leisten, seinen Ausschluss rechtfertigen können. Daneben kann bei der OHG und der KG gem. § 140 HGB (bzgl. KG i.V.m. § 161 Abs. 2 HGB) ein Gesellschafter auf Antrag eines Gesellschafters durch Urteil ausgeschlossen werden. Dafür muss in der Person des auszuschließenden Gesellschafters ein wichtiger Grund vorliegen. Auch hier sollte die hartnäckige Weigerung, eine fällige Einlage zu leisten, dafür ausreichen. Siehe dazu Schmidt in MüKo HGB, § 140 Rn. 40. Das GmbHG sieht zwar den Ausschluss eines Mitgesellschafters bei Vorliegen eines wichtigen Grundes nicht ausdrücklich vor. Er ist aber als notwendiger Bestandteil eines jeden personalen Dauerrechtsverhältnisses einhellig anerkannt. Siehe dazu Altmeppen in Roth/Altmeppen, GmbHG, § 60 Rn. 61. Es ist umstritten, ob es dafür einer Ausschlussklage bedarf. Siehe dazu Altmeppen in Roth/Altmeppen, GmbHG, § 60 Rn. 85 f. Die hartnäckige Weigerung, eine fällige Einlage zu erbringen, sollte aber so oder so auch hier ein wichtiger Grund sein. Siehe dazu Altmeppen in Roth/Altmeppen, GmbHG, § 60 Rn. 79 ff. Daneben kommt bei der GmbH genauso wie bei der AG eine Kaduzierung des betroffenen Anteils in Betracht (§ 21 GmbHG und § 64 AktG). Diese kann schon bei verzögerter Einzahlung nach Ablauf einer unter Androhung des Ausschlusses des Gesellschafters mit dem Anteil, auf welchen die Zahlung zu erfolgen hat, zur Zahlung bestimmten Nachfrist erfolgen.

426 Siehe dazu EuGH, Urt. v. 17.9.2002 – C-498/99 (Town & County Factors), Slg. 2002, I-7173, Rn. 21.

427 Das Gesetz sieht zwar bei der GbR und bei der OHG und der KG im über die Mindestverzinsung hinausgehenden Bereich der Gewinnverteilung eine Gewinnverteilung nach Köpfen vor (siehe dazu § 722 Abs. 1 BGB und § 121 Abs. 3 HGB, bzgl. des Komplementärs i.V.m. § 161 Abs. 2 HGB). Regelmäßig wird im Gesellschaftsvertrag aber davon abgewichen und eine Gewinnverteilung abhängig vom Umfang der jeweiligen Eigenkapitalüberlassung verabredet.

Gesellschaft Eigenkapital überlassen haben,[428] kann nicht geschlossen werden, dass sich das Entgelt für die Eigenkapitalüberlassung doch nicht nach dem Umfang der Eigenkapitalüberlassung richtet. Der Markt für Gesellschaftsanteile sorgt nämlich dann, wenn ein Gesellschaftsanteil während einer Zahlperiode, also während des zwischen zwei Gewinnausschüttungen oder -entnahmen liegenden Zeitraums, der aufgrund der Aufstellung des Jahresabschlusses etc. dem Geschäftsjahr regelmäßig hinterherhinkt, den Inhaber wechselt, für eine mehr oder weniger genaue Verteilung der kommenden Gewinnausschüttung oder -entnahme auf den Altgesellschafter und auf den Neugesellschafter nach der Dauer ihrer jeweiligen Eigenkapitalüberlassungen.

Im Idealfall, in dem von vornherein klar ist, dass die Gesellschaft dauerhaft eine gleichbleibende Dividende zahlt, lässt sich diese Verteilung am besten sehen: Der Marktwert eines Gesellschaftsanteils entspricht aufgrund des Gesetzes des einheitlichen Preises, nach dem die Preise gleichwertiger Anlagemöglichkeiten gleich sein sollten,[429] in vollkommenen Märkten der Summe der sog. Barwerte aller zukünftigen Gewinnausschüttungen oder -entnahmen und des Auflösungserlöses, also der Summe dieser auf den Bewertungsstichtag abgezinsten zukünftigen Zahlungen.[430] Daher sinkt der Marktwert eines Gesellschaftsanteils am Tag der Gewinnausschüttung oder -entnahme um einen Betrag in Höhe der Gewinnausschüttung oder -entnahme (sog. Dividendenabschlag).[431] Im beschriebenen Idealfall steigt der Marktwert des Gesellschaftsanteils in der Zeit bis zur nächsten Gewinnausschüttung oder -entnahme gleichmäßig auf den Wert an, den der Gesellschaftsanteil unmittelbar vor der letzten Gewinnausschüttung oder -entnahme hatte. Infolge des sich aus diesem Mechanismus auf der Zeitachse ergebenden Sägezahnmusters erzielt derjenige Gesellschafter, der die Gewinnausschüttung oder -entnahme erhält, der Gesellschaft aber nicht die volle Zahlperiode Eigenkapital überlassen hat (der Neugesellschafter), für den Gesellschaftsanteil bei seinem Verkauf unmittelbar nach der Gewinnausschüttung oder -entnahme einen Verkaufspreis, der unter dem Preis liegt, den er für den Gesellschaftsanteil gezahlt hat. Dadurch wird er so gestellt, als habe er nicht die volle Gewinnausschüttung oder -entnahme erhalten, sondern nur eine solche, die der Dauer seiner Eigenkapitalüberlassung entspricht. Umgekehrt erzielt der Gesellschafter, der der Gesellschaft das Eigenkapital während der restlichen Zahlperiode überlassen hat und keine Gewinnausschüttung oder -entnahme erhält (der Altgesellschafter), einen Verkaufspreis, der oberhalb seines Kaufpreises liegt, sodass er so gestellt wird, als habe er eine Gewinnausschüttung oder -entnahme erhalten, die der Dauer seiner Eigenkapitalüberlassung

428 Bei den Aktiengesellschaften kommt es nur auf die Inhaberschaft der Aktie am sog. Dividendenstichtag (record date) an. Siehe dazu Berk/DeMarzo, Finanzwirtschaft, 586 f.

429 Siehe dazu Berk/DeMarzo, Finanzwirtschaft, 87 ff.

430 Siehe dazu Berk/DeMarzo, Finanzwirtschaft, 278 ff.

431 Siehe dazu Berk/DeMarzo, Finanzwirtschaft, 590 f.

entspricht. Zu dieser Verteilung der kommenden Gewinnausschüttung oder -entnahme kommt es entsprechend auch dann, wenn der Altgesellschafter der Gesellschaft auch schon während der vorausgegangenen oder während mehreren vorausgegangenen Zahlperioden Eigenkapital überlassen hat und/oder der Neugesellschafter der Gesellschaft während der folgenden oder während mehreren folgenden Zahlperioden Eigenkapital überlässt.

Der Markt für Gesellschaftsanteile führt auch dann zu dieser Verteilung, wenn die Gewinnausschüttungen oder -entnahmen nicht dauerhaft gleichbleibend sind und im Voraus nicht klar ist, wie hoch sie ausfallen werden. Dann lässt sie sich allerdings nicht so leicht wie im dargestellten Idealfall an den Anteilspreisen ablesen. Es gilt nämlich allgemein, dass es dann, wenn der Kaufpreis für eine Gesellschaftsbeteiligung nicht ihrem Nennwert entspricht, neben der beschriebenen Verteilung zusätzlich zu weiteren Ausgleichungen innerhalb der Gruppe der aufeinanderfolgenden Inhaber eines Gesellschaftsanteils kommt.[432]

Was also bei festverzinslichen Anleihen durch die Zahlung von sog. Stückzinsen[433] durch den Käufer einer Anleihe an den Verkäufer dieser Anleihe erreicht wird, stellt sich bei Gesellschaftsanteilen am Markt aufgrund einer Differenz von Kauf- und Verkaufspreis ein. Aus der rein technischen Eigenheit der Gesellschaftsanteile, dass die Gewinnausschüttungen oder -entnahmen nicht institutionalisiert durch ein Verfahren ähnlich der Stückzinsenzahlung bei festverzinslichen Anleihen entsprechend der Dauer der Kapitalüberlassung auf die Gesellschafter aufgeteilt werden, kann also nicht geschlossen werden, dass die Gewinnausschüttungen und -entnahmen nicht kausal auf der Eigenkapitalüberlassung beruhen.

Die Gewinnausschüttungen und -entnahmen beruhen also kausal auf der Eigenkapitalüberlassung, sodass sie als Entgelt für die Eigenkapitalüberlassung in Betracht kommen.

(4) Unmittelbarer Zusammenhang von Leistung und Entgelt

(i) Einleitung

Im Folgenden wird noch zu dem vom EuGH und mittlerweile auch vom BFH für die Steuerbarkeit eines Umsatzes verlangten unmittelbaren Zusammenhang von erbrachter Dienstleistung und erhaltenem Gegenwert Stellung bezogen. Dieser sei gegeben, wenn zwischen dem Leistenden und dem Leistungsempfänger ein Rechtsverhältnis besteht, in dessen Rahmen gegenseitige Leistungen ausgetauscht werden, wobei die vom Leistenden empfangene Vergütung den tatsächlichen Gegenwert für die dem Leistungsempfänger erbrachte Dienstleistung bildet.

432 Siehe dazu D.I.2.b).
433 Zu den Stückzinsen siehe Paul u.a., Finanzierungspolitik, 380.

(ii) Unmittelbarer Zusammenhang

Es ist unklar, ob dem Merkmal des unmittelbaren Zusammenhangs ein eigener Gehalt verbleibt, oder ob es durch die vom EuGH im Jahr 1994 durch das Urteil Tolsma eingeführten weiteren Merkmale vollständig ausgefüllt wird. Dies liegt daran, dass der EuGH in manchen dem Urteil Tolsma folgenden Urteilen einzelne dieser Merkmale und das Merkmal des unmittelbaren Zusammenhangs wohl als gleichwertige, auf einer Stufe stehende Merkmale behandelt hat,[434] während er in anderen Urteilen lediglich auf den unmittelbaren Zusammenhang abgestellt hat[435].

Viel Raum für einen eigenen Gehalt des Merkmals des unmittelbaren Zusammenhangs wäre m.E. aber schon gar nicht gegeben, da es das Ziel der USt, den Endverbraucher mit seinem Verbrauchsaufwand zu besteuern,[436] verbietet, besonders hohe Anforderungen an das Verhältnis von Leistung und Entgelt zu stellen.

(iii) Rechtsverhältnis

Dem Urteil EDM aus dem Jahr 2004 könnte zu entnehmen sein, dass der EuGH das Halten einer Beteiligung als Kapitalüberlassung auffasst und auch deswegen für einen nichtsteuerbaren Vorgang hält, weil die Dividenden aus seiner Sicht nicht den tatsächlichen Gegenwert der Kapitalüberlassung bilden und es so am unmittelbaren Zusammenhang von Leistung und Entgelt fehlt.[437] Im Umkehrschluss könnte daraus zu entnehmen sein, dass seiner Auffassung nach bei der Eigenkapitalüberlassung aber ein Rechtsverhältnis gegeben ist.

Für das Vorliegen eines steuerbaren Umsatzes kann es nicht auf das Vorliegen eines Rechtsverhältnisses zwischen dem Leistenden und dem Leistungsempfänger ankommen. Zunächst ist zu sehen, dass der Wortlaut der MwStSystRL kein solches Rechtsverhältnis verlangt. Hinzu kommt, dass die USt auf die Besteuerung des Endverbrauchers mit seinem Verbrauchsaufwand abzielt.[438] Für die Erreichung dieses Ziels ist es aber völlig irrelevant, ob zwischen dem Leistenden und dem Leistungsempfänger ein Rechtsverhältnis gegeben ist.[439] Für das nationale Umsatzsteuerrecht wird dieses Ergebnis durch § 41 Abs. 1 AO unterstrichen, nach dem es für die Besteuerung unerheblich ist, wenn ein Rechtsgeschäft unwirksam ist oder unwirksam wird, soweit und solange die Beteiligten das wirtschaftliche Ergebnis dieses Rechtsgeschäfts gleichwohl eintreten und bestehen lassen.[440]

---

434 EuGH, Urt. v. 27.10.2011 – C-93/10 (GFKL Financial Services), Slg. 2011, I-10791, Rn. 17–19; Urt. v. 2.6.2016 – C-263/15 (Lajver), ABl. EU 2016, Nr. C 287, 12, UR 2016, 525, Rn. 39.

435 EuGH, Urt. v. 16.10.1997 – C-258/95 (Fillibeck), Slg. 1997, I-5577, Rn. 12; Urt. v. 29.7.2010 – C-40/09 (Astra Zeneca UK), Slg. 2010, I-7505, Rn. 27.

436 Siehe dazu C.III.1.a)bb)(1).

437 Siehe dazu B.II.1.a).

438 Siehe dazu C.III.1.a)bb)(1).

439 Siehe dazu Stadie, UStG, § 1 Rn. 76, 13.

440 Siehe dazu Stadie, UStG, § 1 Rn. 13.

Zur Ablehnung des Erfordernisses des Vorliegens eines Rechtsverhältnisses passt das weite Verständnis des EuGH vom Vorliegen eines Rechtsverhältnisses. In der Entscheidung Town & County Factors aus dem Jahr 2002 entschied er etwa, dass auch unvollkommene Verbindlichkeiten ein Rechtsverhältnis im Sinne seiner Rspr. darstellten.[441] Dies begründete er damit, dass andernfalls die praktische Wirksamkeit der 6. RL beeinträchtigt würde, da sich die unter die RL fallenden Umsätze wegen der Unterschiede, die in dieser Hinsicht zwischen den verschiedenen Rechtsordnungen bestehen können, sonst von einem Mitgliedstaat zum anderen unterscheiden könnten. Zur Ablehnung des Erfordernisses des Vorliegens eines Rechtsverhältnisses passt des Weiteren, dass der BFH davon ausgeht, auf die zivilrechtliche Wirksamkeit des einer Leistung zugrunde liegenden Vertrags komme es nicht an[442]. Gleiches gilt für seine Aussage, wonach die tatsächlichen Verhältnisse entscheidend sind[443] und den Umstand, dass er auch bei der Geschäftsführung ohne Auftrag vom Vorliegen eines Rechtsverhältnisses ausgeht[444].

Wenn man dennoch davon ausgehen sollte, dass zwischen dem Leistenden und dem Leistungsempfänger ein Rechtsverhältnis bestehen muss, ist zu sehen, dass sowohl die Eigenkapitalüberlassung als auch die Gewinnausschüttungen oder -entnahmen auf dem Gesellschaftsvertrag und damit auf demselben Rechtsverhältnis beruhen.[445]

(iv) Gegenseitigkeit

Der EuGH verlangt des Weiteren, dass es sich bei Leistung und Entgelt um gegenseitige Leistungen handelt. Das Merkmal der Gegenseitigkeit von Leistung und Entgelt hat er nicht genauer definiert. M.E. klingt mit dem Begriff der Gegenseitigkeit aber die Frage an, ob Leistung und Entgelt in einem synallagmatischen Verhältnis zueinanderstehen müssen.

Dem Urteil EDM aus dem Jahr 2004 könnte zu entnehmen sein, dass der EuGH das Halten einer Beteiligung als Kapitalüberlassung auffasst und auch deswegen

---

441 EuGH, Urt. v. 17.9.2002 – C-498/99 (Town & County Factors), Slg. 2002, I-7173, Rn. 21–23.

442 BFH, Urt. v. 24.2.2005 – V R 1/03, BFH/NV 2005, 1160, Rn. 32; Urt. v. 6.12.2007 – V R 24/05, BStBl. II 2009, 490, BFHE 219, 476, Rn. 45; Beschl. v. 15.7.2010 – XI B 47/09, BFH/NV 2010, 2138, Rn. 14.

443 BFH, Urt. v. 24.2.2005 – V R 1/03, BFH/NV 2005, 1160, Rn. 32.

444 BFH, Urt. v. 16.1.2003 – V R 92/01, BStBl. II 2003, 732, BFHE 201, 339, Rn. 18 f.

445 Unter Verweis auf seine Rspr., nach der bei Personengesellschaften nur dann eine steuerbare Leistung des Gesellschafters an seine Gesellschaft vorliegt, wenn der Gesellschafter die Leistung gegen Sonderentgelt erbringt, wobei es gleichgültig sein soll, ob die Leistung auf gesellschaftsrechtlicher Verpflichtung beruht oder nicht, stellte sich der BFH im Urteil V R 60/05 vom 5.12.2007 (BStBl. II 2009, 486, BFHE 219, 455, Rn. 29 f.) auf den Standpunkt, gesellschaftsrechtliche Vereinbarungen seien ein Rechtsverhältnis i.S.d. Rspr. des EuGH.

für einen nichtsteuerbaren Vorgang hält, weil die Dividenden aus seiner Sicht nicht den tatsächlichen Gegenwert der Kapitalüberlassung bilden und es so am unmittelbaren Zusammenhang von Leistung und Entgelt fehlt.[446] Im Umkehrschluss könnte daraus zu entnehmen sein, dass seiner Auffassung nach die Eigenkapitalüberlassung und die Gewinnausschüttungen oder -entnahmen im Verhältnis der Gegenseitigkeit zueinander stehen. Es ist möglich, dass der BFH im Jahr 1988 mit seinem Urteil X R 48/81 zum Ausdruck gebracht hat, dass es für den Fall, dass beim Halten einer Gesellschaftsbeteiligung eine Leistung vorliegen sollte, bei den Personengesellschaften an der Finalität der Leistung und an der Finalität des Entgelts, also an der inneren Verknüpfung von Leistung und Gegenleistung, oder im Sprech des EuGH an der Gegenseitigkeit von Leistung und Entgelt fehlt.[447]

Aus dem Ziel der USt, die Leistungsfähigkeit des Endverbrauchers ausgedrückt durch seinen Verbrauchsaufwand zu besteuern, ergibt sich, dass die Leistung nicht auf den Erhalt des potenziellen Entgelts und dieses nicht auf den Erhalt der Leistung gerichtet sein muss.[448] Es reicht vielmehr aus, wenn das potenzielle Entgelt für vergangenen, gegenwärtigen oder zukünftigen Leistungsbezug gezahlt wird. Daher kann es nicht auf die Gegenseitigkeit von Leistung und potenziellem Entgelt ankommen.

(v) Leistungsaustausch

Dem Urteil EDM aus dem Jahr 2004 könnte zu entnehmen sein, dass der EuGH das Halten einer Beteiligung als Kapitalüberlassung auffasst und auch deswegen für einen nichtsteuerbaren Vorgang hält, weil die Dividenden aus seiner Sicht nicht den tatsächlichen Gegenwert der Kapitalüberlassung bilden und es so am unmittelbaren Zusammenhang von Leistung und Entgelt fehlt.[449] Im Umkehrschluss könnte daraus zu entnehmen sein, dass seiner Auffassung nach bei der Eigenkapitalüberlassung gegen Gewinnausschüttungen und -entnahmen ein Leistungsaustausch gegeben ist.

Das Merkmal des Leistungsaustauschs ist m.E. nicht zu kritisieren, solange man es so versteht, dass Leistung und Entgelt den Leistungsempfänger respektive den Entgeltempfänger erreichen müssen. Sollte dieses Merkmal allerdings darüber hinaus so zu verstehen sein, dass es ein synallagmatisches Verhältnis von Leistung und Entgelt verlangt, gilt das zum Merkmal der Gegenseitigkeit Ausgeführte.

(vi) Tatsächlicher Gegenwert

Der EuGH ist der Auffassung, das Entgelt müsse den tatsächlichen Gegenwert der Leistung bilden. Diese Überlegung hat er zwar erst im Urteil Tolsma ausdrücklich

---

446 Siehe dazu B.II.1.a).
447 Siehe dazu C.III.1.a)bb)(1).
448 Siehe dazu C.III.1.a)bb)(3).
449 Siehe dazu B.II.1.a).

formuliert, m.E. aber bereits sechs Jahre zuvor im Urteil Apple and Pear Development Council unausgesprochen bemüht. In diesem Urteil ging es um eine Einrichtung des öffentlichen Rechts, die sich durch Pflichtbeiträge der gewerblichen Apfel- und Birnenerzeuger in England und Wales finanzierte. Ihre Aufgaben umfassten im Wesentlichen die Bewerbung der in England und Wales erzeugten Äpfel und Birnen und die Verbesserung ihrer Qualität. Die Pflichtbeiträge hingen von dem Umfang der Anbautätigkeit des jeweiligen Erzeugers ab. Der EuGH sah in der Tätigkeit der Einrichtung und den geleisteten Pflichtbeiträgen keinen steuerbaren Umsatz. Dies begründete er damit, dass die Vorteile der Tätigkeit der Einrichtung dem gesamten betroffenen Wirtschaftszweig zugutekämen und die Äpfel- und Birnenerzeuger, falls sie Vorteile haben, diese nur mittelbar aus den Vorteilen ableiteten, die seiner Auffassung nach dem gesamten Wirtschaftszweig erwachsen.[450] Daneben argumentierte er, es bestehe keine Beziehung zwischen dem Umfang der Vorteile, die einzelnen Erzeugern aus den Dienstleistungen der Einrichtung erwachsen, und der Höhe der Pflichtbeiträge.[451]

Im Urteil Tolsma stütze der EuGH die Nichtsteuerbarkeit der Tätigkeit eines Straßenmusikanten gegen Spenden einerseits auf das fehlende Rechtsverhältnis zwischen dem Straßenmusikanten und den Passanten.[452] Andererseits führte er aber auch aus, es fehle am notwendigen Zusammenhang von musikalischer Darbietung und den Zahlungen der Passanten.[453] Manche Passanten legten erhebliche Beträge in die Sammelbüchse des Musikanten, ohne zu verweilen, während sich andere die Musik für geraume Zeit anhörten, ohne irgendeine Vergütung zu leisten. Damit griff der EuGH m.E. die Frage auf, ob das Entgelt den tatsächlichen Gegenwert der Leistung darstellt.

Im Jahr 2009 lehnte er im Urteil Kommission/Finnland die Steuerbarkeit der Rechtsberatungsdienste, die öffentliche Rechtshilfebüros in Finnland gegen ein ermäßigtes Honorar erbringen, damit ab, dass die Vergütungen nicht den tatsächlichen Gegenwert der Rechtsberatungsdienste bildeten.[454] Die zu zahlenden Vergütungen bestehen aus einem Grundeigenanteil und einem zusätzlichen Eigenanteil.[455] Sie machen zwar einen Prozentsatz des eigentlich zu zahlenden Honorars aus, hängen aber auch von den Einkünften und dem Vermögen des Empfängers der Rechtsberatungsdienste ab.[456] Daraus sei zu folgen, dass die zu zahlenden

450 EuGH, Urt. v. 8.3.1988 – 102/86 (Apple and Pear Development Council), Slg. 1988, 1443, Rn. 14.

451 EuGH, Urt. v. 8.3.1988 – 102/86 (Apple and Pear Development Council), Slg. 1988, 1443, Rn. 15.

452 EuGH, Urt. v. 3.3.1994 – C-16/93 (Tolsma), ABl. EG 1994, Nr. C 103, 2, Rn. 17.

453 EuGH, Urt. v. 3.3.1994 – C-16/93 (Tolsma), ABl. EG 1994, Nr. C 103, 2, Rn. 17.

454 EuGH, Urt. v. 29.10.2009 – C-246/08 (Kommission/Finnland), Slg. 2009, I-10605, Rn. 45 ff.

455 EuGH, Urt. v. 29.10.2009 – C-246/08 (Kommission/Finnland), Slg. 2009, I-10605, Rn. 47.

456 EuGH, Urt. v. 29.10.2009 – C-246/08 (Kommission/Finnland), Slg. 2009, I-10605, Rn. 48.

Vergütungen nur teilweise vom tatsächlichen Wert der Dienstleistungen abhingen und der Zusammenhang der Rechtsberatungsdienste mit den zu zahlenden Vergütungen umso lockerer sei, je geringer die Einkünfte und das Vermögen des Empfängers sind.[457] Das werde dadurch bestätigt, dass die tatsächlich gezahlten Vergütungen nur einen Bruchteil der Betriebskosten der Rechtshilfebüros ausmachen.[458] Die zu zahlenden Vergütungen seien so eher einer Gebühr als einem Entgelt im eigentlichen Sinne gleichzusetzen.

Angesichts der gefestigten Rspr. des EuGH, nach der die Bemessungsgrundlage der tatsächlich erhaltene Gegenwert und nicht ein nach objektiven Maßstäben geschätzter Wert der Leistung ist,[459] ist die Rspr. zum tatsächlichen Gegenwert m.E. so zu verstehen, dass der unmittelbare Zusammenhang von Leistung und Entgelt dann nicht gegeben sein soll, wenn das Entgelt aus Gründen, die außerhalb der Sphäre der Leistung liegen, von dem Entgelt abweicht, das die Parteien vereinbarten hätten, wenn sie diese Gründe nicht bei der Entgeltfindung berücksichtigt hätten.[460] Zwar liest sich das Urteil Kommission/Finnland an einer Stelle so, als stünde bereits ein Abweichen des Entgelts vom objektiven Wert der Leistung dem unmittelbaren Zusammenhang von Leistung und Entgelt entgegen.[461] Auch die Forderung des EuGH, das Entgelt müsse den tatsächlichen Gegenwert der Leistung bilden, spricht im nicht weiter ausgeformten Zustand für diese Lesart. Für das vorgeschlagene Verständnis spricht aber, dass es nach einer eher jüngeren Rspr. des EuGH, die sich auf dem Zeitstrahl nach dem Urteil Kommission/Finnland befindet, für das Vorliegen des unmittelbaren Zusammenhangs von Leistung und Entgelt irrelevant sein soll, ob der Preis über oder unter den Herstellungskosten liegt.[462]

Dem Urteil EDM aus dem Jahr 2004 könnte zu entnehmen sein, dass der EuGH das Halten einer Beteiligung als Kapitalüberlassung auffasst und auch deswegen

---

457 EuGH, Urt. v. 29.10.2009 – C-246/08 (Kommission/Finnland), Slg. 2009, I-10605, Rn. 49.

458 EuGH, Urt. v. 29.10.2009 – C-246/08 (Kommission/Finnland), Slg. 2009, I-10605, Rn. 50.

459 EuGH, Urt. v. 5.2.1981 – 154/80 (Coöperatieve Aardappelenbewaarplaats), Slg. 1981, 445, Rn. 13; Urt. v. 23.11.1988 – 230/87 (Naturally Yours Cosmetics), Slg. 1988, 6365, Rn. 16; Urt. v. 24.10.1996 – C-288/94 (Argos Distributors Ltd.), Slg. 1996, I-5311, Rn. 16; Urt. v. 29.3.2001 – C-404/99 (Kommission/Frankreich), Slg. 2001, I-2667, Rn. 38; Urt. v. 20.1.2005 – C-412/03 (Hotel Scandic Gåsabäck), Slg. 2005, I-743, Rn. 21.

460 Englisch in Tipke/Lang, Steuerrecht, § 17 Rn. 123 versteht die Rspr. des EuGH wohl so, dass das Entgelt nach der Ansicht der beiden Leistungsparteien („subjektiv") dem Wert der Leistung entsprechen muss. Widmann, UR 2010, 221, 222 versteht das Urteil wohl so, dass das Entgelt kostendeckend sein muss.

461 Siehe dazu EuGH, Urt. v. 29.10.2009 – C-246/08 (Kommission/Finnland), Slg. 2009, I-10605, Rn. 50.

462 EuGH, Urt. v. 20.1.2005 – C-412/03 (Hotel Scandic Gåsabäck), Slg. 2005, I-743, Rn. 22; Urt. v. 9.6.2011 – C-285/10 (Campsa Estaciones de Servicio), Slg. 2011, I-5059, Rn. 25; Urt. v. 2.6.2016 – C-263/15 (Lajver), ABl. EU 2016, Nr. C 287, 12, UR 2016, 525, Rn. 45.

für einen nichtsteuerbaren Vorgang hält, weil die Dividenden aus seiner Sicht nicht den tatsächlichen Gegenwert der Kapitalüberlassung bilden und es so am unmittelbaren Zusammenhang von Leistung und Entgelt fehlt.[463] Warum die Dividenden nicht den tatsächlichen Gegenwert der Kapitalüberlassung bilden sollen, sagt der EuGH nicht. Es ist aber anzunehmen, dass er vor dem Hintergrund seiner Aussagen, nach denen die Dividenden der Höhe nach mit einer gewissen Unsicherheit behaftet sind,[464] zu dieser Auffassung gelangt ist.

Die Rspr. des EuGH zum tatsächlichen Gegenwert ist schon deswegen zu kritisieren, weil es in den Fällen, in denen der Preis für eine Leistung nicht einseitig und allgemein gestellt wird, regelmäßig dazu kommt, dass Gründe, die außerhalb der Sphäre der Leistung liegen, bewusst oder unbewusst in die Preisfindung einfließen, sodass die Steuerbarkeit in diesen Fällen stets verneint werden müsste.

Zudem spricht der Wortlaut der Regelung der MwStSystRL zum Steuerobjekt gegen diese Auffassung. Entgelt ist nach dem allgemeinen Sprachgebrauch nämlich das, mit dem der Leistungsempfänger den Leistungsbezug entgilt. Dafür ist entscheidend, welche Gegenleistung verabredet und dann auch erbracht wird. Der Prozess des Zustandekommens des Entgelts ist dafür aber irrelevant. Der Leistungsbezug ist auch dann entgolten, wenn bei der Bestimmung des Entgelts Umstände, die außerhalb der Sphäre der Leistung liegen, Einfluss hatten.

Hinzu kommt, dass die MwSt auf die Besteuerung des Endverbrauchers nach seiner Leistungsfähigkeit ausgedrückt durch seinen Verbrauchsaufwand abzielt.[465] Für die Erreichung dieses Ziels darf die Steuerbarkeit eines Umsatzes aber nicht davon abhängen, ob bei der Festlegung des Entgelts Umstände eine Rolle gespielt haben, die außerhalb der Sphäre der Leistung liegen.

Die Auffassung des EuGH, nach der die Vergütung den tatsächlichen Gegenwert der Leistung bilden muss, ist also abzulehnen.

Wenn man ihr aber doch in der Form des vorgeschlagenen Verständnisses folgen wollte, wäre zu sehen, dass sich nicht sagen lässt, dass die Höhe der Gewinnausschüttungen und -entnahmen aus Gründen, die außerhalb der Sphäre der Eigenkapitalüberlassung liegen, von dem Entgelt abweicht, das der Gesellschafter und die Gesellschaft vereinbarten hätten, wenn sie diese Gründe nicht bei der Entgeltfindung berücksichtigt hätten. Als solche Gründe kommen einerseits die wirtschaftliche Lage der Gesellschaft und andererseits das Ausschüttungsbedürfnis der Gesellschafter in Betracht. Da bei der Eigenkapitalüberlassung eine Preisfindung ohne Berücksichtigung der wirtschaftlichen Lage der Gesellschaft aufgrund der Natur der Eigenkapitalüberlassung undenkbar ist, ist die wirtschaftliche Lage der Gesellschaft aber kein Grund, der außerhalb der Sphäre der

---

463 Siehe dazu B.II.1.a).

464 EuGH, Urt. v. 14.11.2000 – C-142/99 (Floridienne, Berginvest), Slg. 2000, I-9567, Rn. 22; Urt. v. 27.9.2001 – C-16/00 (Cibo Participations), Slg. 2001, I-6663, Rn. 42.

465 Siehe dazu C.III.1.a)bb)(1).

Eigenkapitalüberlassung liegt. Und das Ausschüttungsbedürfnis der Gesellschafter wirkt sich lediglich darauf aus, wie das Entgelt auf die Zahlperioden verteilt wird.

Die Auffassung, nach der die Vergütung den tatsächlichen Gegenwert der Leistung bilden muss, steht also der Annahme, die Gewinnausschüttungen und -entnahmen seien das Entgelt für die Eigenkapitalüberlassung, nicht entgegen.

(5) Zwischenergebnis

Sowohl die Finalität der Leistung als auch die Finalität des Entgelts können keine Voraussetzungen eines Umsatzes sein. Die Kausalität der Leistung für das Entgelt in dem Sinne, dass der Leistungsempfänger das Entgelt für vergangenen, gegenwärtigen oder zukünftigen Leistungsbezug zahlt, ist aber zu fordern. Über diese Anforderung kann der vom EuGH geforderte unmittelbare Zusammenhang von Leistung und Entgelt nicht hinausgehen. Die ausgeschütteten oder entnommenen Gewinne werden für die Eigenkapitalüberlassung gezahlt. Die Voraussetzungen an das Verhältnis des Entgelts zur Leistung sind also bei der Eigenkapitalüberlassung gegen Gewinnausschüttungen oder -entnahmen eingehalten.

b) Abwälzbarkeit der USt auf den Leistungsempfänger

Nach einer Auffassung ist eine umsatzsteuerliche Leistung dann nicht als entgeltlich anzusehen, wenn die Modalitäten der Zahlung des potenziellen Entgelts eine Abwälzung potenzieller USt vom Leistenden auf den Leistungsempfänger abstrakt ausschließen.[466] Dahinter steht der Gedanke, dass die USt eine indirekte Verbrauchsteuer ist, die zwar beim Unternehmer erhoben wird, aber vom Endverbraucher getragen werden soll. In das Belieben des Leistungsempfängers gestellte Zahlungen, Gewinnanteile und gewinnabhängige Vergütungen sollen daher kein Entgelt sein können. Es ist fraglich, ob diese Auffassung der Annahme entgegensteht, dass die Gewinnausschüttungen und -entnahmen das Entgelt für die Eigenkapitalüberlassung sind.

---

466 Siehe dazu Englisch in Tipke/Lang, Steuerrecht, § 17 Rn. 123. Nach Birkenfeld in Birkenfeld/Wäger, USt-Handbuch, § 5 Rn. 138.1 ist die Steuerbarkeit eines Umsatzes völlig unabhängig davon, ob es dem Unternehmer gelingt, die USt abzuwälzen. M.E. gibt es die Fälle, in denen es dem Unternehmer nicht gelingt, die USt auf den Leistungsempfänger abzuwälzen, nicht. In Betracht kommt nur, dass es einem Unternehmer nicht gelingt, einen kostendeckenden Preis für seine Leistung zu verlangen. Nach diesem nicht kostendeckenden Preis richtet sich dann die geschuldete USt, die auf den Leistungsempfänger abgewälzt wird. In diesen Fällen gelingt es dem Unternehmer dann zwar teilweise nicht, die Vorsteuer auf den Leistungsempfänger abzuwälzen. Dies kann aber der Steuerbarkeit des Ausgangsumsatzes nicht entgegenstehen. Andernfalls wären alle Leistungen defizitär wirtschaftender Unternehmer nicht steuerbar.

M.E. ist zu sehen, dass die Abwälzung der USt in den genannten Fällen durchaus gelingt. Die fraglichen Zahlungen sind entweder Brutto- oder Nettozahlungen. Ob es sich im Einzelfall um eine Brutto- oder Nettozahlung handelt, richtet sich nach der Verabredung der Parteien. Wurde eine Bruttozahlung vereinbart, findet die Abwälzung der USt auf den Leistungsempfänger statt, da die Zahlung einen Betrag in Höhe der vom Leistenden für den fraglichen Umsatz geschuldeten USt enthält. Aber auch dann, wenn eine Nettozahlung verabredet wurde, kommt es zur Abwälzung der USt. Der Leistende hat dann nämlich neben der in das Belieben des Leistungsempfängers gestellten Zahlung etc. gegen den Leistungsempfänger noch einen Anspruch auf Zahlung eines Betrags in Höhe der vom Leistenden geschuldeten USt. Dies ergibt sich daraus, dass die Zahlung als Nettozahlung verabredet wurde.

Die Überlegung, die Umsatzsteuerbelastung müsse vom Leistenden auf den Leistungsempfänger abwälzbar sein, steht also der Annahme, die Gewinnausschüttungen und -entnahmen seien Entgelt für die Eigenkapitalüberlassung, nicht entgegen.

c) Entgelt ist oder führt zu privatem Konsumaufwand

Nach einer Auffassung kommen Gewinnanteile und gewinnabhängige Vergütungen nicht als Entgelt in Betracht, weil sie nicht Konsumaufwand und auch nicht Kostenbestandteile von Leistungen sein sollen, die privaten Endverbrauch nach sich ziehen.[467] Es ist fraglich, ob diese Auffassung der Annahme entgegensteht, dass die Gewinnausschüttungen und -entnahmen Entgelt für die Eigenkapitalüberlassung sind.

Diese Auffassung geht einher mit der Ansicht, nach der eine Leistung nur dann umsatzsteuerlich relevant ist, wenn sie in privaten Endverbrauch mündet oder Eingang findet in Leistungen, die ihrerseits privaten Endverbrauch nach sich ziehen.[468] Wenn eine Leistung zu privatem Endverbrauch führt, dann stellt die Vergütung für die Leistung nämlich privaten Konsumaufwand dar. Und wenn die Leistung als Vorleistung Eingang findet in eine Leistung, die privaten Endverbrauch nach sich zieht, stellt die Vergütung für die Vorleistung einen Kostenbestandteil der Leistung, die privaten Endverbrauch nach sich zieht, dar.

M.E. müssen daher, wenn fraglich ist, ob eine Vergütung Konsumaufwand oder Kostenbestandteil einer Leistung ist, die privaten Endverbrauch nach sich zieht, die zugrunde liegenden Leistungen untersucht werden. Es muss gefragt werden, ob sie direkt oder indirekt zu privatem Endverbrauch führen. Es ist daher unmöglich, pauschal zu behaupten, Gewinnanteile und gewinnabhängige Vergütungen seien nicht Konsumaufwand oder Kostenbestandteil von Leistungen, die in privatem Endverbrauch münden. Der Blick auf die zugrunde liegenden Leistungen

467 Englisch in Tipke/Lang, Steuerrecht, § 17 Rn. 123.
468 Englisch in Tipke/Lang, Steuerrecht, § 17 Rn. 87 f.

ist unerlässlich. Allein eine Absprache, nach der sich die Vergütung für eine Leistung danach richtet, welchen Gewinn der Empfänger der Leistung erwirtschaftet, kann also nicht dazu führen, dass einer Vergütung der Entgeltcharakter abzusprechen ist.

Wie bereits dargelegt führt die Eigenkapitalüberlassung zwar nicht direkt zu privatem Endverbrauch.[469] Sie findet aber als Vorleistung Eingang in Leistungen, die privaten Endverbrauch nach sich ziehen. Folglich handelt es sich bei den Gewinnausschüttungen und -entnahmen um Kostenbestandteile von Leistungen, die zu privatem Endverbrauch führen.

Dass die Gewinnausschüttungen und -entnahmen Kostenbestandteile von Leistungen sind, die privaten Endverbrauch nach sich ziehen, zeigt sich auch daran, dass ein Unternehmer ein Produkt regelmäßig dann nicht entwickelt und auf den Markt bringt, wenn die aus seinem Verkauf zu erwartenden Einnahmen die Entwicklungs- und Herstellungskosten nicht decken, insbesondere dann, wenn sie eine angemessene Verzinsung des eingesetzten Eigenkapitals nicht ermöglichen. Soll Fremdkapital eingesetzt werden, wird entsprechend mit den für die Fremdkapitalüberlassung zu zahlenden Zinsen kalkuliert. Gewinnausschüttungen und Zinszahlungen stellen unterschiedslos Kostenbestandteile der Leistungen dar, die privaten Endverbrauch nach sich ziehen.

Die Überlegung, nach der Entgelt nur sein kann, was Konsumaufwand darstellt oder Kostenbestandteil solcher Leistungen ist, die privaten Endverbrauch nach sich ziehen, steht also der Einordnung der Gewinnausschüttungen und -entnahmen als Entgelt für die Eigenkapitalüberlassung nicht entgegen.

d) Bestimmtheit des Entgelts

Der BFH steht auf dem Standpunkt, bei Personengesellschaften liege zwischen dem Gesellschafter und der Gesellschaft nur dann ein Leistungsaustausch vor, wenn der Gesellschafter seiner Gesellschaft eine Leistung gegen Sonderentgelt erbringt.[470] In den dieser Rspr. vorausgehenden Urteilen äußerte der BFH regelmäßig, für einen steuerbaren Umsatz müsse ein konkretes Entgelt vorliegen. Im Jahr 1963 führte er im Urteil V 294/60 bspw. aus, die Beitragsleistung des Gesellschafters diene der Erreichung des gemeinsamen Gesellschaftszwecks.[471] Ihr stehe deshalb keine konkrete Gegenleistung seitens der Gesellschaft entgegen. Die Beteiligung am Gewinn könne nicht als hinreichend bestimmtes Entgelt angesehen werden. Im Jahr 1968 äußerte er im Urteil V 43/65, die Leistungen der Mitglieder einer Arbeitsgemeinschaft an diese, die sie ihr zwar kostenlos zur Verfügung stellten, die aber vor der gleichmäßigen Verteilung des Gewinns doch besonders berechnet wurden, seien steuerbar, da für die Leistungen ein konkretes Sonderentgelt zugeteilt

---

469 Siehe dazu C.II.1.a)bb)(3)(vii).

470 Siehe dazu B.I.1.a).

471 BFH, Urt. v. 24.10.1963 – V 294/60, HFR 1964, 181, BB 1964, 297.

werde.[472] Und im Jahr 1969 bestätigte er im Urteil V R 54/66 die Auffassung der Vorinstanz, nach der es bei Leistungen gegen eine Beteiligung am Gewinn an der konkreten Gegenleistung fehle.[473]

In den Jahren 2000 und 2001 stellte der EuGH in den Urteilen Floridienne, Berginvest und Cibo Participations der Argumentation, der bloße Erwerb und das bloße Halten von Gesellschaftsbeteiligungen seien keine wirtschaftlichen Tätigkeiten, da der bloße Erwerb von Gesellschaftsbeteiligungen keine Nutzung eines Gegenstands zur nachhaltigen Erzielung von Einnahmen darstelle, die Überlegung zur Seite, die Dividenden seien mit einer gewissen Unsicherheit behaftet.[474] Die Ausschüttung von Dividenden setze im Regelfall ausschüttungsfähige Gewinne voraus und sei somit von der Ertragsbilanz der Gesellschaft abhängig.

Nur am Rande sei darauf hingewiesen, dass die Sicht des BFH im Urteil V 294/60, nach der die Beitragsleistung des Gesellschafters der Erreichung des gemeinsamen Gesellschaftszwecks diene und ihr deshalb keine konkrete Gegenleistung seitens der Gesellschaft entgegenstehe, abzulehnen ist, da sie dazu führte, dass auch Gesellschafterleistungen, die nicht gegen eine Beteiligung am Gewinn, sondern gegen ein Sonderentgelt erbracht werden, ihre Rechtsgrundlage aber im Gesellschaftsvertrag haben, nicht für steuerbar gehalten werden dürften. Schließlich dienen auch diese Leistungen der Erreichung des gemeinsamen Gesellschaftszwecks. Auch ist nicht nachvollziehbar, warum einer Gesellschafterleistung nur, weil sie das Ziel hat, dem gemeinsamen Gesellschaftszweck zu dienen, kein konkretes oder hinreichend bestimmtes Entgelt gegenüberstehen können soll.

Es ist richtig, dass zum Zeitpunkt der Verpflichtung des Gesellschafters bspw. zur Erbringung einer Bareinlage noch nicht klar ist, wie hoch die zukünftigen Gewinnausschüttungen oder -entnahmen sein werden oder ob es überhaupt zu diesen kommen wird, es zu diesem Zeitpunkt also an ihrer Konkretheit, Bestimmtheit und Sicherheit fehlt. Das ist aber irrelevant. Die USt zielt nämlich darauf ab, die Leistungsfähigkeit des Endverbrauchers ausgedrückt durch seinen Leistungsaufwand zu besteuern.[475] Dieses Ziel wäre aber gefährdet, wenn man immer dann, wenn die Höhe des potenziellen Entgelts zum Zeitpunkt des Abschlusses des Verpflichtungsgeschäfts nicht feststeht, das Vorliegen eines Entgelts ablehnte. Mit der Feststellung des Umfangs der an den einzelnen Gesellschafter auszuzahlenden Gewinnausschüttung oder mit der Anforderung der Gewinnentnahme durch den einzelnen Gesellschafter ist das Entgelt erfassbar und bemessbar, sodass mit diesem Moment dann auch ein Umsatz vorliegt.[476]

---

472 BFH, Urt. v. 21.3.1968 – V 43/65, BStBl. II 1968, 449, BFHE 92, 120, Rn. 9.

473 BFH, Urt. v. 23.10.1969 – V R 54/66, BStBl. II 1970, 233, BFHE 97, 569, Rn. 4, 7.

474 EuGH, Urt. v. 14.11.2000 – C-142/99 (Floridienne, Berginvest), Slg. 2000, I-9567, Rn. 22; Urt. v. 27.9.2001 – C-16/00 (Cibo Participations), Slg. 2001, I-6663, Rn. 42.

475 Siehe dazu C.III.1.a)bb)(1).

476 Siehe dazu Lipps, BB 1969, 625 f.

Damit steht der Einordnung der Gewinnausschüttungen und -entnahmen als Entgelt für die Eigenkapitalüberlassung ihre Unkonkretheit, Unbestimmtheit und Unsicherheit zum Zeitpunkt der Verpflichtung des Gesellschafters bspw. zur Erbringung einer Bareinlage nicht entgegen.[477]

e) Keine unzulässige Doppelbesteuerung

Gegen die Einordnung der Gewinnausschüttungen und -entnahmen als Entgelt für die Eigenkapitalüberlassung spricht auch nicht, dass auf die Gesellschaftsgewinne auch ertragsteuerlich zugegriffen wird, und zwar bei den Personengesellschaften bei ihrer Entstehung zulasten der Gesellschafter und bei den Kapitalgesellschaften erstens bei ihrer Entstehung zulasten der Gesellschaft und zweitens bei ihrer Ausschüttung zulasten der Gesellschafter.

Es kommt nämlich nicht zu einer unzulässigen Doppelbesteuerung. Während das Ertragsteuerrecht den den Gesellschaftern zugerechneten Vermögenszuwachs oder den Vermögenszuwachs der Gesellschaft besteuert, besteuert die USt den Aufwand der Gesellschaft für den Eigenkapitalbezug. Zwar ist die Gesellschaft nicht die Schuldnerin der USt. Sie wird aber auf die Gesellschaft übergewälzt, sodass sie letztendlich von dieser getragen wird. Weiterhin ist zu sehen, dass eine unzulässige Doppelbesteuerung auf der Ebene der Steuerfreiheit und nicht auf der Ebene der Steuerbarkeit zu lösen wären.

2. Gewinnausschüttungen und -entnahmen gleichgestellte Zahlungen und Positionen

a) (Restlicher) handelsrechtliche Gewinn

Es kommt in Betracht, dass nicht nur die ausgeschütteten oder entnommenen Gewinne Entgelt für die Eigenkapitalüberlassung der Gesellschafter an ihre Gesellschaft sind, sondern darüber hinaus auch der (restliche) handelsrechtliche Gewinn der Gesellschaft.

---

477 Übrigens lehnte der BFH in anderen Fällen, in denen der Leistung eine Gewinnbeteiligung gegenüberstand, nicht das Vorliegen eines Entgelts mit der Argumentation, die Gewinnbeteiligung sei unkonkret oder unbestimmt, ab. So etwa im Urteil V R 110/81, V R 111/81 vom 27.5.1982, in dem es um eine Innengesellschaft ging, bei der der Unterbeteiligte für Vermittlungsleistungen eine Gewinnbeteiligung an den vermittelten Geschäften erhielt (BStBl. II 1982, 678, BFHE 136, 315, Rn. 19). Im Urteil V R 132/67 vom 20.11.1970 hielt er die Verpachtung von Anlagevermögen, bei der die Pacht vom Umsatz des Pächters abhing, für steuerbar und führte aus, gleiches gelte, wenn sich die Pacht nach seinem Gewinn richtete (BFHE 100, 426, Rn. 23).

Die Beantwortung dieser Frage bedarf der Unterscheidung: Entsteht bei der Nichtausschüttung oder Nichtentnahme des (restlichen) handelsrechtlichen Gewinns eine Eigenkapital- oder aber eine Fremdkapitalposition?

Ob es zu einer Eigenkapital- oder aber zu einer Fremdkapitalposition kommt, ergibt sich bei den Personengesellschaften aus den gesetzlichen Regelungen und dem Gesellschaftsvertrag.[478] Die Bezeichnung der Konten, auf denen die nichtausgeschütteten oder nichtentnommenen Beträge verbucht werden, ist irrelevant. Wenn zeitliche Entnahmebeschränkungen bestehen, hindert dies nicht das Vorliegen einer Fremdkapitalposition. Unerheblich ist, ob das Konto verzinst wird oder nicht. Entscheidend ist allein, ob Verluste gegen den Kontobestand verrechnet werden können, oder ob der Kontobestand einen verlustunabhängigen Auszahlungsanspruch des Gesellschafters widerspiegelt. Im ersten Fall liegt eine Eigenkapital-, im zweiten eine Fremdkapitalposition vor.

Bei den GbRs wird der auf den einzelnen Gesellschafter entfallende Gewinnanteil nicht seinem Kapitalanteil zugeschrieben.[479] Stattdessen erlangt der Gesellschafter einen Anspruch auf Auszahlung des Gewinns. Diese Forderung wird auf seinem Privatkonto verbucht. Sie wird durch spätere Verluste nicht geschmälert. Damit handelt es sich bei dieser Position um eine Fremdkapitalposition.

Bei den OHGs und den KGs wird der einem persönlich haftenden Gesellschafter zukommende Gewinnanteil zunächst seinem Kapitalanteil zugeschrieben (§ 120 Abs. 2 HS. 1 HGB, bzgl. KG i.V.m. § 161 Abs. 2 HGB). Der Gesellschafter erlangt dann einen Anspruch auf Auszahlung seines Gewinnanteils, wenn und soweit er sein Entnahmerecht aus seinem Gewinnanteil geltend macht.[480] Der sich daraus ergebende Zahlungsanspruch wird auf seinem Privatkonto verbucht. Er nimmt an späteren Verlusten nicht teil.[481] Damit handelt es sich um eine Fremdkapitalposition. Wenn der Gesellschafter das Entnahmerecht nicht oder nur teilweise ausübt, gilt Folgendes: Im gesetzlichen System der variablen Kapitalkonten führt der dem Kapitalanteil des jeweiligen Gesellschafters zugeschriebene Gewinnanteil zu einer Eigenkapitalposition, denn er nimmt an zukünftigen Verlusten teil (§ 120 Abs. 2 HS. 2 HGB, bzgl. KG i.V.m. § 161 Abs. 2 HGB). Im Gesellschaftsvertrag können aber auch feste Kapitalkonten vereinbart werden. Dann kommt es zu einer Verbuchung des Gewinnanteils auf dem sog. Kapitalkonto II, während auf dem Kapitalkonto I das Festkapital erfasst wird. Dem Gesellschaftsvertrag muss entnommen werden, ob die auf dem Kapitalkonto II verbuchten Gewinnanteile an zukünftigen Verlusten teilnehmen sollen oder nicht. Wenn ja, handelt es sich um Eigenkapital-, wenn nein um Fremdkapitalpositionen.[482] In Betracht kommt aber auch, dass der Gewinnanteil auf dem Privatkonto verbucht wird. Dann dürfte regelmäßig

478 Siehe Priester in MüKo HGB, § 120 Rn. 29 zur gesamten Fragestellung.
479 Siehe Schöne in Beck'scher OK BGB, § 721 Rn. 6 zur gesamten Fragestellung.
480 Priester in MüKo HGB, § 122 Rn. 8.
481 Siehe dazu Roth in Baumbach/Hopt, HGB, § 169 Rn. 6.
482 Siehe dazu Priester in MüKo HGB, § 120 Rn. 105.

vereinbart sein, dass der Gewinnanteil nicht durch zukünftige Verluste geschmälert wird, sodass es sich um eine Fremdkapitalposition handelt.

Der Kapitalanteil des Kommanditisten nimmt an zukünftigen Verlusten teil (§ 120 Abs. 2 HS. 2 HGB i.V.m. § 161 Abs. 2 HGB).[483] Daher handelt es sich bei den dem Kapitalanteil des Kommanditisten zugeschriebenen Gewinnanteilen um Eigenkapitalpositionen. Der einem Kommanditisten zukommende Gewinn wird seinem Kapitalanteil aber nur so lange zugeschrieben, als dieser den Betrag der bedungenen Einlage nicht erreicht (§ 167 Abs. 2 HGB). Darüber hinaus wird der Gewinn auf dem Privatkonto des Kommanditisten verbucht.[484] Die auf dem Privatkonto verbuchten Gewinnanteile nehmen an zukünftigen Verlusten nicht teil (§ 169 Abs. 2 HGB).[485] Folglich handelt es sich bei ihnen um Fremdkapitalpositionen.

Bei den Personengesellschaften ist die Bildung von Rücklagen nicht gesetzlich vorgesehen.[486] Dies liegt daran, dass die Gewinnanteile der Gesellschafter bei den OHGs und den KGs ihren Kapitalkonten automatisch zugeschrieben werden und bei den GbRs der Grundsatz der Vollauszahlung des Gewinns gilt. Die Bildung von Rücklagen ist aber zulässig. Rücklagen nehmen an zukünftigen Verlusten teil. Damit handelt es sich bei ihnen um Eigenkapitalpositionen.[487]

Auch bei den GmbHs und den AGs kommt es vor, dass nur ein Teil des Jahresüberschusses ausgeschüttet wird. Der (restliche) handelsrechtliche Gewinn wird dann in Gewinnrücklagen eingestellt oder in das nächste Geschäftsjahr vorgetragen. Sowohl die Gewinnrücklagen als auch der Gewinnvortrag nehmen an zukünftigen Verlusten teil. Es handelt sich damit um Eigenkapitalpositionen.

Wenn und soweit bei der Nichtausschüttung oder Nichtentnahme des auf einen Gesellschafter entfallenden (restlichen) handelsrechtlichen Gewinns eine Fremdkapitalposition des Gesellschafters entsteht, entspricht dies bei der maßgeblichen wirtschaftlichen Betrachtung[488] der Situation, in der der Gewinn ausgezahlt wird und dann der Gesellschaft wiederum als Fremdkapital überlassen wird. Bei wirtschaftlicher Betrachtung identische Vorgänge müssen gleich behandelt werden.[489] Wenn die Nichtausschüttung oder Nichtentnahme des auf einen Gesellschafter entfallenden (restlichen) handelsrechtlichen Gewinns zur Entstehung einer

483 § 167 Abs. 3 HGB steht negativen Kapitalanteilen nicht entgegen. Er regelt nur, dass der Kommanditist bei der Auflösung seiner Gesellschaft oder bei dem Ausscheiden aus seiner Gesellschaft einen negativen Kapitalanteil nicht ausgleichen muss. Siehe dazu Roth in Baumbach/Hopt, HGB, § 167 Rn. 5.

484 Siehe dazu Roth in Baumbach/Hopt, HGB, § 167 Rn. 3.

485 Bezogener Gewinn im Sinne dieser Vorschrift meint ausgezahlte oder zur freien Verfügung auf dem Privatkonto gutgeschriebene Gewinne. Siehe dazu Roth in Baumbach/Hopt, HGB, § 169 Rn. 6.

486 Siehe dazu Priester in MüKo HGB, § 120 Rn. 38 f.

487 Siehe dazu Priester in MüKo HGB, § 120 Rn. 29.

488 Siehe dazu Fn. 116.

489 Siehe dazu Fn. 116.

Fremdkapitalposition führt, ist daher in Höhe der entstandenen Fremdkapitalposition von einem Entgelt für die Eigenkapitalüberlassung auszugehen. Wenn es zur Auflösung der Fremdkapitalposition kommt, ist die sich dabei ergebende Zahlung vergleichbar der Rückzahlung eines Darlehens als umsatzsteuerlich irrelevante Abwicklungszahlung einzuordnen.

Wenn und soweit bei der Nichtausschüttung oder Nichtentnahme des auf einen Gesellschafter entfallenden (restlichen) handelsrechtlichen Gewinns eine Eigenkapitalposition des Gesellschafters entsteht, könnte bei der maßgeblichen wirtschaftlichen Betrachtung[490] in dem Vorgang der Nichtausschüttung oder Nichtentnahme des (restlichen) handelsrechtlichen Gewinns eine Zusammenfassung von Gewinnausschüttung oder -entnahme und Überlassung des ausgeschütteten oder entnommenen Gewinns als Eigenkapital durch den Gesellschafter an seine Gesellschaft zu sehen sein. In Höhe der entstehenden Eigenkapitalposition wäre dann ein Entgelt für die Eigenkapitalüberlassung zu sehen.

Dafür könnte sprechen, dass bei den OHGs und den KGs die vollständige oder teilweise Nichtentnahme des Gewinnanteils des Vorjahrs durch einen Gesellschafter im laufenden Jahr eventuell dazu führt, dass sich der Gewinnverteilungsschlüssel zu seinen Gunsten verschiebt[491]. Das könnte nämlich als Hinweis darauf gewertet werden, dass dieser Gesellschafter seiner Gesellschaft im laufenden Jahr aufgrund der vollständigen oder teilweisen Nichtentnahme des Gewinnanteils des Vorjahrs mehr Eigenkapital überlässt.

Dagegen spricht aber zwingend, dass sich die Wahl des Gewinnermittlungszeitraums oder die bloß von der Entwicklung der wirtschaftlichen Lage der Gesellschaft im Zeitablauf abhängige Verteilung der Gewinne und Verluste auf die einzelnen Gewinnermittlungszeiträume andernfalls auf die Höhe des Entgelts für die Eigenkapitalüberlassung auswirkte. Entsteht bspw. in der zweiten Hälfte des Gewinnermittlungszeitraums x ein Gewinn, der dem Kapitalanteil zugeschrieben wird, und ergibt sich in der ersten Hälfte des folgenden Gewinnermittlungszeitraums x+1 ein entsprechend hoher Verlust, während die erste Hälfte des Gewinnermittlungszeitraums x und die zweite Hälfte des Gewinnermittlungszeitraums x+1 ausgeglichene Zeiträume sind, müsste man von einem Entgelt in Höhe des Gewinns des Gewinnermittlungszeitraums x ausgehen. Ginge man nun aber von einem um eine halbe Einheit nach hinten verschobenen Gewinnermittlungszeitraum aus, wäre kein Entgelt für die Eigenkapitalüberlassung gegeben. Diese Abhängigkeit des Entgelts alleine von der Wahl des Gewinnermittlungszeitraums oder der Verteilung der Gewinne und Verluste auf die einzelnen Gewinnermittlungszeiträume darf nicht sein. Wenn die Nichtausschüttung oder Nichtentnahme

490 Siehe dazu Fn. 116.

491 Wenn der Gesellschaftsvertrag die Gewinnverteilung nach Köpfen vorsieht oder alle Gesellschafter zu gleichen Kapitalanteilen beteiligt sind und ihre Gewinnanteile gleichmäßig entnehmen, kommt es nicht zu einer Verschiebung des Gewinnverteilungsschlüssels.

des auf einen Gesellschafter entfallenden (restlichen) handelsrechtlichen Gewinns zum Entstehen einer Eigenkapitalposition führt, dann ist also nicht von einem Entgelt für die Eigenkapitalüberlassung in Höhe der entstehenden Eigenkapitalposition und einer Erweiterung der Eigenkapitalüberlassung an die Gesellschaft um diesen Betrag auszugehen.

Wenn sich also ein Gesellschafter einer GbR seinen Gewinnanteil nicht auszahlen lässt oder ein Gesellschafter einer OHG oder KG das Entnahmerecht aus dem Gewinnanteil zwar geltend macht, sich den angeforderten Gewinnanteil aber nicht auszahlen lässt, ist von einem Entgelt für die Eigenkapitalüberlassung in Höhe der entstehenden Fremdkapitalposition auszugehen. Gleiches gilt, wenn sich ein Kommanditist seinen Gewinnanteil, den er sich eigentlich auszahlen lassen könnte, nicht auszahlen lässt. Bei Gewinnanteilen, die dem Kapitalanteil eines Gesellschafters einer OHG oder KG zugeschrieben werden, ist hingegen nicht von einem Entgelt für die Eigenkapitalüberlassung auszugehen. Dies gilt auch für die Gewinnanteile des Kommanditisten, soweit sie seinem Kapitalanteil zugeschrieben werden. Nichtausgeschüttete Gewinnanteile führen bei der GmbH und der AG ebenfalls nicht zu einem Entgelt für die Eigenkapitalüberlassung.

b) Auflösungsgewinn

Des Weiteren kommt der Auflösungsgewinn als Entgelt für die Eigenkapitalüberlassung in Betracht. Der Auflösungsgewinn ist der Überschuss des dem einzelnen Gesellschafter zustehenden Auflösungserlöses über den Wert, den die Gesellschafter ursprünglich der Einlage zugemessenen haben, die er oder ein anderer Inhaber seines Gesellschaftsanteils auf diesen erbracht hat. Zum Auflösungserlös gehört dabei auch die an den Gesellschafter zurückerstattete Einlage, angesetzt mit ihrem Wert zum Zeitpunkt der Gesellschaftsauflösung.

Gegen die Einordnung des Auflösungsgewinns als Entgelt könnte sprechen, dass sich bei der Vermietung einer Sache während der Mietzeit ergebende Werterhöhungen der Mietsache nicht zum Entgelt für die Vermietung der Sache zählen. Es ist aber zu sehen, dass dann, wenn sich ein Auflösungsgewinn ergibt, das überlassene Eigenkapital keine Werterhöhung erfahren hat. Vielmehr ist es so, dass die Gesellschaft in diesen Situationen das ihr überlassene Eigenkapital vermehrt hat. Nach den der Eigenkapitalüberlassung zugrunde liegenden Regelungen des Gesellschaftsvertrags steht diese Mehrung den Gesellschaftern zu. Die Situation ist also eine völlig andere als bei der Vermietung einer Sache.

Dass der Auflösungsgewinn als Entgelt für die Eigenkapitalüberlassung einzuordnen sein muss, ergibt sich auch daraus, dass es die Gesellschafter andernfalls in der Hand hätten, durch eine Umwandlung der Gewinnausschüttungen oder -entnahmen in einen Auflösungsgewinn durch einen Gewinnausschüttungsstopp bis zur Auflösung ihrer Gesellschaft die Eigenkapitalüberlassung aus der Steuerbarkeit herauszuhalten. Die Gesellschaften zahlen den Auflösungsgewinn wie die Gewinnausschüttungen und -entnahmen auch für die Eigenkapitalüberlassung.

Während also auch der Auflösungsgewinn Entgelt für die Eigenkapitalüberlassung ist, ist der Auflösungserlös in Höhe des Werts, den die Gesellschafter ursprünglich der Einlage zugemessenen haben, die auf den jeweiligen Gesellschaftsanteil erbracht wurde, hingegen kein Entgelt für die Eigenkapitalüberlassung. Es handelt sich insoweit um eine der Rückzahlung eines Darlehens vergleichbare umsatzsteuerlich irrelevante Abwicklungszahlung.

c) Veräußerungsgewinn

Im Übrigen kommt in Betracht, dass der Gewinn, den ein Gesellschafter bei der Veräußerung eines Gesellschaftsanteils erzielt, also der Überschuss des Verkaufspreises über den Kaufpreis oder, wenn er den Gesellschaftsanteil seit der Gründung der Gesellschaft hält, über den ursprünglichen Wert der auf ihn geleisteten Einlage, ebenfalls Entgelt für seine Eigenkapitalüberlassung ist.

Dafür könnte sprechen, dass die Veräußerung eines Gesellschaftsanteils für den veräußernden Gesellschafter in gewisser Weise eine Antizipation der Auflösungssituation darstellt. Entsprechend dürfte man für die Berechnung des Veräußerungsgewinns auch nicht auf die Differenz von Kauf- und Verkaufspreis des Gesellschaftsanteils abstellen. Stattdessen müsste man die Differenz des Werts, den die Gesellschafter ursprünglich der Einlage, die auf den verkauften Gesellschaftsanteil geleistet wurde, zugemessen haben, und des Verkaufspreises ermitteln.

Dagegen spricht aber, dass so die umsatzsteuerliche Belastung der Eigenkapitalüberlassung davon abhinge, wie oft die Gesellschaftsanteile während der Dauer des Bestehens der Gesellschaft übertragen werden. Das aber hat nichts mit dem Aufwand der Gesellschaft für das ihr überlassene Eigenkapital zu tun.

Der Veräußerungsgewinn ist damit kein Entgelt für die Eigenkapitalüberlassung.

d) Entnahmen aus dem Kapitalanteil

Die Beträge, die ein Gesellschafter aus dem Kapitalanteil entnimmt, kommen ebenfalls als Entgelt für die Eigenkapitalüberlassung in Betracht. Die Kapitalentnahmen könnten aber auch zu einer Reduzierung des Umfangs der Eigenkapitalüberlassung führen, mit der Folge, dass sie vergleichbar der Rückzahlung eines Darlehens als umsatzsteuerlich irrelevante Abwicklungszahlungen einzuordnen wären.

Zunächst aber zum gesellschaftsrechtlichen Hintergrund der Entnahmen aus dem Kapitalanteil: Bei den OHGs und KGs sind die persönlich haftenden Gesellschafter grds. nach § 122 Abs. 1 HGB (bzgl. KGs i.V.m. § 161 Abs. 2 HGB) dazu berechtigt, aus der Gesellschaftskasse Geld bis zum Betrag von vier vom Hundert ihres für das letzte Geschäftsjahr festgestellten Kapitalanteils zu ihren Lasten zu erheben.[492] Dieses Entnahmerecht erlangt dann Bedeutung, wenn die Gesellschaft

492 Aus § 169 Abs. 1 S. 1 HGB ergibt sich, dass die Kommanditisten kein Entnahmerecht haben.

im letzten Geschäftsjahr keinen Gewinn erwirtschaftet hat, denn auch in diesen Fällen steht es den persönlich haftenden Gesellschaftern zu. Für die Gesellschafter der GbR sieht das Gesetz kein Recht zur Entnahme aus dem Kapitalanteil vor. Die GbR-Gesellschafter können es aber vereinbaren, denn aufgrund ihrer persönlichen Haftung würden die Interessen der Gesellschaftsgläubiger dadurch nicht gefährdet.[493] Die Gesellschafter einer GmbH können ebenfalls ein Entnahmerecht vereinbaren.[494] Entnahmen stehen hier aber immer unter dem Vorbehalt, dass das zur Erhaltung des Stammkapitals erforderliche Vermögen der Gesellschaft nicht an die Gesellschafter ausgezahlt werden darf (siehe dazu § 30 Abs. 1 S. 1 GmbHG). Bei der AG hingegen schließt § 57 Abs. 3 AktG, nach dem vor der Auflösung der Gesellschaft unter die Aktionäre nur der Bilanzgewinn verteilt werden darf, die Vereinbarung eines Entnahmerechts der Aktionäre aus.[495]

Ob sich die entnommenen Beträge aus dem überlassenen Eigenkapital oder aus früheren Gewinnanteilen speisen, ist für die Beantwortung der vorliegenden Frage irrelevant.[496] Wenn ein Darlehensnehmer Zahlungen an seinen Darlehensgeber vornimmt, spielt die Mittelherkunft schließlich auch keine Rolle dafür, ob es sich bei den Zahlungen um eine Zinszahlung oder um die teilweise Rückzahlung des überlassenen Kapitals handelt. Entscheidend ist allein die Verabredung der Parteien. Daher ist für die Lösung des vorliegenden Problems zu fragen, ob der entnommene Betrag nach den der Eigenkapitalüberlassung zugrunde liegenden Regelungen Entgelt für die Eigenkapitalüberlassung oder teilweise Rückzahlung des überlassenen Eigenkapitals sein soll.

Bei den Personengesellschaften hat das Recht der persönlich haftenden Gesellschafter zu Entnahmen aus dem Kapitalanteil Alimentierungsfunktion.[497] Es dient also dazu, die Zahlungsflüsse an die Gesellschafter zu verstetigen. Auch in den Jahren, in denen ihre Gesellschaft keinen Gewinn erwirtschaftet, sollen ihnen Zahlungen zufließen. Das ist auch bei der GmbH das Motiv für die Vereinbarung eines Entnahmerechts. Vor diesem Hintergrund sind die Beträge, die aus dem Kapitalanteil entnommen werden, als Entgelt für die Eigenkapitalüberlassung einzuordnen. Schließlich zahlen die Gesellschaften die entnommenen Beträge wie die Gewinnausschüttungen und -entnahmen auch für die Eigenkapitalüberlassung.

---

493 Schäfer in MüKo BGB, § 721 Rn. 15.

494 Fastrich in Baumbach/Hueck, GmbHG, § 29 Rn. 64.

495 Fastrich in Baumbach/Hueck, GmbHG, § 29 Rn. 4.

496 Im Übrigen lässt sich selbst beim Dreikontenmodell nicht sicher sagen, ob sich die entnommenen Beträge aus dem überlassenen Eigenkapital oder aus früheren Gewinnanteilen speisen. Zwar sieht die Abschreibung des entnommenen Betrags von Kapitalkonto II so aus, als speise sich der entnommene Betrag aus früheren Gewinnanteilen, aber für eine genaue Zuordnung bedürfte es der tatsächlichen Trennung des Vermögens, die aber schon deswegen nicht funktionieren kann, weil mit dem überlassenen Eigenkapital gewirtschaftet wird.

497 Priester in MüKo HGB, § 122 Rn. 1, 21.

e) *Zahlungen aufgrund von effektiven Kapitalherabsetzungen*

Fraglich ist, ob auch in den Zahlungen der Gesellschaft an die Gesellschafter aufgrund einer effektiven Kapitalherabsetzung ein Entgelt für die Eigenkapitalüberlassung zu sehen ist.

Einerseits kommt es zu solchen Zahlungen, wenn die Gesellschafter eine Kapitalherabsetzung zum Zweck der Auszahlung von Gesellschaftsvermögen an sich beschließen. Andererseits kommt es auch dann dazu, wenn die Gesellschafter eine Kapitalherabsetzung zur Einstellung der durch die Kapitalherabsetzung frei werdenden Mittel in eine frei verfügbare Rücklage zur späteren Ausschüttung an sich beschließen.[498] Im ersten Fall entsteht der Anspruch der Gesellschafter auf die Auszahlung der Mittel mit dem Wirksamwerden der Kapitalherabsetzung.[499] Im zweiten Fall bedarf es vor der Ausschüttung noch eines Gesellschafterbeschlusses über die Auflösung der entstandenen frei verfügbaren Rücklage. Insbesondere die bezeichneten Kapitalherabsetzungen unterliegen strengen Vorschriften zum Schutz der Gesellschaftsgläubiger (siehe dazu § 58 GmbHG, §§ 222 ff. AktG). Im Personengesellschaftsrecht ist die Kapitalherabsetzung nicht eigens geregelt. Aufgrund der persönlichen Haftung der Gesellschafter bedarf es schließlich auch keiner Schutzvorschriften zugunsten der Gläubiger.

Die Zahlungen der Gesellschaft an die Gesellschafter aufgrund einer effektiven Kapitalherabsetzung stellen keine Entgeltzahlungen für die Eigenkapitalüberlassung der Gesellschafter an die Gesellschaft dar. Vielmehr handelt es sich um teilweise Rückzahlungen überlassenen Eigenkapitals.[500] Das ergibt sich aus dem Willen der Parteien, nach dem diese Zahlungen nicht die Eigenkapitalüberlassung entgelten, sondern den Umfang der Eigenkapitalüberlassung zurückfahren sollen. Dies gilt sowohl für die Fälle, in denen die Kapitalherabsetzung sofort zu Geldzahlungen führt, als auch für die Fälle, in denen zunächst eine frei verfügbare Rücklage gebildet wird und die Geldzahlungen dann erst verzögert erfolgen. In der Folge ist bei der Berechnung des Auflösungsgewinns der Wert, den die Gesellschafter ursprünglich der Einlage zugemessen haben, um den Betrag der Kapitalherabsetzungen zu kürzen, die während der Dauer des Bestehens der Gesellschaft eventuell vorgenommen worden sind.

---

498 Zu beiden Varianten siehe Vetter in MüKo GmbHG, Vorbem. § 58 Rn. 21. Beide Varianten können nicht nur bei den Kapitalgesellschaften, sondern auch bei den Personengesellschaften vorkommen.

499 Vetter in MüKo GmbHG, § 58 Rn. 160; Oechsler in MüKo AktG, § 224 Rn. 14.

500 Kommt es in der Folge einer effektiven Kapitalherabsetzung nicht zu Geldzahlungen, sondern zu einer Rückgewähr von Sacheinlagen, ist die teilweise Rückzahlung des überlassenen Eigenkapitals mit einem weiteren Umsatz verbunden. Bei der maßgeblichen wirtschaftlichen Betrachtung macht es nämlich keinen Unterschied, ob es zu einer Rückzahlung von Eigenkapital kommt und der Gesellschafter damit den Gegenstand der Sacheinlage erwirbt, oder ob er direkt die Sacheinlage zurückerhält. Zur Maßgeblichkeit der wirtschaftlichen Betrachtungsweise siehe Fn. 116.

f) Auf Gewinnabführungsverträgen beruhende Zahlungen

Es verbleibt noch zu untersuchen, wie die auf Gewinnabführungsverträgen beruhenden Zahlungen einzuordnen sind.

Gem. § 291 Abs. 1 S. 1 Alt. 2 AktG kann sich eine AG in einem Gewinnabführungsvertrag dazu verpflichten, ihren ganzen Gewinn an ein anderes Unternehmen abzuführen.[501] Das andere Unternehmen kann, muss aber nicht Aktionär der AG sein. Gem. § 304 Abs. 1 S. 1 AktG muss der Gewinnabführungsvertrag die Verpflichtung des anderen Unternehmens vorsehen, den außenstehenden Aktionären, also den Aktionären, die nicht Partei des Gewinnabführungsvertrags sind, einen angemessenen Ausgleich durch eine auf die Anteile am Grundkapital bezogene wiederkehrende Geldleistung, die sog. Ausgleichszahlung, zu gewähren.[502] Daneben muss der Gewinnabführungsvertrag gem. § 305 Abs. 1 AktG die Verpflichtung des anderen Unternehmens enthalten, auf Verlangen eines außenstehenden Aktionärs dessen Aktien gegen eine im Vertrag bestimmte angemessene Abfindung zu erwerben. Dazu geht gem. § 302 Abs. 1 AktG mit dem Abschluss des Gewinnabführungsvertrags die Verpflichtung des anderen Unternehmens einher, jeden während der Vertragsdauer sonst entstehenden Jahresfehlbetrag auszugleichen.

Besteht der Gewinnabführungsvertrag zwischen der AG und einem ihrer Aktionäre, tritt bei der maßgeblichen wirtschaftlichen Betrachtung[503] die Gewinnabführung an diesen Aktionär insoweit an die Stelle der Dividenden, die dieser Aktionär von der AG beziehen würde, wenn kein Gewinnabführungsvertrag geschlossen worden wäre, als der Aktionär die Gewinnabführung nicht als Ausgleichszahlungen an die außenstehenden Aktionäre weiterzuleiten hat.[504] Daher ist die Gewinnabführung in diesem Umfang als Entgelt für die Eigenkapitalüberlassung

---

501 Auch KGaAs und GmbHs können sich dazu verpflichten, ihren Gewinn an ein anderes Unternehmen abzuführen. Für die KGaA ergibt sich das wie für die AG aus § 291 Abs. 1 S. 1 Alt. 2 AktG. Für die GmbH kann dies aus § 30 Abs. 1 S. 2 GmbHG geschlossen werden.

502 Die zitierte Vorschrift erklärt das andere Unternehmen nicht ausdrücklich zum Schuldner der Ausgleichszahlung. Es ist aber anerkannt, dass das andere Unternehmen die Ausgleichszahlung zu leisten hat. Siehe dazu Emmerich in Emmerich/Habersack, Aktien- und GmbH-Konzernrecht, § 304 AktG Rn. 23.

503 Siehe dazu Fn. 116.

504 Wenn der Betrag der um die Ausgleichszahlungen an die anderen Aktionäre verminderten Gewinnabführung höher ist als der Betrag, der sich bei der Verteilung der Gewinnabführung auf die anderen Aktionäre und den Aktionär, der Partei des Gewinnabführungsvertrags ist, nach dem Gewinnverteilungsschlüssel ergäbe, der Anwendung fände, wenn kein Gewinnabführungsvertrag geschlossen worden wäre, ist in dem Mehrbetrag m.E. ein Entgelt für die Bereitschaft des Aktionärs, der Partei des Gewinnabführungsvertrag ist, einen möglicherweise entstehenden Jahresfehlbetrag auszugleichen, zu sehen. Für diese Leistung ist keine einschlägige Steuerbefreiungsvorschrift ersichtlich. Zu erwägen wäre aber, sie zumindest einer unechten Steuerbefreiung zu unterwerfen.

dieses Aktionärs zu werten. Dass sich die Gewinnabführung der Höhe nach von der Gewinnausschüttung unterscheiden kann, die der Aktionär erhielte, wenn der Gewinnabführungsvertrag nicht geschlossen worden wäre, ist unschädlich. Durch den Abschluss des Gewinnabführungsvertrags wird lediglich die Methode der Ermittlung des Entgelts gewechselt.

Die Ausgleichszahlungen des anderen Unternehmens an die außenstehenden Aktionäre treten bei der maßgeblichen wirtschaftlichen Betrachtung[505] an die Stelle der Dividendenzahlungen, die die außenstehenden Aktionäre erhielten, wenn der Gewinnabführungsvertrag nicht geschlossen worden wäre. Sie sind daher als Entgelt für die Eigenkapitalüberlassung dieser Aktionäre an ihre AG einzuordnen.

In manchen Fällen sollen Aktionäre keinen Anspruch auf eine Ausgleichszahlung haben, da sie dem Lager des Aktionärs, der Partei des Gewinnabführungsvertrags ist, zuzurechnen und damit keine außenstehenden Aktionäre i.S.d. § 304 Abs. 1 S. 1 AktG sein sollen.[506] Dies soll bspw. dann der Fall sein, wenn der fragliche Aktionär selbst eine Gesellschaft ist und die Anteile an ihm mittelbar oder unmittelbar zu 100 % von dem Aktionär gehalten werden, der Partei des Gewinnabführungsvertrags ist.[507] Die im Lager des Aktionärs, der Partei des Gewinnabführungsvertrags ist, stehenden Aktionäre erhalten in der Folge weder eine Gewinnabführung noch eine Ausgleichszahlung.

Das bedeutet aber nicht, dass diese Aktionäre ihrer Gesellschaft das Eigenkapital unentgeltlich überlassen. Zunächst ist zu sehen, dass diesen Aktionären weiterhin ihr Anteil am Auflösungsgewinn zusteht, und dass sie nach Beendigung des Gewinnabführungsvertrags wieder Dividenden beziehen können. Hinzu kommt, dass es auch während der Laufzeit des Gewinnabführungsvertrags zu Dividendenausschüttungen kommen kann. Die Beträge, um die der Bilanzgewinn den für den Gewinnabführungsvertrag maßgeblichen fiktiven und korrigierten Jahresüberschuss übersteigt, können nämlich ausgeschüttet werden.[508] Zu denken ist dafür etwa an eine Dividende, die sich aus der Auflösung einer Gewinnrücklage ergibt, die aus der Zeit vor dem Abschluss des Gewinnabführungsvertrags stammt.

Dazu ist m.E. in manchen dieser Fälle in der um die Ausgleichszahlungen gekürzten Gewinnabführung nicht nur das Entgelt für die Eigenkapitalüberlassung des Aktionärs, der Partei des Gewinnabführungsvertrags ist, zu sehen,

---

505 Siehe dazu Fn. 116.

506 Emmerich in Emmerich/Habersack, Aktien- und GmbH-Konzernrecht, § 304 AktG Rn. 16.

507 Dies soll auch dann der Fall sein, wenn der Aktionär, der Partei des Gewinnabführungsvertrags ist, selbst eine Gesellschaft ist und die Anteile an ihm umgekehrt mittelbar oder unmittelbar zu 100 % von dem fraglichen Aktionär gehalten werden. Ein Aktionär soll auch dann im Lager des Aktionärs, der Partei des Gewinnabführungsvertrags ist, stehen, wenn beide durch einen Beherrschungs- oder Gewinnabführungsvertrag miteinander verbunden sind.

508 Emmerich in Emmerich/Habersack, Aktien- und GmbH-Konzernrecht, § 301 AktG Rn. 2.

sondern zu einem Teil auch ein Entgelt für die Eigenkapitalüberlassung der Aktionäre, die weder Gewinnabführung noch Ausgleichszahlung erhalten. Der Abschluss des Gewinnabführungsvertrags führt nämlich zumindest in manchen Fällen auch hier lediglich zu einer Verschiebung des Wegs der Zahlungsströme, ohne dass sich das Ziel derselben und die zugrunde liegenden Leistungen veränderten. Wenn bspw. ein Aktionär im Lager des Aktionärs, der Partei des Gewinnabführungsvertrags ist, steht, weil seine Anteile zu 100 % unmittelbar im Eigentum dieses Aktionärs stehen, führt der Gewinnabführungsvertrag nur dazu, dass das Entgelt für die Eigenkapitalüberlassung des Aktionärs, der im Lager des Aktionärs steht, der Partei des Gewinnabführungsvertrags ist, eine Abkürzung nimmt. Dies kann aber nichts an der Einordnung der betroffenen Umsätze ändern. Daher ist in diesem Fall in dem einen Teil der um die Ausgleichszahlungen gekürzten Gewinnabführung ein Entgelt für die Eigenkapitalüberlassung des Aktionärs, der Partei des Gewinnabführungsvertrags ist, zu sehen, und in dem anderen Teil ein Entgelt für die Eigenkapitalüberlassung des Aktionärs, der im Lager des Gesellschafters steht, der Partei des Gewinnabführungsvertrags ist. Dazu ist von einem Entgelt für die Eigenkapitalüberlassung des Aktionärs, der Partei des Gewinnabführungsvertrags ist, an den Aktionär, der in seinem Lager steht, auszugehen. Die Aufteilung der um die Ausgleichszahlungen gekürzten Gewinnabführung auf den Aktionär, der Partei des Gewinnabführungsvertrags ist, und auf den oder die Aktionäre, die in seinem Lager stehen, muss sich nach dem Gewinnverteilungsschlüssel richten, der Anwendung fände, wenn kein Gewinnabführungsvertrag geschlossen worden wäre.

Auch dann, wenn das andere Unternehmen, das Partei des Gewinnabführungsvertrags ist, nicht Aktionär der gewinnabführenden AG ist, stellen die Ausgleichszahlungen an die außenstehenden Aktionäre das Entgelt für die Eigenkapitalüberlassungen dieser an ihre AG dar. In der um die Ausgleichszahlungen gekürzten Gewinnabführung an das andere Unternehmen ist aber kein Entgelt für eine Eigenkapitalüberlassung zu sehen, da das andere Unternehmen nicht Aktionär der AG ist und ihr so auch kein Eigenkapital überlässt. In diesen Zahlungen ist m.E. aber ein Entgelt für die Bereitschaft des anderen Unternehmens zu sehen, möglicherweise entstehende Jahresfehlbeträge auszugleichen.

Auch in diesen Situationen ist es möglich, dass manche Aktionäre keine Ausgleichszahlungen erhalten, da sie im Lager desjenigen stehen, der Partei des Gewinnabführungsvertrags ist. Diejenigen Aktionäre, die keine Ausgleichszahlungen erhalten, erbringen die Eigenkapitalüberlassung aber nicht unentgeltlich. Sie sind bspw. unverändert am Auflösungsgewinn beteiligt und beziehen nach Beendigung des Gewinnabführungsvertrags wieder Dividenden. Dazu ist – vergleichbar den Situationen, in denen die Partei des Gewinnabführungsvertrags Aktionär ist – in manchen Situationen in einem Teil der um die Ausgleichszahlungen gekürzten Gewinnabführung ein Entgelt für ihre Eigenkapitalüberlassung zu sehen, bspw. dann, wenn derjenige, der Partei des Gewinnabführungsvertrags ist, unmittelbar 100 % der Anteile an ihnen hält.

An dieser Stelle sei noch kurz erwähnt, dass ein Beherrschungsvertrag (§ 291 Abs. 1 S. 1 Alt. 1 AktG) dann, wenn die AG nicht auch zur Abführung ihres ganzen Gewinns verpflichtet ist, den außenstehenden Aktionären gem. § 304 Abs. 1 S. 2 AktG als angemessenen Ausgleich einen bestimmten jährlichen Gewinnanteil nach der für die Ausgleichszahlung bestimmten Höhe garantieren muss. Diese sog. Ergänzungsdividende[509] tritt bei der maßgeblichen wirtschaftlichen Betrachtung[510] an die Stelle der Dividenden, die die Aktionäre bezögen, wenn kein Beherrschungsvertrag abgeschlossen worden wäre, und sind damit ebenfalls als Entgelt für die Eigenkapitalüberlassung einzuordnen.

IV. Von einem Unternehmer ausgeführt

1. Einführung

Nach § 2 Abs. 1 S. 1 UStG ist Unternehmer, wer eine gewerbliche oder berufliche Tätigkeit selbständig ausübt. Gem. § 2 Abs. 1 S. 3 UStG ist gewerblich oder beruflich jede nachhaltige Tätigkeit zur Erzielung von Einnahmen, auch wenn die Absicht, Gewinn zu erzielen, fehlt oder eine Personenvereinigung nur gegenüber ihren Mitgliedern tätig wird.

Schon seit vielen Jahren stellt der BFH bei der Prüfung des Vorliegens der Unternehmereigenschaft regelmäßig nicht nur auf die sich aus diesen Vorschriften ergebenden geschriebenen Tatbestandsmerkmale, sondern daneben auch noch auf weitere Kriterien ab.[511] Mittlerweile steht er auf dem Standpunkt, § 2 Abs. 1 UStG sei richtlinienkonform dahingehend auszulegen, dass für die Unternehmereigenschaft eine wirtschaftliche Tätigkeit ausgeübt werden muss.[512] Die Prüfung durch den EuGH, ob eine wirtschaftliche Tätigkeit ausgeübt wird, entspreche faktisch seiner bisherigen Prüfung, ob die Nachhaltigkeit der Einnahmeerzielung respektive der Tätigkeit gegeben ist.[513]

---

509 Paschos in Henssler/Strohn, Gesellschaftsrecht, § 304 AktG Rn. 4.

510 Siehe dazu Fn. 116.

511 Siehe dazu bspw. BFH, Urt. v. 26.4.1979 – V R 46/72, BStBl. II 1979, 530, BFHE 128, 110, Rn. 10; Urt. v. 13.12.1984 – V R 32/74, BStBl. II 1985, 173, BFHE 142, 327, Rn. 17, 19; Urt. v. 20.12.1984 – V R 25/76, BStBl. II 1985, 176, BFHE 142, 524, Rn. 37; Urt. v. 30.7.1986 – V R 41/76, BStBl. II 1986, 874, BFHE 147, 279, Rn. 21 f.; Urt. v. 15.1.1987 – V R 3/77, BStBl. II 1987, 512, BFHE 149, 272, Rn. 37 f.

512 Siehe dazu bspw. BFH, Urt. v. 12.12.1996 – V R 23/93, BStBl. II 1997, 368, BFHE 182, 388, Rn. 30; Urt. v. 28.10.2004 – V R 19/04, BFH/NV 2005, 725, Rn. 16; Urt. v. 11.4.2008 – V R 10/07, BStBl. II 2009, 741, BFHE 221, 456, Rn. 24.

513 Siehe dazu bspw. BFH, Urt. v. 12.12.1996 – V R 23/93, BStBl. II 1997, 368, BFHE 182, 388, Rn. 33; Urt. v. 28.10.2004 – V R 19/04, BFH/NV 2005, 725, Rn. 19; Urt. v. 11.4.2008 – V R 10/07, BStBl. II 2009, 741, BFHE 221, 456, Rn. 27.

Die einschlägigen Richtlinienvorgaben finden sich in Art. 9 MwStSystRL. Nach Art. 9 Abs. 1 UAbs. 1 MwStSystRL gilt als Steuerpflichtiger, wer eine wirtschaftliche Tätigkeit unabhängig von ihrem Ort, Zweck und Ergebnis selbständig ausübt. Gem. Art. 9 Abs. 1 UAbs. 2 S. 1 MwStSystRL gelten als wirtschaftliche Tätigkeit alle Tätigkeiten eines Erzeugers, Händlers oder Dienstleistenden einschließlich der Tätigkeiten der Urproduzenten, der Landwirte sowie der freien Berufe und der diesen gleichgestellten Berufe. Nach Art. 9 Abs. 1 UAbs. 2 S. 2 MwStSystRL gilt als wirtschaftliche Tätigkeit insbesondere die Nutzung von körperlichen oder nicht körperlichen Gegenständen zur nachhaltigen Erzielung von Einnahmen.

2. Charakter des Unternehmerbegriffs

Nach weit verbreiteter Auffassung handelt es sich bei dem Begriff des Unternehmers nicht um einen Klassenbegriff, sondern um einen Typusbegriff.[514]

Die Methodenlehre teilt die Rechtssatzbegriffe in Klassenbegriffe und Typusbegriffe ein.[515] Sie geht davon aus, dass die Klassenbegriffe nur eine feste Anzahl von Untermerkmalen haben, nämlich ihre geschriebenen Tatbestandsmerkmale. Die Typusbegriffe hingegen hätten neben ihren geschriebenen Tatbestandsmerkmalen noch weitere ungeschriebene Untermerkmale. Während bei den Klassenbegriffen alle Untermerkmale erfüllt sein müssten, damit auch der Klassenbegriff erfüllt ist, müssten bei den Typusbegriffen nur die wesentlichen Untermerkmale erfüllt sein. Die Typusbegriffe sollen also auch dann erfüllt sein können, wenn einzelne Untermerkmale nicht vorliegen oder schwächer ausgeprägt sind.

Typusbegriffe sollen dort Bedeutung erlangen, wo Klassenbegriffe an ihre Grenzen stoßen.[516] Mit anderen Worten kann der Gesetzgeber dann, wenn sich ein Regelungsobjekt oder -subjekt, das er bei der Schaffung eines Rechtssatzes vor Augen hat, nicht passgenau mit einem Klassenbegriff erfassen lässt, auf einen Typusbegriff zurückgreifen. Das muss er m.E. aber nicht unbedingt.

M.E. kann der Gesetzgeber ausdrücklich regeln, dass ein Rechtssatzbegriff ein Typusbegriff ist, bspw. indem er anordnet, dass der Rechtssatzbegriff X typischerweise erfüllt ist, wenn die Tatbestandsmerkmale A, B und C vorliegen. Wenn der Gesetzgeber aber keine solche ausdrückliche Anordnung getroffen hat, muss der Rechtsanwender im Wege der Auslegung herausfinden, ob der fragliche Rechtssatzbegriff ein Klassenbegriff oder ein Typusbegriff ist.

Dabei sind m.E. zwei Fälle zu unterscheiden. Zunächst ist denkbar, dass ein Rechtssatzbegriff schon seiner Form nach als Typusbegriff einzuordnen ist. Dies ergibt sich aus der bereits erwähnten Möglichkeit des Gesetzgebers, ausdrücklich

---

514 Siehe dazu bspw. Offerhaus, UR 1991, 279 und Stadie in Rau/Dürrwächter, UStG, § 2 Rn. 330.

515 Englisch in Tipke/Lang, Steuerrecht, § 5 Rn. 53; Schmidt-Liebig, BB 1994, Beilage 20 zu Heft 29, 1, 3.

516 Giesberts, UR 1993, 279.

zu regeln, dass ein Rechtssatzbegriff ein Typusbegriff ist. Diese Typusbegriffe könnte man als formelle Typusbegriffe bezeichnen. Des Weiteren ist denkbar, dass ein Rechtssatzbegriff erst seinem Inhalt nach als Typusbegriff einzuordnen ist. Die Anwendung des fraglichen Rechtssatzbegriffs auf verschiedene Sachverhalte ermöglicht es, eventuell vorhandene nichtgeschriebene Untermerkmale herauszuarbeiten und den fraglichen Rechtssatzbegriff so als Typusbegriff zu erkennen. So sind dann auch die jeweilige Bedeutung der nichtgeschriebenen Untermerkmale sowie das Gewicht der geschriebenen Tatbestandsmerkmale herauszuarbeiten. Diese Typusbegriffe könnte man als materielle Typusbegriffe bezeichnen. Die bei ihnen durchzuführende Übung ist genauso bei den formellen Typusbegriffen durchzuführen, um die ungeschriebenen Tatbestandsmerkmale, ihre jeweilige Bedeutung sowie das Gewicht der geschriebenen Tatbestandsmerkmale herauszuarbeiten.

Bei dieser Sicht der Dinge ist die Beantwortung der Frage, ob ein Rechtssatzbegriff in einem bestimmten Fall erfüllt ist, dann, wenn es sich bei ihm um einen Typusbegriff handelt, Teil der Übung, die darauf ausgerichtet ist, ihn als Typusbegriff zu identifizieren.

Bei der Prüfung, ob ein Klassenbegriff in einem bestimmten Fall erfüllt ist, ist nach der Prüfung, ob seine geschriebenen Tatbestandsmerkmale erfüllt sind, auch dann, wenn sie erfüllt sind, zu fragen, ob der Klassenbegriff vielleicht doch nicht erfüllt ist. Wenn die geschriebenen Tatbestandsmerkmale hingegen teilweise nicht erfüllt sind, ist entsprechend zu fragen, ob der Klassenbegriff nicht vielleicht doch erfüllt ist. Es kommt nämlich in Betracht, dass der Wortlaut des Klassenbegriffs erweiternd oder begrenzend auszulegen ist.[517] M.E. unterscheiden sich Klassenbegriffe und Typusbegriffe daher im Ergebnis nicht. Bei beiden darf der Rechtsanwender nicht beim Wortlaut stehen bleiben. Bei den Klassenbegriffen sind die geschriebenen Tatbestandsmerkmale Ausgangspunkt der Auslegung. Bei den Typusbegriffen spricht ihre ausdrückliche Normierung dafür, dass ihnen im Vergleich zu den nichtgeschriebenen Untermerkmalen im Gefüge aller Untermerkmale ein höheres Gewicht zuzuordnen ist.

517 Das kommt bspw. in Betracht, wenn der Gesetzgeber bei der Schaffung eines Klassenbegriffs ein Regelungsobjekt oder -subjekt vor Augen hatte, das er mit einem Klassenbegriff passgenau hätte erfassen können, er den Klassenbegriff aber falsch ausgestaltet hat und davon auszugehen ist, dass er den Klassenbegriff richtig ausgestalten wollte. Wenn der Gesetzgeber hingegen einen Klassenbegriff geschaffen hat, obwohl er ein Regelungsobjekt oder -subjekt vor Augen hatte, das nicht mit einem Klassenbegriff passgenau erfasst werden kann, und davon auszugehen ist, dass er sich dessen bewusst war, ist nicht von einer Offenheit des Wortlauts des Klassenbegriffs auszugehen, soweit aus verfassungsrechtlichen Gründen (bspw. aus Gleichheitsgründen) nicht das Gegenteil angezeigt ist. Wenn dabei aber davon auszugehen wäre, dass er sich dessen nicht bewusst war, müsste man schon davor zu dem Ergebnis kommen, dass es sich bei dem Rechtssatzbegriff um einen materiellen Typusbegriff handelt.

Nach der Theorie vom normativen Realtypus greift der Gesetzgeber mit der Verwendung eines Typusbegriffs einen in der Realität vorhandenen Typus auf und macht diesen damit zum Inhalt des Rechtssatzbegriffs (daher *Real*typus).[518] Des Weiteren nimmt sie an, der Gesetzgeber müsse einen Typusbegriff nicht eins zu eins dem Typus nachbilden, sondern könne ihn durch das Einfügen von Tatbestandsmerkmalen modifizieren (daher *normativer* Realtypus). In einem wertenden Ähnlichkeitsvergleich sei zu untersuchen, ob das fragliche Objekt oder Subjekt dem der Realität entnommenen und eventuell gesetzlich modifizierten Typus ähnlich ist. Dieser Ansatz unterscheidet sich auf den ersten Blick fundamental von dem, wie m.E. bei der Auslegung von Typusbegriffen vorzugehen ist. Auf den zweiten Blick schmelzen die Unterschiede aber vollständig dahin.

Zunächst lässt sich m.E. nämlich nicht sagen, der Gesetzgeber greife mit der Verwendung von Typusbegriffen auf in der Realität vorhandene Typen zurück. In der Realität gibt es keine Typen. Es ist erst der Mensch, der in seiner Umwelt Objekte und Subjekte erkennt und diesen dann Begriffe zuweist. Dadurch entsteht ein allgemeiner Sprachgebrauch der jeweiligen Begriffe. Damit bringen die Vertreter der Theorie vom normativen Realtypus, indem sie sich auf den Standpunkt stellen, der Gesetzgeber greife bei Typusbegriffen auf in der Realität vorhandene Typen zurück, m.E. lediglich zum Ausdruck, dass nach ihrer Auffassung der allgemeine Sprachgebrauch des fraglichen Begriffs für seine Auslegung entscheidend ist.

Des Weiteren stellt sich m.E. bei dem von der Theorie vom normativen Realtypus geforderten Ähnlichkeitsvergleich unweigerlich die Frage, welcher Ähnlichkeitsgrad für einen positiven Ähnlichkeitsvergleich ausreichend ist. Diese Frage kann aber nur unter Rückgriff auf die anderen Auslegungsmethoden beantwortet werden, die nach dem Willen des Gesetzgebers fragen, der durch die Frage nach dem Sinn und Zweck der fraglichen Regelung, nach ihrer Stellung im Gesetz und ihrer Entstehungsgeschichte herauszuarbeiten ist.

Es bleibt also dabei, dass sich Klassenbegriffe und Typusbegriffe im Ergebnis nicht unterscheiden. Damit kann dahinstehen, ob es sich bei dem Begriff des Unternehmers um einen Klassenbegriff oder um einen Typusbegriff handelt.

3. Geschriebene Tatbestandsmerkmale

a) Tätigkeit

Gesellschafter, die ihren Gesellschaften Eigenkapital überlassen, üben damit eine Tätigkeit i.S.d. § 2 Abs. 1 S. 1 UStG aus. Die Eigenkapitalüberlassung kann nämlich nicht als reines Unterlassen der eigenen Nutzung des Kapitals und Duldung der fremden Nutzung des Kapitals und damit nicht als rein passives Verhalten

518 Larenz, Methodenlehre, 353; Schmidt-Liebig, BB 1994, Beilage 20 zu Heft 29, 1, 4, 5.

aufgefasst werden.[519] Selbst wenn man die Eigenkapitalüberlassung als Unterlassen der eigenen Nutzung des Kapitals und Duldung der fremden Nutzung des Kapitals auffassen wollte, ist schließlich zu sehen, dass sie immer mit einem aktiven Verhalten ihren Anfang nimmt. Wenn die Eigenkapitalüberlassung bspw. mit einer Sacheinlage ihren Anfang nimmt, besteht das aktive Verhalten in der Abgabe der auf die Übereignung des Gegenstands der Sacheinlage gerichteten Willenserklärung. Dieses aktive Verhalten wäre auch eventuellen späteren Inhabern des jeweiligen Gesellschaftsanteils zuzurechnen. Aus der Sicht der Gesellschaft bilden nämlich alle zeitlich aufeinanderfolgenden Inhaber eines Gesellschaftsanteils eine homogene Gruppe.

Aber auch dann, wenn man die Eigenkapitalüberlassung als rein passives Verhalten auffassen wollte und das zur Eigenkapitalüberlassung führende aktive Verhalten nicht sehen oder für nicht für die ganze Zeit der Eigenkapitalüberlassung relevant halten wollte, stünde dies der Annahme, dass die Eigenkapitalüberlassung eine Tätigkeit darstellt, nicht entgegen. Der Begriff der Tätigkeit kann nämlich nicht so verstanden werden, dass er nur aktives Verhalten erfasst. Dies ergibt sich aus § 3 Abs. 9 S. 2 UStG. Nach dieser Vorschrift können sonstige Leistungen auch in einem Unterlassen oder im Dulden einer Handlung oder eines Zustands bestehen. Diese Vorschrift beruht auf Art. 25 lit. b) MwStSystRL. Nach dieser Regelung kann eine Dienstleistung auch in der Verpflichtung, eine Handlung zu unterlassen oder eine Handlung oder einen Zustand zu dulden, bestehen. Es kann auch nicht davon ausgegangen werden, dass das Dulden und Unterlassen nur im Rahmen von Hilfsgeschäften steuerbar sein soll.[520]

---

519 Es sei darauf hingewiesen, dass bspw. Stadie in Rau/Dürrwächter, UStG, § 2 Rn. 65, 67 davon ausgeht, bei den von Art. 9 Abs. 1 UAbs. 2 S. 2 MwStSystRL erfassten Gegenstandsnutzungen handele es sich um passives Verhalten. Sie stellten damit dem Wortlaut nach eigentlich keine Tätigkeiten dar. Auch im nationalen Recht geht Stadie in Rau/Dürrwächter, UStG, § 2 Rn. 198, 408 davon aus, dass Gegenstandsnutzungen dem Wortlaut nach eigentlich keine Tätigkeiten sind. Dann geht Stadie in Rau/Dürrwächter, UStG, § 2 Rn. 65 aber davon aus, Art. 9 Abs. 1 UAbs. 2 S. 2 MwStSystRL fingiere, dass es sich bei den Gegenstandsnutzungen um Tätigkeiten handelt. Stadie in Rau/Dürrwächter, UStG, § 2 Rn. 366 steht des Weiteren jedoch auf dem Standpunkt, diese Vorschrift sei nicht im Wege der richtlinienkonformen Auslegung ins nationale Recht übertragbar, da sie steuerfreie Umsätze erfasse, bei denen keine Verpflichtung des nationalen Gesetzgebers dazu bestehe, dem Steuerpflichtigen das Recht einzuräumen, zur Steuerpflicht zu optieren. Aus dem Ziel des UStG, den Verbrauch zu besteuern, ergibt sich nach Stadie in Rau/Dürrwächter, UStG, § 2 Rn. 198, 408 aber, dass passives Verhalten doch eine Tätigkeit darstellt.

520 Stadie in Rau/Dürrwächter, UStG, § 2 Rn. 198.

b) Selbständigkeit

Die Gesellschafter überlassen ihren Gesellschaften das Eigenkapital auch zweifelsfrei selbständig i.S.d. § 2 Abs. 1 S. 1 UStG.

c) Gewerblich oder beruflich

§ 2 Abs. 1 S. 1 UStG verlangt, dass der potenzielle Unternehmer eine gewerbliche oder berufliche Tätigkeit ausübt. § 2 Abs. 1 S. 3 UStG wiederum definiert jede nachhaltige Tätigkeit zur Erzielung von Einnahmen als gewerblich oder beruflich. Man könnte sich auf den Standpunkt stellen, dem Merkmal der gewerblichen oder beruflichen Tätigkeit komme keine eigene Bedeutung zu, da es vollkommen durch das Merkmal der nachhaltigen Tätigkeit zur Erzielung von Einnahmen ersetzt werde. Umgekehrt wird argumentiert, das Nebeneinander von § 2 Abs. 1 S. 1 UStG und § 2 Abs. 1 S. 3 UStG spreche dafür, dass dem Merkmal der gewerblichen oder beruflichen Tätigkeit eine eigene Bedeutung zukommen müsse.[521] Für eine eigene Bedeutung des Merkmals der gewerblichen oder beruflichen Tätigkeit wird auch die Begründung zum UStG 1934 angeführt.[522] Dieser zufolge lässt § 2 Abs. 1 S. 3 UStG keinen Zweifel, dass jede Art von Tätigkeit Unternehmertätigkeit sein kann.[523]

Angenommen, dem Merkmal der gewerblichen oder beruflichen Tätigkeit käme tatsächlich eine eigene Bedeutung zu, ist nicht zu sehen, warum die Eigenkapitalüberlassung dieses Merkmal dem Wortlaut nach nicht erfüllen sollte. Für die Annahme, dass die Eigenkapitalüberlassung als gewerbliche oder berufliche Tätigkeit aufzufassen ist, spricht auch der Wunsch des Gesetzgebers nach einer möglichst breiten Besteuerung, der nicht nur durch die Einfügung des § 2 Abs. 1 S. 3 UStG durch das UStG 1934 zum Ausdruck gekommen ist, sondern bereits davor durch die Einfügung des Merkmals der beruflichen Tätigkeit im Jahr 1919[524].

d) Nachhaltigkeit

Die ersten beiden UStG aus den Jahren 1918 und 1919 äußerten sich noch nicht dazu, ob die Tätigkeit des Steuerpflichtigen nachhaltig sein muss. Der RFH ging aber bereits damals davon aus, dass sie auf Dauer berechnet sein müsse.[525] Dies entnahm er dem Prädikat „ausüben" des § 1 Abs. 1 S. 1 UStG 1918 und dem Partizip „ausgeübt" des § 1 Nr. 1 S. 1 UStG 1919. Der Steuerpflichtige müsse sich auf eine

521 Schmidt-Liebig, BB 1994, Beilage 20 zu Heft 29, 1, 5.
522 Korn in Bunjes, UStG, § 2 Rn. 50.
523 Begründung zum UStG 1934, RStBl. 1934, 1549 f.
524 Siehe dazu Mößlang, UR 1994, 10 f.
525 RFH, Gutachten v. 7.2.1919 – II D 1/19, RFHE 2, 12, 17; Urt. v. 9.7.1919 – II A 90/19, RFHE 1, 141 f.; Urt. v. 18.1.1922 – V A 294/21, RFHE 8, 121, 123.

fortgesetzte Geschäftstätigkeit eingerichtet haben.[526] Er müsse fortgesetzt und dauernd tätig sein.[527] Seine Tätigkeit müsse auf längere Dauer, also nachhaltig erfolgen.[528] § 2 Abs. 1 S. 3 UStG 1934 regelte dann, dass jede nachhaltige Tätigkeit zur Erzielung von Einnahmen, auch wenn die Absicht, Gewinn zu erzielen, fehlt oder eine Personenvereinigung nur gegenüber ihren eigenen Mitgliedern tätig wird, gewerblich oder beruflich sei. Ausweislich der Gesetzesbegründung wurde durch das UStG 1934 die Rspr. in das Gesetz selbst eingearbeitet.[529] Vor diesem Hintergrund und angesichts des Umstands, dass der RFH die Nachhaltigkeit auf das Prädikat „ausüben" und das Partizip „ausgeübt" gestützt hatte, hat der Gesetzgeber mit § 2 Abs. 1 S. 3 UStG 1934 m.E. die Nachhaltigkeit zur Voraussetzung einer jeden unternehmerischen Tätigkeit bestimmt.

Noch vor Geltung des UStG 1934 stellte der RFH klar, dass es für das Vorliegen einer nachhaltigen Tätigkeit nicht nötig sei, dass die Einzelhandlungen des potenziellen Steuerpflichtigen auf einem im Voraus gefassten einheitlichen Willensentschluss beruhen.[530] Das fortgesetzte Handeln könne sich wirtschaftlich auf dieselbe Weise auswirken wie ein planmäßig begonnener Gewerbebetrieb. Das treffe zu, wenn mehrere aufeinanderfolgende, gleichartige Handlungen unter Ausnutzung derselben Gelegenheit oder desselben dauernden Verhältnisses vorgenommen werden. Entscheidend sei die Verkehrsauffassung, die die Einzelhandlungen trotz Fehlens eines einheitlichen Willensentschlusses als zusammengehörig auffasse.[531] Einen einheitlichen Willensentschluss zu verlangen, entspreche auch nicht dem Grundsatz der Gleichmäßigkeit der Besteuerung. Dieser Rspr. schloss sich später auch der BFH an.[532]

Ebenfalls noch vor Geltung des UStG 1934 stellte sich der RFH des Weiteren auf den Standpunkt, eine einmalige Tätigkeit werde nicht dadurch zur nachhaltigen Tätigkeit, dass sie sich über einen längeren Zeitraum hinzieht.[533] Damit entschied er, die Führung einer Pflegschaft sei keine nachhaltige Tätigkeit. Dann schon im Jahr 1939 entschied er, eine einmalige Tätigkeit werde nicht dadurch nachhaltig, dass die dafür erzielten Einnahmen längere Zeit hindurch fließen.[534] Auf dieser

---

526 RFH, Gutachten v. 7.2.1919 – II D 1/19, RFHE 2, 12, 17; Urt. v. 18.1.1922 – V A 294/21, RFHE 8, 121, 123.

527 RFH, Urt. v. 16.6.1920 – II A 120/20, RFHE 3, 95 f.; Urt. v. 18.1.1922 – V A 294/21, RFHE 8, 121 f.

528 RFH, Urt. v. 18.1.1922 – V A 294/21, RFHE 8, 121 f.; Gutachten v. 4.4.1924 – V D 3/24, RFHE 13, 298.

529 Begründung zum UStG 1934, RStBl. 1934, 1549.

530 RFH, Urt. v. 18.2.1927 – V A 948/26, RFHE 20, 263; Urt. v. 28.9.1928 – V A 617/28, RFHE 24, 114 f.

531 RFH, Urt. v. 18.2.1927 – V A 948/26, RFHE 20, 263 f.

532 BFH, Urt. v. 3.6.1954 – V 262/53 U, BStBl. III 1954, 238, BFHE 59, 75, Rn. 3; Urt. v. 13.2.1969 – V R 92/68, BStBl. II 1969, 282, BFHE 95, 21, Rn. 6.

533 RFH, Urt. v. 28.9.1928 – V A 617/28, RFHE 24, 114 f.; Urt. v. 18.1.1929 – V A 718/28, RFHE 24, 339.

534 RFH, Urt. v. 12.5.1939 – V 553/38, RFHE 47, 57.

Grundlage hielt er die Verfassung eines Buchs und sein Verkauf an einen Verlag bei dauerhafter Erlösbeteiligung für eine nichtnachhaltige Tätigkeit. Im Übrigen sei auch der Umfang der einmaligen Tätigkeit nicht maßgebend. Dem entsprechend entschied der BFH im Jahr 1962, eine sich über einen längeren Zeitraum erstreckende Handlung, die dann in einem Umsatz mündet, begründe nicht die Nachhaltigkeit.[535] Somit stelle der Verkauf eines nach jahrelanger Forschungsarbeit angemeldeten Patents keine nachhaltige Tätigkeit dar. Im Jahr 1969 führte er aus, für die Nachhaltigkeit komme es ausschließlich auf die tatsächlichen Gegebenheiten an.[536] Ihr stehe nicht entgegen, wenn Leistungen nur ein einmaliges Verpflichtungsgeschäft zugrunde liegt. Damit ordnete er die Organisation der Veräußerung eines Bauernhofs in Teilstücken als nachhaltige Tätigkeit ein. Genauso fasste er eine über Jahre dauernde Testamentsvollstreckung nicht als Einzelhandlung, sondern als Summe vieler Einzelhandlungen auf.[537]

Einmalige Tätigkeiten hielt der RFH dann aber für nachhaltige Tätigkeiten, wenn durch sie ein auf die Erzielung von Einnahmen gerichteter Dauerzustand geschaffen wird.[538] Dabei dachte er bspw. an Fälle, in denen für längere Zeit ein landwirtschaftlicher Betrieb verpachtet, ein Wohnhaus vermietet oder eine Lizenz vergeben wird. Diese Tätigkeiten bestünden nämlich im Wesentlichen in einem Dulden fremder Eingriffe in den eigenen Rechtskreis, das sich durch längere Zeit hinziehe.[539] Dieser Auffassung schloss sich der BFH an.[540]

Des Weiteren gingen RFH und BFH dann vom Vorliegen einer nachhaltigen Tätigkeit aus, wenn der Steuerpflichtige zunächst nur eine einzige Leistung erbringt, dabei aber die Absicht hat, bei sich bietender Gelegenheit abermals die Leistung zu erbringen.[541] Diese Auffassung begründete der RFH damit, dass dann, wenn mit einer Leistung eine nachhaltige Tätigkeit eingeleitet wird, kein Grund bestehe, diese erste Leistung noch nicht in die nachhaltige Tätigkeit einzubeziehen.[542]

Zusammenfassend ging die frühere Rspr. also in drei Fällen vom Vorliegen einer nachhaltigen Tätigkeit aus: Bei sich wiederholenden Einzelhandlungen, die entweder auf einem im Voraus gefassten Willensentschluss beruhen oder davon unabhängig von der Verkehrsauffassung als zusammengehörig aufgefasst werden.

535 BFH, Urt. v. 26.4.1962 – V 293/59 U, BStBl. III 1962, 264, BFHE 74, 715, Rn. 7.

536 BFH, Urt. v. 13.2.1969 – V R 92/68, BStBl. II 1969, 282, BFHE 95, 21, Rn. 5.

537 BFH, Urt. v. 7.8.1975 – V R 43/71, BStBl. II 1976, 57, BFHE 117, 113, Rn. 10.

538 RFH, Urt. v. 18.1.1929 – V A 718/28, RFHE 24, 339; Urt. v. 12.5.1939 – V 553/38, RFHE 47, 57.

539 RFH, Urt. v. 12.5.1939 – V 553/38, RFHE 47, 57.

540 BFH, Urt. v. 13.4.1961 – V 94/59, HFR 1961, 262; Urt. v. 25.11.1965 – V 177/63, HFR 1966, 94; Urt. v. 16.12.1971 – V R 41/68, BStBl. II 1972, 238, BFHE 104, 262, Rn. 8.

541 RFH, Urt. v. 28.9.1928 – V A 617/28, RFHE 24, 114 f.; BFH, Urt. v. 26.4.1962 – V 293/59 U, BStBl. III 1962, 264, BFHE 74, 715, Rn. 4; Urt. v. 13.2.1969 – V R 92/68, BStBl. II 1969, 282, BFHE 95, 21, Rn. 6.

542 RFH, Urt. v. 12.5.1939 – V 553/38, RFHE 47, 57 ff.

Bei Einzelhandlungen, durch die ein auf die Erzielung von Einnahmen gerichteter Dauerzustand geschaffen wird. Und bei Einzelhandlungen mit Wiederholungsabsicht. Die frühere Rspr. verstand das Merkmal der Nachhaltigkeit damit rein temporal.[543]

Später warf der BFH zum Großteil über diese Rspr. hinausgehende Kriterien auf, die für die Nachhaltigkeit einer Tätigkeit sprechen sollen. Nach der Definition des Dudens bedeute das Verb „nachhalten" „längere Zeit anhalten, bleiben".[544] Entsprechend bedeute nachhaltig „sich auf längere Zeit stark auswirkend". Bspw. folgende Kriterien sprächen so für die Nachhaltigkeit einer Tätigkeit: Die Mehrjährigkeit der Tätigkeit, planmäßiges Handeln, auf Wiederholung angelegtes Handeln, die Ausführung mehr als nur eines Umsatzes, die Intensität des Tätigkeitwerdens, die Beteiligung am Markt, ein Auftreten wie ein Händler, das Unterhalten eines Geschäftslokals und Auftreten gegenüber Behörden.[545] Dabei sei das Gesamtbild der Verhältnisse entscheidend. Nicht alle Kriterien müssten vorliegen, um die Nachhaltigkeit bejahen zu können. Vielmehr müsse das Vorliegen und Nichtvorliegen der Merkmale gegeneinander abgewogen werden.[546] Damit ließ der BFH das rein temporale Verständnis des Begriffs der Nachhaltigkeit endgültig hinter sich.

543 Zwischen dieser und der im folgenden Abschnitt dargestellten Rspr. steht sowohl in zeitlicher als auch in sachlicher Hinsicht das Urteil V R 117/67 aus dem Jahr 1971. In diesem ordnete der BFH die Tätigkeit einer Bauarbeitsgemeinschaft, die sich in einem einzigen Umsatz erschöpfte, als nachhaltig ein (Urt. v. 21.5.1971 – V R 117/67, BStBl. II 1971, 540, BFHE 102, 174, Rn. 35). Das Merkmal der Nachhaltigkeit sei auf die Abgrenzung der gewerblichen von der privaten Tätigkeit gerichtet. Jede Tätigkeit, die nicht in die private Sphäre fällt, solle nach dem Sinn und Zweck des UStG der USt unterliegen. Unter Bezug auf dieses Urteil ordnete der BFH im Jahr 1995 dann im Urteil V R 72/93 die Sicherheitenverwertung auf einen Schlag durch einen im Vorfeld eines Konkurses gegründeten Sicherheitenpool als nachhaltige Tätigkeit ein (Urt. v. 16.3.1995 – V R 72/93, BFH/NV 1996, 187, Rn. 29). M.E. stellt diese Rspr. die konsequente Absicherung des rein temporalen Verständnisses des Begriffs der Nachhaltigkeit dar. Die Bündelung mehrerer Umsätze zu einem darf sich nämlich nicht auf ihre Besteuerung auswirken. Umgekehrt lehnte der BFH im Jahr 1987 im Urteil V R 3/77 bei der Einbringung eines Unternehmens in eine Personengesellschaft, die zweifelsfrei ein Bündel unterschiedlicher Umsätze darstellt, das Vorliegen einer nachhaltigen Tätigkeit allerdings ab (Urt. v. 15.1.1987 – V R 3/77, BStBl. II 1987, 512, BFHE 149, 272, Rn. 41). Entscheidend für die Frage, ob die diesen Umsätzen zugrunde liegende Tätigkeit die Unternehmereigenschaft der Klägerin begründet, sei nicht in erster Linie diese Vielzahl von Umsätzen, sondern ob die Klägerin mit der Einbringung des Unternehmens in die Personengesellschaft als solche eine auf gewisse Dauer angelegte geschäftliche Tätigkeit entfaltet hat.

544 BFH, Urt. v. 30.7.1986 – V R 41/76, BStBl. II 1986, 874, BFHE 147, 279, Rn. 21; Urt. v. 18.7.1991 – V R 86/87, BStBl. II 1991, 776, BFHE 165, 116, Rn. 13.

545 BFH, Urt. v. 18.7.1991 – V R 86/87, BStBl. II 1991, 776, BFHE 165, 116, Rn. 16 ff.

546 BFH, Urt. v. 18.7.1991 – V R 86/87, BStBl. II 1991, 776, BFHE 165, 116, Rn. 27; Urt. v. 7.9.1995 – V R 25/94, BStBl. II 1996, 109, BFHE 178, 490, Rn. 11.

Mal führte er die genannten Kriterien zum Tatbestandsmerkmal der Nachhaltigkeit an, mal direkt zum Begriff des Unternehmers.[547] Zunächst wird das Merkmal der Nachhaltigkeit aber lediglich nach dem früheren rein temporalen Verständnis der Rspr. besprochen:

Das rein temporale Verständnis des Merkmals der Nachhaltigkeit ist von der MwStSystRL gedeckt. Zwar findet sich das Merkmal der Nachhaltigkeit weder in der allgemeinen Definition des Steuerpflichtigen in Art. 9 Abs. 1 UAbs. 1 MwStSystRL noch in der Definition des Begriffs der wirtschaftlichen Tätigkeit in Art. 9 Abs. 1 UAbs. 2 S. 1 MwStSystRL wieder. Art. 12 Abs. 1 MwStSystRL räumt den Mitgliedstaaten aber das Recht ein, Personen als Steuerpflichtige zu betrachten, die bestimmte wirtschaftliche Tätigkeiten nur gelegentlich ausüben. Daraus ergibt sich, dass wirtschaftliche Tätigkeiten nur solche Tätigkeiten sind, die nicht nur gelegentlich ausgeübt werden.[548] Und eine Tätigkeit, die nicht nur gelegentlich ausgeübt wird, wird nachhaltig im rein temporalen Sinn ausgeübt.[549]

Die Eigenkapitalüberlassung nimmt mit der Erbringung der Einlage ihren Anfang und findet mit der Gesellschaftsauflösung ihr Ende. Man könnte sie damit i.S.d. früheren Rspr. als einmalige Tätigkeit auffassen, durch die ein auf die Erzielung von Einnahmen gerichteter Dauerzustand geschaffen wird, sodass sie i.S.d. früheren Rspr. als nachhaltige Tätigkeit einzuordnen wäre.

Gem. Art. 64 Abs. 1 MwStSystRL gelten Dienstleistungen, die zu aufeinanderfolgenden Abrechnungen oder Zahlungen Anlass geben, aber als mit Ablauf des Zeitraums bewirkt, auf den sich diese Abrechnungen oder Zahlungen beziehen. Die Eigenkapitalüberlassung gibt zu aufeinanderfolgenden Abrechnungen oder Zahlungen in Form der Gewinnausschüttungen oder -entnahmen Anlass. Damit ist sie nach dieser Vorschrift als mehrere Teilleistungen aufzufassen. Aber auch so ist die Eigenkapitalüberlassung i.S.d. früheren Rspr. als nachhaltige Tätigkeit einzuordnen. Sich wiederholende Einzelhandlungen stellen nach ihr nämlich ebenfalls eine nachhaltige Tätigkeit dar, wenn sie entweder auf einem im Voraus gefassten Willensentschluss beruhen oder davon unabhängig von der Verkehrsauffassung als zusammengehörig aufgefasst werden. Beide Alternativen sind vorliegend gegeben.

Im Übrigen steht der Einordnung der Eigenkapitalüberlassung als nachhaltig i.S.d. früheren Rspr. nicht entgegen, dass sie auf dem einmaligen Abschluss des Gesellschaftsvertrags beruht. Das Verpflichtungsgeschäft spielt nämlich keine Rolle. Entscheidend sind allein die tatsächlichen Verhältnisse.

---

547 Siehe dazu bspw. BFH, Urt. v. 13.12.1984 – V R 32/74, BStBl. II 1985, 173, BFHE 142, 327, Rn. 17, 19; Urt. v. 20.12.1984 – V R 25/76, BStBl. II 1985, 176, BFHE 142, 524, Rn. 37; Urt. v. 15.1.1987 – V R 3/77, BStBl. II 1987, 512, BFHE 149, 272, Rn. 38.

548 EuGH, Urt. v. 26.9.1996 – C-230/94 (Enkler), Slg. 1996, I-4517, Rn. 20, allerdings noch zur entsprechenden Vorschrift der 6. RL.

549 Giesberts, UR 1993, 279, 283.

Aber auch unabhängig von dem Verständnis der früheren Rspr. des Merkmals der Nachhaltigkeit ist die Eigenkapitalüberlassung als nachhaltige Tätigkeit einzuordnen. Es ist nicht zu sehen, warum die Eigenkapitalüberlassung, zumindest dann, wenn sie nicht nur ganz kurze Zeit andauert, dem Wortlaut dieses Merkmals nach keine nachhaltige Tätigkeit sein sollte. Es kann auch vom Sinn und Zweck der USt her keinen Unterschied machen, ob sich eine Leistung über einen längeren Zeitraum hinzieht oder ob sie gestückelt erbracht wird.

Gesellschafter, die ihren Gesellschaften nicht nur ganz kurz Eigenkapital überlassen, sind also i.S.d. § 2 Abs. 1 S. 3 UStG nachhaltig tätig.

e) Einnahmenerzielungsabsicht

Gesellschafter, die ihren Gesellschaften Eigenkapital überlassen, werden regelmäßig zumindest auch die Absicht haben, damit Einnahmen in Form von Gewinnausschüttungen oder -entnahmen und/oder Auflösungsgewinnen zu erzielen. Die Einnahmenerzielungsabsicht i.S.d. § 2 Abs. 1 S. 3 UStG dürfte also regelmäßig zu bejahen sein. In diesem Sinne äußerte auch der BFH, es könne nicht in Abrede gestellt werden, dass das Innehaben von Beteiligungen an Kapital- oder Personengesellschaften eine Betätigung ist, die auf die Erzielung von Einnahmen gerichtet ist.[550]

f) Zwischenergebnis

Damit sind alle geschriebenen Tatbestandsmerkmale des Unternehmerbegriffs erfüllt.

4. Von der Rspr. aufgeworfene Kriterien

a) Einführung

Für den, der den Unternehmerbegriff für einen Klassenbegriff hält, handelt es sich bei den von der Rspr. bei der Prüfung des Vorliegens der Unternehmereigenschaft im Laufe der Zeit aufgeworfenen weiteren Kriterien um Fälle der Reduktion des Wortlauts der Vorschrift zur Unternehmereigenschaft. Für den, der den Begriff des Unternehmers für einen Typusbegriff hält, handelt es sich bei diesen Kriterien um ungeschriebene Tatbestandsmerkmale des Unternehmerbegriffs. Diese Meinungsverschiedenheit wirkt sich aber nicht auf die Auslegung des Unternehmerbegriffs aus.[551]

---

550 BFH, Urt. v. 15.1.1987 – V R 3/77, BStBl. II 1987, 512, BFHE 149, 272, Rn. 37; Urt. v. 20.1.1988 – X R 48/81, BStBl. II 1988, 557, BFHE 152, 556, Rn. 19.

551 Siehe dazu C.IV.2.

b) Entwicklung der Rspr.

Im Jahr 1979 verabschiedete sich der BFH im Werkswagenfall von dem von ihm bis dato gepflegten rein temporalen Verständnis des Begriffs der Nachhaltigkeit[552], indem er für das Vorliegen einer nachhaltigen Tätigkeit eine Marktbeteiligung wie ein Händler und eine planmäßige Entfaltung einer Verkaufstätigkeit verlangte.[553]

An dieses Urteil anknüpfend aber ohne Bezug zum Merkmal der Nachhaltigkeit, führte er im Jahr 1984 im Amateurrennfahrerfall aus, es bedürfe der Entfaltung einer auf Dauer angelegten geschäftlichen Tätigkeit.[554] Für eine solche sei wesensbestimmend, dass sie auf Einnahmeerzielung angelegt ist. Es müsse eine regel- und planmäßige, d.h. im Sinne eines auf gewisse Dauer angelegten Geschäftsbetriebs, Beteiligung am Markt wie ein Händler gegeben sein.[555] Diese Auslegung nehme auch auf die Definition des Unternehmerbegriffs in Art. 4 2. RL Rücksicht.

Im Jahr 1986 verwies der BFH für diese neue Auffassung auch noch auf die Definition des Dudens, nach dem „nachhaltig" „sich auf längere Zeit stark auswirken" bedeute.[556] Von dieser Bedeutung könne auch umsatzsteuerlich ausgegangen werden. Die frühere Rspr., die unter einer nachhaltigen Tätigkeit eine solche verstand, die auf Dauer berechnet ist, habe nur eine der beiden Komponenten angesprochen, die den Begriff der Nachhaltigkeit bestimmten.[557]

Im Jahr 1987 urteilte der X. Senat des BFH von der Rspr. des V. Senats abweichend zu einem Briefmarkensammler, für die Beteiligung am Markt wie ein Händler sei kein Geschäftsbetrieb nötig, da ein Händler ohne Geschäftsbetrieb auskommen könne.[558] Während der V. Senat seine restriktive Auslegung des Unternehmerbegriffs hauptsächlich auf eine Auslegung des Begriffs der Nachhaltigkeit nach seinem Wortlaut stützte, griff der X. Senat in diesem Urteil dafür auf die negative Abgrenzung des Unternehmens vom Eigenleben des Unternehmers zurück.[559] Das alleinige Abstellen auf das Merkmal der Nachhaltigkeit führe nicht weiter, weil auch private, auf Vermögensumschichtung abzielende Betätigungen nachhaltig sein könnten. Damit ging der X. Senat also von einem rein temporalen Verständnis des Begriffs der Nachhaltigkeit aus.

Im Jahr 1991 betonte der BFH im Urteil V R 86/87, das Gesamtbild der Verhältnisse sei entscheidend.[560] Insbesondere folgende Kriterien könnten für die Nachhaltigkeit sprechen: Mehrjährige Tätigkeit, planmäßiges Handeln, auf Wiederholung angelegte Tätigkeit, die Ausführung mehr als nur eines Umsatzes, Vornahme

552 Siehe dazu C.IV.3.d).
553 BFH, Urt. v. 26.4.1979 – V R 46/72, BStBl. II 1979, 530, BFHE 128, 110, Rn. 10.
554 BFH, Urt. v. 13.12.1984 – V R 32/74, BStBl. II 1985, 173, BFHE 142, 327, Rn. 17.
555 BFH, Urt. v. 13.12.1984 – V R 32/74, BStBl. II 1985, 173, BFHE 142, 327, Rn. 19.
556 BFH, Urt. v. 30.7.1986 – V R 41/76, BStBl. II 1986, 874, BFHE 147, 279, Rn. 21.
557 BFH, Urt. v. 30.7.1986 – V R 41/76, BStBl. II 1986, 874, BFHE 147, 279, Rn. 22.
558 BFH, Urt. v. 29.6.1987 – X R 23/82, BStBl. II 1987, 744, BFHE 150, 218. Rn. 11.
559 BFH, Urt. v. 29.6.1987 – X R 23/82, BStBl. II 1987, 744, BFHE 150, 218. Rn. 13.
560 BFH, Urt. v. 18.7.1991 – V R 86/87, BStBl. II 1991, 776, BFHE 165, 116, Rn. 14.

mehrerer gleichartiger Handlungen unter Ausnutzung derselben Gelegenheit oder desselben dauernden Verhältnisses, Intensität des Tätigwerdens, Beteiligung am Markt, Auftreten wie ein Händler, Unterhalten eines Geschäftslokals und Auftreten gegenüber Behörden.[561]

In der Folgezeit nannte der BFH auf der Grundlage, die Liste der Kriterien der Nachhaltigkeit des Urteils V R 86/87 sei nicht abschließend, weitere Kriterien: Hinausgehen über bloße Gefälligkeit gegen Aufwandsersatz,[562] Zahl der Verkäufe und der verkauften Gegenstände,[563] Dauer der Verkaufstätigkeit, Höhe der Erlöse, Werbung, Auftreten nach außen, Verwertung von Kenntnissen und Kontakten aus der jeweiligen Branche und Ausbildung.

Seit dem Jahr 1996 äußerte der BFH regelmäßig, § 2 Abs. 1 UStG sei dahingehend richtlinienkonform auszulegen, dass ein Steuerpflichtiger eine wirtschaftliche Tätigkeit ausüben muss.[564] Des Weiteren stellte er sich seit dem regelmäßig auf den Standpunkt, die Prüfung durch den EuGH, ob eine wirtschaftliche Tätigkeit ausgeübt wird, entspreche faktisch seiner bisherigen Prüfung, ob die Nachhaltigkeit der Einnahmeerzielung respektive der Tätigkeit gegeben ist.[565] Der BFH hat aber auch noch in der Zeit nach 1996 manchmal für die Unternehmereigenschaft nicht auf das Vorliegen einer wirtschaftlichen Tätigkeit, sondern allein auf die Merkmale des Urteils V R 86/87 aus dem Jahr 1991 abgestellt.[566]

Tatsächlich stellt auch der EuGH auf die Berücksichtigung verschiedener Kriterien im Rahmen einer Gesamtbetrachtung ab: Im Jahr 1996 stellte er sich zur Veräußerung von Gesellschaftsbeteiligungen im Urteil Wellcome Trust auf den Standpunkt, es komme weder auf den Umfang der Umsätze noch auf die Hinzuziehung von Beratungsgesellschaften an.[567] Abgesehen davon, dass auch private Anleger umfangreiche Aktienverkäufe vornehmen können, würde andernfalls die Einstufung eines Umsatzes als wirtschaftliche Tätigkeit von der Geschicklichkeit

---

561 BFH, Urt. v. 18.7.1991 – V R 86/87, BStBl. II 1991, 776, BFHE 165, 116, Rn. 15 ff.

562 BFH, Urt. v. 7.11.1991 – V R 116/86, BStBl. II 1992, 269, BFHE 166, 195, Rn. 17; Urt. v. 28.7.1993 – XI R 105/90, BFH/NV 1994, 205, Rn. 15; Urt. v. 7.9.1995 – V R 25/94, BStBl. II 1996, 109, BFHE 178, 490, Rn. 12.

563 BFH, Urt. v. 24.11.1992 – V R 8/89, BStBl. II 1993, 379, BFHE 170, 275, Rn. 15 ff.

564 BFH, Urt. v. 12.12.1996 – V R 23/93, BStBl. II 1997, 368, BFHE 182, 388, Rn. 30; Urt. v. 10.4.1997 – V R 17/94, BFH/NV 1997, 719, Rn. 10; Urt. v. 28.10.2004 – V R 19/04, BFH/NV 2005, 725, Rn. 16; Urt. v. 11.4.2008 – V R 10/07, BStBl. II 2009, 741, BFHE 221, 456, Rn. 24; Urt. v. 18.12.2008 – V R 80/07, BStBl. II 2011, 292, BFHE 225, 163, Rn. 24; Urt. v. 26.4.2012 – V R 2/11, BStBl. II 2012, 634, BFHE 237, 286, Rn. 32.

565 BFH, Urt. v. 12.12.1996 – V R 23/93, BStBl. II 1997, 368, BFHE 182, 388, Rn. 33; Urt. v. 10.4.1997 – V R 17/94, BFH/NV 1997, 719, Rn. 13; Urt. v. 28.10.2004 – V R 19/04, BFH/NV 2005, 725, Rn. 19; Urt. v. 11.4.2008 – V R 10/07, BStBl. II 2009, 741, BFHE 221, 456, Rn. 27; Urt. v. 18.12.2008 – V R 80/07, BStBl. II 2011, 292, BFHE 225, 163, Rn. 27; Urt. v. 26.4.2012 – V R 2/11, BStBl. II 2012, 634, BFHE 237, 286, Rn. 35.

566 Siehe dazu bspw. BFH, Beschl. v. 15.3.2002 – V B 137/01, BFH/NV 2002, 1503, Rn. 16.

567 EuGH, Urt. v. 20.6.1996 – C-155/94 (Wellcome Trust), Slg. 1996, I-03013, Rn. 37.

und der Sachkenntnis des Anlegers abhängen. Im Jahr 1996 äußerte er im Urteil Enkler zur Vermietung eines Wohnmobils, es sei unter Berücksichtigung aller Gegebenheiten zu ermitteln, ob die fragliche Tätigkeit zur nachhaltigen Erzielung von Einnahmen dient.[568] Dabei sei auch die Art des betreffenden Gegenstands von Bedeutung.[569] Werde ein Gegenstand üblicherweise ausschließlich wirtschaftlich genutzt, so sei dies im Allgemeinen ein ausreichendes Indiz dafür, dass sein Eigentümer ihn für Zwecke wirtschaftlicher Tätigkeiten und folglich zur nachhaltigen Erzielung von Einnahmen nutzt. Könne ein Gegenstand dagegen seiner Art nach sowohl zu wirtschaftlichen als auch zu privaten Zwecken verwendet werden, so seien alle Umstände seiner Nutzung zu prüfen, um festzustellen, ob er tatsächlich zur nachhaltigen Erzielung von Einnahmen verwendet wird. Die tatsächliche Dauer der Vermietung des Gegenstands, die Zahl der Kunden und die Höhe der Einnahmen seien Gesichtspunkte, die zur Gesamtheit der Gegebenheiten des Einzelfalls gehörten und könnten daher neben anderen Gesichtspunkten bei dieser Prüfung berücksichtigt werden.[570] Im Jahr 2011 äußerte er im Urteil Slaby zur Veräußerung von Grundstücken erneut, dass es nicht auf Zahl und Umfang der Verkäufe ankomme.[571] Der Umstand, dass der Betreffende vor der Veräußerung eine Parzellierung des Grundstücks vorgenommen hat, um einen besseren Gesamtpreis zu erzielen, sei für sich allein nicht maßgeblich, ebenso wenig wie der Zeitraum, über den sich die fraglichen Umsätze erstrecken, oder die Höhe der dadurch erzielten Einnahmen.[572] Alle diese Umstände zusammen könnten nämlich zur Verwaltung des Privatvermögens des Betreffenden gehören. Dies sei jedoch nicht der Fall, wenn der Betreffende aktive Schritte zum Vertrieb von Grund und Boden unternimmt, indem er sich ähnlicher Mittel bedient wie ein Erzeuger, Händler oder Dienstleistender.[573]

c) Kriterien im Einzelnen

aa) Keine private Vermögensverwaltung

(1) Einführung

Die private Vermögensverwaltung ist von der Verwaltung fremden Vermögens abzugrenzen, worunter bspw. die entgeltliche Tätigkeit eines Treuhänders für seinen Treugeber zu verstehen ist. Diese ist unumstritten eine unternehmerische Tätigkeit.[574] Des Weiteren ist die private Vermögensverwaltung von der Verwaltung eigenen Vermögens, das einem Betrieb des Vermögensinhabers dient,

568 EuGH, Urt. v. 26.9.1996 – C-230/94 (Enkler), Slg. 1996, I-4517, Rn. 24.
569 EuGH, Urt. v. 26.9.1996 – C-230/94 (Enkler), Slg. 1996, I-4517, Rn. 27.
570 EuGH, Urt. v. 26.9.1996 – C-230/94 (Enkler), Slg. 1996, I-4517, Rn. 29.
571 EuGH, Urt. v. 15.9.2011 – C-180/10, C-181/10 (Slaby), Slg. 2011, I-8461, Rn. 37.
572 EuGH, Urt. v. 15.9.2011 – C-180/10, C-181/10 (Slaby), Slg. 2011, I-8461, Rn. 38.
573 EuGH, Urt. v. 15.9.2011 – C-180/10, C-181/10 (Slaby), Slg. 2011, I-8461, Rn. 39.
574 Siehe dazu bspw. Stadie in Rau/Dürrwächter, UStG, § 2 Rn. 399.

abzugrenzen.[575] Damit umfasst die private Vermögensverwaltung einerseits die Überlassung der Nutzung von Vermögen an andere gegen Entgelt. Andererseits umfasst sie den Kauf und Verkauf von solchen Vermögensgegenständen. Wie noch genauer auszuführen sein wird, gründen manche die Auffassung, die private Vermögensverwaltung stelle keine unternehmerische Tätigkeit dar, auf die Überlegung, sie führe einkommensteuerlich nicht zu einem Gewerbebetrieb und dies sei auch umsatzsteuerlich zu berücksichtigen. Daraus erklärt sich, warum auch in der umsatzsteuerlichen Diskussion anklingt, eine private Vermögensverwaltung liege nur dann vor, wenn die Vorgänge der Nutzungsüberlassung und der Umstrukturierung des verwalteten Vermögens eine gewisse Schwelle nicht überschreiten.

Bei der Überlassung von Eigenkapital handelt es sich zweifelsfrei um die Verwaltung eigenen Vermögens. Und wenn die Beteiligung an der Gesellschaft, der der Gesellschafter das Eigenkapital überlässt, nicht einer anderen unternehmerischen Tätigkeit des Gesellschafters dient, spricht viel dafür, dass die Eigenkapitalüberlassung eine private Vermögensverwaltung darstellt. Damit muss geklärt werden, ob die private Vermögensverwaltung tatsächlich keine unternehmerische respektive wirtschaftliche Tätigkeit darstellt.

Zunächst ist aber noch die einschlägige Rspr., die aus Übersichtlichkeitsgründen in der obigen Rechtsprechungsübersicht ausgespart wurde, darzustellen:

In den Jahren 1987 und 1992 führte der BFH zum Kauf und Verkauf von Gesellschaftsbeteiligungen[576] und Edelmetall[577] aus, es sei zwischen dem nichtunternehmerischen Vermögensverwaltungsbereich respektive der privaten Vermögensverwaltung und dem unternehmerischen Bereich respektive der geschäftsmäßigen Tätigkeit zu unterscheiden.

---

575 Siehe dazu bspw. Schmidt-Liebig, BB 1994, Beilage 20 zu Heft 29, 1, 16 und Tiede, Holding, 78. Tiede, Holding, 85 bezeichnet diese Form der Vermögensverwaltung als unternehmerische Vermögensverwaltung. Diese Bezeichnung ist irreführend. Die Verwaltung eigenen Vermögens, das dem Betrieb des Vermögensinhabers dient, führt nämlich gerade nicht zu eigenen Umsätzen und damit nicht zu einer eigenen unternehmerischen Tätigkeit. Des Weiteren steht Tiede, Holding, 85 auf dem Standpunkt, die Anlage von Geld in Wertpapiere, Beteiligungen oder Immobilien könne der Eigenkapitalsicherung eines Unternehmens und damit dem Betrieb des Vermögensinhabers dienen, mit dem Ergebnis, dass in diesen Fällen eine unternehmerische Vermögensverwaltung vorliegen könne. In Anlehnung an den Rechtsgedanken des § 344 Abs. 1 HGB, nach dem die von einem Kaufmann vorgenommenen Rechtsgeschäfte im Zweifel als zum Betrieb seines Handelsgewerbes gehörig gelten, sei im Zweifel von unternehmerischer Vermögensverwaltung auszugehen. Auf dieser Grundlage möchte Tiede den Abzug der Vorsteuer erlauben, die auf den Eingangsleistungen lastet, die anlässlich dieser von ihm so bezeichneten unternehmerischen Vermögensverwaltung bezogen werden.

576 BFH, Urt. v. 15.1.1987 – V R 3/77, BStBl. II 1987, 512, BFHE 149, 272, Rn. 38.

577 BFH, Urt. v. 13.2.1992 – V R 112/87, BFH/NV 1993, 59, Rn. 12 f.

Im Jahr 1997 stellte er sich auf den Standpunkt, § 2 Abs. 3 UStG 1980 regele mit dem Verweis auf §§ 1 Abs. 1 Nr. 6, 4 KStG aufbauend auf Art. 4 Abs. 5 UAbs. 4 6. RL mittelbar, die Vermögensverwaltungsumsätze Vermietung und Verpachtung von Grundstücken seien Tätigkeiten, die den juristischen Personen des öffentlichen Rechts ausnahmsweise im Rahmen der öffentlichen Gewalt obliegen, sodass juristische Personen des öffentlichen Rechts mit solchen Umsätzen nicht unternehmerisch tätig sind.[578]

Es lässt sich nicht eindeutig sagen, ob der BFH in diesem Urteil davon ausging, die private Vermögensverwaltung stelle eine gewerbliche oder berufliche Tätigkeit dar. Dafür spricht, dass er § 2 Abs. 3 UStG 1980 i.V.m. §§ 1 Abs. 1 Nr. 6, 4 KStG für eine Ausnahmeregelung hielt, nach der die Vermögensverwaltungsumsätze Vermietung und Verpachtung von Grundstücken ausgeführt durch juristische Personen des öffentlichen Rechts ausnahmsweise nicht steuerbar sind. Andererseits ist denkbar, dass er für die Steuerbarkeit der Leistungen juristischer Personen des öffentlichen Rechts allein die Frage für entscheidend hielt, ob sie eine privatrechtliche oder öffentlich-rechtliche Grundlage haben.

Gleiches gilt für das Urteil V R 70/05, in dem der BFH im Jahr 2009 nach entsprechender Äußerung des EuGH die Vermietungstätigkeit einer Industrie- und Handelskammer als unternehmerisch einordnete, da Art. 4 Abs. 5 UAbs. 4 6. RL eine ausdrückliche gesetzliche Regelung verlange[579]. Dafür, dass der BFH in diesem Urteil davon ausging, die private Vermögensverwaltung stelle eine gewerbliche oder berufliche Tätigkeit dar, könnte sprechen, dass er mit der Begründung, es fehle an einer ausdrücklichen Ausnahmevorschrift, von der Steuerbarkeit der Vermietungsumsätze ausging. Dagegen könnte aber sprechen, dass er, ohne zuvor der Frage nachgegangen zu sein, ob die Tätigkeit der Industrie- und Handelskammer eine gewerbliche oder berufliche Tätigkeit darstellt, prüfte, ob sie auf privatrechtlicher Grundlage handelte.

Im Jahr 2010 äußerte der BFH, ob eine wirtschaftliche Tätigkeit vorliegt, sei sowohl für juristische Personen des öffentlichen Rechts als auch für andere Personen nach denselben Grundsätzen zu prüfen.[580] Die Regelungen zu den juristischen Personen des öffentlichen Rechts seien nicht steuerbarkeitsbegründend, sondern schränkten die Steuerpflicht der juristischen Personen des öffentlichen Rechts ein.[581] Dies könne dazu führen, dass Tätigkeiten, die im Bereich der KSt als private Vermögensverwaltung nicht besteuert werden, gleichwohl umsatzsteuerbar sind.[582] Da der Begriff der wirtschaftlichen Tätigkeit sowohl für juristische Personen des öffentlichen Rechts als auch für andere Personen einheitlich auszulegen sei, komme dem Begriff der privaten Vermögensverwaltung umsatzsteuerlich

578 BFH, Urt. v. 11.6.1997 – XI R 33/94, BStBl. II 1999, 418, BFHE 182, 454, Rn. 22.
579 BFH, Urt. v. 20.8.2009 – V R 70/05, BFHE 226, 458, Rn. 37.
580 BFH, Urt. v. 15.4.2010 – V R 10/09, BFHE 229, 416, Rn. 20.
581 BFH, Urt. v. 15.4.2010 – V R 10/09, BFHE 229, 416, Rn. 21.
582 BFH, Urt. v. 15.4.2010 – V R 10/09, BFHE 229, 416, Rn. 22.

keine Bedeutung zu.[583] Maßgeblich sei, ob eine wirtschaftliche Tätigkeit vorliegt. Aus § 4 Nr. 12 UStG und Art. 13 Teil B Abs. 1 lit. b) 6. RL, also aus den Vorschriften, nach denen die Vermietung und Verpachtung unbeweglichen Vermögens steuerfrei ist, ergebe sich, dass die Vermietung unbeweglichen Vermögens eine wirtschaftliche Tätigkeit ist.

Im folgenden Jahr aber stellte sich der BFH bzgl. einer GmbH, die Autos ankaufte, einlagerte und nach Ablauf längerer Zeit mit Preisaufschlag weiterverkaufte, wieder auf den Standpunkt, für das Vorliegen einer unternehmerischen Tätigkeit sei entscheidend, ob sie dem Bild entspricht, das nach der Verkehrsanschauung einer wirtschaftlichen Tätigkeit, vergleichbar der eines Händlers, eines Güterproduzenten etc., entspricht und einer privaten Sammlertätigkeit oder Vermögensverwaltung fremd ist.[584]

Auch der EuGH argumentiert regelmäßig mit der privaten Vermögensverwaltung in Abgrenzung zur wirtschaftlichen Tätigkeit. Im Urteil Wellcome Trust führte er zum gewerbsmäßigen Wertpapierhandel aus, es sei zwischen der nicht in den Anwendungsbereich der RL fallenden Tätigkeit eines privaten Anlegers und der Tätigkeit eines Anlegers, dessen Umsätze eine wirtschaftliche Tätigkeit darstellen, zu unterscheiden.[585] Im Urteil Harnas & Helm stellte er sich auf den Standpunkt, die Tätigkeit eines Inhabers von Schuldverschreibungen könne als eine Form der Kapitalanlage bezeichnet werden, die ihrer Art nach nicht über bloße Vermögensverwaltung hinausgehe.[586] Im Urteil Floridienne, Berginvest urteilte er, das Überlassen von Fremdkapital an eine Tochtergesellschaft sei nur dann eine wirtschaftliche Tätigkeit, wenn sie nicht nur gelegentlich ausgeübt werde und sich nicht wie die eines privaten Anlegers auf die Verwaltung von Anlagen beschränkt.[587] Im Urteil EDM äußerte er zum bloßen Verkauf von Aktien und sonstigen Wertpapieren durch eine Holdinggesellschaft, es sei anzunehmen, dass sie sich insoweit wie ein privater Anleger auf die Verwaltung eines Wertpapiervermögens beschränke.[588] Und im Urteil Slaby schließlich entschied er, die Veräußerung von Grundstücken durch einen Landwirt, der seine Landwirtschaft zuvor aufgegeben hat, sei dann steuerbar, wenn die Verkaufstätigkeit über die bloße Ausübung des Eigentums hinausgeht.[589] Dafür müssten Umstände vorliegen, die normalerweise nicht im Rahmen der Verwaltung von Privatvermögen gegeben sind.[590]

583 BFH, Urt. v. 15.4.2010 – V R 10/09, BFHE 229, 416, Rn. 24.
584 BFH, Urt. v. 27.1.2011 – V R 21/09, BStBl. II 2011, 524, BFHE 233, 77, Rn. 28.
585 EuGH, Urt. v. 20.6.1996 – C-155/94 (Wellcome Trust), Slg. 1996, I-03013, Rn. 37.
586 EuGH, Urt. v. 6.2.1997 – C-80/95 (Harnas & Helm), Slg. 1997, I-00745, Rn. 18.
587 EuGH, Urt. v. 14.11.2000 – C-142/99 (Floridienne, Berginvest), Slg. 2000, I-9567, Rn. 28.
588 EuGH, Urt. v. 29.4.2004 – C-77/01 (EDM), Slg. 2004, I-4295, Rn. 60.
589 EuGH, Urt. v. 15.9.2011 – C-180/10, C-181/10 (Slaby), Slg. 2011, I-8461, Rn. 38.
590 EuGH, Urt. v. 15.9.2011 – C-180/10, C-181/10 (Slaby), Slg. 2011, I-8461, Rn. 39, 41.

Auch wenn der BFH in einem Urteil äußerte, dem Begriff der privaten Vermögensverwaltung komme umsatzsteuerlich keine Bedeutung zu, ist festzustellen, dass er oftmals und auch zeitlich nach dieser Äußerung genau gegenteilig Stellung bezogen hat. Der EuGH hat ebenfalls mit der privaten Vermögensverwaltung argumentiert und die Steuerbarkeit von Umsätzen abgelehnt, die zu Tätigkeiten gehören, die ihre Grenzen nicht überschreiten.

(2) Wortlaut

Der Begriff der unternehmerischen Tätigkeit und seine Unterbegriffe gewerbliche oder berufliche Tätigkeit erfassen ihrem Wortlaut nach die private Vermögensverwaltung.

Man darf sich nämlich nicht davon in die Irre führen lassen, dass die private Vermögensverwaltung als privat bezeichnet wird. Entscheidend ist der tatsächliche Gehalt der von diesem Begriff erfassten Sachverhalte. Er bezieht sich einerseits auf die Überlassung der Nutzung von Vermögen an andere gegen Entgelt und andererseits auf den Kauf und Verkauf solcher Vermögensgegenstände, solange diese Vorgänge eine gewisse Schwelle nicht überschreiten.[591]

Des Weiteren darf man sich auch nicht von einem eventuellen Vorverständnis aus anderen Rechtsgebieten täuschen lassen. Bei der Auslegung eines Begriffs nach seinem Wortlaut kommt es nur auf den allgemeinen Sprachgebrauch an. Das Verständnis eines in einem anderen Rechtsgebiet belegenen Begriffs, der seinem Wortlaut nach dem auszulegenden Begriff entspricht oder gleicht, bekommt erst im Rahmen der systematischen Auslegung Bedeutung. Dass die private Vermögensverwaltung bspw. im Einkommensteuerrecht nicht zu einem Gewerbebetrieb führen soll, ist also für die Auslegung nach dem Wortlaut irrelevant.

Vor diesem Hintergrund ist nicht erkennbar, warum die umsatzsteuerlich relevanten Vorgänge der privaten Vermögensverwaltung, also die Überlassung der Nutzung von Vermögen an andere gegen Entgelt und der Verkauf von Vermögensgegenständen nach dem allgemeinen Sprachgebrauch nicht als unternehmerische oder als gewerbliche oder berufliche Tätigkeiten erfasst sein sollten.

Diese Vorgänge stellen auch Tätigkeiten dar. Bzgl. der Verkaufsvorgänge ist das selbstverständlich. Bzgl. der Überlassung der Nutzung von Vermögen an andere gegen Entgelt sei auf die Ausführungen zur Frage, ob die Eigenkapitalüberlassung eine Tätigkeit darstellt, verwiesen.[592]

Bei den umsatzsteuerlich relevanten Vorgängen der privaten Vermögensverwaltung wird es sich im Übrigen regelmäßig auch um selbständige, nachhaltige und von einer Einnahmenerzielungsabsicht getragene Tätigkeiten handeln.

---

591 Siehe dazu C.IV.4.c)aa)(1).

592 Siehe dazu C.IV.3.a).

(3) Systematik

(i) Einkünfte aus Gewerbebetrieb

Wie bereits angedeutet stellt die private Vermögensverwaltung nach Auffassung mancher keine gewerbliche und damit auch keine unternehmerische Tätigkeit dar, da sie in der ESt nicht zu einem Gewerbebetrieb führen soll.[593]

Für diese einkommensteuerliche Einordnung der privaten Vermögensverwaltung werden verschiedene Argumente genannt. Nach einer Auffassung erfüllt die private Vermögensverwaltung regelmäßig die in § 15 Abs. 2 S. 1 EStG niedergelegten Merkmale des Gewerbebetriebs.[594] Gleichzeitig führe sie abhängig von der Art des verwalteten Vermögens zu Einkünften aus Kapitalvermögen oder zu Einkünften aus Vermietung und Verpachtung. Bei der Veräußerung von Wirtschaftsgütern des verwalteten Vermögens könne es auch zu Einkünften aus privaten Veräußerungsgeschäften kommen. Zur Vermeidung eines Zuordnungskonflikts sei daher davon auszugehen, dass § 15 Abs. 2 S. 1 EStG das ungeschriebene Tatbestandsmerkmal „keine private Vermögensverwaltung" enthält.

Eine andere Auffassung steht auf dem Standpunkt, der Begriff des Gewerbebetriebs sei Unterbegriff des Begriffs des wirtschaftlichen Geschäftsbetriebs.[595] Damit gälten die Anforderungen an das Vorliegen eines wirtschaftlichen Geschäftsbetriebs auch für das Vorliegen eines Gewerbebetriebs. Da nach § 14 S. 1 AO ein wirtschaftlicher Geschäftsbetrieb eine Tätigkeit ist, die über den Rahmen einer Vermögensverwaltung hinausgeht, führe die private Vermögensverwaltung daher auch nicht zum Vorliegen eines Gewerbebetriebs. M.E. aber stehen die beiden Begriffe nicht in einem Ober-Unterbegriff-Verhältnis zueinander. Das Gesetz ordnet dieses Verhältnis zumindest nicht ausdrücklich an. Es lässt sich auch nicht dem Standort der Definition des wirtschaftlichen Geschäftsbetriebs in der AO, dem allgemeinen Teil des Steuerrechts, entnehmen.[596]

Nach einer dritten Auffassung ergibt es sich aus dem Begriff des Betriebsvermögens des § 4 Abs. 1 S. 1 EStG, dass die private Vermögensverwaltung nicht zu

593 Siehe dazu bspw. Stadie in Rau/Dürrwächter, UStG, § 2 Rn. 365; Stadie, UStG, § 2 Rn. 99; Schmidt-Liebig, BB 1994, Beilage 20 zu Heft 29, 1, 11.

594 Siehe dazu bspw. BFH, Urt. v. 11.7.1968 – IV 139/63, BStBl. II 1968, 775, BFHE 93, 281, Rn. 10 f.

595 BFH, Beschl. v. 8.11.1971 – GrS 2/71, BStBl. II 1972, 63, BFHE 103, 440, Rn. 15; Stadie in Rau/Dürrwächter, UStG, § 2 Rn. 365; Stadie, UStG, § 2 Rn. 99.

596 Wenn man mit anderen Argumenten zu dem Ergebnis kommt, dass die private Vermögensverwaltung nicht zu Einkünften aus Gewerbebetrieb führt, stellt man fest, dass der Begriff des wirtschaftlichen Geschäftsbetriebs und der Begriff des Gewerbebetriebs teilweise deckungsgleich sind und der Begriff des Gewerbebetriebs dabei enger ist als der des wirtschaftlichen Geschäftsbetriebs. Das stellt aber lediglich eine der Auslegung nachgelagerte Einordnung ihres Egebnisses dar.

Einkünften aus Gewerbebetrieb führt.[597] Mit diesem Begriff habe der Gesetzgeber definiert, welche Vermögensmehrungen als Einkünfte aus Gewerbebetrieb aufzufassen sind. Er habe es aber unterlassen, diese Eingrenzung auch bei der Definition des Begriffs des Gewerbebetriebs in § 15 Abs. 2 S. 1 EStG nachzuvollziehen. Dies sei im Wege der teleologischen Reduktion zu korrigieren.[598]

Für den Ausschluss der privaten Vermögensverwaltung aus dem Gewerbebetrieb wird auch noch auf die theoretische Grundlage des Einkünftedualismus abgestellt.[599] Nach der Reinvermögenszugangstheorie, die den Gewinneinkünften zugrunde liegt, spiegelt der Gesamtvermögenszuwachs nur dann die wirtschaftliche Leistungsfähigkeit wider, wenn es dem Steuerpflichtigen auch um die Realisierung eventueller Wertsteigerungen des Stammvermögens geht. Das sei bei der privaten Vermögensverwaltung aber nicht der Fall.

Der umsatzsteuerliche Begriff der gewerblichen Tätigkeit und die einkommensteuerlichen Begriffe des Gewerbebetriebs und des gewerblichen Unternehmens unterscheiden sich ihrem Wortlaut nach tatsächlich nur geringfügig. Daraus kann m.E. aber nicht geschlossen werden, der Gesetzgeber könne mit diesen Begriffen nur schwer Verschiedenes gemeint haben. Denn wozu bedürfte es sonst § 2 Abs. 1 S. 2 GewStG, nach dem unter dem Begriff des Gewerbebetriebs i.S.d. GewStG ein gewerbliches Unternehmen i.S.d. EStG zu verstehen ist?

Selbst wenn der Wortlaut der bezeichneten Begriffe identisch wäre, ergäbe sich daraus nicht zwangsläufig, dass sie auch desselben Inhalts sind. Vielmehr wäre dann zu prüfen, ob sie an ihren jeweiligen Standorten auch die gleichen Aufgaben erfüllen. Im Einkommensteuerrecht dienen die Begriffe des Gewerbebetriebs und des gewerblichen Unternehmens der Zuordnung eines Vorgangs zu einer Einkunftsart. Im Umsatzsteuerrecht hingegen entscheidet sich mit dem Begriff der gewerblichen Tätigkeit, ob überhaupt ein steuerbarer Vorgang vorliegt. Die Begriffe erfüllen also deutlich verschiedene Aufgaben. Selbst wenn sie ihrem Wortlaut nach identisch wären, stünde dies der Annahme entgegen, dass sie auch identischen Inhalts sind.

Gegen die Annahme, die private Vermögensverwaltung führe aufgrund ihrer einkommensteuerlichen Einordnung im Umsatzsteuerrecht nicht zu einer gewerblichen Tätigkeit, spricht auch, dass man andernfalls konsequenterweise davon ausgehen müsste, dass die Verwaltung eigenen Vermögens dann, wenn sie die einkommensteuerliche Schwelle zur Gewerblichkeit überschreitet, doch zu einer gewerblichen Tätigkeit i.S.d. UStG führt. Dies hätte zur Folge, dass die

597 Buge in Herrmann/Heuer/Raupach, EStG, § 15 Rn. 1102.

598 M.E. lässt sich dem Begriff des Betriebsvermögens nichts für die vorliegende Frage entnehmen. Zunächst ist zu sehen, dass es neben den Einkünften aus Gewerbebetrieb noch weitere Arten von Gewinneinkünften gibt. Außerdem ist nicht zu sehen, warum die private Vermögensverwaltung dem Wortlaut nach nicht auch als Betrieb eingeordnet werden können sollte.

599 Hey in Tipke/Lang, Steuerrecht, § 8 Rn. 417.

Umsatzsteuerbelastung des Aufwands für Leistungen, die im Rahmen der Verwaltung eigenen Vermögens erbracht werden, davon abhinge, ob der Leistende auch Wertsteigerungen in der Substanz seines Vermögens ausbeuten möchte, oder ob es ihm nur um die Ziehung der Früchte seines Stammvermögens geht. Diese Kriterien können für die Steuerbarkeit einer Leistung aber keine Rolle spielen, geht es dem Umsatzsteuerrecht doch um eine allumfassende Besteuerung eines jeden Verbrauchsaufwands.

Des Weiteren ist zu sehen, dass die private Vermögensverwaltung im Einkommensteuerrecht nur dem Grundsatz nach nicht zu Einkünften aus Gewerbebetrieb führt.[600] Damit fällt es schwer, von einer einkommensteuerlichen Wertung zu sprechen, die unbedingt ins Umsatzsteuerrecht übertragen werden muss. Auch wäre die konsequenterweise nötige Berücksichtigung dieser Ausnahmen aus der Perspektive des Umsatzsteuerrechts nicht ansatzweise nachvollziehbar. Im Übrigen ist der einkommensteuerliche Dualismus der Einkünfte durchaus kritisch zu sehen. Er führt nämlich zu eventuell nicht gerechtfertigten Ungleichbehandlungen.[601]

Die einkommensteuerliche Einordnung der privaten Vermögensverwaltung hat also nicht zur Folge, dass die private Vermögensverwaltung im Umsatzsteuerrecht keine gewerbliche Tätigkeit und damit auch keine unternehmerische Tätigkeit darstellt.

(ii) Betrieb gewerblicher Art

Des Weiteren könnten aber aus dem Begriff des Betriebs gewerblicher Art Schlüsse für die Frage, ob die private Vermögensverwaltung im Umsatzsteuerrecht eine gewerbliche und damit eine unternehmerische Tätigkeit darstellt, zu ziehen sein.

Nach § 1 Abs. 1 Nr. 6 KStG sind die Betriebe gewerblicher Art juristischer Personen des öffentlichen Rechts unbeschränkt körperschaftsteuerpflichtig. Die private Vermögensverwaltung der juristischen Personen des öffentlichen Rechts führt nach der h.M. aber nicht zu einem Betrieb gewerblicher Art.[602] Nach einer

---

600 Nach § 15 Abs. 1 S. 1 Nr. 2 S. 1 HS. 2 EStG gehören die Vergütungen, die ein Gesellschafter einer Personengesellschaft für die Hingabe von Darlehen und die Überlassung von Wirtschaftsgütern an seine Gesellschaft erhält, zu den Einkünften aus Gewerbebetrieb. Gem. § 15 Abs. 3 Nr. 1 EStG gilt die mit Einkünfteerzielungsabsicht unternommene Tätigkeit einer Personengesellschaft in vollem Umfang als Gewerbebetrieb, wenn die Gesellschaft auch eine gewerbliche Tätigkeit ausübt oder gewerbliche Einkünfte aus einer Mitunternehmerschaft bezieht. Nach § 15 Abs. 3 Nr. 2 S. 1 EStG gilt die Tätigkeit einer gewerblich geprägten Personengesellschaft ebenfalls in vollem Umfang als Gewerbebetrieb. Und in den Fällen der Betriebsaufspaltung geht die Rspr. davon aus, dass das Besitzunternehmen ebenfalls Einkünfte aus Gewerbebetrieb erzielt. Siehe dazu bspw. Bode in Blümich, EStG, § 15 Rn. 635.

601 Siehe dazu bspw. Hey in Tipke/Lang, Steuerrecht, § 8 Rn. 182.

602 Erhard in Blümich, KStG, § 4 Rn. 32.

Auffassung ergibt sich das aus § 4 Abs. 4 KStG.[603] Nach dieser Vorschrift gilt die Verpachtung eines Betriebs gewerblicher Art selbst als Betrieb gewerblicher Art. Dieser Vorschrift bedürfte es aber nicht, wenn die private Vermögensverwaltung zu einem Betrieb gewerblicher Art führte. Des Weiteren wird die Ähnlichkeit des Begriffs des Betriebs gewerblicher Art mit dem Begriff des wirtschaftlichen Geschäftsbetriebs angeführt, der gem. § 14 S. 1 AO die private Vermögensverwaltung nicht erfasst.[604] Auch wird im Hinblick auf den Zweck des § 1 Abs. 1 Nr. 6 KStG, Wettbewerbsneutralität zwischen privaten und staatlichen Marktteilnehmern herzustellen, argumentiert, die private Vermögensverwaltung sei nicht wettbewerbsrelevant und müsse daher nicht zu einem Betrieb gewerblicher Art führen.[605]

Daraus, dass die private Vermögensverwaltung nicht zu einem Betrieb gewerblicher Art führen soll, lässt sich m.E. nicht schließen, dass sie keine gewerbliche Tätigkeit i.S.d. § 2 Abs. 1 UStG darstellt. Die Begriffe der gewerblichen Tätigkeit und des Betriebs gewerblicher Art sind ihrem Wortlaut nach nämlich nur ähnlich und nicht identisch. Aber auch bei identischem Wortlaut wäre zu sehen, dass diese Begriffe an ihren jeweiligen Standorten unterschiedliche Aufgaben erfüllen. Es gibt auch keine Vorschrift, die dem Begriff der gewerblichen Tätigkeit das Verständnis des Begriffs des Betriebs gewerblicher Art zuordnen würde.

Außerdem spricht m.E. viel dafür, dass die private Vermögensverwaltung eigentlich doch zu einem Betrieb gewerblicher Art führen müsste. Das KStG möchte juristische Personen des öffentlichen Rechts nur insoweit von der KSt freihalten, als dies möglich ist, ohne dass es zu Verzerrungen des Wettbewerbs zwischen privaten und staatlichen Marktteilnehmern kommt.[606] Die Freihaltung der privaten Vermögensverwaltung juristischer Personen des öffentlichen Rechts von der KSt dürfte m.E. aber zu nicht irrelevanten Wettbewerbsverzerrungen führen. *Hüttemann* ist der Auffassung, bei der privaten Vermögensverwaltung bestehe typischerweise nur ein geringer Anreiz, eine steuerliche Vergünstigung an den Markt weiterzugeben.[607] Der am Markt einsetzbare Vermögensbestand sei schließlich im Wesentlichen vorgegeben. Dem kann m.E. aber nicht gefolgt werden. Zunächst ist es nämlich nicht ausgeschlossen, dass die juristischen Personen des öffentlichen Rechts die sich aus dem Steuervorteil ergebenden Mehreinnahmen dazu verwenden, den Umfang der privaten Vermögenverwaltung bspw. durch

603 Stadie, UStG, § 2 Rn. 365.
604 Stadie, UStG, § 2 Rn. 365.
605 Meier/Semelka in Herrmann/Heuer/Raupach, KStG, § 4 Rn. 28; Märtens in Gosch, KStG, § 4 Rn. 50. Siehe dazu auch BFH, Urt. v. 25.5.2011 – I R 60/10, BStBl. II 2011, 858, BFHE 234, 59, Rn. 12.
606 Märtens in Gosch, KStG, § 4 Rn. 1.
607 Hüttemann, öffentliche Hand, 64.

die Errichtung von Immobilien auszuweiten.[608] Dies drückt die Preise. Spätestens wenn private Anbieter aufgrund gesunkener Preise den Markt verlassen müssen, liegt eine durch das Steuerrecht verursachte Wettbewerbsverzerrung vor. Des Weiteren kommt in Betracht, dass die juristischen Personen des öffentlichen Rechts Kapital aufnehmen und damit den Umfang ihrer privaten Vermögensverwaltung erweitern. Außerdem ist der Grundsatz der Wettbewerbsneutralität des Steuerrechts m.E. nicht erst dann betroffen, wenn einzelne private Anbieter den Markt verlassen müssen, sondern bereits dann, wenn der vom Steuervorteil profitierende Anbieter Mehreinnahmen verzeichnet. Zu sehen ist auch noch, dass die juristischen Personen des öffentlichen Rechts mit dem Steuervorteil aus dem Bereich der privaten Vermögensverwaltung in Bereichen disponieren werden, die zweifelsfrei zu einem Betrieb gewerblicher Art führen.

Wenn man auf dem Standpunkt stehen sollte, die Annahme, nach der die private Vermögensverwaltung nicht zu einem Betrieb gewerblicher Art führt, lasse sich doch damit begründen, bei ihr drohten keine relevanten Wettbewerbsverzerrungen, wäre zu sehen, dass der Aspekt der Vermeidung von Wettbewerbsverzerrungen zwischen juristischen Personen des öffentlichen Rechts und Privatpersonen bei der Frage, ob die private Vermögensverwaltung zu einer gewerblichen Tätigkeit i.S.d. § 2 Abs. 1 UStG führt, keine Rolle spielt. Das stünde der Übertragung der Ausnahme der privaten Vermögensverwaltung in das Umsatzsteuerrecht entgegen.

Nach *Hüttemann* dient die Besteuerung der Betriebe gewerblicher Art juristischer Personen des öffentlichen Rechts aus der Sicht des Finanzausgleichs der Absicherung des Steueraufkommens.[609] Sie verhindere, dass sich einzelne Hoheitsträger durch steuerfreie wirtschaftliche Betätigung zusätzliche Einnahmequellen erschließen und durch Verdrängung privater steuerpflichtiger Wirtschaftsunternehmen das Steueraufkommen aller Steuergläubiger mindern. Diese Gefahr sei im Bereich der privaten Vermögensverwaltung aber deutlich geringer. Angesichts bspw. großer kommunaler Wohnungsbestände fällt es schwer, diese Einschätzung zu teilen. Weiterhin ist *Hüttemann* der Auffassung, die Steuerpflicht der öffentlichen Hand im Bereich der privaten Vermögensverwaltung führte zu einem zusätzlichen Finanzausgleich, da die ärmeren Länder dann von den Zinseinnahmen der reicheren Länder profitieren würden.[610] Daraus kann m.E. aber nicht geschlossen werden, dass die private Vermögensverwaltung nicht zu einem Betrieb gewerblicher Art führt. Wer mit diesem faktischen „Finanzausgleich" nicht einverstanden ist, muss die Anpassung des Finanzausgleichs selbst anregen.

608 Anders als bei den Körperschaften, die steuerbegünstigte Zwecke verfolgen, wird bei den juristischen Personen des öffentlichen Rechts die Erweiterung des verwalteten Vermögens auch nicht durch § 55 Abs. 1 Nr. 5 AO beschränkt.

609 Hüttemann, öffentliche Hand, 62.

610 Hüttemann, öffentliche Hand, 62.

Wenn man aber auf dem Standpunkt stehen sollte, die Ausnahme der privaten Vermögensverwaltung aus dem Betrieb gewerblicher Art lasse sich doch damit begründen, dass ihre Nichtbesteuerung das Steueraufkommen aller Steuergläubiger nicht gefährde, ist zu sehen, dass dieser Aspekt bei der Frage, ob die private Vermögensverwaltung zu einer gewerblichen Tätigkeit i.S.d. § 2 Abs. 1 UStG führt, keine Rolle spielt. Dies stünde der Übertragung der Ausnahme der privaten Vermögensverwaltung in das Umsatzsteuerrecht entgegen.

Im Übrigen ist noch zu sehen, dass die körperschaftsteuerlichen Regelungen zur Besteuerung juristischer Personen des öffentlichen Rechts darauf abzielen, die öffentliche Hand von einer Eigenbesteuerung freizuhalten.[611] Auch dieser Aspekt spielt bei der Frage, ob die private Vermögensverwaltung zu einer gewerblichen Tätigkeit führt, keine Rolle. Das spricht ebenfalls dafür, dass sich aus der Ausnahme der privaten Vermögensverwaltung aus dem Betrieb gewerblicher Art nicht ergibt, dass die private Vermögensverwaltung nicht zu einer gewerblichen Tätigkeit i.S.d. UStG führt.

(iii) Wirtschaftlicher Geschäftsbetrieb

Fraglich ist, ob sich aus dem Begriff des wirtschaftlichen Geschäftsbetriebs etwas für die umsatzsteuerrechtliche Einordnung der privaten Vermögensverwaltung ergibt.

Nach § 14 S. 1 AO ist ein wirtschaftlicher Geschäftsbetrieb eine selbständige nachhaltige Tätigkeit, durch die Einnahmen oder andere wirtschaftliche Vorteile erzielt werden und die über den Rahmen einer Vermögensverwaltung hinausgeht. Der Begriff der Vermögensverwaltung wird dabei wie der Begriff der privaten Vermögensverwaltung verstanden.[612]

Aus dem Umstand, dass die Vermögensverwaltung nach § 14 S. 1 AO ausdrücklich keinen wirtschaftlichen Geschäftsbetrieb darstellt, kann nicht geschlossen werden, dass die private Vermögensverwaltung im Umsatzsteuerrecht nicht zu einer gewerblichen Tätigkeit führt. Der Begriff des wirtschaftlichen Geschäftsbetriebs ist nämlich nicht Oberbegriff des Begriffs der gewerblichen Tätigkeit. Schließlich fehlt es an einer Norm, die dieses Ober-Unterbegriff-Verhältnis ausdrücklich anordnete. Es lässt sich auch nicht dem Standort der Regelung des wirtschaftlichen Geschäftsbetriebs in der AO, dem allgemeinen Teil des Steuerrechts, entnehmen.[613]

Außerdem ist schon der Ausschluss der privaten Vermögensverwaltung aus dem wirtschaftlichen Geschäftsbetrieb zu kritisieren. Wie beim Betrieb gewerblicher

---

611 Hüttemann, öffentliche Hand, 5.

612 Gersch in Klein, AO, § 14 Rn. 13.

613 Gegen die Annahme dieses Ober-Unterbegriff-Verhältnisses spricht auch, dass dann der Unterbegriff die Steuerbarkeit bestimmte während sich der Oberbegriff durch § 12 Abs. 2 Nr. 8 lit. a) UStG erst bei der nachgelagerten Frage der Steuerbefreiung auswirkte.

Art lässt sich auch hier nämlich m.E. nicht sagen, er führe nur zu irrelevanten Wettbewerbsverzerrungen.[614] Aber selbst wenn man vom Gegenteil ausgehen sollte, stünde dem Schluss, die private Vermögensverwaltung stelle dann auch im Umsatzsteuerrecht keine gewerbliche Tätigkeit dar, entgegen, dass die Vermeidung von Wettbewerbsverzerrungen zwischen denjenigen, die von einer einschlägigen Steuerbefreiung profitieren, und den restlichen Marktteilnehmern, bei der Frage, ob die private Vermögensverwaltung eine gewerbliche Tätigkeit darstellt, keine Rolle spielt.

Des Weiteren ist zu sehen, dass die Sozialzwecke, die die einschlägigen Steuerbefreiungen und damit auch die Steuerbefreiung der privaten Vermögensverwaltung tragen, bei der umsatzsteuerlichen Frage, ob die private Vermögensverwaltung eine gewerbliche Tätigkeit darstellt, keine Rolle spielen.

(iv) Handelsrecht

Es könnten auch noch aus dem handelsrechtlichen Begriff des Gewerbebetriebs Schlüsse für die umsatzsteuerrechtliche Einordnung der privaten Vermögensverwaltung zu ziehen sein.

Der Begriff des Gewerbebetriebs in § 1 Abs. 2 HGB hat keine gesetzliche Definition erfahren. Er wird aber allgemein als eine erkennbar planmäßige, auf Dauer angelegte, selbständige, auf Gewinnerzielung ausgerichtete oder jedenfalls wirtschaftliche Tätigkeit am Markt unter Ausschluss freiberuflicher, wissenschaftlicher und künstlerischer Tätigkeit verstanden.[615]

Die private Vermögensverwaltung soll nicht unter diese Definition fallen.[616] Nach einer Auffassung stellt sie nämlich keine anbietende Tätigkeit des Vermögensinhabers am Markt dar.[617] Dem wird zu Recht entgegengehalten, dass sie sehr wohl eine marktbezogene Tätigkeit ist.[618] Bei ihr handelt es sich auch um eine planmäßige, auf Dauer angelegte Tätigkeit.[619] Der Umfang des verwalteten Vermögens kann für die Frage, ob die private Vermögensverwaltung einen Gewerbebetrieb darstellt, keine Rolle spielen.[620] Er hat nämlich ausweislich des § 1 Abs. 2 HGB, nach dem jeder Gewerbebetrieb Handelsgewerbe ist, es sei denn, dass das Unternehmen nach Art oder Umfang einen in kaufmännischer Weise eingerichteten Geschäftsbetrieb nicht erfordert, erst für die Frage, ob ein Handelsgewerbe vorliegt,

---

614 Dass die Ausweitung der privaten Vermögensverwaltung durch Körperschaften, die steuerbegünstigte Zwecke verfolgen, gem. § 55 Abs. 1 Nr. 5 AO gewissen Schranken unterliegt, ändert nichts daran, dass es zu relevanten Wettbewerbsverzerrungen kommt.

615 Hopt in Baumbach/Hopt, HGB, § 1 Rn. 12.

616 Schmidt in MüKo HGB, § 1 Rn. 28; Hopt in Baumbach/Hopt, HGB, § 1 Rn. 17.

617 Schmidt in MüKo HGB, § 1 Rn. 28.

618 Schön, DB 1998, 1169, 1171.

619 Schön, DB 1998, 1169, 1171.

620 Schön, DB 1998, 1169, 1172.

Bedeutung. Im Übrigen lässt sich nicht sagen, die private Vermögensverwaltung führe nicht zu einem Gewerbebetrieb, weil sie nicht mit Gewinnerzielungsabsicht betrieben werde.[621] Einerseits kann die Gewinnerzielungsabsicht nämlich für den Begriff des Gewerbebetriebs eigentlich keine Rolle spielen, denn sie weist keinen Zusammenhang mit dem im Handelsrecht niedergelegten Schutz der Interessen des wirtschaftlichen Verkehrs auf. Andererseits wird die private Vermögensverwaltung selbstverständlich regelmäßig mit Gewinnerzielungsabsicht betrieben. Im Jahr 1979 äußerte der BGH im Urteil VII ZR 97/78, die private Vermögensverwaltung führe nicht zu einem Gewerbebetrieb, da sie keine berufsmäßige Tätigkeit sei.[622] Auch dieser Auffassung ist nicht zu folgen.[623] Für den Rechtsverkehr ist der berufliche Charakter nämlich irrelevant.

Der Ausschluss der privaten Vermögensverwaltung aus dem Gewerbebetrieb wird auch auf § 105 Abs. 2 S. 1 Alt. 2 HGB gestützt.[624] Der Gesetzgeber hat diese Vorschrift im Jahr 1998 durch das Handelsrechtsreformgesetz eingeführt.[625] Sie ermöglicht es einer Gesellschaft, die nur eigenes Vermögen verwaltet, durch die Eintragung der Firma ihres Unternehmens in das Handelsregister OHG zu sein. Es wird argumentiert, dass es dieser Vorschrift nicht bedürfte, wenn die private Vermögensverwaltung zu einem Gewerbebetrieb i.S.d. § 1 Abs. 2 HGB führte. Es ist aber zu sehen, dass sich § 105 Abs. 2 S. 1 Alt. 2 HGB nur auf Gesellschaften, nicht aber auf Einzelpersonen bezieht[626]. Auch ist zu sehen, dass § 105 Abs. 2 S. 1 Alt. 2 HGB gerade nicht anordnet, dass eine Gesellschaft, die nur eigenes Vermögen verwaltet, nur dann und auch nur dann OHG ist, wenn die Firma ihres Unternehmens in das Handelsregister eingetragen ist.

Nach *Schön* lässt sich die Herausnahme der privaten Vermögensverwaltung aus dem Gewerbebetrieb mit dem Ziel des Gesetzgebers, mit dem HGB den wirtschaftlichen Verkehr zu schützen, begründen.[627] Die private Vermögensverwaltung sei mit geringeren Risiken als gewöhnliche Gewerbebetriebe verbunden. Der einfache Kapitalanleger, der Geld verleiht oder ein Objekt vermietet, lasse sich von vornherein auf ein geringeres Risiko ein, welches sich in der Regel auf die fehlende oder verminderte Nutzbarkeit eines Sachguts einerseits und das allgemeine Ausfallrisiko von Forderungen andererseits begrenzen lasse. Die Risiken von Kapitalbeteiligungen ließen in der Regel den rechtlichen Bestand des Beteiligungsobjekts

---

621 Schön, DB 1998, 1169, 1172.

622 BGH, Urt. v. 10.5.1979 – VII ZR 97/78, BGHZ 74, 273 Rn. 18.

623 Schön, DB 1998, 1169, 1172.

624 Schmidt in MüKo HGB, § 1 Rn. 28.

625 Art. 3 Nr. 24 Gesetz zur Neuregelung des Kaufmanns- und Firmenrechts und zur Änderung anderer handels- und gesellschaftsrechtlicher Vorschriften (Handelsrechtsreformgesetz – HRefG) v. 22.6.1998, BGBl. I 1998, 1474, 1476.

626 Schön, DB 1998, 1169 f. Nach Roth in Baumbach/Hopt, HGB, § 105 Rn. 13 ist hingegen zu überlegen, § 105 Abs. 2 S. 1 Alt. 2 HGB analog auch auf Einzelpersonen anzuwenden.

627 Schön, DB 1998, 1169, 1173.

unberührt. M.E. lässt sich aber nicht pauschal behaupten, die private Vermögensverwaltung sei mit einem unterdurchschnittlichen Risiko verbunden und führe so auch nicht zu einem Gewerbebetrieb.[628] So ist bspw. nicht nachvollziehbar, warum bei Kapitalbeteiligungen kein relevantes Risiko gegeben sein soll.

M.E. müsste also auch die private Vermögensverwaltung zu einem Gewerbebetrieb i.S.d. § 1 Abs. 2 HGB führen. Hinzu kommt, dass die Vorschriften des Handelsrechts gem. § 6 Abs. 1 HGB ohnehin auch auf Handelsgesellschaften Anwendung finden, unabhängig davon, ob sie private Vermögensverwaltung betreiben oder nicht.

Selbst wenn der Auffassung, nach der die private Vermögensverwaltung nicht zu einem Gewerbebetrieb führt, zuzustimmen wäre, wäre daraus nicht zu schließen, dass die private Vermögensverwaltung nicht zu einer gewerblichen Tätigkeit i.S.d. § 2 Abs. 1 UStG führt. Die Zielsetzung des Handelsrechts unterscheidet sich nämlich deutlich von der des UStG.

(4) Telos

(i) Telos des UStG

Das UStG zielt auf die umfassende Besteuerung der wirtschaftlichen Leistungsfähigkeit des Endverbrauchers ausgedrückt durch seinen Verbrauchsaufwand ab.[629] Die Einordnung der privaten Vermögensverwaltung als nichtunternehmerische Tätigkeit stünde der vollständigen Erreichung dieses Ziels entgegen.[630] Schließlich hätte sie zur Folge, dass der Aufwand des Endverbrauchers für den Bezug von Leistungen, die im Rahmen einer privaten Vermögensverwaltung erbracht werden, nicht besteuert würde. Das Telos des UStG spricht damit für die Einordnung der privaten Vermögensverwaltung als unternehmerische Tätigkeit.

(ii) Telos des Unternehmerbegriffs

Wer die Auffassung vertritt, die private Vermögensverwaltung führe nicht zu einer unternehmerischen Tätigkeit, wird eventuell von der Befürchtung geleitet, andernfalls drohe ein Volk von Unternehmern.

Diese Sorge artikulierte der BFH – wenn auch an anderer Stelle – im Jahr 1973 im Urteil V R 2/70. In diesem Urteil entschied er, die Unterhaltung von Giro-, Bauspar- und Sparkonten begründe für sich alleine genommen nicht die Unternehmereigenschaft einer natürlichen Person.[631] Leistungen i.S.d. Umsatzsteuerrechts

---

628 In seinem Urt. v. 10.5.1979 – VII ZR 97/78, BGHZ 74, 273 Rn. 18 stellte sich der BFH auf den Standpunkt, ein gewisses unternehmerisches Risiko sei nicht nur mit einem Gewerbebetrieb, sondern vielfach auch mit einer Kapitalanlage verbunden.

629 Siehe dazu C.III.1.a)bb)(1).

630 Englisch in Tipke/Lang, Steuerrecht, § 17 Rn. 34.

631 BFH, Urt. v. 1.2.1973 – V R 2/70, BStBl. II 1973, 172, BFHE 107, 494, Leitsatz.

seien nur solche Leistungen, die nicht nur Leistungen im Rechtssinn, sondern auch Leistungen im wirtschaftlichen Sinn sind.[632] Die gegenteilige Auffassung führe zu einer nicht vertretbaren Ausdehnung des ohnehin schon weitgespannten Unternehmerbegriffs mit der unsinnigen Folge, dass im Anwendungsbereich des UStG die Unternehmereigenschaft praktisch jedermann zugesprochen werden müsste, was aber dem Willen des Gesetzgebers nicht entsprechen könne.[633]

M.E. darf man aber nicht aus Sorge vor einem Volk von Unternehmern annehmen, der Gesetzgeber habe den Begriff der unternehmerischen Tätigkeit dahingehend einschränken wollen, dass er einzelne Umsatzarten nicht erfasst. Dafür finden sich nämlich keine Anhaltspunkte.

(5) Historie

§ 2 Abs. 1 UStG hat seinen ersten Vorgänger in § 1 Abs. 1 S. 1 UStG 1918[634]. Nach dieser Vorschrift unterlagen der USt die im Inland gegen Entgelt ausgeführten Lieferungen und sonstigen Leistungen solcher Personen, die eine selbständige gewerbliche Tätigkeit mit Einschluss der Urerzeugung und des Handels ausübten, soweit die Lieferungen und Leistungen innerhalb dieser gewerblichen Tätigkeit lagen. Im Jahr 1919 führte der RFH in seinem Gutachten II D 1/19 zu dieser Norm aus, aus der Entstehungsgeschichte des Gesetzes ergebe sich, dass mit dem Ausdruck der gewerblichen Tätigkeit nur eine Einschränkung gegenüber dem im Regierungsentwurf gebrauchten allgemeinen Ausdruck der geschäftlichen oder beruflichen Tätigkeit erreicht werden sollte, und zwar mit dem alleinigen Ziel, die freien Berufe von der Steuerpflicht auszunehmen.[635] Das UStG gebrauche den Begriff der gewerblichen Tätigkeit in einem vom allgemeinen Sprachgebrauch und von anderen Gesetzen völlig abweichenden Sinn.[636] Die freien Berufe fielen nach den übrigen Gesetzen und dem allgemeinen Sprachgebrauch aus dem Gewerbebegriff, weil die Absicht dauernder Gewinnerzielung bei diesen Tätigkeiten vor dem bei diesen Tätigkeiten obwaltenden höheren wissenschaftlichem Interesse entscheidend zurücktrete. Gerade dieses Begriffsmerkmal habe das UStG aber ausgeschieden. Um die USt gegen eine Person zu begründen, sei daher im Wesentlichen nichts weiter nötig, als eine selbständige, nicht der Ausübung eines freien Berufs dienende, in entgeltlichen Lieferungen und Leistungen bestehende Tätigkeit, die auf die Dauer berechnet sein müsse.[637]

§ 1 Nr. 1 S. 1 und 2 UStG 1919[638] regelten dann, dass der USt Lieferungen und sonstige Leistungen unterliegen, die jemand innerhalb der von ihm selbständig

632 BFH, Urt. v. 1.2.1973 – V R 2/70, BStBl. II 1973, 172, BFHE 107, 494, Rn. 9. Siehe zu dieser Argumentation C.II.1.a)bb)(3)(ii).
633 BFH, Urt. v. 1.2.1973 – V R 2/70, BStBl. II 1973, 172, BFHE 107, 494, Rn. 11.
634 UStG v. 26.7.1918, RGBl. 1918, 779.
635 RFH, Gutachten v. 7.2.1919 – II D 1/19, RFHE 2, 12 f.
636 RFH, Gutachten v. 7.2.1919 – II D 1/19, RFHE 2, 12, 14.
637 RFH, Gutachten v. 7.2.1919 – II D 1/19, RFHE 2, 12, 16.
638 UStG v. 24.12.1919, RGBl. 1919, 2157.

ausgeübten gewerblichen oder beruflichen Tätigkeit im Inland gegen Entgelt ausführt, und dass als gewerbliche Tätigkeiten auch die Urerzeugung und der Handel gelten. Durch diese Änderung sollte die Ausgrenzung der freien Berufe aus der Besteuerung aufgehoben werden.[639]

So führte dann auch die Gesetzesbegründung zu § 2 Abs. 1 UStG 1934, der dem heutigen § 2 Abs. 1 UStG entspricht, aus, das Merkmal der gewerblichen oder beruflichen Tätigkeit sei § 1 Nr. 1 UStG 1932 entnommen worden.[640] Die Wortfassung erkläre sich aus der Entstehungsgeschichte. Sie sei beibehalten worden, weil die gewerbliche Tätigkeit den hauptsächlichsten Gegenstand der Besteuerung bilde. Die besondere Erwähnung der beruflichen Tätigkeit weise darauf hin, dass die in Betracht kommende Tätigkeit weiter reiche als die gewerbliche Tätigkeit im Sinn des allgemeinen Sprachgebrauchs. Im Übrigen lasse Satz 3 keinen Zweifel daran, dass jede Art von Tätigkeit Unternehmertätigkeit sein könne.

Dieser Blick in die Geschichte zeigt eindeutig, dass der Gesetzgeber mit der Verwendung des Begriffs der gewerblichen Tätigkeit seit dem Inkrafttreten des UStG 1919 keine Einschränkung des Kreises der steuerpflichtigen Leistungen mehr beabsichtigt hat, schon gar nicht dahingehend, dass die Leistungen im Rahmen der privaten Vermögensverwaltung nicht erfasst sein sollen.

Im Jahr 1973 entschied der BFH im Urteil V R 2/70, die Unterhaltung von Giro-, Bauspar- und Sparkonten begründe für sich allein nicht die Unternehmereigenschaft einer natürlichen Person.[641] Es lägen nämlich keine Leistungen im wirtschaftlichen Sinn vor, da, wie bereits *Popitz* ausgeführt habe, die Ansammlung von Kapital nicht über das Nutzen des Eigenen und das Einsammeln von Nutzungen hinausgehe und damit den Rahmen des Eigenlebens (der privaten Sphäre) nicht überschreite.[642] Damit stützte sich der BFH auf eine Aussage des Verfassers des UStG 1918[643]. Mit vergleichbarer Argumentation entschied er noch im selben Jahr im Urteil V R 14/73, auch das Eigentum an festverzinslichen Wertpapieren mache den Eigentümer nicht zum Unternehmer.[644] Im Jahr 1987 knüpfte er im Urteil V R 3/77 an diese Urteile an und ordnete das Halten von Beteiligungen an Kapitalgesellschaften als nichtunternehmerische Tätigkeit ein.[645]

Ein Blick auf den Kontext der vom BFH zitierten Aussage von *Popitz* zeigt, dass er sich zu Unrecht auf sie bezog:

Popitz war der Auffassung, für eine unternehmerische Tätigkeit bedürfe es eines Plans, der über den Entschluss zu den einzelnen Tätigkeiten hinausgeht.[646]

639 Popitz, UStG 1919 I, 140.
640 RStBl. 1934, 1549 f.
641 BFH, Urt. v. 1.2.1973 – V R 2/70, BStBl. II 1973, 172, BFHE 107, 494, Leitsatz.
642 BFH, Urt. v. 1.2.1973 – V R 2/70, BStBl. II 1973, 172, BFHE 107, 494, Rn. 10.
643 Monfort, UR 2015, 100 f.
644 BFH, Urt. v. 11.10.1973 – V R 14/73, BStBl. II 1974, 47, BFHE 110, 439, Rn. 8 f.
645 BFH, Urt. v. 15.1.1987 – V R 3/77, BStBl. II 1987, 512, BFHE 149, 272, Rn. 37.
646 Popitz, UStG 1919 I, 158.

Die Erwerbsabsicht könne aber nicht Inhalt dieses Plans sein. Erstens sei bei den freien Berufen nämlich der Erwerb nicht Kernpunkt des Entschlusses, während diese aber in die USt einbezogen seien. Und zweitens müsse vom Gesichtspunkt des Verbrauchers aus die vom Leistenden verfolgte Absicht gleichgültig sein.[647] So bleibe nur eine negative Abgrenzung übrig.[648] Sie gehe dahin, dass der Plan des Unternehmens die Sphäre des Eigenlebens überschreiten müsse. Der Unternehmer müsse seine Aufgabe darin sehen, Dritten gegenüber wirtschaftlich auswertbare Beziehungen zu suchen und auszunutzen. Damit schieden die Vorgänge der Hauswirtschaft, die Eigenproduktion aus. Daraus folge, dass, soweit das Privatleben, die Hauswirtschaft vereinzelt zu Leistungen Dritten gegenüber Anlass gibt, z.B. beim gelegentlichen Verkauf von Altmaterialien oder überschüssigem Hausrat, noch keine gewerbliche Tätigkeit entsteht. Innerhalb des Eigenlebens bleibe auch derjenige, der nur sein Eigen nutzt, nur Betätigungen vornimmt, die im Einsammeln seiner Nutzungen, in der Erhaltung des Eigentums bestehen. Wer lediglich auf seinem Land für sich und seine Familie landwirtschaftliche Erzeugnisse erntet, übe keine Tätigkeit aus. Ebenso liege es, wenn jemand sein Geld lediglich anlegt oder seine Wohnung instand hält. Im Übrigen trete aber, soweit nicht andere Begriffsmerkmale fehlen, die Steuerpflicht ein, sobald Betätigungen Dritten gegenüber eintreten. Abweichend von GewSt und ESt sei eine gewerbliche Tätigkeit bereits gegeben, wenn jemand seinen Grundbesitz dadurch nutzt, dass er fortdauernd Wohnungen und Land vermietet und verpachtet.[649] Es handele sich um Leistungen Dritten gegenüber. Die für das Vermieten der Wohnungen und die dazu nötige Erhaltung und Instandsetzung des Hauses entstehende Arbeitsaufwendung werde den Begriff der Nachhaltigkeit erfüllen. Dasselbe liege vor, wenn jemand nicht bloß sein Geld in Hypotheken und Wertpapieren anlegt, sondern sein Vermögen in der Weise verwaltet, dass er ständig ausleiht und sich an Geschäften beteiligt. Im Übrigen spiele die Frage der Nachhaltigkeit stark in die Abgrenzung zwischen Eigenleben und gewerblicher Tätigkeit hinein.

Popitz war also nicht der Auffassung, dass jeder, der nur sein Eigen nutzt, der nur Betätigungen vornimmt, die im Einsammeln seiner Nutzungen, in der Erhaltung des Eigentums bestehen, innerhalb seines Eigenlebens bleibe. Vielmehr war er der Auffassung, für die Unternehmereigenschaft sei auch hier entscheidend, dass der potenzielle Unternehmer seine Aufgabe darin sieht, Dritten gegenüber wirtschaftlich auswertbare Beziehungen zu suchen und auszunutzen. Dass zeigt der Umstand, dass er den Standpunkt bezog, eine gewerbliche Tätigkeit sei gegeben, wenn jemand seinen Grundbesitz dadurch nutzt, dass er fortdauernd Wohnungen und Land vermietet und verpachtet.

Vor diesem Hintergrund kann die Aussage von *Popitz*, innerhalb seines Eigenlebens verbleibe auch, wer sein Geld lediglich anlege, damit nur so verstanden

647 Popitz, UStG 1919 I, 158–160.
648 Popitz, UStG 1919 I, 160.
649 Popitz, UStG 1919 I, 160 f.

werden, dass sie sich auf Formen der Geldanlage bezieht, bei denen Betätigungen Dritten gegenüber nicht eintreten, wie beim Erwerb von wertvollen Sachen und ihrer anschließenden Einlagerung.

Entscheidend ist aber die Aussage von *Popitz*, nach der bei dem, der sein Geld nicht nur in Hypotheken und Wertpapieren anlegt, sondern sein Vermögen in der Weise verwaltet, dass er ständig ausleiht und sich an Geschäften beteiligt, die entstehenden Arbeitsaufwendungen den Begriff der Nachhaltigkeit erfüllen. Sie zeigt, dass sich der BFH allenfalls im Rahmen der Prüfung des Merkmals der Nachhaltigkeit, nicht aber bei der Beantwortung der Frage, ob eine Leistung im wirtschaftlichen Sinn vorliegt, oder bei der Beantwortung der Frage, ob eine unternehmerische Tätigkeit gegeben ist, auf die von ihm zitierte Aussage von *Popitz* hätte berufen dürfen. Aber auch diese Bezugnahme wäre zu kritisieren gewesen. Sowohl in den Fällen, die dem BFH zur Entscheidung vorlagen, als auch bei der von *Popitz* angesprochenen Geldanlage in Hypotheken und Wertpapiere ist nämlich nicht zu erkennen, warum die damit verbundene Kapitalüberlassung nicht nachhaltig sein sollte.[650]

An dieser Stelle bietet es sich an, noch kurz auf die Aussage von *Popitz* einzugehen, nach der derjenige, der sich darauf beschränkt, Kupons abzuschneiden, nicht Unternehmer ist. Sie wird bspw. von *Widmann* zur Bestätigung der Auffassung, nach der das Halten einer Beteiligung keine unternehmerische Tätigkeit ist, angeführt.[651] *Popitz* tätigte diese Aussage im Rahmen der Beschäftigung mit der Frage, wann juristische Personen unselbständig sind. Nach seiner Auffassung sind juristische Personen dann unselbständig, wenn sie im Organismus einer anderen so tätig werden, dass die Betätigung eines eigenen geschäftlichen Willens ausgeschlossen ist.[652] Dafür müsse ein bestimmender Einfluss auf die Willensbildung der anderen Gesellschaft vorliegen.[653] Ein solcher Einfluss äußere sich unter anderem in einer Personalunion in Ansehung der leitenden Persönlichkeiten beider Gesellschaften. Die herrschende Person müsse sich, kurz gesagt, selbst als Unternehmer betätigen und sich dabei der untergeordneten Gesellschaft als Organ bedienen. Die herrschende Person dürfe sich nicht darauf beschränken, nur die Kupons der Aktien der anderen Gesellschaft abzuschneiden. Wer sich darauf beschränke, sei nicht Unternehmer. *Popitz* nahm also bei der zitierten Aussage zwar wohl an, eine juristische Person werde durch das Halten von Anteilen an einer anderen juristischen Person nicht zum Unternehmer, berücksichtigte aber nicht, ob die herrschende juristische Person der beherrschten eine Einlage erbracht hat, und tauschte an dieser Stelle kein einziges Argument zur Unternehmereigenschaft von Gesellschaftern aus.

---

650 Zur Nachhaltigkeit siehe C.IV.3.d).

651 Siehe dazu Widmann, Steuerberater-Jahrbuch 2012/2013, 541, 543.

652 Popitz/Kloß/Grabower, UStG 1926, 304.

653 Popitz/Kloß/Grabower, UStG 1926, 305.

(6) MwStSystRL

Wenn eine nationale Rechtsnorm der Umsetzung einer Vorgabe einer europäischen RL dient und verschiedenen Auslegungen zugänglich ist, muss derjenigen der Vorzug eingeräumt werden, die die RL-Vorgabe am besten umsetzt (sog. Gebot richtlinienkonformer Auslegung).[654] Wenn der nationale Gesetzgeber hingegen eine RL-Vorgabe nicht oder nur unzureichend umgesetzt hat, also auch dann, wenn der RL-Vorgabe nicht durch Auslegung der einschlägigen nationalen Rechtsnorm zur Geltung verholfen werden kann, die Umsetzungsfrist abgelaufen und die RL-Vorgabe hinreichend genau und inhaltlich unbedingt ist, kann sich der Bürger auf die RL-Vorgabe „berufen" (sog. unmittelbare Wirkung von RL).[655]

Da hier die Auffassung vertreten wird, die private Vermögensverwaltung stelle nach allen nationalen Auslegungsmethoden eine unternehmerische Tätigkeit i.S.d. § 2 Abs. 1 UStG dar, sind folgende beiden Szenarien denkbar: Erstens kommt in Betracht, dass die MwStSystRL dieses Auslegungsergebnis bestätigt. Zweitens ist es möglich, dass die private Vermögensverwaltung nach der MwStSystRL keine wirtschaftliche Tätigkeit darstellt. Dann könnte sich der Steuerbürger darauf berufen.

Nach Art. 9 Abs. 1 UAbs. 1 MwStSystRL gilt als Steuerpflichtiger, wer eine wirtschaftliche Tätigkeit unabhängig von ihrem Ort, Zweck und Ergebnis selbständig ausübt. Nach Art. 9 Abs. 1 UAbs. 2 S. 1 MwStSystRL gelten als wirtschaftliche Tätigkeit alle Tätigkeiten eines Erzeugers, Händlers oder Dienstleistenden einschließlich der Tätigkeiten der Urproduzenten, der Landwirte sowie der freien Berufe und der diesen gleichgestellten Berufe.

M.E. ist nicht zu sehen, warum die private Vermögensverwaltung dem Wortlaut dieser Vorschriften nach keine wirtschaftliche Tätigkeit sein sollte. Es handelt sich bei ihr um die Tätigkeit eines Dienstleistenden. Auch hier gilt nämlich, dass man sich von ihrer Bezeichnung als privat nicht in die Irre führen lassen darf. Entscheidend sind die sie ausmachenden Vorgänge.

Nach Art. 9 Abs. 1 UAbs. 2 S. 2 MwStSystRL gilt insbesondere die Nutzung von körperlichen oder nicht körperlichen Gegenständen zur nachhaltigen Erzielung von Einnahmen als wirtschaftliche Tätigkeit. Aus einem Blick in seine Vorgängerregelung in Art. 4 Abs. 2 S. 2 6. RL, nach der als wirtschaftliche Tätigkeit auch eine Leistung gilt, die die Nutzung von körperlichen oder nicht körperlichen Gegenständen zur nachhaltigen Erzielung von Einnahmen umfasst, ergibt sich, dass sich Art. 9 Abs. 1 UAbs. 2 S. 2 MwStSystRL auf Leistungen beziehen muss, die die Überlassung der Nutzung von körperlichen oder nichtkörperlichen Gegenständen zum Gegenstand haben.[656] Art. 9 Abs. 1 UAbs. 2 S. 2 MwStSystRL betrifft also Vorgänge

654 Englisch in Tipke/Lang, Steuerrecht, § 4 Rn. 31 f.

655 Englisch in Tipke/Lang, Steuerrecht, § 4 Rn. 33 f.

656 Siehe dazu Stadie in Rau/Dürrwächter, UStG, § 2 Rn. 64. Der EuGH hat sich allerdings auch beim Erwerb und Verkauf von Wertpapieren (EuGH, Urt. v. 29.4.2004 – C-77/01 (EDM), Slg. 2004, I-4295, Rn. 58; Urt. v. 21.10.2004 – C-8/03 (BBL), Slg. 2004, I-10157, Rn. 39; Urt. v. 29.10.2009 – C-29/08 (AB SKF), Slg. 2009, I-10413, Rn. 28) und

der privaten Vermögensverwaltung. Damit könnte seiner Formulierung „gilt als" zu entnehmen sein, dass er eine Fiktion enthält,[657] aus der im Umkehrschluss zu schließen sein könnte, dass die private Vermögensverwaltung grds. keine wirtschaftliche Tätigkeit darstellt.

Der Formulierung „gilt als" kommt in der MwStSystRL diese Fiktionswirkung aber nicht zu, auch wenn auf den ersten Blick das Gegenteil nahe liegt. Schon Art. 9 Abs. 1 UAbs. 1 und Art. 9 Abs. 1 UAbs. 2 S. 1 MwStSystRL zeigen, dass der Richtliniengeber mit dieser Formulierung lediglich Definitionen einleitet.

Gegen die Annahme, Art. 9 Abs. 1 UAbs. 2 S. 2 MwStSystRL enthalte eine den Kreis der wirtschaftlichen Tätigkeiten erweiternde Fiktion, spricht des Weiteren, dass Art. 9 Abs. 1 UAbs. 2 S. 2 MwStSystRL das Adverb „insbesondere" enthält. Es verbindet S. 2 mit S. 1 und macht damit deutlich, dass die Gegenstandsnutzung ein Unterfall der wirtschaftlichen Tätigkeiten nach S. 1 ist.

Im Übrigen könnte man selbst dann, wenn man annehmen wollte, Art. 9 Abs. 1 UAbs. 2 S. 2 MwStSystRL enthielte doch eine den Kreis der wirtschaftlichen Tätigkeiten erweiternde Fiktion, aus seinem Anwendungsbereich nicht zwingend schließen, dass die private Vermögensverwaltung grds. keine wirtschaftliche Tätigkeit sein kann. Denn dann wäre auch denkbar, dass sich Art. 9 Abs. 1 UAbs. 2 S. 2 MwStSystRL nur auf die Vermögensverwaltungsvorgänge bezöge, die die Schwelle zur wirtschaftlichen Tätigkeit nicht überschreiten.

Aus Art. 9 Abs. 1 UAbs. 2 S. 2 MwStSystRL kann also nicht geschlossen werden, die private Vermögensverwaltung stelle grds. keine wirtschaftliche Tätigkeit dar. Damit ergibt sich aus der MwStSystRL nicht, dass die private Vermögensverwaltung doch keine wirtschaftliche Tätigkeit ist.

(7) Ergebnis

Da die umsatzsteuerlich relevanten Vorgänge der privaten Vermögensverwaltung also sehr wohl eine unternehmerische Tätigkeit darstellen, steht der Einordnung der Eigenkapitalüberlassung als unternehmerische Tätigkeit nicht entgegen, dass sie als Vorgang der privaten Vermögensverwaltung aufzufassen ist.

Aber auch dann, wenn man doch dazu kommen sollte, dass die private Vermögensverwaltung grds. keine unternehmerische Tätigkeit darstellt, müsste man die Eigenkapitalüberlassung m.E. als Gegenstandsnutzung i.S.d. Art. 9 Abs. 1 UAbs. 2 S. 2 MwStSystRL für eine unternehmerische Tätigkeit halten.

Nach dieser Vorschrift gilt als wirtschaftliche Tätigkeit insbesondere die Nutzung von körperlichen oder nicht körperlichen Gegenständen zur nachhaltigen Erzielung von Einnahmen, was vor dem Hintergrund ihrer Vorgängerregelung in

allgemein beim Erwerb und Verkauf von Gegenständen (EuGH, Urt. v. 15.9.2011 – C-180/10, C-181/10 (Slaby), Slg. 2011, I-8461, Rn. 45) mit der Frage befasst, ob die Nutzung eines Gegenstands vorliegt.

657 Siehe dazu Stadie in Rau/Dürrwächter, UStG, § 2 Rn. 410.

Art. 4 Abs. 2 S. 2 6. RL so aufzufassen ist, dass eine Leistung, die die Überlassung der Nutzung von körperlichen oder nichtkörperlichen Gegenständen zum Gegenstand hat, als wirtschaftliche Tätigkeit gilt.[658]

Und die Eigenkapitalüberlassung ist immer als Überlassung der Nutzung eines nichtkörperlichen Gegenstands aufzufassen. Dem steht die Rspr. des EuGH nicht entgegen, nach der der bloße Erwerb und das bloße Halten von Gesellschaftsbeteiligungen keine wirtschaftlichen Tätigkeiten sein sollen, da der bloße Erwerb von Gesellschaftsbeteiligungen keine Nutzung eines Gegenstands zur nachhaltigen Erzielung von Einnahmen darstelle, weil eine etwaige Dividende als Ergebnis der gehaltenen Beteiligung Ausfluss der bloßen Innehabung des Gegenstands Beteiligung sei[659]. Diese Rspr. kann nämlich nur so verstanden werden, dass nach Auffassung des EuGH beim Halten einer Beteiligung schon gar kein Umsatz vorliegt,[660] was aber ebenfalls zu kritisieren ist[661]. Der Annahme, dass die Eigenkapitalüberlassung als Überlassung der Nutzung eines nichtkörperlichen Gegenstands aufzufassen ist, steht auch nicht entgegen, dass die Beteiligung des Gesellschafters am Auflösungserlös hinter dem ursprünglichen Wert seiner Einlage zurückbleiben kann und er damit das überlassene Eigenkapital womöglich nicht vollständig zurückerhält. Schließlich steht dem Vorliegen einer Überlassung der Nutzung eines körperlichen Gegenstands auch nicht entgegen, dass der überlassene Gegenstand eventuell abgenutzt wird.

Zwar findet sich im UStG keine Regelung, die Art. 9 Abs. 1 UAbs. 2 S. 2 MwStSystRL entspricht. Wenn man der Auffassung wäre, die private Vermögensverwaltung und damit die Gegenstandsnutzung könnten nach einer oder mehrerer Auslegungsmethoden im deutschen Recht eine unternehmerische Tätigkeit darstellen, müsste man aber im Wege der richtlinienkonformen Auslegung[662] zur Anwendbarkeit der Regelung des Art. 9 Abs. 1 UAbs. 2 S. 2 MwStSystRL im deutschen Recht kommen. Dem stünde nicht entgegen, dass Art. 9 Abs. 1 UAbs. 2 S. 2 MwStSystRL nur steuerfreie Umsätze erfasst und die MwStSystRL den Mitgliedstaaten nicht vorschreibt, den Steuerpflichtigen das Recht zur Option zur Steuerpflicht dieser Umsätze einzuräumen.[663] Die MwStSystRL unterscheidet nämlich nun einmal die beiden Stufen Steuerbarkeit und Steuerpflicht. Auch lässt sich

---

658 Siehe dazu C.IV.4.c)aa)(7).

659 EuGH, Urt. v. 20.6.1991 – C-60/90 (Polysar Investments Netherlands), Slg. 1991, I-03111, Rn. 13 (bzgl. des Erwerbs einer Beteiligung); Urt. v. 22.6.1993 – C-333/91 (Sofitam), Slg. 1993, I-03513, Rn. 12 (bzgl. des Haltens einer Beteiligung unter Verweis auf das Urteil Polysar Investments Netherlands); Urt. v. 6.2.1997 – C-80/95 (Harnas & Helm), Slg. 1997, I-00745, Rn. 15 (bzgl. sowohl des Erwerbs als auch des Haltens einer Beteiligung).

660 Siehe dazu B.II.1.a).

661 Siehe dazu C.II.1.a)bb)(2).

662 Zum Gebot richtlinienkonformer Auslegung siehe Englisch in Tipke/Lang, Steuerrecht, § 4 Rn. 31 f.

663 A.A. Stadie in Rau/Dürrwächter, UStG, § 2 Rn. 366 und Stadie, UStG, § 2 Rn. 116.

nicht unter Verweis auf die reine Zielverbindlichkeit der europäischen RLen gem. Art. 288 Abs. 3 AEUV sagen, das Ziel bestehe lediglich in der Steuerpflicht.

Wenn man hingegen der Auffassung wäre, die private Vermögensverwaltung und damit die Gegenstandsnutzung könnten nach keiner Methode der Auslegung im deutschen Recht eine unternehmerische Tätigkeit darstellen, dann müsste man im Wege der unmittelbaren Wirkung von RL[664] zur Anwendbarkeit der Regelung des Art. 9 Abs. 1 UAbs. 2 S. 2 MwStSystRL kommen. Diese Regelung ist nämlich hinreichend genau und inhaltlich unbedingt. Auch ist ihre Umsetzungsfrist abgelaufen.

bb) Mindestleistungsumfang

Im Jahr 1992 entschied der BFH im Urteil V R 8/89, in dem es um die Veräußerung einer geerbten Kunstsammlung ging, bei der Prüfung des Vorliegens einer nachhaltigen Tätigkeit sei die Zahl der Verkäufe und der verkauften Gegenstände zu berücksichtigen.[665] Genauso spiele die Höhe der erzielten Erlöse eine Rolle.[666] Dieser Auffassung ist der BFH noch heute.[667] Er steht also auf dem Standpunkt, die Nachhaltigkeit einer Tätigkeit hänge zumindest auch vom Umfang der sie konstituierenden Leistungen ab.

Umgekehrt entschied der EuGH im Jahr 1996 im Urteil Wellcome Trust bzgl. der Veräußerung von Gesellschaftsbeteiligungen, für die Unterscheidung zwischen der nicht in den Anwendungsbereich der RL fallenden Tätigkeit eines privaten Anlegers und der Tätigkeit eines Anlegers, dessen Umsätze eine wirtschaftliche Tätigkeit darstellen, komme es nicht auf den Umfang der Umsätze an.[668] Schließlich könne auch der private Anleger umfangreiche Aktienverkäufe vornehmen. Diese Auffassung wiederholte er im Jahr 2011 im Urteil Slaby bzgl. der Veräußerung von Grundstücken durch einen Landwirt, der seine Landwirtschaft bereits aufgegeben hat.[669]

Eher auf der Linie des BFH führte der EuGH im Jahr 1996 im Urteil Enkler zur Vermietung eines Wohnmobils aber wiederum aus, die Vermietung eines körperlichen Gegenstands stelle eine Nutzung i.S.d. Art. 4 Abs. 2 S. 2 6. RL dar.[670] Ob die fragliche Tätigkeit auch zur nachhaltigen Erzielung von Einnahmen dient, sei unter Berücksichtigung aller Gegebenheiten, die für einen Einzelfall charakteristisch sind, zu ermitteln.[671] Dabei sei auch die Art des betreffenden Gegenstands

---

664 Zur unmittelbaren Wirkung von RL siehe Englisch in Tipke/Lang, Steuerrecht, § 4 Rn. 33 f.

665 BFH, Urt. v. 24.11.1992 – V R 8/89, BStBl. II 1993, 379, BFHE 170, 275, Rn. 15.

666 BFH, Urt. v. 24.11.1992 – V R 8/89, BStBl. II 1993, 379, BFHE 170, 275, Rn. 17.

667 Siehe dazu bspw. BFH, Beschl. v. 15.3.2002 – V B 137/01, BFH/NV 2002, 1503, Rn. 16; Urt. v. 26.4.2012 – V R 2/11, BStBl. II 2012, 634, BFHE 237, 286, Rn. 36.

668 EuGH, Urt. v. 20.6.1996 – C-155/94 (Wellcome Trust), Slg. 1996, I-03013, Rn. 37.

669 EuGH, Urt. v. 15.9.2011 – C-180/10, C-181/10 (Slaby), Slg. 2011, I-8461, Rn. 37.

670 EuGH, Urt. v. 26.9.1996 – C-230/94 (Enkler), Slg. 1996, I-4517, Rn. 21.

671 EuGH, Urt. v. 26.9.1996 – C-230/94 (Enkler), Slg. 1996, I-4517, Rn. 24.

von Bedeutung.[672] Ferner sei die tatsächliche Dauer der Vermietung des Gegenstands, die Zahl der Kunden und die Höhe der Einnahmen Gesichtspunkte, die zur Gesamtheit der Gegebenheiten des Einzelfalls gehören und daher neben anderen Gesichtspunkten bei dieser Prüfung berücksichtigt werden könnten.[673]

Da es bei der Eigenkapitalüberlassung nicht um die Veräußerung von zuvor von einem Dritten erworbenen Gegenständen geht, ist der in Rspr. und Lit. diskutierten Frage, ob in diesen Fällen der Umfang der Veräußerungen für die Nachhaltigkeit der Tätigkeit irrelevant ist und es stattdessen auf die Wiederverkaufsabsicht des Veräußerers zum Zeitpunkt des Erwerbs der veräußerten Gegenstände ankommt,[674] nicht nachzugehen.

Das UStG erfasst mit dem Begriff des Unternehmers diejenigen Erbringer entgeltlicher Leistungen, die von den Empfängern der von ihnen erbrachten Leistungen für den Staat USt einnehmen müssen. Die Verhältnismäßigkeit i.e.S.[675] könnte es unabhängig von dem Gegenstand der Leistung verbieten, diejenigen, die nur in sehr geringem Umfang entgeltliche Leistungen erbringen, mit dieser Pflicht zu belasten. Vor diesem Hintergrund könnte für die Unternehmereigenschaft zu verlangen sein, dass die entgeltliche Leistungserbringung einen gewissen Umfang erreicht.

Andererseits wird aufgrund der Kleinunternehmerregelung in § 19 Abs. 1 S. 1 UStG die geschuldete USt nicht erhoben, wenn der Gesamtumsatz zuzüglich der darauf entfallenden USt im vorangegangenen Kalenderjahr 17 500 Euro nicht überstiegen hat und im laufenden Kalenderjahr 50 000 Euro voraussichtlich nicht übersteigen wird, womit das UStG der Verhältnismäßigkeit i.e.S. bereits Rechnung trägt. Des Weiteren ermöglicht die fortschreitende technische Entwicklung auch denjenigen mit nur geringen Umsätzen eine immer unproblematischere Erfüllung umsatzsteuerlicher Pflichten. Im Übrigen streitet der Umstand, dass das UStG auf die möglichst umfassende Besteuerung der Endverbraucher nach ihrer Leistungsfähigkeit ausgedrückt durch ihren Verbrauchsaufwand abzielt,[676] allgemein für nur geringe Anforderungen an die Unternehmereigenschaft und damit gegen einen Mindestleistungsumfang.

Wenn man dennoch davon ausgehen sollte, dass für das Vorliegen der Unternehmereigenschaft die Erbringung von Leistungen in einem bestimmten Umfang zu verlangen ist, dann müsste man annehmen, dass zumindest ein Leistungsumfang im Bereich der Schwellenwerte der Kleinunternehmerregelung die

---

672 EuGH, Urt. v. 26.9.1996 – C-230/94 (Enkler), Slg. 1996, I-4517, Rn. 27.
673 EuGH, Urt. v. 26.9.1996 – C-230/94 (Enkler), Slg. 1996, I-4517, Rn. 29.
674 Siehe dazu Stadie in Rau/Dürrwächter, UStG, § 2 Rn. 371 ff.
675 Zur „Durchschlagskraft" der Verhältnismäßigkeit i.e.S. siehe Grzeszick in Maunz/Dürig, GG, Art. 20 Rn. 117 ff.
676 Siehe dazu C.III.1.a)bb)(1).

Unternehmereigenschaft begründet. Schließlich bezieht sich die Kleinunternehmerregelung auf unternehmerische Leistungserbringung.[677]

Gem. Art. 14 2. RL konnten die Mitgliedstaaten auf Kleinunternehmen, bei denen die Anwendung der normalen Mehrwertsteuerregelung auf Schwierigkeiten gestoßen wäre, die Sonderregelung anwenden, die den nationalen Erfordernissen und Möglichkeiten am besten entspricht. Nach Art. 285 Abs. 1 MwStSystRL können die Mitgliedstaaten, die von dieser Möglichkeit keinen Gebrauch gemacht haben, Steuerpflichtigen mit einem Jahresumsatz von höchstens 5 000 Euro oder dem Gegenwert dieses Betrags in Landeswährung eine Steuerbefreiung gewähren. Daraus ergibt sich, dass man sicher davon ausgehen müsste, dass Leistungen in einem Umfang von jährlich 5 000 Euro eine unternehmerische Tätigkeit begründen können.

Man müsste aber auch schon bei einer Leistungserbringung in einem geringeren Umfang davon ausgehen, dass sie eine unternehmerische Tätigkeit begründen kann.[678] Andernfalls wäre die bezeichnete Ermächtigung an die Mitgliedstaaten überflüssig. Eine nichtsteuerbare Tätigkeit bedarf nämlich keiner Steuerbefreiung mehr.

Die Unternehmereigenschaft der Gesellschafter, die ihren Gesellschaften Eigenkapital überlassen, scheitert damit nicht am Umfang ihrer Eigenkapitalüberlassung, zumindest dann nicht, wenn sie für die Eigenkapitalüberlassung jährlich ein Entgelt i.H.v. 5 000 Euro erhalten.

cc) Intensität der Tätigkeit

Im Jahr 1986 stellte sich der BFH im Urteil V R 41/76 auf den Standpunkt, das Urteil V R 32/74 zum Amateurrennfahrer habe bereits nicht nur die nötige Dauer der Wirkung, sondern auch die wegen der Intensität der Wirkung im Bereich des Leistenden zu fordernden Voraussetzungen herausgestellt, indem es verlangte, dass eine regelmäßige und planmäßige (d.h. im Sinn eines auf gewisse Dauer angelegten Geschäftsbetriebes) Marktbeteiligung vorliegen müsse[679]. Auf dieses Urteil verwies der BFH im Jahr 1991 im Urteil V R 86/87 und nannte die Intensität der Tätigkeit als eins von mehreren Kriterien, die für die Nachhaltigkeit sprechen können.[680] Daneben nannte er die Ausführung mehr als nur eines Umsatzes. Auf dieser Grundlage führte er aus, in dem dem Urteil zugrunde liegenden Fall des Jahreswagenverkaufs durch einen Mitarbeiter eines Automobilherstellers sei die Intensität der wirtschaftlichen Betätigung aufgrund des Verkaufs nach jeweils mehr als

677 Art. 282 MwStSystRL ordnet die Kleinunternehmerregelung ausdrücklich als Steuerbefreiung ein. § 19 Abs. 1 S. 1 UStG hingegen spricht davon, dass geschuldete USt nicht erhoben werde. Nach dieser Vorschrift ist die Kleinunternehmerregelung also der Stufe der Steuerbefreiung sogar noch nachgeordnet.

678 Stadie in Rau/Dürrwächter, UStG, § 2 Rn. 69.

679 BFH, Urt. v. 30.7.1986 – V R 41/76, BStBl. II 1986, 874, BFHE 147, 279, Rn. 22.

680 BFH, Urt. v. 18.7.1991 – V R 86/87, BStBl. II 1991, 776, BFHE 165, 116, Rn. 22.

einem Jahr so gering, dass eine unternehmerische Betätigung entfalle.[681] Im Jahr 2012 nannte er im Urteil V R 2/11 die Intensität der Tätigkeit wiederum als eins von vielen Kriterien.[682] Daneben zählte er bspw. noch die Höhe der Entgelte und die Zahl der ausgeführten Umsätze auf.

Der Umstand, dass die Rspr. das Merkmal der Intensität neben den Merkmalen der Höhe der Entgelte und der Zahl der ausgeführten Umsätze nennt, spricht dafür, dass das Merkmal der Intensität mehr verlangen muss als das des Leistungsumfangs. Umgekehrt spricht der Umstand, dass der BFH die Tätigkeit eines Mitarbeiters eines Automobilherstellers für nicht ausreichend intensiv hielt, da er die von seinem Arbeitgeber zu vergünstigten Konditionen bezogenen Autos jeweils erst nach mehr als einem Jahr verkauft hatte, dass das Merkmal der Intensität der Tätigkeit doch in die Richtung des Merkmals des Umfangs der Leistung geht. In der Lit. hingegen wird unter der Intensität der Tätigkeit der nötige Zeit- und Arbeitskrafteinsatz verstanden.[683]

Der Verhältnismäßigkeit i.e.S. könnte eine gewisse Eingrenzung des Unternehmerbegriffs zu entnehmen sein.[684] Damit könnte die Verhältnismäßigkeit i.e.S. auch dafür sprechen, dass für eine unternehmerische Tätigkeit eine gewisse Intensität der Tätigkeit zu verlangen ist. Soweit man unter der Intensität der Tätigkeit den nötigen Zeit- und Arbeitskrafteinsatz verstehen wollte, ist hier aber zu sehen, dass es für eine Einschränkung der Unternehmereigenschaft aus Gründen der Verhältnismäßigkeit i.e.S. allenfalls auf den Umfang der Leistungen des potenziellen Unternehmers, aber nicht auf seinen Zeit- und Arbeitskrafteinsatz ankommen könnte. Entscheidend könnte alleine sein, welcher Aufwand von dem potenziellen Unternehmer bei dem Umfang seiner Leistungserbringung erwartet werden kann. Die unternehmerische Entscheidung über den Zeit- und Arbeitskrafteinsatz dürfte keinen Unterschied machen. Andernfalls könnte sich der Leistungserbringer aus der Steuerpflicht herausgestalten.

Das Merkmal der Intensität der Tätigkeit muss also für das Vorliegen einer unternehmerischen Tätigkeit nicht erfüllt sein, sodass es der Annahme, die Eigenkapitalüberlassung sei eine unternehmerische Tätigkeit, nicht entgegensteht.

dd) Marktbeteiligung

Der BFH verlangte früher für das Vorliegen der Unternehmereigenschaft, dass sich der potenzielle Unternehmer am Markt beteiligt.[685] Im Jahr 1987 führte er im Urteil V R 3/77 vergleichbar aus, eine unternehmerische Betätigung könne dann

681 BFH, Urt. v. 18.7.1991 – V R 86/87, BStBl. II 1991, 776, BFHE 165, 116, Rn. 29.

682 BFH, Urt. v. 26.4.2012 – V R 2/11, BStBl. II 2012, 634, BFHE 237, 286, Rn. 36.

683 Stadie in Rau/Dürrwächter, § 2 Rn. 357.

684 Siehe dazu C.IV.4.c)bb).

685 BFH, Urt. v. 26.4.1979 – V R 46/72, BStBl. II 1979, 530, BFHE 128, 110, Rn. 10; Urt. v. 13.12.1984 – V R 32/74, BStBl. II 1985, 173, BFHE 142, 327, Rn. 19; Urt. v. 20.12.1984 – V R 25/76, BStBl. II 1985, 176, BFHE 142, 524, Rn. 37; Urt. v. 30.7.1986 – V R 41/76,

vorliegen, wenn jemand durch geschäftsmäßigen An- und Verkauf von Kapital- oder Gesellschaftsbeteiligungen aller Art wie ein Händler auftritt und damit eine nachhaltige, auf Einnahmeerzielung gerichtete Tätigkeit entfaltet.[686] Mittlerweile hält er die Marktbeteiligung nur noch für eins von mehreren Kriterien, die für die Nachhaltigkeit sprechen können.[687]

Das UStG zielt auf die Besteuerung der Endverbraucher nach ihrer Leistungsfähigkeit ausgedrückt durch ihren Verbrauchsaufwand ab.[688] Für die Erreichung dieses Ziels kann es keinen Unterschied ergeben, ob die Leistungen mehreren potenziellen Abnehmern angeboten oder nur gegenüber einem Abnehmer oder einzelnen von vornherein feststehenden Abnehmern erbracht werden.[689] In beiden Fällen liegt Verbraucherversorgung vor. § 2 Abs. 1 S. 3 UStG stellt dies für Personenvereinigungen, die nur gegenüber ihren Mitgliedern tätig werden, auch ausdrücklich klar.[690]

Der Verhältnismäßigkeit i.e.S. könnte eine gewisse Eingrenzung des Unternehmerbegriffs zu entnehmen sein.[691] Entsprechend könnte die Verhältnismäßigkeit i.e.S. auch dafür sprechen, dass für die Unternehmereigenschaft zu verlangen ist, dass sich der potenzielle Unternehmer am Markt beteiligt.

Aber auch hier ist zu sehen, dass es für eine Einschränkung der Unternehmereigenschaft aus Gründen der Verhältnismäßigkeit i.e.S. allenfalls auf den Umfang der Leistungen des potenziellen Unternehmers, aber nicht auf den Umfang seiner Marktbeteiligung ankommen könnte. Entscheidend könnte alleine sein, welcher Aufwand von dem potenziellen Unternehmer bei dem Umfang seiner Leistungserbringung erwartet werden kann. Die unternehmerische Entscheidung über den Umfang der Marktbeteiligung dürfte keinen Unterschied machen. Andernfalls könnte sich der Leistungserbringer aus der Steuerpflicht herausgestalten.

Das Merkmal der Marktbeteiligung muss also für das Vorliegen einer unternehmerischen Tätigkeit nicht erfüllt sein, sodass es der Annahme, die Eigenkapitalüberlassung sei eine unternehmerische Tätigkeit, nicht entgegensteht.

BStBl. II 1986, 874, BFHE 147, 279, Rn. 22; Urt. v. 29.6.1987 – X R 23/82, BStBl. II 1987, 744, BFHE 150, 218. Rn. 11.

686 BFH, Urt. v. 15.1.1987 – V R 3/77, BStBl. II 1987, 512, BFHE 149, 272, Rn. 38.

687 BFH, Urt. v. 18.7.1991 – V R 86/87, BStBl. II 1991, 776, BFHE 165, 116, Rn. 23; Urt. v. 10.4.1997 – V R 17/94, BFH/NV 1997, 719, Rn. 13; Beschl. v. 15.3.2002 – V B 137/01, BFH/NV 2002, 1503, Rn. 16; Urt. v. 27.1.2011 – V R 21/09, BStBl. II 2011, 524, BFHE 233, 77, Rn. 22; Urt. v. 26.4.2012 – V R 2/11, BStBl. II 2012, 634, BFHE 237, 286, Rn. 36.

688 Siehe dazu C.III.1.a)bb)(1).

689 Stadie in Rau/Dürrwächter, UStG, § 2 Rn. 347.

690 Stadie in Rau/Dürrwächter, UStG, § 2 Rn. 347.

691 Siehe dazu C.IV.4.c)bb).

ee) Geschäftsbetrieb/Geschäftslokal

Früher verlangte der V. Senat des BFH für eine unternehmerische Tätigkeit das Vorliegen eines Geschäftsbetriebs.[692] Dieses Merkmal geht über die soeben besprochene Marktbeteiligung hinaus.[693] Der X. Senat des BFH hingegen stellte sich auf den Standpunkt, es bedürfe keines Geschäftsbetriebs, da selbst ein Händler ohne Geschäftsbetrieb auskommen könne.[694] Mittlerweile spricht der V. Senat des BFH vom Unterhalten eines Geschäftslokals und hält das Geschäftslokal nur noch für eins der Merkmale, die für und gegen die Nachhaltigkeit sprechen.[695]

Der Verhältnismäßigkeit i.e.S. könnte eine gewisse Eingrenzung des Unternehmerbegriffs zu entnehmen sein.[696] Entsprechend könnte sich aus ihr ergeben, dass für die Unternehmereigenschaft zu verlangen ist, dass der potenzielle Unternehmer eine gewisse Infrastruktur vorhält.

Jedoch ist auch hier zu sehen, dass es für die Unternehmereigenschaft eines Leistungserbringers nicht darauf ankommen kann, was er an Infrastruktur vorhält, sondern nur darauf, was bei seinem Leistungsumfang von ihm erwartet werden kann. Andernfalls könnte er sich aus der Steuerpflicht herausgestalten.

Außerdem spricht das Ziel der USt, den Endverbraucher nach seiner Leistungsfähigkeit ausgedrückt durch seinen Verbrauchsaufwand zu besteuern,[697] gegen das Merkmal des Geschäftsbetriebs. Dies gilt insbesondere im Hinblick auf den Umstand, dass die Schwelle für den Aufbau eines eigenen Handels heute aufgrund des Internets deutlich niedriger ist als früher und so auch viele Privatpersonen in den Abendstunden und am Wochenende Handel treiben können. Die Nichtbelastung ihrer Leistungen mit USt gefährdete die Belastungsgleichheit der Endverbraucher.

Damit ist auch dann, wenn der Gesellschafter für die Eigenkapitalüberlassung nicht über eine besondere sachliche, personelle und organisatorische Aufstellung, die sich als Geschäftsbetrieb auffassen ließe, verfügen sollte, anzunehmen, dass die Eigenkapitalüberlassung eine unternehmerische Tätigkeit darstellt.[698]

---

692 BFH, Urt. v. 13.12.1984 – V R 32/74, BStBl. II 1985, 173, BFHE 142, 327, Rn. 19; Urt. v. 20.12.1984 – V R 25/76, BStBl. II 1985, 176, BFHE 142, 524, Rn. 37; Urt. v. 30.7.1986 – V R 41/76, BStBl. II 1986, 874, BFHE 147, 279, Rn. 22.

693 Siehe dazu BFH, Urt. v. 29.6.1987 – X R 23/82, BStBl. II 1987, 744, BFHE 150, 218, Rn. 11.

694 BFH, Urt. v. 29.6.1987 – X R 23/82, BStBl. II 1987, 744, BFHE 150, 218. Rn. 11.

695 BFH, Urt. v. 18.7.1991 – V R 86/87, BStBl. II 1991, 776, BFHE 165, 116, Rn. 25; Urt. v. 12.12.1996 – V R 23/93, BStBl. II 1997, 368, BFHE 182, 388, Rn. 33; Beschl. v. 15.3.2002 – V B 137/01, BFH/NV 2002, 1503, Rn. 16; Urt. v. 27.1.2011 – V R 21/09, BStBl. II 2011, 524, BFHE 233, 77, Rn. 22; Urt. v. 26.4.2012 – V R 2/11, BStBl. II 2012, 634, BFHE 237, 286, Rn. 36.

696 Siehe dazu C.IV.4.c)bb).

697 Siehe dazu C.III.1.a)bb)(1).

698 Noch zu Zeiten, da der V. Senat des BFH für das Vorliegen einer unternehmerischen Tätigkeit einen Geschäftsbetrieb zwingend verlangte, führte er in seinem

ff) Hinausgehen über bloße Gefälligkeit gegen Aufwandsersatz

Im Jahr 1990 befasste sich das FG Nürnberg mit jemandem, der für Freunde, die der deutschen Sprache nicht mächtig waren, einmalig Autos kaufte und von ihnen die Einkaufspreise erstattet bekam. Es entschied, diese Person habe keinerlei Aktivitäten entfaltet, die den Rahmen einer Gefälligkeitshandlung im privaten Bereich überschreiten.[699]

In der Folgezeit führte der BFH in zwei Urteilen aus, die fraglichen Nutzungsüberlassungen gingen über bloße Gefälligkeiten gegen Aufwandsersatz hinaus und stellten daher eine unternehmerische Tätigkeit dar.[700]

Im Jahr 1995 dann äußerte er im Urteil V R 25/94, in dem es um einen Gastwirt ging, der neben seiner Tätigkeit als Gastwirt ab und an Autos direkt vom Hersteller kaufte und diese zum Einkaufspreis weiterverkaufte, die Liste der Kriterien der Nachhaltigkeit des Urteils V R 86/87 sei nicht abschließend und das Kriterium der privaten Gefälligkeit könne in geeigneten Fällen als Abgrenzungskriterium ebenfalls von Bedeutung sein.[701]

Der Verhältnismäßigkeit i.e.S. könnte eine gewisse Eingrenzung des Unternehmerbegriffs zu entnehmen sein.[702] Entsprechend könnte sich aus ihr ergeben, dass für die Unternehmereigenschaft zu verlangen ist, dass die Tätigkeit des potenziellen Unternehmers über bloße Gefälligkeiten gegen Aufwandsersatz hinausgeht.

Jedoch ist auch hier zu sehen, dass es für die Unternehmereigenschaft eines Leistungserbringers nicht auf seine Preisgestaltung ankommen kann, sondern nur darauf, was bei seinem Leistungsumfang von ihm erwartet werden kann.

Dass für die Unternehmereigenschaft nicht zu verlangen ist, dass die Tätigkeit des potenziellen Unternehmers über bloße Gefälligkeiten gegen Aufwandsersatz hinausgeht, ergibt sich auch aus dem Umstand, dass nach § 2 Abs. 1 S. 3 UStG jede nachhaltige Tätigkeit zur Erzielung von Einnahmen gewerblich oder beruflich ist,

---

Urt. v. 30.7.1986 – V R 41/76, BStBl. II 1986, 874, BFHE 147, 279, Rn. 24 aus, beim Dulden fremder Eingriffe in den eigenen Rechtskreis über längere Zeit liege wegen der wiederholten oder fortwährenden Eingriffe ein unausgesetztes Leistungsverhalten – gewissermaßen von Minute zu Minute – vor. Dieses könne als Marktbeteiligung im Sinne eines auf gewisse Dauer angelegten Geschäftsbetriebs anzusehen sein. Denn hierfür bedürfe es keiner besonderen sachlichen, personellen oder organisatorischen Voraussetzungen. Vielmehr könne schon die Ausnutzung einer besonderen wirtschaftlichen Konkurrenzsituation oder das planmäßige Herantreten an einen speziellen Teilmarkt das Vorhandensein eines Geschäftsbetriebs ergeben. Nach dieser Rspr. wäre das Merkmal des Geschäftsbetriebs bei der Eigenkapitalüberlassung wohl erfüllt, falls man es doch für das Vorliegen einer unternehmerischen Tätigkeit verlangen wollte.

699 FG Nürnberg, Urt. v. 22.2.1990 – II 84/88, EFG 1990, 448, Rn. 23.

700 BFH, Urt. v. 7.11.1991 – V R 116/86, BStBl. II 1992, 269, BFHE 166, 195, Rn. 17; Urt. v. 28.7.1993 – XI R 105/90, BFH/NV 1994, 205, Rn. 15.

701 BFH, Urt. v. 7.9.1995 – V R 25/94, BStBl. II 1996, 109, BFHE 178, 490, Rn. 12.

702 Siehe dazu C.IV.4.c)bb).

auch wenn die Absicht, Gewinn zu erzielen, fehlt. Wessen Leistungen nämlich über bloße Gefälligkeiten gegen Aufwandsersatz hinausgehen, dürfte nämlich immer auch die Absicht, Gewinn zu erzielen, haben, gerade das aber ist nicht gefordert.

Des Weiteren spricht das Ziel der USt, den Endverbraucher nach seiner Leistungsfähigkeit ausgedrückt durch seinen Verbrauchsaufwand zu besteuern,[703] dagegen, dass unternehmerische Tätigkeiten über bloße Gefälligkeiten gegen Aufwandsersatz hinausgehen müssen.

Unternehmerische Tätigkeiten müssen also nicht über bloße Gefälligkeiten gegen Aufwandsersatz hinausgehen.

gg) Zwischenergebnis

Damit sind die von der Rspr. aufgeworfenen Kriterien allesamt irrelevant für die Frage, ob eine Tätigkeit als unternehmerische Tätigkeit einzuordnen ist.

5. Ergebnis

Die Eigenkapitalüberlassung ist eine unternehmerische Tätigkeit. Erstens erfüllt sie nämlich die geschriebenen Tatbestandsmerkmale des Unternehmerbegriffs. Und zweitens sind die von der Rspr. aufgeworfenen Kriterien für die Frage, ob eine Tätigkeit als unternehmerische Tätigkeit einzuordnen ist, irrelevant.

Falls man die von der Rspr. aufgeworfenen Kriterien doch für relevant hielte, gälte Folgendes:

Man müsste zunächst im Einzelfall womöglich feststellen, dass das Merkmal „keine private Vermögensverwaltung" nicht erfüllt ist. Dies stünde der Annahme, dass die Eigenkapitalüberlassung eine unternehmerische Tätigkeit darstellt, aber nicht entgegen. Denn die betroffene Eigenkapitalüberlassung fiele dann als Gegenstandsnutzung unter den dann als Ausnahmeregelung einzuordnenden Art. 9 Abs. 1 UAbs. 2 S. 2 MwStSystRL, aus dem dann zumindest hervorginge, dass die betroffene Eigenkapitalüberlassung unternehmerisch sein kann.

Weiterhin wäre zu sehen, dass jede Eigenkapitalüberlassung über eine bloße Gefälligkeit gegen Aufwandsersatz hinausgeht. Durch eine Regelung zur Entgelthöhe, die sowohl bei den Ausschüttungen oder Entnahmen und bei der Beteiligung am Auflösungserlös ansetzen müsste, kann nämlich nicht sichergestellt werden, dass das Eigenkapital nur gegen einen Aufwandsersatz, also gegen Ersatz der Refinanzierungskosten des Gesellschafters und seiner anteiligen Gemeinkosten, überlassen wird, ohne dass die Eigenkapitalüberlassung zur Fremdkapitalüberlassung würde.

Auch müsste man dann bei ausreichend großem Umfang der Eigenkapitalüberlassung den Mindestleistungsumfang für gegeben halten.

703 Siehe dazu C.III.1.a)bb)(1).

Zumindest dann, wenn ein Gesellschafter nicht nur einer Gesellschaft oder einem festen Kreis von Gesellschaften Eigenkapital überlässt, sondern für verschiedene Eigenkapitalinvestments offen ist und sich entsprechend ständig auf der Suche nach möglichen Engagements befindet, müsste auch das Kriterium der Marktbeteiligung erfüllt sein.

In diesem Fall dürfte dann auch das Merkmal des Geschäftsbetriebs erfüllt sein, denn die Suche nach möglichen Engagements bedarf einer gewissen personellen und sachlichen Ausstattung. Das ist auch in den Fällen zu überlegen, in denen der Gesellschafter dazu verpflichtet ist, einen Konzernabschluss und einen Konzernlagebericht aufzustellen.[704] Auch dafür bedarf es nämlich gewisser personeller und sachlicher Mittel. Gleiches gilt in diesem Fall auch für die ihrerseits wiederum eigenkapitalüberlassenden Tochterunternehmen, denn Tochterunternehmen sind zur Unterstützung des Mutterunternehmens bei der Aufstellung des Konzernabschlusses und des Konzernlageberichts verpflichtet.[705] In all diesen Fällen sollte auch das Merkmal der Intensität der Tätigkeit erfüllt sein.

Vor diesem Hintergrund stellte die Eigenkapitalüberlassung auch dann, wenn man die von der Rspr. aufgeworfenen ungeschriebenen Merkmale für relevant hielte, zumindest in den folgenden drei Fällen eine unternehmerische Tätigkeit dar:

Erstens, wenn der Gesellschafter nicht nur einer Gesellschaft oder einem festen Kreis von Gesellschaften Eigenkapital überlässt, sondern für verschiedene Eigenkapitalinvestments offen ist und sich entsprechend ständig auf der Suche nach möglichen Engagements befindet. Denn dann wären nicht nur die Merkmale der Marktbeteiligung, des Geschäftsbetriebs und der Intensität der Tätigkeit erfüllt, sondern es sollte auch der Mindestleistungsumfang von 5 000 Euro überschritten sein. Außerdem geht die Eigenkapitalüberlassung immer über den Rahmen einer Gefälligkeit gegen Aufwandsersatz hinaus und fällt als Gegenstandsnutzung gem. Art. 9 Abs. 1 UAbs. 2 S. 2 MwStSystRL unter die Ausnahme des Merkmals „keine private Vermögensverwaltung". Damit dürften ausreichend viele der von der Rspr. aufgeworfenen ungeschriebenen Merkmale erfüllt sein.

Zweitens, wenn der Gesellschafter zur Aufstellung eines Konzernabschlusses und eines Konzernlageberichts oder zur Unterstützung eines Mutterunternehmens bei der Aufstellung eines Konzernabschlusses und eines Konzernlageberichts verpflichtet ist. Bei diesen Sachverhalten nämlich dürfte der Gesellschafter nicht nur

---

704 Bei Kapitalgesellschaften ergibt sich diese Verpflichtung aus § 290 Abs. 1 S. 1 HGB. Bei Personengesellschaften und Einzelkaufleuten ergibt sie sich aus § 11 Abs. 1 i.V.m. § 3 Abs. 1 Nr. 1 PublG.

705 Wenn das Mutterunternehmen nach dem HGB zur Aufstellung von Konzernabschluss und Konzernlagebericht verpflichtet ist, ergibt sich die Verpflichtung des Tochterunternehmens aus § 294 Abs. 3 S. 2 HGB. Wenn das Mutterunternehmen nach dem PublG verpflichtet ist, dann ergibt sie sich aus § 13 Abs. 2 S. 1 PublG i.V.m. § 294 Abs. 3 S. 2 HGB.

über einen Geschäftsbetrieb verfügen, sondern sollten auch die Merkmale der Intensität der Tätigkeit und des Mindestleistungsumfangs von 5 000 Euro ganz sicher erfüllt sein. Im Übrigen gilt auch hier, dass die Eigenkapitalüberlassung immer über den Rahmen einer Gefälligkeit gegen Aufwandsersatz hinausgeht und als Gegenstandsnutzung gem. Art. 9 Abs. 1 UAbs. 2 S. 2 MwStSystRL unter die Ausnahme des Merkmals „keine private Vermögensverwaltung" fällt.

Drittens, wenn die Eigenkapitalüberlassung lediglich das Kriterium des Mindestleistungsumfangs von jährlich zumindest 5 000 Euro erfüllt. Denn auch in diesen Sachverhalten geht die Eigenkapitalüberlassung über den Rahmen einer Gefälligkeit gegen Aufwandsersatz hinaus. Auch fällt sie als Gegenstandsnutzung gem. Art. 9 Abs. 1 UAbs. 2 S. 2 MwStSystRL unter die Ausnahme vom Merkmal „keine private Vermögensverwaltung". Entscheidend ist aber, dass das Merkmal des Mindestleistungsumfangs unter den von der Rspr. aufgeworfenen ungeschriebenen Merkmalen das maßgebliche sein muss, da es für die Unternehmereigenschaft eines Leistungserbringers nur darauf ankommen kann, was bei seinem Leistungsumfang von ihm erwartet werden kann. Andernfalls könnte er sich aus der Steuerpflicht herausgestalten.

V. Im Rahmen seines Unternehmens ausgeführt

Nach § 1 Abs. 1 Nr. 1 S. 1 UStG liegt eine steuerbare Leistung nur dann vor, wenn eine Leistung gegen Entgelt nicht nur von einem Unternehmer, sondern dann auch noch im Rahmen seines Unternehmens ausgeführt wird. Daraus wird geschlossen, dass Leistungen nicht nur dann steuerbar sind, wenn sie alleine ihren Leistenden zum Unternehmer machen könnten, sondern auch dann, wenn sie ihren Leistenden zwar nicht zum Unternehmer machen, aber zu dessen sich aus anderen Umsätzen ergebenden Unternehmen in einem sachlichen Zusammenhang stehen (sog. Hilfs-, Neben- und Gelegenheitsgeschäfte).[706]

Vorliegend wird angenommen, die Eigenkapitalüberlassung des Gesellschafters an seine Gesellschaft gegen Gewinnausschüttungen oder -entnahmen mache den Gesellschafter zum Unternehmer. Damit ist für die Frage der Steuerbarkeit der Eigenkapitalüberlassung schon gar nicht mehr nach dem bezeichneten sachlichen Zusammenhang zu fragen. Der Gesellschafter ist aufgrund seiner Eigenkapitalüberlassung Unternehmer und erbringt die Eigenkapitalüberlassung in der Folge im Rahmen seines Unternehmens.

VI. Im Inland ausgeführt

Nach § 1 Abs. 1 Nr. 1 S. 1 UStG müssen steuerbare Leistungen des Weiteren im Inland ausgeführt werden. Gem. § 3a Abs. 2 S. 1 UStG wird eine sonstige Leistung,

706 Stadie in Rau/Dürrwächter, UStG, § 2 Rn. 193; Birkenfeld, DStR 1994, 81, 84 f.; BFH, Urt. v. 16.12.1993 – V R 103/88, BStBl. II 1994, 278, BFHE 173, 262, Rn. 11.

die an einen Unternehmer für dessen Unternehmen ausgeführt wird, grds. an dem Ort ausgeführt, von dem aus der Empfänger sein Unternehmen betreibt. Diese Regelung hat ihre Grundlage in Art. 44 S. 1 MwStSystRL. Die Eigenkapitalüberlassung ist keine Lieferung und damit gem. § 3 Abs. 9 S. 1 UStG eine sonstige Leistung. Sie wird stets an Unternehmer für deren Unternehmen ausgeführt. Denn erstens wird das Eigenkapital auch dann, wenn der das Eigenkapital empfangende Unternehmer mit dem Eigenkapital selbst wieder eine Eigenkapitalüberlassung finanziert, an einen Unternehmer für dessen Unternehmen ausgeführt. Die Eigenkapitalüberlassung ist schließlich eine unternehmerische Tätigkeit. Und zweitens wird das Eigenkapital auch dann, wenn der das Eigenkapital empfangende Unternehmer mit dem Eigenkapital steuerfreie Ausgangsumsätze finanziert, an einen Unternehmer für dessen Unternehmen ausgeführt. Der Unternehmerbegriff des § 3a Abs. 2 S. 1 UStG entspricht nämlich dem Unternehmerbegriff des § 2 UStG, der nicht steuerpflichtige und steuerfreie Umsätze unterscheidet.[707] Es ist auch keine Vorschrift einschlägig, die eine abweichende Ortsbestimmung vorsähe. Damit wird die Eigenkapitalüberlassung gem. § 3a Abs. 2 S. 1 UStG an dem Ort ausgeführt, von dem aus der Empfänger der Eigenkapitalüberlassung sein Unternehmen betreibt.

Das ist gem. Art. 44 S. 1 MwStSystRL der Ort, an dem der Empfänger den Sitz seiner wirtschaftlichen Tätigkeit hat.[708] Gem. Art. 10 Abs. 1 MwStVO ist das wiederum der Ort, an dem die Handlungen zur zentralen Verwaltung des Unternehmens vorgenommen werden. Zur Bestimmung dieses Orts ist gem. Art. 10 Abs. 2 UAbs. 1 MwStVO der Ort, an dem die wesentlichen Entscheidungen zur allgemeinen Leitung des Unternehmens getroffen werden, der Ort seines satzungsmäßigen Sitzes und der Ort, an dem die Unternehmensleitung zusammenkommt, heranzuziehen. Kann anhand dieser Kriterien der Ort des Sitzes der wirtschaftlichen Tätigkeit des Empfängers nicht mit Sicherheit bestimmt werden, so wird gem. Art. 10 Abs. 2 UAbs. 2 MwStVO der Ort, an dem die wesentlichen Entscheidungen zur allgemeinen Leitung des Unternehmens getroffen werden, zum vorrangigen Kriterium.

Gem. § 3a Abs. 2 S. 2 UStG ist dann, wenn die sonstige Leistung an die Betriebsstätte eines Unternehmers ausgeführt wird, statt des Orts, von dem aus der Empfänger der sonstigen Leistung sein Unternehmen betreibt, der Ort der Betriebsstätte maßgebend. Diese Regelung hat ihre Grundlage in Art. 44 S. 2 MwStSystRL. Eine sonstige Leistung wird gem. Art. 21 Abs. 2 MwStVO dann an die Betriebsstätte eines Unternehmers ausgeführt, wenn diese Betriebsstätte Empfänger der Dienstleistung ist und sie für den eigenen Bedarf verwendet.[709] Nach Auffassung der Verw. muss dafür die sonstige Leistung an die Betriebsstätte für ihren eigenen Bedarf erbracht werden und die Betriebsstätte in der Lage sein, die sonstige Leistung zu empfangen und zu verwenden.[710] Wenn nicht eindeutig feststellbar ist, an

707 Wäger in Sölch/Ringleb, UStG, § 3a Rn. 68.
708 Wäger in Sölch/Ringleb, UStG, § 3a Rn. 80, 58.
709 Wäger in Sölch/Ringleb, UStG, § 3a Rn. 90.
710 Abschn. 3a.2 Abs. 4 S. 1 HS. 2 UStAE.

welche Betriebsstätte die sonstige Leistung ausgeführt wird, soll davon auszugehen sein, dass die Leistung an dem Ort ausgeführt wird, von dem aus der Empfänger der sonstigen Leistung sein Unternehmen betreibt.[711]

M.E. lässt sich bis auf wenige Ausnahmen (Bsp.: Eigenkapital wird explizit für den Aufbau einer Betriebsstätte aufgenommen) nicht eindeutig feststellen, an welche Betriebsstätte die Eigenkapitalüberlassung ausgeführt wird. Damit ändert § 3a Abs. 2 S. 2 UStG regelmäßig nichts daran, dass die Eigenkapitalüberlassung an dem Ort, von dem aus der Empfänger des Eigenkapitals sein Unternehmen betreibt, ausgeführt wird.

Wenn der Ort, von dem aus der Empfänger des Eigenkapitals sein Unternehmen betreibt, oder der Ort seiner Betriebsstätte, an die die Eigenkapitalüberlassung feststellbar ausgeführt wird, im Inland liegt, wird die Eigenkapitalüberlassung also im Inland ausgeführt.

VII. Steuerfreiheit

Die Überlassung von Eigenkapital durch einen Gesellschafter an seine Gesellschaft gegen Gewinnausschüttungen oder -entnahmen ist m.E. steuerfrei.

Das ergibt sich aber nicht aus § 4 Nr. 8 lit. a) UStG, nach dem die Gewährung von Krediten steuerfrei ist. Eine Kreditgewährung soll nämlich nur dann vorliegen, wenn das Kapital zurückzuzahlen ist.[712] So entschied der BFH im Jahr 1970 im Urteil V R 137/69, unter einer Kreditgewährung sei die Hingabe von Geld zur Nutzung mit dem Versprechen künftiger Rückzahlung seitens des Kreditnehmers zu verstehen.[713] Der Anspruch des Kreditgebers auf ungeschmälerten Rückempfang des hingegebenen Kapitals gehöre zum Wesen der Kreditgewährung. Die Verw. steht im UStAE ebenfalls auf dem Standpunkt, eine Verlustbeteiligung sei mit dem Wesen des Darlehens unvereinbar.[714] Der Gesellschafter, der seiner Gesellschaft Eigenkapital überlässt, hat aber keinen Anspruch darauf, dass er das Eigenkapital,

---

711 Art. 22 Abs. 1 UAbs. 3 MwStVO; Wäger in Sölch/Ringleb, UStG, § 3a Rn. 93.

712 Siehe dazu bspw. Wäger in Sölch/Ringleb, UStG, § 4 Nr. 8 Rn. 92; Heidner in Bunjes, UStG, § 4 Nr. 8 Rn. 6.

713 BFH, Urt. v. 19.3.1970 – V R 137/69, BStBl. II 1970, 602, BFHE 99, 266, Rn. 9.

714 Abschn. 4.8.2 Abs. 7 S. 2 UStAE. Teilweise äußerten die Länderfinanzverwaltungen jedoch, der BFH habe im Urteil V R 137/69, dem ein Sachverhalt zugrunde lag, in dem jemand einem Kaufmann Geld für die Durchführung einzelner Geschäfte gegen Beteiligung nicht nur am Gewinn, sondern auch am Verlust, zur Verfügung gestellt hat, für die Anwendbarkeit von § 4 Nr. 8 lit. a) UStG danach unterschieden, ob eine bloße Kreditgewährung oder eine wirkliche Interessengemeinschaft vorliegt. So bspw. das Bayerische Staatsministerium der Finanzen in seinem Erl. v. 12.12.1985 – 36 – S 7100 – 37/3, UR 1986, 186 und die OFD Düsseldorf in ihrer Vfg. v. 2.6.1986 – S 7104 A – St 142, DB 1986, 1589. Daher unterfalle die Kapitalüberlassung des stillen Gesellschafters auch dann nicht § 4 Nr. 8 lit. a) UStG, wenn die Verlustbeteiligung des stillen Gesellschafters ausgeschlossen ist.

das er oder einer der früheren Inhaber seines Gesellschaftsanteils der Gesellschaft gezahlt hat, vollständig zurückerhält. Er hat nur einen Anspruch auf seinen Anteil daran, was nach der Begleichung der Gesellschaftsschulden noch da ist.

Die Steuerfreiheit der Eigenkapitalüberlassung ergibt sich m.E. aber aus Art. 135 Abs. 1 lit. f) MwStSystRL. Nach dieser Vorschrift befreien die Mitgliedstaaten unter anderem die Umsätze, die sich auf Aktien oder Anteile an Gesellschaften und Vereinigungen beziehen. Früher war diese Regelung in Art. 13 Teil B lit. d) Nr. 5 6. RL verankert.

Im Jahr 1997 entschied der EuGH im Urteil SDC, Umsätze, die sich auf Aktien und andere Wertpapiere beziehen, beträfen nur auf dem Wertpapiermarkt bewirkte Umsätze.[715] Der Wertpapierhandel umfasse Handlungen, die die rechtliche und finanzielle Lage zwischen den Parteien ändern und den Handlungen im Überweisungs- oder Zahlungsverkehr ähnlich sind.[716] Im Jahr 2001 führte er im Urteil CSC Financial Services Ltd. aus, dies werde dadurch bestätigt, dass Art. 13 Teil B lit. d) Nr. 5 6. RL die Verwahrung und Verwaltung von Wertpapieren von der Steuerbefreiung ausnimmt.[717] Der Ausdruck „Umsätze, die sich auf Wertpapiere beziehen", betreffe daher Umsätze, die geeignet sind, Rechte und Pflichten der Parteien in Bezug auf Wertpapiere zu begründen, zu ändern oder zum Erlöschen zu bringen.[718]

Man könnte sich auf den Standpunkt stellen, die Eigenkapitalüberlassung sei ein Umsatz, der geeignet ist, Rechte und Pflichten der Parteien in Bezug auf Wertpapiere zu begründen, zu ändern oder zum Erlöschen zu bringen. So hat sich der EuGH das aber sicherlich nicht gedacht.

M.E. erfasst Art. 135 Abs. 1 lit. f) MwStSystRL nichtsdestotrotz die Eigenkapitalüberlassung. Die Mitgliedstaaten befreien nach dem Wortlaut der deutschen Sprachfassung dieser Vorschrift nämlich die Umsätze, die sich auf Gesellschaftsanteile beziehen. Und die Eigenkapitalüberlassung ist ein Umsatz, der sich auf Gesellschaftsanteile bezieht. Schließlich geht die Eigenkapitalüberlassung immer mit dem Halten eines Gesellschaftsanteils einher und ist so durch das Gesellschaftsverhältnis veranlasst.

Die französische Sprachfassung („les opérations portant sur les actions") und die italienische („le operazioni relative ad azioni") bspw. verlangen genauso wie die deutsche ausdrücklich einen Bezug des fraglichen Umsatzes zu einem Gesellschaftsanteil.

Die englische Sprachfassung („transactions in shares") hingegen stellt zumindest nicht ausdrücklich auf einen solchen Bezug des fraglichen Umsatzes zu einem Gesellschaftsanteil ab. Sie spricht stattdessen von Aktienumsätzen, wobei unter

715 EuGH, Urt. v. 5.6.1997 – C-2/95 (SDC), Slg. 1997, I-3017, Rn. 72.

716 EuGH, Urt. v. 5.6.1997 – C-2/95 (SDC), Slg. 1997, I-3017, Rn. 73.

717 EuGH, Urt. v. 13.12.2001 – C-235/00 (CSC Financial Services Ltd.), Slg. 2001, I-10237, Rn. 29.

718 EuGH, Urt. v. 13.12.2001 – C-235/00 (CSC Financial Services Ltd.), Slg. 2001, I-10237, Rn. 33; Urt. v. 29.10.2009 – C-29/08 (AB SKF), Slg. 2009, I-10413, Rn. 48.

Aktienumsätzen aber auch solche Umsätze verstanden werden könnten, die sich auf Aktien beziehen. Die englische Sprachfassung steht der hier vorgeschlagenen Auslegung des Art. 135 Abs. 1 lit. f) MwStSystRL aber nicht entgegen. Nach der Rspr. des EuGH sind nämlich alle Sprachfassungen einer Norm zu berücksichtigen, um eine einheitliche Anwendung des Unionsrechts zu erreichen.[719] Dabei soll keine Sprachfassung vor einer anderen vorrangig sein. In der Folge erlangen die anderen Auslegungsmethoden zwangsläufig eine größere Bedeutung:

In systematischer Hinsicht ist zu sehen, dass die Steuerbefreiungsvorschriften Ausnahmen von dem allgemeinen Grundsatz darstellen, nach dem alle Leistungen, die ein Steuerpflichtiger gegen Entgelt erbringt, der MwSt unterliegen. Es besteht wohl Konsens darüber, dass Ausnahmevorschriften eng auszulegen sind. Das ist m.E. jedoch nicht unbedingt zwingend. Denn warum sollte anzunehmen sein, dass der Gesetzgeber mit der Verwendung der Regel-Ausnahme-Technik jedes Mal zum Ausdruck bringen möchte, dass die Regel im Graubereich eine größere Attraktionskraft als ihre Ausnahme besitzt? Diesem Konsens entsprechend bringt der EuGH aber regelmäßig zum Ausdruck, dass die Steuerbefreiungsvorschriften eng auszulegen seien.[720] Dieser Ausnahmecharakter der Steuerbefreiungsvorschriften könnte dagegen sprechen, dass Art. 135 Abs. 1 lit. f) MwStSystRL die Eigenkapitalüberlassung erfasst.

Gleichbehandlungsüberlegungen sprechen aber dafür, dass die Eigenkapitalüberlassung gem. Art. 135 Abs. 1 lit. f) MwStSystRL steuerfrei ist. Der in Art. 20 GRC verankerte und vorliegend aufgrund von Art. 6 Abs. 1 UAbs. 1 HS. 1 EUV[721] zu beachtende Gleichheitssatz ordnet an, dass alle Personen vor dem Gesetz gleich sind. Damit verlangt er, dass vergleichbare Sachverhalte nicht in unterschiedlicher Weise behandelt werden.[722] Die Gewährung von Krediten ist gem. Art. 135 Abs. 1 lit. b) MwStSystRL steuerfrei. Ginge man davon aus, die Eigenkapitalüberlassung sei nicht gem. Art. 135 Abs. 1 lit. f) MwStSystRL steuerfrei, hätte dies zur Folge, dass Verbraucher, die von Unternehmen unecht steuerfreie Leistungen beziehen, aufgrund der aller Voraussicht nach eintretenden Überwälzung der nichtabziehbaren Vorsteuern durch diese Unternehmen auf sie mittels höherer Preise eine Umsatzsteuerlast trügen, die von der Eigenkapitalfinanzierungsquote dieser Unternehmen abhinge. Je höher die Eigenkapitalfinanzierungsquote der leistenden Unternehmen

---

719 EuGH, Urt. v. 19.4.2007 – C-455/05 (Velvet & Steel Immobilien), Slg. 2007, I-3225, Rn. 19 f.

720 EuGH, Urt. v. 20.11.2003 – C-8/01 (Taksatorringen), Slg. 2003, I-13711, Rn. 36; Urt. v. 3.3.2005 – C-472/03 (Arthur Andersen), Slg. 2005, I-1719, Rn. 24; Urt. v. 21.6.2007 – C-453/05 (Ludwig), Slg. 2007, I-5083, Rn. 21; Urt. v. 5.7.2012 – C-259/11 (DTZ Zadelhoff), ABl. EU 2012, Nr. C 287, 14, DStR 2012, 1440, Rn. 20.

721 Nach dieser Vorschrift erkennt die Europäische Union die Rechte, Freiheiten und Grundsätze an, die in der GRC niedergelegt sind.

722 EuGH, Urt. v. 7.7.1993 – C-217/91 (Spanien/Kommission), Slg. 1993, I-3923, Rn. 37; Urt. v. 13.12.1994 – C-306/93 (Winzersekt), Slg. 1994, I-5555, Rn. 30.

ist, desto höher wäre die Umsatzsteuerlast ihrer Abnehmer. Unterschiedliche Eigenkapitalfinanzierungsquoten der leistenden Unternehmen führen aber nicht dazu, dass sie ungleiche Leistungen erbringen. Stellte man auf die Perspektive der leistenden Unternehmen ab, wäre zu sehen, dass die Eigenkapitalfinanzierung und die Fremdkapitalfinanzierung für sie vergleichbare Finanzierungsformen sind. Es käme also zu einer doppelten Ungleichbehandlung. Und beide Male ist kein Grund erkennbar, warum sie gerechtfertigt sein sollte.

Bei Verstößen gegen den Gleichheitssatz ist dem Richtliniengeber die Möglichkeit einzuräumen, den Verstoß zu beseitigen.[723] Entsprechend vermeidet es der EuGH, gleichheitswidrige Maßnahmen per se für nichtig zu erklären.[724] Teilweise beschränkt er sich aber nicht darauf, die Unvereinbarkeit der fraglichen Norm mit dem Gleichheitssatz festzustellen und dem Richtliniengeber eine Frist zu setzen, innerhalb derer er den Verstoß beseitigen muss, sondern erstreckt dazu auch noch die Begünstigung auf die Gruppe der Benachteiligten.[725] Vorliegend ist auf diese Ausnahmerechtsprechung aber schon gar nicht zu rekurrieren. Es ist nämlich nur ein potenzieller Verstoß gegen den Gleichheitssatz gegeben. Der Wortlaut mehrerer Sprachfassungen des Art. 135 Abs. 1 lit. f) MwStSystRL lässt sich schließlich so auslegen, dass die Eigenkapitalüberlassung nach dieser Vorschrift steuerfrei ist. Diese Auslegung ist dann auch zu wählen, um einen Verstoß gegen den Gleichheitssatz zu vermeiden.

Davon, dass der Gleichheitssatz bei der Auslegung der Richtlinienvorgaben zu den Steuerbefreiungsvorschriften zu beachten ist, ging auch der deutsche Gesetzgeber aus, als er im Jahr 1986 mit dem Gesetz über Unternehmensbeteiligungsgesellschaften § 4 Nr. 8 lit. j) UStG a.F. einführte[726], nach dem die Beteiligung als stiller Gesellschafter an dem Unternehmen oder an dem Gesellschaftsanteil eines anderen steuerfrei ist. Beschlussempfehlung und Bericht des Finanzausschusses des Bundestags zu diesem Gesetzgebungsvorhaben ist zu entnehmen, dass die Einführung dieser Steuerbefreiungsvorschrift durch das Urteil V R 110/81, V R 111/81 ausgelöst wurde.[727] Nach diesem Urteil sollen Innengesellschaften weder Leistender noch Leistungsempfänger sein, sodass die unter den Gesellschaftern im eigenen Namen ausgetauschten Leistungen Gegenstand der Umsatzbesteuerung sein sollen, wobei das Entgelt in dem Gewinnanteil bestehen soll, den der leistungsempfangende Gesellschafter aufwendet, um die Leistung von dem leistenden

---

723 Rossi in Calliess/Ruffert, EUV/AEUV, Art. 20 GRC Rn. 29.

724 Rossi in Calliess/Ruffert, EUV/AEUV, Art. 20 GRC Rn. 30.

725 Rossi in Calliess/Ruffert, EUV/AEUV, Art. 20 GRC Rn. 30.

726 Siehe dazu § 30 Gesetz über Unternehmensbeteiligungsgesellschaften (UBGG) v. 17.12.1986, BGBl. I 1986, 68, 2488.

727 Siehe dazu Beschlussempfehlung und Bericht des Finanzausschusses des Bundestags zu dem Entwurf eines Gesetzes über Unternehmensbeteiligungsgesellschaften v. 15.10.1986, BT-Drs. 10/6193, 20.

Gesellschafter zu erhalten.[728] Da einerseits die Ausgabe von Gesellschaftsanteilen und andererseits auch die Kreditgewährung nicht der USt unterlägen, hielt es die Ausschussmehrheit nach Beschlussempfehlung und Bericht des Finanzausschusses für angebracht, die zwischen diesen beiden Tatbeständen angesiedelte Beteiligung als stiller Gesellschafter von der USt zu befreien.[729] Die Kapitalbeschaffung durch die Aufnahme stiller Beteiligungen sei mit diesen Vorgängen wirtschaftlich vergleichbar.[730] Im Jahr 2004 strich der Gesetzgeber durch das Richtlinien-Umsetzungsgesetz § 4 Nr. 8 lit. j) UStG a.F. aber wieder.[731] Ausweislich der Gesetzesbegründung der Bundesregierung ging er davon aus, vor dem Hintergrund der EuGH-Rspr. zum Erwerb und Halten von Gesellschaftsanteilen sei nunmehr davon auszugehen, § 4 Nr. 8 lit. j) UStG befreie in den Fällen einer Geldeinlage eine nichtsteuerbare Leistung von der USt.[732]

Der Annahme, die Eigenkapitalüberlassung sei gem. Art. 135 Abs. 1 lit. f) MwStSystRL steuerfrei, steht nicht entgegen, dass Eigenkapital der Natur der Sache nach dem Endverbraucher nicht überlassen werden kann. Zunächst wird die MwSt nämlich nicht nur auf der letzten, sondern auch auf den vorgelagerten Umsatzstufen erhoben. Des Weiteren profitieren Verbraucher durchaus von einer Steuerbefreiungsvorschrift, die der Natur ihres Gegenstands nach nur Vorleistungen erfassen kann, da die Unternehmer nichtabziehbare Vorsteuern regelmäßig durch höhere Preise für ihre Ausgangsleistungen auf die Verbraucher abwälzen.

Nach Auffassung des EuGH soll die Steuerbefreiung von Finanzgeschäften Schwierigkeiten bei der Bestimmung der Bemessungsgrundlage und der Höhe der abzugsfähigen Vorsteuern beseitigen.[733] Dieser Sicht der Dinge hat sich auch der BFH angeschlossen.[734] Die Begründung des Entwurfs des UStG 1967 spricht von

728 BFH, Urt. v. 27.5.1982 – V R 110/81, V R 111/81, BStBl. II 1982, 678, BFHE 136, 315, Rn. 19.

729 Siehe dazu Beschlussempfehlung und Bericht des Finanzausschusses des Bundestags zu dem Entwurf eines Gesetzes über Unternehmensbeteiligungsgesellschaften v. 15.10.1986, BT-Drs. 10/6193, 20.

730 Siehe dazu Beschlussempfehlung und Bericht des Finanzausschusses des Bundestags zu dem Entwurf eines Gesetzes über Unternehmensbeteiligungsgesellschaften v. 15.10.1986, BT-Drs. 10/6193, 25.

731 Siehe dazu Art. 5 Nr. 5 Gesetz zur Umsetzung von EU-Richtlinien in nationales Steuerrecht und zur Änderung weiterer Vorschriften (Richtlinien-Umsetzungsgesetz – EURLUmsG) v. 9.12.2004, BGBl. I 2004, 67, 3310.

732 Siehe dazu Entwurf der Bundesregierung eines Gesetzes zur Umsetzung von EU-Richtlinien in nationales Steuerrecht und zur Änderung weiterer Vorschriften (Richtlinien-Umsetzungsgesetz – EURLUmsG) v. 6.9.2004, BT-Drs. 15/3677, 39 f.

733 EuGH, Urt. v. 19.4.2007 – C-455/05 (Velvet & Steel Immobilien), Slg. 2007, I-3225, Rn. 24; Urt. v. 10.3.2011 – C-540/09 (Skandinaviska Enskilda Banken), Slg. 2011, I-1509, Rn. 21; Urt. v. 12.6.2014 – C-461/12 (Granton Advertising), ABl. EU 2014, Nr. C 282, 4, DStR 2014, 1282, Rn. 30.

734 BFH, Urt. v. 30.3.2011 – XI R 19/10, BStBl. II 2011, 772, BFHE 233, 353, Rn. 38.

technischen Gründen und geht damit ebenfalls in diese Richtung,[735] genauso der Bericht des Finanzausschusses zu dem Entwurf des UStG 1967, der auf das Interesse einer vereinfachten Anwendung des UStG hinweist.[736] Das überzeugt aber nicht. Es ist nämlich nicht nachvollziehbar, warum es bei den Finanzgeschäften besondere Schwierigkeiten bei der Bestimmung der Bemessungsgrundlage geben sollte.[737]

Popitz äußerte zu § 2 Nr. 2 UStG 1919, dem Vorläufer des heutigen § 4 Nr. 8 UStG, nach dem Kreditgewährungen und Umsätze von Geldforderungen, insbesondere von Wechseln und Schecks, sowie von Wertpapieren, Anteilen von Gesellschaften und sonstigen Vereinigungen, Banknoten, Papiergeld, Geldsorten und von inländischen amtlichen Wertzeichen von der Besteuerung ausgenommen waren, es wäre völlig ungeeignet, für die steuerliche Erfassung der von dieser Vorschrift in erster Linie erfassten Bank- und Börsengeschäfte den Umsatz zugrunde zu legen.[738] Es liege in der Natur der Bankgeschäfte, dass bei ihnen Umsatz und Ertrag in keinerlei fassbarem Verhältnis stünden. Jede Belastung müsse aber bei der Leichtigkeit, mit der der Geldverkehr sich anpassen kann, zu Umstellungen führen. Die Bank- und Börsengeschäfte ließen sich daher in eine allgemeine USt nicht einzwängen, ihre Belastung müsse vielmehr durch besondere, der Natur des Geldverkehrs angepasste Verkehrsteuern geschehen. Aus diesen Erwägungen könne aber nicht eine völlige Befreiung der Bank- und Börsengeschäfte hergeleitet werden, vielmehr nur die Befreiung solcher Geschäfte, bei denen sich der Steuergegenstand mit dem umgesetzten Kapitalbetrage decke, also der Lieferungsgeschäfte über Geld, Wertpapiere usw.

Auch diese Überlegung überzeugt nicht. Es ist nämlich zu sehen, dass bspw. bei der Kreditgewährung das von *Popitz* angeführte vermeintliche Missverhältnis von Umsatz und Gewinn schon gar nicht gegeben ist. Im Übrigen liegen bei der Übertragung von Forderungen[739] und Gesellschaftsanteilen, die mit der Überlassung von Eigenkapital einhergehen,[740] m.E. schon gar keine Umsätze vor. Die Umsätze sind stattdessen in der Fremd- oder Eigenkapitalüberlassung selbst zu sehen. Und auch bei diesen Umsätzen ist das Missverhältnis, mit dem *Popitz* argumentiert hat, nicht gegeben.

---

735 Entwurf der Bundesregierung eines UStG v. 30.10.1963, BT-Drs. 4/1590, 36, 37. Dieser Regierungsentwurf aus der 4. Legislaturperiode wurde durch einen Antrag der Fraktionen der CDU/CSU und der FDP v. 24.11.1965 (BT-Drs. 5/48, 16) in der 5. Legislaturperiode wieder in das parlamentarische Verfahren eingebracht.

736 Bericht des Finanzausschusses des Bundestags über den von den Fraktionen der CDU/CSU und der FDP eingebrachten Entwurf eines UStG, BT-Drs. zu 5/1581, 11.

737 Stadie, UStG, § 4 Nr. 8 Rn. 3.

738 Popitz, UStG 1919 I, 243 f.

739 Siehe dazu F.II.2.

740 Siehe dazu D.I.2.b).

Aus dem Telos der einschlägigen Steuerbefreiungsvorschriften kann also nichts für die Frage gewonnen werden, ob die Eigenkapitalüberlassung steuerfrei ist.

Damit bleibt es dabei, dass die Eigenkapitalüberlassung aus Gleichbehandlungsüberlegungen gem. Art. 135 Abs. 1 lit. f) MwStSystRL steuerfrei ist. § 4 Nr. 8 lit. f) UStG, nach dem die Umsätze von Anteilen an Gesellschaften steuerfrei sind, lässt sich m.E. dahingehend richtlinienkonform auslegen, dass die Eigenkapitalüberlassung steuerfrei ist. Wer der gegenteiligen Auffassung ist, muss zu dem Ergebnis kommen, dass sich die Unternehmer direkt auf Art. 135 Abs. 1 lit. f) MwStSystRL berufen können. Diese Regelung ist nämlich hinreichend klar und genau und nicht an Bedingungen geknüpft.[741]

VIII. Option zur Steuerpflicht

Nach § 9 Abs. 1 UStG können Unternehmer bestimmte steuerfreie Umsätze als steuerpflichtig behandeln, wenn sie sie an einen anderen Unternehmer für dessen Unternehmen ausführen. Die Eigenkapitalüberlassung ist m.E. gem. § 4 Nr. 8 lit. f) UStG steuerfrei. Die gem. dieser Vorschrift steuerfreien Umsätze gehören zu denen, zu deren Steuerpflicht die Unternehmer nach § 9 Abs. 1 UStG optieren können. Die Eigenkapitalüberlassung wird zudem stets für Unternehmer für deren Unternehmen ausgeführt. Damit können die Gesellschafter, die ihrer Gesellschaft Eigenkapital überlassen, gem. § 9 Abs. 1 UStG zur Steuerpflicht der Eigenkapitalüberlassung optieren.

Denjenigen, die mehreren Gesellschaften Eigenkapital überlassen, steht es frei, nur die Eigenkapitalüberlassung an ausgewählte Gesellschaften als steuerpflichtig zu behandeln.[742] Genauso kann ein Gesellschafter, der Inhaber mehrerer Anteile an einer Gesellschaft ist, nur die mit ausgewählten Anteilen einhergehende Eigenkapitalüberlassung als steuerpflichtig behandeln.[743] Die einzelnen Gesellschaftsanteile ermöglichen nämlich eine Aufteilung der gesamten Eigenkapitalüberlassung des Gesellschafters an seine Gesellschaft. Für die Beantwortung der Frage, bis wann die Gesellschafter zur Steuerpflicht optieren können, gilt vorliegend nichts Besonderes.[744] Das gilt auch für die Rücknahme des Verzichts auf die Steuerbefreiung.[745]

---

741 Zu den Voraussetzungen der unmittelbaren Wirkung von Richtlinienvorschriften siehe EuGH, Urt. v. 19.1.1982 – C-8/81 (Becker), Slg. 1982, 53, Rn. 25; Urt. v. 20.10.1993 – C-10/92 (Balocchi), ABl. EG 1993, Nr. C 312, 3, Rn. 34; Urt. v. 6.7.1995 – C-62/93 (Soupergaz/Griechischer Staat), ABl. EG 1995, Nr. C 229, 9, Rn. 34.

742 Zur sog. Einzeloption siehe Abschn. 9.1 Abs. 1 S. 2 UStAE und Heidner in Bunjes, UStG, § 9 Rn. 23.

743 Zur sog. Teiloption siehe Abschn. 9.1 Abs. 6 S. 1 UStAE und Heidner in Bunjes, UStG, § 9 Rn. 23.

744 Zur zeitlichen Begrenzung der Verzichtsmöglichkeit siehe Schüler-Täsch in Sölch/Ringleb, UStG, § 9 Rn. 81 ff.

745 Zur Rücknahme des Verzichts auf die Steuerbefreiung siehe Schüler-Täsch in Sölch/Ringleb, UStG, § 9 Rn. 89 ff.

Gesellschaften, die unecht steuerfreie Ausgangsleistungen erbringen, können die Vorsteuern, die auf ihren Eingangsleistungen lasten, gar nicht oder nur eingeschränkt abziehen. Wenn sich aus dem Gesellschaftsvertrag oder der Satzung einer solchen Gesellschaft ausdrücklich oder durch Auslegung ergibt, dass die Gewinnausschüttungen oder -entnahmen Nettozahlungen sind, stellt sich daher die Frage, ob sie von ihren Gesellschaftern verlangen kann, dass diese nicht zur Steuerpflicht der Eigenkapitalüberlassung optieren. Dies hätte selbstverständlich keine Auswirkungen auf die Wirksamkeit einer eventuellen Option mancher oder aller Gesellschafter zur Steuerpflicht. Die Gesellschaft wäre dann aber nicht dazu verpflichtet, ihnen auch noch einen Betrag zu zahlen, der der Steuer entspricht, die sie für die Eigenkapitalüberlassung schuldeten.

Einer Regelung im Gesellschaftsvertrag respektive in der Satzung, nach der die Gesellschafter nicht zur Steuerpflicht der Eigenkapitalüberlassung optieren dürfen mit der Wirkung, dass die Gesellschaft nicht dazu verpflichtet ist, ihnen, wenn sie doch zur Steuerpflicht optieren, auch noch einen Betrag zu zahlen, der der Steuer entspricht, die sie dann für die Eigenkapitalüberlassung schulden, steht m.E. nichts entgegen. Zudem sollten Gesellschaften und ihre Gesellschafter zumindest in den Fällen, in denen der Unternehmensgegenstand der Gesellschaft im Wesentlichen auf die Erbringung unecht steuerfreier Ausgangsleistungen hinausläuft, im Rahmen der Treuepflichten von ihren Gesellschaftern respektive ihren Mitgesellschaftern mit dieser Wirkung verlangen können, dass diese nicht zur Steuerpflicht der Eigenkapitalüberlassung optieren.[746] Dem steht nicht entgegen, dass die Gesellschafter die Vorsteuern, die auf den Eingangsleistungen lasten, die sie anlässlich ihrer Eigenkapitalüberlassung beziehen, dann nicht abziehen können, wenn sie nicht zur Steuerpflicht ihrer Eigenkapitalüberlassung optieren, da die Eigenkapitalüberlassung mangels Erwähnung des § 4 Nr. 8 lit. f) UStG in § 15 Abs. 3 Nr. 1 UStG nur unecht steuerfrei ist. Die Gesellschafter sollten nämlich für diese Vorsteuerbelastung durch im Vergleich zu der Situation, in der sie zur Steuerpflicht ihrer Eigenkapitalüberlassung optieren, höhere Gewinnausschüttungen oder -entnahmen ausreichend kompensiert werden. Der Verzicht auf die Option ist ihnen also zumutbar.

An dieser Stelle bietet es sich an, noch der Frage nachzugehen, ob die Gewinnausschüttungen oder -entnahmen, wenn es an einer ausdrücklichen Regelung im Gesellschaftsvertrag respektive in der Satzung fehlt, als Brutto- oder Nettozahlungen aufzufassen sind:

M.E. muss man im Wege der ergänzenden Vertragsauslegung dazu kommen, dass die Gewinnausschüttungen und -entnahmen Nettozahlungen sind, sodass die Gesellschafter dann, wenn sie zur Steuerpflicht der Eigenkapitalüberlassung an ihre Gesellschaft optieren und das nach dem Gesellschaftsvertrag auch dürfen,

746 Zur vertikalen und horizontalen Treuepflicht siehe Lieder in Michalski, GmbHG, § 13 Rn. 140 ff. und Bungeroth in MüKo AktG, Vorbemerkung zum Dritten Teil: Rechtsverhältnisse der Gesellschaft und der Gesellschafter, Rn. 22.

neben der Gewinnausschüttung oder -entnahme gegen ihre Gesellschaft auch noch einen Anspruch auf Zahlung eines Betrags haben, der der Höhe nach der USt entspricht, die sie für ihre Eigenkapitalüberlassung schulden. Es ist nämlich davon auszugehen, dass redliche und verständige Parteien in Kenntnis dieser Regelungslücke nach dem Vertragszweck und bei sachgemäßer Abwägung ihrer beiderseitigen Interessen nach Treu und Glauben die Gewinnausschüttungen oder -entnahmen als Nettozahlungen und damit den bezeichneten Anspruch vereinbart hätten.[747] Zunächst ist nämlich zu sehen, dass die Annahme, dass es sich bei den Gewinnausschüttungen und -entnahmen um Bruttobeträge handelt, das Recht der Gesellschafter zur Option zur Steuerpflicht der Eigenkapitalüberlassung und die damit einhergehende Möglichkeit zum Vorsteuerabzug zumindest teilweise wirtschaftlich entwerten würde. Denn dann stünde dem Recht auf Vorsteuerabzug eine um die USt, die auf die Eigenkapitalüberlassung entfällt, gekürzte Gewinnausschüttung oder -entnahme gegenüber. Des Weiteren ist zu sehen, dass die Gesellschaft dann, wenn man von einer Nettozahlung ausgeht, bei der Option der Gesellschafter zur Steuerpflicht der Eigenkapitalüberlassung zwar einen Betrag, der der USt entspricht, die die Gesellschafter dann für die Eigenkapitalüberlassung abführen müssen, an die Gesellschafter zu zahlen hat, diesen Betrag aber grds. wieder als Vorsteuer abziehen kann und damit lediglich einen Liquiditätsverlust erleidet.

Aber auch dann, wenn die Gesellschaft unecht steuerfreie Ausgangsleistungen erbringt, muss man m.E. im Rahmen der ergänzenden Vertragsauslegung zu dem Ergebnis kommen, dass die Gewinnausschüttungen oder -entnahmen Nettozahlungen sind. Auch hier wäre nämlich die Annahme, dass die Gewinnausschüttungen oder -entnahmen Bruttozahlungen sind, für die Gesellschafter von Nachteil, da sie bei der Option zur Steuerpflicht die Gewinnausschüttungen oder -entnahmen nur um den Betrag der auf die Eigenkapitalüberlassung entfallenden USt geschmälert erhielten. Zwar ist umgekehrt die Annahme, dass es sich bei den Gewinnausschüttungen oder -entnahmen um Nettozahlungen handelt, auf den ersten Blick von Nachteil für die Gesellschaft, da sie aufgrund ihrer steuerfreien Ausgangsleistungen die Vorsteuer nur begrenzt oder gar nicht abziehen kann. Es ist aber davon auszugehen, dass sie zumindest dann, wenn ihr Unternehmensgegenstand im Wesentlichen auf die Erbringung von unecht steuerfreien Ausgangsleistungen hinausläuft, von ihren Gesellschaftern verlangen kann, dass diese nicht zur Steuerpflicht der Eigenkapitalüberlassung optieren.

IX. Zeitpunkt der Entstehung der USt

Mit der Feststellung des Umfangs der auf den einzelnen Gesellschafter entfallenden Gewinnausschüttung oder mit der Anforderung der Gewinnentnahme durch

747 Zum Maßstab der ergänzenden Vertragsauslegung siehe Busche in MüKo BGB, § 157 Rn. 47.

den einzelnen Gesellschafter ist der Umsatz erfassbar und bemessbar, sodass mit diesem Moment dann auch ein steuerbarer Umsatz vorliegt.[748]

Wenn der Gesellschafter die USt nach vereinbarten Entgelten berechnet, entsteht die USt mit Ablauf des Voranmeldungszeitraums, in den die Feststellung des Umfangs der auf den einzelnen Gesellschafter entfallenden Gewinnausschüttung oder die Anforderung der Gewinnentnahme durch den einzelnen Gesellschafter fällt (§ 13 Abs. 1 Nr. 1 lit. a) S. 1 UStG). Berechnet der Gesellschafter die USt nach vereinnahmten Entgelten, entsteht die USt mit Ablauf des Voranmeldungszeitraums, in dem es zur Gewinnausschüttung oder -entnahme kommt, denn dann ist gem. § 13 Abs. 1 Nr. 1 lit. b) UStG auf die Vereinnahmung abzustellen.

X. Reverse Charge

Gem. § 13b Abs. 1 i.V.m. Abs. 5 S. 1 HS. 1 UStG schuldet für gem. § 3a Abs. 2 UStG im Inland steuerpflichtige sonstige Leistungen eines im übrigen Gemeinschaftsgebiet ansässigen Unternehmers der Leistungsempfänger die Steuer, wenn er ein Unternehmer oder eine juristische Person ist. Gem. § 13b Abs. 2 Nr. 1 Alt. 2 i.V.m. Abs. 5 S. 1 HS. 1 UStG schuldet für gem. § 3a Abs. 2 UStG im Inland steuerpflichtige sonstige Leistungen eines im Drittlandsgebiet ansässigen Unternehmers der Leistungsempfänger die Steuer, wenn er ein Unternehmer oder eine juristische Person ist.[749] Das bedeutet, dass dann, wenn derjenige, der einer Gesellschaft, die von einem im Inland gelegenen Ort aus ihr Unternehmen betreibt, Eigenkapital überlässt, im Ausland ansässig ist, die Gesellschaft die auf die Eigenkapitalüberlassung entfallende USt schuldet. Wenn derjenige, der einer Gesellschaft, die von einem im übrigen Gemeinschaftsgebiet gelegenen Ort aus ihr Unternehmen betreibt, Eigenkapital überlässt, im Inland ansässig ist, schuldet entsprechend die Gesellschaft die auf die Eigenkapitalüberlassung entfallende USt.[750]

XI. Überlegungen zur Umsetzung

Wenn man sich dazu entschlösse, die Eigenkapitalüberlassung wie hier vorgeschlagen zu behandeln, müsste man den Gesellschaftern eine Übergangsfrist einräumen, in der sie den Gesellschaftsvertrag respektive die Satzung ihrer Gesellschaft so anpassen können, dass es allen Gesellschaftern untersagt ist, zur Steuerpflicht zu optieren.

Dabei müssten sie aber bedenken, dass die Eigenkapitalüberlassung an ihre Gesellschaft durch die Einführung einer solchen Regelung für manche unter ihnen und unter den potenziellen zukünftigen Gesellschaftern eventuell an Attraktivität verlieren könnte. In der Folge einer solchen Regelung können die Gesellschafter

748 Siehe dazu C.III.1.d).

749 Heuermann in Sölch/Ringleb, UStG, § 13b Rn. 51 f.

750 Art. 196 MwStSystRL.

nämlich die Vorsteuern, die auf den Eingangsleistungen lasten, die sie anlässlich der Eigenkapitalüberlassung an ihre Gesellschaft beziehen, nicht mehr abziehen.

Zwar müsste man m.E. dann, wenn der Gesellschaftsvertrag keine Regelung dazu enthält, ob es sich bei den Gewinnausschüttungen oder -entnahmen um Brutto- oder Nettozahlungen handelt, im Wege der ergänzenden Vertragsauslegung dazu kommen, dass Nettozahlungen vorliegen.[751] Aber dennoch empföhle es sich für die Gesellschafter dann, wenn es ihnen nicht untersagt ist, zur Steuerpflicht ihrer Eigenkapitalüberlassung zu optieren, die Übergangsfrist dazu zu nutzen, im Gesellschaftsvertrag respektive in der Satzung klarzustellen, ob es sich bei den Gewinnausschüttungen oder -entnahmen um Brutto- oder Nettozahlungen handelt und damit bei der Frage für Klarheit zu sorgen, ob sie neben den Gewinnausschüttungen oder -entnahmen gegen ihre Gesellschaft auch noch einen Anspruch auf Zahlung eines Betrags haben, der der USt entspricht, die sie bei der Option zur Steuerpflicht ihrer Eigenkapitalüberlassung schulden.

Des Weiteren wäre zu überlegen, bei Aktien, die zur Sammelverwahrung durch eine Wertpapiersammelbank zugelassen sind und dieser zur Sammelverwahrung im Inland anvertraut wurden, die die Dividenden auszahlende Stelle dazu zu verpflichten, die USt, die die Aktionäre für die Dividenden abzuführen haben, für ihre Rechnung abzuführen, genauso, wie sie bereits dazu verpflichtet ist, den Kapitalertragsteuerabzug für ihre Rechnung vorzunehmen (siehe dazu § 43 Abs. 1 S. 1 Nr. 1a EStG i.V.m. § 44 Abs. 1 S. 3 Alt. 3 EStG i.V.m. § 44 Abs. 1 S. 4 Nr. 3 EStG). Die auszahlende Stelle könnte im Übrigen auch dazu verpflichtet werden, die Rechnung, mit der über die Eigenkapitalüberlassung abgerechnet wird, für die Aktionäre auszustellen und der AG zu übermitteln.

Der Umfang der Eigenkapitalüberlassung, die mit dem Halten von Anteilen an einer Gesellschaft einhergeht, muss nicht bei allen Anteilen einer Gesellschaft gleich sein. Dazu kommt es bspw. dann, wenn eine effektive Kapitalerhöhung vorgenommen wird und auf die dabei entstehenden Anteile Einlagen zu leisten sind, die einen größeren oder kleineren Wert haben als die, die die Gesellschafter der ersten Stunde zu leisten hatten. Wenn eine solche Gesellschaft aufgelöst wird, muss darauf geachtet werden, dass bei der Ermittlung des auf die einzelnen Anteile entfallenden Auflösungsgewinns für die mit ihrem Halten einhergehenden Eigenkapitalüberlassungen der richtige Wert angesetzt wird.

Wenn die im soeben beschriebenen Sinne mehreren Gruppen zugehörigen Aktien einer AG sammelverwahrt werden, gleich, ob sie als Einzelurkunden (siehe dazu § 5 DepotG) oder Globalurkunden (siehe dazu § 9a DepotG) verbrieft sind, ist es regelmäßig unmöglich, zu ermitteln, zu welcher Klasse einzelne Aktien gehören. Damit lässt sich auch nicht herauszufinden, welchen Umfangs die mit ihrem Halten einhergehende Eigenkapitalüberlassung genau ist. Das gilt selbst dann, wenn die Aktien einer Klasse oder eine entsprechende Globalurkunde getrennt sammelverwahrt werden sollten. Auf den in der Verwahrkette der oder den

751 Siehe dazu C.VIII.

Wertpapiersammelbanken folgenden Ebenen vermischen sich nämlich die Miteigentumsanteile an den Sammelbeständen respektive an den bezeichneten Globalurkunden. Daher sollte es die Verw. nicht beanstanden, wenn bei der Ermittlung des Auflösungsgewinns der durchschnittliche Eigenkapitalüberlassungsumfang herangezogen wird. Das gilt, so lange Aktien noch klassisch verwahrt werden und sich dabei die beschriebene Unschärfe einstellt. Wenn eines Tages – vielleicht mithilfe der Blockchaintechnologie – einzelne Aktien respektive Miteigentumsanteile an den Sammelbeständen oder den Globalurkunden den Aktionären eindeutig zugeordnet werden können, bedarf es dieser Nichtbeanstandungsregelung aber nicht mehr.

XII. Zusammenfassung

Leistung
Sowohl bei den Kapital- als auch bei den Personengesellschaften darf man für die korrekte umsatzsteuerliche Einordnung der Bareinlage nicht nur die Geldzahlung des Gesellschafters an seine Gesellschaft sehen, sondern muss darüber hinaus auch noch seine Beteiligung am Auflösungserlös in den Blick nehmen. Dann zeigt sich, dass der Gesellschafter seiner Gesellschaft nicht nur einmalig Kapital überträgt, sondern ihr dieses während der Zeit ihres Bestehens dauerhaft überlässt.

Vorgänge, die bei wirtschaftlicher Betrachtung identisch sind, dürfen umsatzsteuerlich nicht unterschiedlich beurteilt werden. Bei den Kapitalgesellschaften sind die Sacheinlage, die verdeckte Sacheinlage i.e.S. und die Nebenleistungen, denen eine höhere Beteiligung am Gewinn und Auflösungserlös gegenübersteht, daher so aufzufassen, dass der Gesellschafter seiner Gesellschaft Eigenkapital überlässt und daneben noch einen weiteren Umsatz erbringt.

Bei den offenen und verdeckten Sachübernahmen und den verdeckten Sacheinlagen, die bei systematischer Betrachtung einer verdeckten Sachübernahme entsprechen, liegt ohnehin eine Bareinlage vor, zu der sich dann noch ein Verkehrsgeschäft zwischen dem Gesellschafter und seiner Gesellschaft gesellt. Der Gesellschafter überlässt also auch in diesen Fällen seiner Gesellschaft Eigenkapital und erbringt ihr daneben noch einen weiteren Umsatz.

Abhängig von dem Gegenstand dieser weiteren Umsätze liegt eine Lieferung (bei Sacheigentum), eine sonstige Leistung (bspw. bei Nutzungsrechten an Sachen und Immaterialgüterrechten, dinglichen Nutzungsrechten an Sachen Dritter, Immaterialgüterrechten, bestehenden Lizenzen an Immaterialgüterrechten Dritter und bei Forderungen gegen Dritte gerichtet auf die Erbringung von Dienstleistungen) oder auch gar keine umsatzsteuerliche Leistung (bei Gesellschaftsanteilen und gegen Dritte gerichteten Geldforderungen) vor.

Da Vorgänge, die bei wirtschaftlicher Betrachtung identisch sind, umsatzsteuerlich nicht unterschiedlich beurteilt werden dürfen, ist bei den Personengesellschaften bei der Einbringung eines Gegenstands quoad dominium oder quoad sortem davon auszugehen, dass der Gesellschafter seiner Gesellschaft Eigenkapital überlässt und daneben noch einen weiteren Umsatz erbringt. Wie bei den

Kapitalgesellschaften liegt abhängig vom Gegenstand dieses weiteren Umsatzes eine Lieferung, eine sonstige Leistung oder gar kein steuerbarer Umsatz vor. Bei der Einbringung eines Gegenstands quoad usum liegt eine Nutzungsüberlassung vor. Wenn ein Gesellschafter seiner Gesellschaft Dienstleistungen erbringt und dafür eine höhere Beteiligung am Gewinn und Auflösungserlös erhält, und dann, wenn der Haftung des Gesellschafters für die Verbindlichkeiten seiner Gesellschaft eine höhere Beteiligung am Gewinn und Auflösungserlös gegenübersteht, ist davon auszugehen, dass der Gesellschafter der Gesellschaft weiteres Eigenkapital überlässt und ihr dazu noch einen weiteren steuerbaren Umsatz erbringt.

Gegen Entgelt ausgeführt
Die ausgeschütteten oder entnommenen Gewinne sind Entgelt für die Eigenkapitalüberlassung.

Die von der Rspr. im Laufe der Zeit diskutierten Anforderungen an das Verhältnis von Leistung und Entgelt sind nämlich entweder nicht zu stellen oder bei der Eigenkapitalüberlassung gegen ausgeschüttete oder entnommene Gewinne erfüllt:

Gleich, ob man davon ausgeht, Gesellschaften müssten ihre Gesellschafter so lange nicht am Gewinn beteiligen, bis sie das versprochene Eigenkapital zur Verfügung gestellt haben, oder ob man annimmt, Gesellschaften müssten ihre Gesellschafter auch dann ungeschmälert am Gewinn beteiligen, wenn sie ihnen das versprochene Eigenkapital nicht zur Verfügung stellen, ist davon auszugehen, dass die ausgeschütteten oder entnommenen Gewinne bei ordnungsgemäßer Zurverfügungstellung des Eigenkapitals für die Eigenkapitalüberlassung gezahlt werden. Einem Gesellschafter, der seiner Gesellschaft das versprochene Eigenkapital nicht vollumfänglich überlässt, droht nämlich der Verlust seiner Stellung als Gesellschafter und damit auch der Verlust seiner Gewinnausschüttungen oder -entnahmen. Außerdem ist im Interesse einer erfolgreichen Harmonisierung eine gewisse Loslösung von den nationalen zivilrechtlichen Vorgaben nötig. Im Übrigen bemisst sich die Höhe der Gewinnausschüttungen oder -entnahmen in der Regel nach dem Umfang der Eigenkapitalüberlassung.

Die ausgeschütteten oder entnommenen Gewinne sind auch deswegen Entgelt für die Eigenkapitalüberlassung, weil die neben der Frage des Verhältnisses des potenziellen Entgelts zur Leistung an das potenzielle Entgelt zu stellenden Anforderungen erfüllt sind.

Von einem Unternehmer ausgeführt
Gesellschafter, die ihren Gesellschaften Eigenkapital überlassen, sind stets Unternehmer. Erstens erfüllen sie nämlich mit ihrer Eigenkapitalüberlassung immer die geschriebenen Tatbestandsmerkmale des § 2 Abs. 1 S. 1 und 3 UStG. Und zweitens sind die von der Rspr. zur Unternehmereigenschaft aufgeworfenen ungeschriebenen Merkmale allesamt irrelevant.

Im Rahmen seines Unternehmens ausgeführt
Da die Eigenkapitalüberlassung selbst die Gesellschafter zu Unternehmern macht, führen sie die Eigenkapitalüberlassung auch im Rahmen ihres Unternehmens aus.

Im Inland ausgeführt
Gem. § 3a Abs. 2 S. 1 UStG wird die Eigenkapitalüberlassung an dem Ort ausgeführt, von dem aus der Empfänger der Eigenkapitalüberlassung sein Unternehmen betreibt.

Steuerfreiheit
Die Eigenkapitalüberlassung ist aber gem. Art. 135 Abs. 1 lit. f) MwStSystRL steuerfrei.

Option zur Steuerpflicht
Die Gesellschafter können jedoch gem. § 9 Abs. 1 UStG zur Steuerpflicht ihrer Eigenkapitalüberlassung optieren.

Zeitpunkt der Entstehung der USt
Wenn der Gesellschafter die USt nach vereinbarten Entgelten berechnet, entsteht die USt mit Ablauf des Voranmeldungszeitraums, in den die Feststellung des Umfangs der Gewinnausschüttung oder die Anforderung der Gewinnentnahme durch den Gesellschafter fällt. Berechnet der Gesellschafter die USt nach vereinnahmten Entgelten, entsteht die USt mit Ablauf des Voranmeldungszeitraums, in dem es zur Gewinnausschüttung oder -entnahme kommt.

Reverse Charge
Wenn derjenige, der einer Gesellschaft, die von einem im Inland gelegenen Ort aus ihr Unternehmen betreibt, Eigenkapital überlässt, im Ausland ansässig ist, schuldet die Gesellschaft die USt auf die Eigenkapitalüberlassung. Auch im umgekehrten Fall, in dem derjenige, der einer Gesellschaft, die von einem im übrigen Gemeinschaftsgebiet gelegenen Ort aus ihr Unternehmen betreibt, Eigenkapital überlässt, im Inland ansässig ist, schuldet die Gesellschaft die USt auf die Eigenkapitalüberlassung.

Überlegungen zur Umsetzung
Wenn man sich dazu entschlösse, die Eigenkapitalüberlassung wie vorliegend vorgeschlagen zu behandeln, müsste man den Gesellschaftern eine Übergangsfrist einräumen, in der sie den Gesellschaftsvertrag respektive die Satzung ihrer Gesellschaft so anpassen können, dass es allen Gesellschaftern untersagt ist, zur Steuerpflicht zu optieren. Des Weiteren ist zu überlegen, bei sammelverwahrten Aktien die auszahlende Stelle zur Abführung der USt, zur Ausstellung der Rechnung über die Eigenkapitalüberlassung und zu ihrer Übermittelung an die AG zu verpflichten. So lange Aktien noch klassisch verwahrt werden und sich nicht eindeutig sagen lässt, welchen Umfangs die Eigenkapitalüberlassung ist, die mit dem Halten einer Aktie einhergeht, sollte es die Verw. nicht beanstanden, wenn bei der Ermittlung des Auflösungsgewinns der durchschnittliche Eigenkapitalüberlassungsumfang herangezogen wird.

D. Vorsteuerabzug in verschiedenen Holdingsituationen

I. Veräußerung einer Beteiligung

1. Zivilrechtliche Einordnung des Vorgangs

Bei einer Beteiligungsveräußerung überträgt der Altgesellschafter dem Neugesellschafter seine Mitgliedschaft in der Gesellschaft. Dies geschieht grds. im Wege der Abtretung gem. §§ 398, 413 BGB.[752] Wenn die Mitgliedschaft hingegen verbrieft ist, wird sie gem. § 929 BGB durch Übertragung des Eigentums an der Urkunde übertragen.[753] Das Recht aus dem Papier folgt dann dem Recht am Papier. Wenn sich das Wertpapier in der Wertpapiersammelverwahrung befindet, muss zur Übertragung der Mitgliedschaft über den entsprechenden Anteil an dem gesamten Sammeldepot gem. §§ 929, 931 BGB verfügt werden.[754] Gleiches gilt, wenn die Mitgliedschaft nicht als Einzelurkunde gem. § 5 DepotG, sondern in der Form einer Globalurkunde gem. § 9a DepotG verbrieft ist.

2. Umsatzsteuerliche Beurteilung des Vorgangs

a) Rechtsprechung, Verwaltung, Literatur

aa) Vorliegen einer sonstigen Leistung

Nach der h.M. liegen bei Beteiligungsveräußerungen zwar keine Gegenstandslieferungen vor.[755] § 3 Abs. 1 UStG, nach dem Lieferungen Leistungen sind, durch die der Unternehmer den Abnehmer befähigt, im eigenen Namen über einen Gegenstand zu verfügen, bezieht sich nämlich anerkanntermaßen nur auf körperliche Gegenstände.[756] Und gem. Art. 14 Abs. 1 MwStSystRL gilt als Lieferung von Gegenständen die Übertragung der Befähigung, wie ein Eigentümer über einen körperlichen Gegenstand zu verfügen. Bei Beteiligungsveräußerungen sollen aber sonstige Leistungen respektive Dienstleistungen vorliegen.[757]

---

752 Roth/Kieninger in MüKo BGB, § 413 Rn. 8 ff.

753 Windbichler, Gesellschaftsrecht, § 25 Rn. 8.

754 Kumpan in Baumbach/Hopt, § 6 DepotG Rn. 2.

755 Siehe dazu EuGH, Urt. v. 26.5.2005 – C-465/03 (Kretztechnik), Slg. 2005, I-4357, Rn. 22; Abschn. 3.5 Abs. 8 S. 1 UStAE; Schön, DStJG 13, 81, 97.

756 Siehe dazu BFH, Urt. v. 16.7.1970 – V R 95/66, BStBl. II 1970, 706, BFHE 99, 429, Rn. 9.

757 Nach Stadie, UStG, § 4 Nr. 8 Rn. 25 stellen Beteiligungsveräußerungen keine steuerbaren Umsätze dar, da sie nicht zu einer Verbraucherversorgung führten.

bb) Keine Geschäftsveräußerung im Ganzen

Die Vorschriften zur Geschäftsveräußerung im Ganzen (§ 1 Abs. 1a UStG, Art. 19 MwStSystRL) sollen auch nicht dazu führen, dass in den Fällen bloßer Beteiligungsveräußerungen doch kein steuerbarer Umsatz vorliegt, gleich, ob sie einen bestehenden Umsatz als nichtexistent fingieren, für nichtsteuerbar erklären oder steuerfrei stellen: Im Jahr 2009 hatte sich der EuGH im Urteil AB SKF noch auf den Standpunkt gestellt, eine Aktienveräußerung, die auf die Übertragung eines Gesamtvermögens hinausläuft, stelle keine der MwSt unterliegende wirtschaftliche Tätigkeit dar.[758] Zu der Frage, wann eine Aktienveräußerung auf die Übertragung eines Gesamtvermögens hinausläuft, äußerte er sich damals zumindest nicht ausdrücklich, sondern gab nur die Auffassung der Kommission wieder, nach der der Verkauf sämtlicher Vermögenswerte einer Gesellschaft und der Verkauf sämtlicher Aktien an dieser Gesellschaft in funktioneller Hinsicht gleichwertig seien. Mit diesem Verweis gab der EuGH wohl zu verstehen, dass er die Übertragung aller Anteile für nötig hielt. Auf diesem Urteil aufbauend entschied der BFH im Jahr 2011 von seiner bisherigen Rspr. abweichend, eine Veräußerung von Gesellschaftsanteilen sei dann als Geschäftsveräußerung im Ganzen nicht steuerbar, wenn alle Anteile an der Gesellschaft veräußert werden.[759] Die Verw. hingegen stellte sich auf den Standpunkt, bei der Veräußerung eines bloßen Gesellschaftsanteils werde kein hinreichendes Ganzes übertragen, das dem Erwerber allein die Fortsetzung einer bisher durch den Veräußerer ausgeübten unternehmerischen Tätigkeit ermöglicht.[760] Auf die Höhe der Beteiligung komme es dabei nicht an. Erst wenn der Erwerber in Rechtsverhältnisse eintrete, durch die das Halten der Beteiligung beim Veräußerer als unternehmerisch veranlasst anzusehen war, werde ein hinreichendes Ganzes zur Fortführung eines Geschäftsbetriebs übertragen. Auf diese Linie schwenkte der EuGH im Jahr 2013 im Urteil X ein, in dem er ausführte, die Übertragung von Gesellschaftsanteilen, unabhängig von der Höhe der Beteiligung, könne nur dann einer Übertragung eines Teil- oder Gesamtvermögens gleichgestellt werden, wenn der Gesellschaftsanteil Teil einer eigenständigen Einheit ist, die eine selbständige wirtschaftliche Betätigung ermöglicht, und diese Tätigkeit vom Erwerber fortgeführt wird.[761] Eine bloße Veräußerung von Anteilen ohne gleichzeitige Übertragung von Vermögenswerten versetze den Erwerber nicht in die Lage, eine selbständige wirtschaftliche Tätigkeit als Rechtsnachfolger des Veräußerers fortzuführen.[762]

---

758 EuGH, Urt. v. 29.10.2009 – C-29/08 (AB SKF), Slg. 2009, I-10413, Rn. 40.

759 BFH, Urt. v. 27.1.2011 – V R 38/09, BStBl. II 2012, 68, BFHE 232, 278, Rn. 19 f.

760 Abschn. 1.5 Abs. 9 S. 1–3 UStAE i.d.F. des BMF-Schreibens IV D 2-S 7100-b/11/10001, 2011/1037205 v. 3.1.2012.

761 EuGH, Urt. v. 30.5.2013 – C-651/11 (X), ABl. EU 2013, Nr. C 225, 18, Rn. 38.

762 Genau diese Formulierung des EuGH wurde durch das BMF-Scheiben IV D 2-S 7100-b/13/10001 v. 11.12.2013 in Abschn. 1.5 Abs. 9 UStAE aufgenommen.

cc) Steuerbarkeit des Umsatzes

(1) Rechtsprechung

Zur Beantwortung der Frage, ob Beteiligungsveräußerungen auch als wirtschaftliche Tätigkeiten einzuordnen sind, knüpft der EuGH zunächst an seine Rspr. an, nach der der bloße Erwerb und das bloße Halten einer Beteiligung keine wirtschaftlichen Tätigkeiten darstellen[763]. Aus dieser Rspr. soll sich seiner Auffassung nach ergeben, dass auch die Veräußerungen solcher Beteiligungen keine wirtschaftlichen Tätigkeiten darstellen.[764] Für diesen Schluss findet sich in der Lit. der Begriff der Symmetriethese.[765]

Im nächsten Schritt stellt der EuGH auf die Vorschrift ab, nach der Umsätze, die sich auf Aktien, Anteile an Gesellschaften und Vereinigungen, Schuldverschreibungen oder sonstige Wertpapiere beziehen, steuerfrei sind (Art. 13 Teil B lit. d) Nr. 5 6. RL, heute: Art. 135 Abs. 1 lit. f) MwStSystRL).[766] Aus dieser schließt er, Umsätze von Gesellschaftsanteilen müssten in manchen Fällen steuerbar sein.

So hält er die Veräußerung von Beteiligungen im Rahmen eines gewerbsmäßigen Wertpapierhandels für eine wirtschaftliche Tätigkeit.[767] Dafür nennt er keine Begründung. Seinen Ausführungen lässt sich aber entnehmen, dass diese Tätigkeit von der Tätigkeit eines Privatanlegers abzugrenzen sein soll.[768] Dafür soll es nach seiner Ansicht weder auf den Umfang der Veräußerung noch auf die Hinzuziehung von Beratungsgesellschaften ankommen.

---

763 EuGH, Urt. v. 20.6.1991 – C-60/90 (Polysar Investments Netherlands), Slg. 1991, I-03111, Rn. 13 (bzgl. des Erwerbs einer Beteiligung); Urt. v. 22.6.1993 – C-333/91 (Sofitam), Slg. 1993, I-03513, Rn. 12 (bzgl. des Haltens einer Beteiligung unter Verweis auf das Urteil Polysar Investments Netherlands); Urt. v. 6.2.1997 – C-80/95 (Harnas & Helm), Slg. 1997, I-00745, Rn. 15 (bzgl. sowohl des Erwerbs als auch des Haltens einer Beteiligung). Siehe dazu auch B.I.1.a)aa).

764 EuGH, Urt. v. 20.6.1996 – C-155/94 (Wellcome Trust), Slg. 1996, I-03013, Rn. 33; Urt. v. 26.6.2003 – C-442/01 (KapHag), Slg. 2003, I-6851, Rn. 40; Urt. v. 29.4.2004 – C-77/01 (EDM), Slg. 2004, I-4295, Rn. 57; Urt. v. 21.10.2004 – C-8/03 (BBL), Slg. 2004, I-10157, Rn. 38; Urt. v. 26.5.2005 – C-465/03 (Kretztechnik), Slg. 2005, I-4357, Rn. 19; Urt. v. 8.2.2007 – C-435/05 (Investrand), Slg. 2007, I-01315, Rn. 25.

765 Siehe dazu Englisch/Friedrich-Vache, Anteilsveräußerung, 13.

766 EuGH, Urt. v. 20.6.1996 – C-155/94 (Wellcome Trust), Slg. 1996, I-03013, Rn. 35; Urt. v. 29.4.2004 – C-77/01 (EDM), Slg. 2004, I-4295, Rn. 59.

767 EuGH, Urt. v. 20.6.1996 – C-155/94 (Wellcome Trust), Slg. 1996, I-03013, Rn. 35; Urt. v. 6.2.1997 – C-80/95 (Harnas & Helm), Slg. 1997, I-00745, Rn. 16; Urt. v. 29.4.2004 – C-77/01 (EDM), Slg. 2004, I-4295, Rn. 59; Urt. v. 21.10.2004 – C-8/03 (BBL), Slg. 2004, I-10157, Rn. 41; Urt. v. 26.5.2005 – C-465/03 (Kretztechnik), Slg. 2005, I-4357, Rn. 20; Urt. v. 29.10.2009 – C-29/08 (AB SKF), Slg. 2009, I-10413, Rn. 31.

768 EuGH, Urt. v. 20.6.1996 – C-155/94 (Wellcome Trust), Slg. 1996, I-03013, Rn. 37; Urt. v. 29.4.2004 – C-77/01 (EDM), Slg. 2004, I-4295, Rn. 61.

Des Weiteren stellte sich der EuGH in den Jahren 1996 und 1997 auf den Standpunkt, Umsätze von Gesellschaftsanteilen fielen dann in den Anwendungsbereich der MwSt, wenn sie zum Zweck des unmittelbaren oder mittelbaren Eingreifens in die Verwaltung der Gesellschaften erfolgen.[769] Damit knüpfte der EuGH an seine Rspr. an, nach der der bloße Erwerb und das bloße Halten von Gesellschaftsanteilen keine wirtschaftlichen Tätigkeiten darstellen, etwas anderes aber dann gelten soll, wenn die Beteiligungen unbeschadet der Rechte, die dem Gesellschafter in seiner Eigenschaft als Gesellschafter zustehen, mit einem unmittelbaren oder mittelbaren Eingreifen in die Verwaltung der Gesellschaften einhergeht, an denen die Beteiligungen bestehen[770].

Wörtlich genommen ergibt diese Rspr. keinen Sinn. Einerseits ist es nämlich schwer vorstellbar, dass der Veräußerer mit der Veräußerung einer Gesellschaftsbeteiligung die Absicht verfolgen kann, unmittelbar oder mittelbar in die Verwaltung der veräußerten Gesellschaft einzugreifen. Andererseits leuchtet es auch nicht ein, warum die Absichten des Leistungsempfängers für die Steuerbarkeit eines Umsatzes, der ihm erbracht wird, von Relevanz sein sollten.

Im Jahr 2009 stellte sich GA Mengozzi im Verfahren AB SKF auf den Standpunkt, ein Umsatz mit Aktien oder Gesellschaftsanteilen unterliege nach der Rspr. des EuGH dann der MwSt, wenn er unbeschadet der Rechte, die der Beteiligungsgesellschaft in ihrer Eigenschaft als Aktionärin oder Gesellschafterin zustehen, mit unmittelbaren oder mittelbaren Eingriffen in die Verwaltung der fraglichen Gesellschaften einhergeht.[771] Damit wich er zwar von den Ausführungen des EuGH ab („Einhergehen mit Eingriffen" anstatt von „zum Zweck des Eingreifens erfolgen"). Der EuGH hatte aber in der von ihm für seine bezeichnete Auffassung herangezogenen eigenen Rspr. selbst auf ein „Einhergehen mit einem Eingreifen" abgestellt. Des Weiteren führte GA Mengozzi aus, es sei richtig, dass die Veräußerung einer Beteiligung eher der Beendigung der Eingriffe diene.[772] Die Veräußerung stelle aber den stärkstmöglichen Eingriff in die Verwaltung der Gesellschaft dar.[773] Da aus der Nichtwirtschaftlichkeit des Erwerbs und Haltens einer Beteiligung die Nichtwirtschaftlichkeit der Veräußerung einer solchen Beteiligung geschlossen worden sei, sei aus Gründen der Steuerneutralität auch aus der Wirtschaftlichkeit von Erwerb und Halten einer Beteiligung die Wirtschaftlichkeit der Veräußerung einer solchen Beteiligung zu schließen.[774] Der EuGH übernahm dieses zweite Argument.[775]

---

769 EuGH, Urt. v. 20.6.1996 – C-155/94 (Wellcome Trust), Slg. 1996, I-03013, Rn. 35; Urt. v. 6.2.1997 – C-80/95 (Harnas & Helm), Slg. 1997, I-00745, Rn. 16.

770 EuGH, Urt. v. 20.6.1991 – C-60/90 (Polysar Investments Netherlands), Slg. 1991, I-03111, Rn. 13 f.

771 EuGH, Schlussanträge v. 12.2.2009 – C-29/08 (AB SKF), Slg. 2009, I-10413, Rn. 28.

772 EuGH, Schlussanträge v. 12.2.2009 – C-29/08 (AB SKF), Slg. 2009, I-10413, Rn. 31.

773 EuGH, Schlussanträge v. 12.2.2009 – C-29/08 (AB SKF), Slg. 2009, I-10413, Rn. 33.

774 EuGH, Schlussanträge v. 12.2.2009 – C-29/08 (AB SKF), Slg. 2009, I-10413, Rn. 34.

775 EuGH, Urt. v. 29.10.2009 – C-29/08 (AB SKF), Slg. 2009, I-10413, Rn. 34, 52.

Im Jahr 2004 führte der EuGH im Urteil EDM aus, dass die gem. Art. 13 Teil B lit. d) Nr. 5 6. RL (heute: Art. 135 Abs. 1 lit. f) MwStSystRL) steuerfreien Umsätze, die sich auf Aktien, Anteile an Gesellschaften und Vereinigungen, Schuldverschreibungen oder sonstige Wertpapiere beziehen, solche Umsätze seien, bei denen es um die nachhaltige Erzielung von Einnahmen aus Tätigkeiten geht, die über den bloßen Erwerb und den bloßen Verkauf von Wertpapieren hinausgehen, wie etwa Umsätze bei einem Wertpapiergeschäft im Rahmen einer gewerblichen Tätigkeit.[776] Noch im selben Jahr baute er im Urteil BBL darauf auf und führte aus, dass die Tätigkeit eines Verwalters eines Investmentvermögens, der beim Publikum beschaffte Gelder für gemeinsame Rechnung in Wertpapieren anlegt, eine solche Tätigkeit sei.[777] Daraus schloss er, die Tätigkeit eines solchen Verwalters eines Investmentvermögens falle in den Anwendungsbereich der MwSt. M.E. hätte er diese Tätigkeit problemlos ohne Rückgriff auf die von ihm zitierte eigene Rspr. als wirtschaftliche Tätigkeit einordnen können.[778] In der Lit. wird auf dieser Rspr. aufbauend angenommen, Anteilsveräußerungen durch Verwalter von Investmentvermögen seien als essentieller Teilaspekt ihres unternehmerischen Hauptgeschäfts steuerbar.[779]

Im Jahr 2009 bekräftigte der EuGH im Urteil AB SKF, dass Beteiligungsveräußerungen dann steuerbar seien, wenn der Veräußerer der veräußerten Beteiligung entgeltliche Eingriffsleistungen erbracht hat. Des Weiteren führte er aus, Veräußerungen, die zur Umstrukturierung eines Konzerns durch die Muttergesellschaft erfolgen, könnten als ein Vorgang betrachtet werden, der darin besteht, nachhaltig Einnahmen aus Tätigkeiten, die über den bloßen Verkauf von Wertpapieren hinausgehen, zu erzielen.[780] Damit griff er seine Rspr. zum Anwendungsbereich der Vorschrift auf, nach der bspw. Umsätze, die sich auf Gesellschaftsanteile beziehen, steuerfrei sind. Dieser Gedanke ist wahrscheinlich darauf zurückzuführen, dass in dem dem Urteil zugrunde liegenden Sachverhalt der Konzern die Beteiligungen veräußert hat, um Kapital für die Finanzierung seiner übrigen wirtschaftlichen Tätigkeiten zu sammeln.[781] Im Übrigen führte der EuGH aus, der Veräußerungsvorgang weise eine direkte Verbindung zur Organisation der Tätigkeit auf, die der Konzern ausübt, und stelle somit eine unmittelbare, dauerhafte und notwendige Erweiterung der steuerbaren Tätigkeit des Steuerpflichtigen dar.[782] Damit griff er seine Rspr. zur Frage, wann Fremdkapital durch einen Steuerpflichtigen überlassen wird, auf[783]. Auch diese Überlegung lässt sich wahrscheinlich mit dem Ziel

776 EuGH, Urt. v. 29.4.2004 – C-77/01 (EDM), Slg. 2004, I-4295, Rn. 59.
777 EuGH, Urt. v. 21.10.2004 – C-8/03 (BBL), Slg. 2004, I-10157, Rn. 41, 43.
778 Zur Verwaltung fremden Vermögens siehe bspw. Stadie in Rau/Dürrwächter, UStG, § 2 Rn. 399.
779 Englisch/Friedrich-Vache, Anteilsveräußerung, 13.
780 EuGH, Urt. v. 29.10.2009 – C-29/08 (AB SKF), Slg. 2009, I-10413, Rn. 33.
781 Siehe dazu EuGH, Urt. v. 29.10.2009 – C-29/08 (AB SKF), Slg. 2009, I-10413, Rn. 21.
782 EuGH, Urt. v. 29.10.2009 – C-29/08 (AB SKF), Slg. 2009, I-10413, Rn. 33.
783 EuGH, Urt. v. 11.7.1996 – C-306/94 (Régie dauphinoise), Slg. 1996, I-03695, Rn. 18.

des Konzerns, Mittel für wirtschaftliche Tätigkeiten zu erhalten, erklären. Aus diesen Überlegungen des EuGH wurde in der Lit. geschlossen, der EuGH halte eine Anteilsveräußerung auch dann für steuerbar, wenn die durch sie erzielten Erlöse der Umstrukturierung der Unternehmensgruppe dienen, an deren Spitze der Veräußerer steht.[784] Dies wurde als Komplementärthese bezeichnet.

Im Anschluss an das Urteil AB SKF führte der EuGH im Jahr 2018 im Urteil C&D Foods Acquisition ausdrücklich aus, dass eine Anteilsveräußerung, die erfolgt, um den daraus erzielten Erlös direkt für die wirtschaftliche Tätigkeit der Muttergesellschaft oder die der Gruppe, deren Muttergesellschaft sie ist, zu verwenden, eine unmittelbare, dauerhafte und notwendige Erweiterung der wirtschaftlichen Tätigkeit der Muttergesellschaft darstellt und damit in den Anwendungsbereich der Mehrwertsteuer fällt.[785] Mit anderen Worten soll eine solche Anteilsveräußerung eine wirtschaftliche Tätigkeit sein. Der dem Urteil C&D Foods Acquisition zugrunde liegende Fall lag allerdings so, dass eine Zwischenholding eine Enkelgesellschaft verkaufen wollte, um mit den Erlösen die Muttergesellschaft entschulden zu können. Darin sah der EuGH keine unmittelbare, dauerhafte und notwendige Erweiterung der wirtschaftlichen Tätigkeit der Muttergesellschaft und lehnte es ab, die Veräußerung als einen Umsatz einzuordnen, der darin besteht, nachhaltig Einnahmen aus Tätigkeiten, die über den bloßen Verkauf von Aktien hinausgehen, zu erzielen.[786]

Zusammenfassend lässt sich sagen, dass der EuGH in den Fällen des gewerblichen Wertpapierhandels und in den Fällen der Veräußerung von Anteilen an Gesellschaften, denen der Veräußerer vor der Veräußerung steuerbare Eingriffsleistungen erbracht hat, davon ausgeht, dass eine steuerbare Beteiligungsveräußerung vorliegt. Gleiches gilt für die Fälle, in denen der Veräußerer die Beteiligung veräußert, um den Erlös für seine wirtschaftliche Tätigkeit oder die einer seiner Konzerngesellschaften einzusetzen. Wahrscheinlich geht er auch dann von einer steuerbaren Beteiligungsveräußerung aus, wenn der Verwalter eines Investmentvermögens Beteiligungen veräußert.

Der BFH hat sich nicht eigens mit der Frage beschäftigt, wann Beteiligungsveräußerungen steuerbar sind.

(2) Verwaltung

Die Verw. steht auf dem Standpunkt, Veräußerungen von Gesellschaftsbeteiligungen stellten dann eine unternehmerische Tätigkeit dar, wenn sie im Rahmen eines gewerblichen Wertpapierhandels stattfinden, wenn die Beteiligung, die veräußert

784 Englisch/Friedrich-Vache, Anteilsveräußerung, 14.

785 EuGH, Urt. v. 8.11.2018 – C-502/17 (C&D Foods Acquisition), ABl. EU 2019, Nr. C 16, 23, DStR 2018, 2425, Rn. 38.

786 EuGH, Urt. v. 8.11.2018 – C-502/17 (C&D Foods Acquisition), ABl. EU 2019, Nr. C 16, 23, DStR 2018, 2425, Rn. 39.

wird, nicht um ihrer selbst willen gehalten wurde, sondern der Förderung einer unternehmerischen Tätigkeit diente (z.B. Sicherung günstiger Einkaufskonditionen, Verschaffung von Einfluss bei potenziellen Konkurrenten, Sicherung günstiger Absatzkonditionen) oder wenn in die Verwaltung der Gesellschaft, an der die Beteiligung besteht, um deren Veräußerung es geht, durch unternehmerische Leistungen unmittelbar eingegriffen wurde.[787]

Zur zweiten Fallgruppe (Veräußerungen von Förderbeteiligungen) verweist sie auf das EuGH-Urteil Régie dauphinoise. In diesem führte der EuGH im Jahr 1996 aus, die Geldanlagen eines Immobilienverwalters bei Banken stellten eine unmittelbare, dauerhafte und notwendige Erweiterung seiner steuerbaren Tätigkeit dar und der Immobilienverwalter handele bei derartigen Geldanlagen daher als Steuerpflichtiger.[788] Zumindest diese Rspr. kann die zweite Fallgruppe m.E. aber nicht tragen. Erstens erging diese Rspr. nicht zur Steuerbarkeit einer Veräußerung und schon gar nicht zur Veräußerung von Förderbeteiligungen. Und zweitens kann man die einmalige Veräußerung einer Beteiligung nicht als dauerhafte Erweiterung einer steuerbaren Tätigkeit verstehen. Auf die einmalige Beteiligungsveräußerung ist aber abzustellen, da nach Auffassung von Rspr. und Verw. mit dem Halten einer Beteiligung kein Umsatz einhergeht.

Die Verw. ist des Weiteren der Auffassung, dass das Innehaben einer gesellschaftsrechtlichen Beteiligung, abgesehen von den Fällen des gewerblichen Wertpapierhandels, nur dann in den Rahmen des Unternehmens falle, wenn die gesellschaftsrechtliche Beteiligung im Zusammenhang mit einer unternehmerischen Tätigkeit erworben, gehalten und veräußert wird.[789] Dabei reiche jedoch nicht jeder beliebige Zusammenhang zwischen dem Erwerb und Halten der gesellschaftsrechtlichen Beteiligung und der unternehmerischen Tätigkeit aus.[790] Vielmehr müsse zwischen der gesellschaftsrechtlichen Beteiligung und der unternehmerischen Tätigkeit ein erkennbarer und objektiver wirtschaftlicher Zusammenhang bestehen.[791] Das sei der Fall, wenn die Aufwendungen für die gesellschaftsrechtliche Beteiligung zu den Kostenelementen der steuerbaren Ausgangsumsätze gehören.[792] Auch wenn sich diese Ausführungen nur auf das Innehaben von gesellschaftsrechtlichen Beteiligungen beziehen, ist davon auszugehen, dass diese Einschränkung nach Auffassung der Verw. auch für die Beteiligungsveräußerung gilt. Damit übernimmt die Verw. die Rspr. des EuGH zur Veräußerung von Eingriffsbeteiligungen nur eingeschränkt.

Im Übrigen führte die Verw. in einem BMF-Schreiben aus, dass Finanzinvestoren, die sanierungsreife Gesellschaften erwerben, um sie nach erfolgter Sanierung

---

787 Abschn. 2.3 Abs. 3 S. 5 UStAE.
788 EuGH, Urt. v. 11.7.1996 – C-306/94 (Régie dauphinoise), Slg. 1996, I-03695, Rn. 18.
789 Abschn. 2.3 Abs. 4 S. 1 UStAE.
790 Abschn. 2.3 Abs. 4 S. 2 UStAE.
791 Abschn. 2.3 Abs. 4 S. 3 UStAE.
792 Abschn. 2.3 Abs. 4 S. 4 UStAE.

gewinnbringend zu veräußern, insoweit Unternehmer seien.[793] Erwerb und Halten der gesellschaftsrechtlichen Beteiligungen seien unabdingbare Voraussetzungen für die Ausübung der unternehmerischen Tätigkeit. Die gesellschaftsrechtlichen Beteiligungen würden daher im unternehmerischen Bereich des Finanzinvestors gehalten. Daraus ergibt sich aus der Sicht der Verw. dann auch die Steuerbarkeit der Veräußerung solcher Beteiligungen.[794]

(3) Literatur

Nach *Englisch* und *Friedrich-Vache* sind Beteiligungsveräußerungen neben den Fällen des gewerblichen Wertpapierhandels und der professionellen Fondsverwaltung nur steuerbar, wenn sie als Hilfsgeschäft einzuordnen sind.[795]

Nach Auffassung des BFH und der der Verw. sollen Hilfsgeschäfte von Grundgeschäften abzugrenzen sein und sich dadurch auszeichnen, dass es sich bei ihnen um Tätigkeiten handelt, die die unternehmerische Haupttätigkeit mit sich bringt, mit der Folge, dass sie trotz fehlender eigener Nachhaltigkeit steuerbar sind.[796] So sollen die Veräußerungen von Gegenständen, die einem Unternehmen zugeordnet sind, als Hilfsgeschäfte steuerbar sein. Die Zuordnung eines Gegenstands zu einem Unternehmen ergibt sich in der Regel daraus, dass der Unternehmer bei Bezug des Gegenstands die auf dem Gegenstand lastende Vorsteuer abziehen konnte. Gegenstände können aber auch dann einem Unternehmen zuzuordnen sein, wenn sie für das Unternehmen eine besondere Bedeutung haben.[797] Nach *Englisch* und *Friedrich-Vache* soll in diesem zweiten Fall der Ansatz, der eine Übereinstimmung des ertragsteuerlichen Betriebsvermögens und des umsatzsteuerlichen Unternehmensvermögens annimmt, zu weitgehend sein, schon weil er die gebotene unionsweit einheitliche Anwendung des harmonisierten MwStR nicht zu gewährleisten vermöge.[798] Stattdessen sei entscheidend, ob der Gegenstand eine bestehende oder beabsichtigte unternehmerische Tätigkeit fördert.

---

793 BMF, Schreiben v. 26.1.2007 – IV A 5-S 7300-10/07, BStBl. I 2007, 211, Rn. 14 (nach BMF, Schreiben v. 18.3.2019 – IV A 2-O 2000/18/10001, 2019/0163664, BStBl. I 2019, 270, Anlage 1 Nr. 1635 auch noch anzuwenden).

794 BMF, Schreiben v. 26.1.2007 – IV A 5-S 7300-10/07, BStBl. I 2007, 211, Rn. 9 und 13 (nach BMF, Schreiben v. 18.3.2019 – IV A 2-O 2000/18/10001, 2019/0163664, BStBl. I 2019, 270, Anlage 1 Nr. 1635 auch noch anzuwenden).

795 Englisch/Friedrich-Vache, Anteilsveräußerung, 18.

796 Siehe dazu Abschn. 2.7 Abs. 2 S. 1–4 UStAE mit dem Nachweis der einschlägigen BFH-Rspr.

797 Zur Zuordnung eines von einem Unternehmer von einer Privatperson erworbenen und damit nicht mit Vorsteuer belasteten PKWs zu seinem Unternehmen mit der Folge, dass die Weiterveräußerung des PKWs durch den Unternehmer als Hilfsgeschäft steuerbar ist, siehe bspw. FG Köln, Urt. v. 14.4.1999 – 11 K 5399/95, EFG 1999, 995, Rn. 3, 20.

798 Englisch/Friedrich-Vache, Anteilsveräußerung, 20.

Bei Beteiligungen soll dementsprechend dann von einer solchen Förderung auszugehen sein, wenn die Gesellschaft, an der die Beteiligung besteht, in die Vorbereitung oder Durchführung eines vom Beteiligungsinhaber bewirkten steuerbaren Umsatzes eingebunden ist, wenn sie Teil der Lieferkette ist, in die auch der Beteiligungsinhaber integriert ist, wenn die Beteiligung günstige Einkaufs- oder Absatzkonditionen sichern soll, oder wenn sie zwecks Ausschaltung konkurrierender Angebote oder zur Ergänzung der eigenen Produktpalette erworben wird.[799] Wenn einer Beteiligung entgeltliche Dienstleistungen erbracht werden, sei sie erst dann dem Unternehmen zuzuordnen, wenn sie die Begründung oder Aufrechterhaltung der betreffenden Leistungsbeziehung ermöglicht hat.[800] In all diesen Fällen sei nur ein hinreichend enger Förderungszusammenhang entscheidend. Es komme nicht wie beim Vorsteuerabzug darauf an, dass die durch die Beteiligung veranlassten Aufwendungen als Kostenelemente in steuerbare Ausgangsumsätze eingehen.

Die Beteiligungen werden nach *Englisch* und *Friedrich-Vache* bei Bestehen dieses Zusammenhangs aber nur gemischt, also unternehmerisch und nichtunternehmerisch, genutzt, da der Dividendenbezug nach ihrer Auffassung nicht steuerbar ist.[801] Daher sei zu erwägen, dass die Inhaber der Beteiligungen gem. der EuGH-Rspr. zu den gemischt genutzten Investitionsgütern[802] die Beteiligungen entweder in vollem Umfang ihrem Unternehmensvermögen, in vollem Umfang ihrem Privatvermögen oder aber im Umfang der tatsächlichen unternehmerischen Verwendung ihrem Unternehmen zuordnen können. Beteiligungen seien nämlich als Investitionsgüter einzuordnen.[803] Auch stehe das Urteil VNLTO diesem Zuordnungswahlrecht nicht entgegen.[804] Die allgemeinen Grundsätze zum Zuordnungswahlrecht gälten fort. Im Urteil VNLTO entschied der EuGH, dass der Begriff der unternehmensfremden Zwecke i.S.d. Vorschrift zur Verwendung eines dem Unternehmen zugeordneten Gegenstands für unternehmensfremde Zwecke (sog. Entnahmebesteuerung gem. Art. 6 Abs. 2 lit. a) 6. RL; heute: Art. 26 Abs. 1 lit. a) MwStSystRL; § 3 Abs. 9a Nr. 1 UStG) nicht alle Tätigkeiten erfasse, die nicht in den Anwendungsbereich der MwStSystRL fallen, sodass sich aus dieser Vorschrift nicht das Recht zum Abzug der Vorsteuer ergebe, die auf den Eingangsleistungen lastet, die für nicht in den Anwendungsbereich der MwStSystRL fallende und nicht unternehmensfremde

---

799 Englisch/Friedrich-Vache, Anteilsveräußerung, 20.
800 Englisch/Friedrich-Vache, Anteilsveräußerung, 21.
801 Englisch/Friedrich-Vache, Anteilsveräußerung, 23.
802 Mit der Gewährung des Zuordnungswahlrechts versucht der EuGH seine Ablehnung einer nachträglichen Einlagenentsteuerung abzufedern. Siehe dazu Englisch in Tipke/Lang, Steuerrecht, § 17 Rn. 337.
803 Englisch/Friedrich-Vache, Anteilsveräußerung, 24.
804 Englisch/Friedrich-Vache, Anteilsveräußerung, 25 mit Hinweis auf Nachweis der gegenteiligen Auffassung. BFH und Verw. gehen davon aus, dass ein Unternehmer bei einem Gegenstand, den er unternehmerisch und nichtwirtschaftlich i.e.S. zu verwenden beabsichtigt, kein Zuordnungswahlrecht hat. Siehe dazu Abschn. 15.2c Abs. 2 S. 1 Nr. 2 lit. a) UStAE mit Nachweis der einschlägigen BFH-Rspr.

Tätigkeiten verwendet werden.[805] Wenn der Beteiligungsinhaber seine Beteiligung seinem Unternehmen ganz oder teilweise zuordnet, kommt es nach *Englisch* und *Friedrich-Vache* im Hinblick auf den Dividendenbezug auch nicht zur Entnahmebesteuerung, da der Dividendenbezug ihrer Auffassung nach noch vom Geschäftsgegenstand umfasst ist.[806] Je nach Ausübung des Zuordnungswahlrechts erfolge die Beteiligungsveräußerung zur Gänze, nur teilweise oder gar nicht im Rahmen des Unternehmens. Und all das sei nach der bisherigen Rspr. des EuGH für den Abzug der Vorsteuern, die auf den Eingangsleistungen bezogen im Zusammenhang mit dem Erwerb und Halten von Beteiligungen lasten, ohne Bedeutung.[807]

dd) Steuerpflicht des Umsatzes

Die Anteilsveräußerungen sind nach der h.M. gem. § 4 Nr. 8 lit. e) und/oder f) UStG respektive gem. Art. 135 Abs. 1 lit. f) MwStSystRL steuerfrei.

b) Eigene Auffassung

M.E. können Gesellschaftsbeteiligungen schon gar nicht Gegenstand eines Umsatzes sein. Sie sind nämlich Ansammlungen von Rechten und Pflichten.[808] Damit sind bei der Übertragung einer Gesellschaftsbeteiligung bei der maßgeblichen wirtschaftlichen Betrachtung[809] grds. vielmehr zwei Umsätze gegeben. Der Altgesellschafter überträgt dem Neugesellschafter seine gesellschaftsbezogenen Rechte, während der Neugesellschafter die gesellschaftsbezogenen Pflichten des Altgesellschafters von diesem übernimmt und ihn so von diesen befreit. Die Kaufpreiszahlung ist der Saldo der Entgelte für diese beiden Leistungen.[810] Dass

---

805 EuGH, Urt. v. 12.2.2009 – C-515/07 (VNLTO), Slg. 2009, I-00839, Rn. 40.

806 Englisch/Friedrich-Vache, Anteilsveräußerung, 25.

807 Englisch/Friedrich-Vache, Anteilsveräußerung, 26.

808 Nach Roth/Kieninger in MüKo BGB, § 413 Rn. 8 ist das auch der Grund, warum Gesellschaftsbeteiligungen eigentlich nicht im Wege der Abtretung, sondern nur im Wege der Vertragsübernahme übertragen werden können. Dass sie dennoch im Wege der Abtretung übertragen werden können sollen, liegt nach Roth/Kieninger in MüKo BGB, § 398 Rn. 7 daran, dass das Einverständnis der anderen Gesellschafter und das der Gesellschaft selbst mit der Vereinbarung der Übertragbarkeit der Beteiligung antizipiert wird, ad hoc hergestellt wird oder vom Gesetzgeber typisiert wurde.

809 Siehe dazu Fn. 116.

810 Dieser grds. Einordnung der Übertragung von Gesellschaftsbeteiligungen vergleichbar ist m.E. bspw. auch bei der Übertragung eines Versicherungsvertrags von einem Versicherungsunternehmen auf ein anderes abweichend von der Rspr. (BFH, EuGH-Vorlage v. 16.4.2008 – XI R 54/06, BStBl. II 2008, 772, BFHE 221, 464, Rn. 11 und EuGH, Urt. v. 22.10.2009 – C-242/08 (Swiss Re Germany Holding), Slg. 2009, I-10099, Rn. 28) davon auszugehen, dass nicht nur eine sonstige Leistung vorliegt, sondern zwei: Einerseits die Übertragung der Rechte aus dem Versicherungsvertrag, andererseits die Übernahme der Pflichten aus dem Versicherungsvertrag. Gleiches gilt bspw. auch bei der Übereignung von Grundstücken und Wohnungen. Auf der einen Seite

Gesellschaftsbeteiligungen keine fest umrissenen Objekte sind, deren entgeltliche Übertragung andernfalls einen Umsatz darstellen könnte, zeigt sich auch daran, dass manche Gesellschafterpflichten wie Wettbewerbsverbote auch noch den Altgesellschafter verpflichten können.

Geht das Halten einer Gesellschaftsbeteiligung allerdings mit der Überlassung von Eigenkapital durch den Gesellschafter an die Gesellschaft einher, bspw. deswegen, weil der Gesellschafter oder einer seiner Rechtsvorgänger seiner Gesellschaft eine Bareinlage erbracht hat, ist zu sehen, dass der Neugesellschafter bei der maßgeblichen wirtschaftlichen Betrachtung[811] die Eigenkapitalüberlassung des Altgesellschafters an die Gesellschaft fortführt.[812] Bei dieser Sicht wird die Fähigkeit des Gesellschaftsrechts, Parteien mit unterschiedlichen finanziellen Interessen zusammenzuführen, klar. Auf der Seite der Gesellschaft besteht das Bedürfnis nach langfristiger Kapitalaufnahme. Auf der Seite der Gesellschafter hingegen ist oftmals nur die Bereitschaft zu kurzfristiger Kapitalüberlassung gegeben. Dadurch, dass das Gesellschaftsrecht die Übertragung der Gesellschaftsbeteiligungen ermöglicht, trägt es diesen beiden auf den ersten Blick widersprüchlichen Interessen Rechnung. Es hat damit in gewisser Weise Bankfunktion. Die aus der Übertragbarkeit der Gesellschaftsbeteiligungen resultierende Dynamisierung des Gläubiger-Schuldner-Verhältnisses darf nicht darüber hinwegtäuschen, dass dieses Gläubiger-Schuldner-Verhältnis im Mittelpunkt steht. Der gegenwärtige Gesellschafter ist mit den früheren Inhabern seiner Beteiligung als Gruppe zu sehen, die der Gesellschaft Eigenkapital zur Verfügung stellt. Damit treten die Übertragung der gesellschaftsbezogenen Rechte, soweit sie mit der Eigenkapitalüberlassung in Zusammenhang stehen, und die Übernahme der gesellschaftsbezogenen Pflichten, soweit sie mit der Eigenkapitalüberlassung in Zusammenhang stehen, m.E. hinter die fortgeführte Eigenkapitalüberlassung zurück. Die Übertragung dieser Rechte und die Übernahme dieser Pflichten sind also umsatzsteuerlich irrelevant.

---

steht die Übertragung der mit dem Eigentum verbundenen Rechte, auf der anderen die Übernahme der mit dem Eigentum verbundenen Pflichten. Für die Übernahme der Pflichten wird hier nur regelmäßig kein Entgelt vereinbart, sodass im Ergebnis trotz zweier Leistungen nur ein Umsatz gegeben ist. Es ist regelmäßig auch nicht davon auszugehen, dass durch ein herabgesetztes Entgelt für die Übertragung der mit dem Eigentum verbundenen Rechte ein Umsatz, der die Übernahme der mit dem Eigentum verbundenen Pflichten zum Gegenstand hat, versteckt wird.

811 Siehe dazu Fn. 116.

812 Dies erkennt auch Korn in Bunjes, UStG, § 2 Rn. 78. Er hält die von ihm sog. Vergabe von Eigenkapital aber nicht für eine wirtschaftliche Tätigkeit, denn sie stehe nicht in unmittelbarem Zusammenhang mit einer Gegenleistung. Die Kursgewinne gingen nämlich nicht zulasten des emittierenden Unternehmens, sondern zulasten anderer Marktteilnehmer bei der Veräußerung der Anteile an diese, und könnten daher nicht Gegenleistung des emittierenden Unternehmens für die Eigenkapitalvergabe sein (Rn. 79). Die Frage, ob ein unmittelbarer Zusammenhang der Eigenkapitalvergabe mit den Dividenden gegeben ist, stellt Korn erst gar nicht.

Hinter der Zahlung des Kaufpreises für die Gesellschaftsbeteiligung stehen dann zwei Zahlungen. Die erste Zahlung ist die Rückzahlung des vom Altgesellschafter an die Gesellschaft überlassenen Kapitals durch die Gesellschaft an den Altgesellschafter. Die zweite Zahlung ist die Zahlung von Kapital in gleichem Umfang vom Neugesellschafter an die Gesellschaft. Die Kaufpreiszahlung führt also zur Abkürzung des eigentlichen Zahlungswegs. Das vereinfacht den Vorgang des Gesellschafterwechsels enorm und stellt sicher, dass der Gesellschaft das ihr einmal zugesagte und zugeführte Kapital ununterbrochen zur Verfügung steht. Die Zahlung der Gesellschaft an den Altgesellschafter und die Zahlung des Neugesellschafters an die Gesellschaft wären vergleichbar der Auszahlung und Rückzahlung der Valuta bei einem Darlehen als umsatzsteuerlich irrelevante Abwicklungszahlungen einzuordnen. Dann muss aber auch die diese beiden Zahlungen zusammenfassende Kaufpreiszahlung umsatzsteuerlich irrelevant sein. Dabei kann regelmäßig davon ausgegangen werden, dass die Kaufpreiszahlung nur die bezeichneten Abwicklungszahlungen und nicht auch noch Entgelte für die Übertragung von gesellschaftsbezogenen Rechten, die mit der Eigenkapitalüberlassung nicht in Zusammenhang stehen, oder Entgelte für die Übernahme von gesellschaftsbezogenen Pflichten, die ebenfalls mit der Eigenkapitalüberlassung nicht in Zusammenhang stehen, zusammenfasst.

Auch dann, wenn der Kaufpreis für eine Gesellschaftsbeteiligung nicht ihrem Nennwert entspricht, stehen hinter der Kaufpreiszahlung die Rückzahlung des vom Altgesellschafter an die Gesellschaft überlassenen Kapitals durch die Gesellschaft an den Altgesellschafter und die Zahlung von Kapital in gleichem Umfang durch den Neugesellschafter an die Gesellschaft. Zu diesen beiden umsatzsteuerlich irrelevanten Abwicklungszahlungen gesellt sich in diesem Fall dann aber noch eine weitere Zahlung, die ebenfalls in der Kaufpreiszahlung aufgeht. Sie fließt entweder vom Neugesellschafter zum Altgesellschafter oder umgekehrt. Der erste Fall tritt ein, wenn der Kaufpreis den Nennwert der Beteiligung übersteigt. Der zweite tritt ein, wenn der Kaufpreis hinter dem Nennwert der Beteiligung zurückbleibt. Auch diese Zahlung ist umsatzsteuerlich irrelevant. Sie führt nämlich lediglich zu einer Umverteilung zwischen Alt- und Neugesellschafter erstens der Entgelte für die Eigenkapitalüberlassung und zweitens eines eventuellen Auflösungsverlusts, also einer Differenz zwischen der Beteiligung am Auflösungserlös und dem Kapital, das ursprünglich auf den betroffenen Gesellschaftsanteil eingezahlt wurde.[813]

---

813 In C.III.1.a)bb)(3) wurde gezeigt, dass der Markt für Gesellschaftsanteile dann, wenn ein Gesellschaftsanteil während einer Zahlperiode den Inhaber wechselt, für eine mehr oder weniger genaue Verteilung der nächsten Gewinnausschüttung oder -entnahme auf den Altgesellschafter und den Neugesellschafter nach der jeweiligen Dauer ihrer Eigenkapitalüberlassung während der betroffenen Zahlperiode sorgt. Damit wirken sich im Hinblick auf diesen Verteilungsmechanismus in erster Linie die Dauer zwischen der Anteilsübertragung und der nächsten Gewinnausschüttung oder -entnahme und die Erwartungen an die Höhe der nächsten Gewinnausschüttung oder -entnahme auf die Höhe der Ausgleichszahlung aus. Darüber hinaus

Und umsatzsteuerlich ist nur die Leistungserbringung gegen Entgelt relevant, nicht aber die Verteilung dieses Entgelts und nicht die Verteilung eines sich aus einem Geschäft eventuell ergebenden Verlusts. Damit ist die Kaufpreiszahlung auch dann, wenn sie nicht dem Nennwert der Gesellschaftsbeteiligung entspricht, gänzlich umsatzsteuerlich irrelevant.[814]

---

kommt es auch zu einer Verteilung der Gewinnausschüttungen oder -entnahmen, die in die der Zahlperiode der Anteilsübertragung vorausgegangenen Zahlperioden oder in die dieser Zahlperiode nachfolgenden Zahlperioden fallen. Hier wirken sich die Erwartungen an die Höhe aller zukünftigen Gewinnausschüttungen oder -entnahmen auf die Höhe der Ausgleichszahlung aus. Daneben spielt hier nach dem Gesetz des einheitlichen Preises aber auch noch eine Rolle, welche Gewinnausschüttungen oder -entnahmen oder Zinsen mit Anlagen erzielt werden können, die den Gesellschaftsbeteiligungen dem Risiko etc. nach vergleichbar sind. Siehe dazu Berk/DeMarzo, Finanzwirtschaft, 85 ff. Wenn diese Vergleichsrendite steigt, fallen die Preise von Gesellschaftsbeteiligungen. Umgekehrt steigen sie, wenn die Vergleichsrendite fällt. Infolge dieses Mechanismus können Neuinvestoren bei vergleichbaren Anlagen unterm Strich nur vergleichbare Renditen erzielen. Der Inhaber einer Gesellschaftsbeteiligung, der während der Dauer seiner Eigenkapitalüberlassung eine voraussichtlich relativ höhere Vergleichsrendite erwirtschaften könnte, bekommt damit mehr vom Entgelt für die Eigenkapitalüberlassung als der Inhaber derselben Gesellschaftsbeteiligung, der während der Dauer seiner Eigenkapitalüberlassung voraussichtlich nur eine relativ niedrigere Vergleichsrendite erwirtschaften könnte.

814 Wenn jemand allen Gesellschaftern einer Gesellschaft einen Kaufpreis anbietet, der oberhalb des bisherigen Marktpreises liegt, und dieses Angebot von den Gesellschaftern auch (teilweise) angenommen wird, dann steht hinter der Kaufpreiszahlung genauso wie in den Fällen, in denen der Kaufpreis einem vom Nennwert der Beteiligung abweichenden Marktpreis entspricht, neben den umsatzsteuerlich irrelevanten Abwicklungszahlungen lediglich eine weitere umsatzsteuerlich irrelevante Ausgleichszahlung. Bei dem Aufschlag auf den bisherigen Marktpreis handelt es sich nämlich nicht um ein Entgelt für die präferenzielle Ermöglichung der Eigenkapitalüberlassung durch den Neugesellschafter an die Gesellschaft durch den Altgesellschafter. Dafür ist zu sehen, dass der den Aufschlag anbietende Übernehmer mit der Veröffentlichung seines Angebots zum Ausdruck bringt, dass die von ihm erwarteten zukünftigen Entgelte für die Eigenkapitalüberlassung auch seinen Angebotspreis rechtfertigen. Mit der Veröffentlichung seines Angebots verändert er die Nachfragekurve, die anzeigt, welchen Preis wie viele Käufer durch die von ihnen individuell erwarteten zukünftigen Entgeltzahlungen (gerade noch) für gerechtfertigt halten. Die Angebotskurve, die anzeigt, welchen Preis wie viele Verkäufer durch die von ihnen individuell erwarteten zukünftigen Entgeltzahlungen (gerade) nicht mehr für gerechtfertigt halten, bleibt hingegen unverändert. In der Folge des Angebots des Übernehmers steigt der Marktpreis bis zur Höhe des von ihm angebotenen Preises. Das Angebot eines Aufschlags auf den bisherigen Marktpreis ist also lediglich Teil des Prozesses der Bildung des aktuellen Preises. Der Kaufpreis ist in Höhe des angebotenen Aufschlags auf den bisherigen Marktpreis nicht Entgelt

Zu dieser Einordnung der Übertragung von Gesellschaftsbeteiligungen passt, dass die Mitgliedstaaten gem. der Regelung zur Geschäftsveräußerung im Ganzen in Art. 19 Abs. 1 MwStSystRL nur die Übertragung eines Gesamt- oder Teilvermögens so behandeln dürfen, als läge keine Lieferung von Gegenständen vor, diese Regelung also nur asset deals, nicht aber share deals erfasst.[815] Dem lässt sich auch nicht entgegenhalten, dass es bei share deals der Vereinfachung durch die Regelung zur Geschäftsveräußerung im Ganzen nicht bedürfe.[816] Die Regelung zur Geschäftsveräußerung im Ganzen verfolgt neben der Vereinfachung nämlich bspw. auch das Ziel, das Risiko des Fiskus, hohe Vorsteuerbeträge zu erstatten, die entsprechende USt aber nicht zu erhalten, zu vermeiden,[817] was auch bei share deals eine Rolle spielen kann.

Die Übertragung einer Beteiligung, die mit einer Eigenkapitalüberlassung des Gesellschafters an die Gesellschaft einhergeht, führt also schon gar nicht zu einem Umsatz. Der Neugesellschafter führt schlicht die Eigenkapitalüberlassung des Altgesellschafters an die Gesellschaft fort.

3. Vorsteuerabzug

a) Betroffene Vorsteuerbeträge

Bei der Veräußerung einer Beteiligung geht es um den Abzug der Vorsteuern, die auf den Eingangsleistungen lasten, die der Veräußerer anlässlich der Veräußerung seiner Beteiligung bezieht.

b) Allgemein zum Recht auf Vorsteuerabzug

Das Recht auf Vorsteuerabzug ist in § 15 Abs. 1 S. 1 Nr. 1 S. 1 UStG niedergelegt. Nach dieser Vorschrift kann der Unternehmer die gesetzlich geschuldete Steuer

---

für die präferenzielle Veräußerung. Zur Preisbildung durch Angebot und Nachfrage siehe Mankiw/Taylor, Volkswirtschaftslehre, 76 ff.

Wenn der Übernehmer hingegen nicht an den allgemeinen Markt herantritt und nur einem oder einem Teil der Gesellschafter einen über den Marktpreis hinausgehenden Preis anbietet, kann es passieren, dass sich der Markpreis nicht dem Angebotspreis anpasst, sondern im Gegenteil nach unten entwickelt, bspw. aus der Sorge der außenstehenden Gesellschafter heraus, der Übernehmer könnte Einfluss auf die Gesellschaft zu ihren Lasten ausüben. Vor diesem Hintergrund lässt sich m.E. in dieser Konstellation nicht sagen, das Angebot des Aufschlags sei lediglich Teil des Preisbildungsprozesses. Daher ist zu überlegen, dass in diesen Fällen in dem Aufschlag auf den bisherigen Marktpreis ein Entgelt für die präferenzielle Veräußerung an den Übernehmer gegeben ist.

815 Siehe dazu EuGH, Urt. v. 30.5.2013 – C-651/11 (X), ABl. EU 2013, Nr. C 225, 18, Rn. 38.

816 Siehe dazu Widmann, Steuerberater-Jahrbuch 2012/2013, 541, 552.

817 Englisch in Tipke/Lang, Steuerrecht, § 17 Rn. 180.

für Lieferungen und sonstige Leistungen, die von einem anderen Unternehmer für sein Unternehmen ausgeführt worden sind, abziehen.

Nach Auffassung des EuGH müssen für den Abzug der Vorsteuer, die auf Gegenständen oder Dienstleistungen lastet, diese eine direkte und unmittelbare Verbindung mit den besteuerten Ausgangsumsätzen aufweisen.[818] Das soll der Fall sein, wenn die für den Bezug dieser Leistungen getätigten Aufwendungen zu den Kostenelementen der besteuerten Umsätze gehören.[819]

Davon abweichend soll das Recht zum Vorsteuerabzug aber auch dann gegeben sein, wenn die Kosten für die Eingangsleistung, auf der die fragliche Vorsteuer lastet, zu seinen allgemeinen Aufwendungen gehören und als solche Bestandteil des Preises der von ihm gelieferten Gegenstände oder erbrachten Dienstleistungen sind.[820] Derartige Kosten sollen nämlich direkt und unmittelbar mit der wirtschaftlichen Gesamttätigkeit des Steuerpflichtigen zusammenhängen.

c) Rechtsprechung, Verwaltung, Literatur

aa) Nichtsteuerbare Beteiligungsveräußerung

Im Jahr 2001 befasste sich der EuGH im Urteil Abbey National mit der Frage, ob ein Unternehmer die Vorsteuern, die auf Eingangsleistungen lasten, die er anlässlich einer nichtsteuerbaren Geschäftsveräußerung im Ganzen bezieht, abziehen darf. Dies bejahte er.[821] Die Eingangsleistungen wiesen zwar keinen direkten und unmittelbaren Zusammenhang mit den Vorsteuerabzug begründenden Ausgangsumsätzen auf. Die Kosten dieser Eingangsleistungen gehörten aber zu den allgemeinen Kosten des Veräußerers und gingen so als solche in den Preis seiner Produkte ein.[822] Damit wiesen diese Eingangsleistungen grds. einen direkten und unmittelbaren Zusammenhang mit der gesamten wirtschaftlichen Tätigkeit des Veräußerers vor der Übertragung auf.[823]

Insbesondere aus diesem Urteil wurde in der Lit. geschlossen, dass auch bei einer nichtsteuerbaren Anteilsveräußerung der Veräußerer die Vorsteuern abziehen dürfe, die auf den Eingangsleistungen lasten, die er anlässlich der Anteilsveräußerung bezieht.[824] Die Aufwendungen für diese Eingangsleistungen gehörten

---

818 EuGH, Urt. v. 6.4.1995 – C-4/94 (BLP Group), Slg. 1995, I-00983, Rn. 18 f.; Urt. v. 8.6.2000 – C-98/98 (Midland Bank), Slg. 2000, I-4177, Rn. 20; Urt. v. 22.2.2001 – C-408/98 (Abbey National), Slg. 2001, I-1361, Rn. 25.

819 EuGH, Urt. v. 8.6.2000 – C-98/98 (Midland Bank), Slg. 2000, I-4177, Rn. 29; Urt. v. 22.2.2001 – C-408/98 (Abbey National), Slg. 2001, I-1361, Rn. 28.

820 EuGH, Urt. v. 8.6.2000 – C-98/98 (Midland Bank), Slg. 2000, I-4177, Rn. 31; Urt. v. 26.5.2005 – C-465/03 (Kretztechnik), Slg. 2005, I-4357, Rn. 36; Urt. v. 8.2.2007 – C-435/05 (Investrand), Slg. 2007, I-01315, Rn. 24.

821 EuGH, Urt. v. 22.2.2001 – C-408/98 (Abbey National), Slg. 2001, I-1361, Rn. 34.

822 EuGH, Urt. v. 22.2.2001 – C-408/98 (Abbey National), Slg. 2001, I-1361, Rn. 35.

823 EuGH, Urt. v. 22.2.2001 – C-408/98 (Abbey National), Slg. 2001, I-1361, Rn. 36.

824 Englisch/Friedrich-Vache, Anteilsveräußerung, 47.

nämlich zur gesamten wirtschaftlichen Betätigung des Veräußerers.[825] Wenn der Veräußerer im Rahmen seiner wirtschaftlichen Betätigung nur steuerpflichtige Leistungen erbringe, sei ihm der Vorsteuerabzug ungekürzt zu gewähren. Wenn er aber auch steuerfreie Leistungen erbringe, dürfe er die Vorsteuer nur im Verhältnis der steuerpflichtigen Umsätze zur Summe der steuerpflichtigen und der nichtsteuerpflichtigen Umsätze abziehen.[826]

An dieser Stelle war dann aber noch fraglich, ob nach der Rspr. des EuGH der Vorsteuerabzug aufgrund der Dividenden, die der Veräußerer von der Beteiligung vor ihrer Veräußerung bezog, und aufgrund des Erlöses aus ihrer Veräußerung noch vor seiner Kürzung aufgrund eventueller steuerfreier Ausgangsumsätze zu kürzen ist.[827] Schließlich sind das Halten und das Veräußern von Beteiligungen im vorliegenden Fall nach Auffassung des EuGH nichtwirtschaftliche Tätigkeiten.

Für die Beantwortung dieser Frage ist der Blick auf das Urteil EDM aus dem Jahr 2004 zu richten. In diesem befasste sich der EuGH unter anderem mit der Frage, ob Entgelte für nichtsteuerbare Veräußerungen von Gesellschaftsbeteiligungen und Dividenden, die von Gesellschaften bezogen werden, denen der Gesellschafter keine steuerbaren Eingriffsleistungen erbringt, zu einer Kürzung des Abzugs der Vorsteuer führen, die auf nichttransaktionsbezogenen Eingangsleistungen lastet. Anknüpfend an früher ergangene Urteile[828] führte er dazu aus, Umsätze, die nicht in den Anwendungsbereich der RL fallen, müssten bei der Berechnung des Pro-rata-Satzes des Vorsteuerabzugs i.S.d. Art. 17 und 19 6. RL unberücksichtigt bleiben, da andernfalls der Zweck der völligen Neutralität, die das gemeinsame MwStSyst garantiere, vereitelt würde.[829] Der EuGH kam also zu dem Schluss, dass

825 Englisch/Friedrich-Vache, Anteilsveräußerung, 48.

826 Englisch/Friedrich-Vache, Anteilsveräußerung, 49.

827 Englisch/Friedrich-Vache, Anteilsveräußerung, 49.

828 Im Jahr 1993 hatte der EuGH im Urteil Sofitam bzgl. des Abzugs von Vorsteuern, die auf nichttransaktionsgebundenen Eingangsleistungen lasten, entschieden, dass Dividenden bei der Berechnung des Pro-rata-Satzes des Vorsteuerabzugs unberücksichtigt zu lassen seien, sodass der Bezug von Dividenden nicht zu einer Kürzung des Vorsteuerabzugs führe (Urt. v. 22.6.1993 – C-333/91 (Sofitam), Slg. 1993, I-03513, Rn. 13 f.). In dem diesem Urteil zugrunde liegenden Sachverhalt griff der Gesellschafter nicht in die Verwaltung der Gesellschaft ein (Rn. 7). Im Jahr 2000 hatte der EuGH im Urteil Floridienne, Berginvest entschieden, einer Holding sei der Abzug der Vorsteuern, die auf Eingangsleistungen lasten, die sie für die Erbringung von Eingriffsleistungen an ihre Töchter bezieht, uneingeschränkt zu gewähren (Urt. v. 14.11.2000 – C-142/99 (Floridienne, Berginvest), Slg. 2000, I-9567, Rn. 10, 32). Im Jahr 2001 schließlich hatte der EuGH im Urteil Cibo Participations einer Holding den Abzug der Vorsteuern gewährt, die auf Eingangsleistungen lasteten, die sie anlässlich des Erwerbs von Beteiligungen bezog, denen sie später Eingriffsleistungen erbrachte, und entschieden, dass es auch nicht zu einer Kürzung des Vorsteuerabzugs aufgrund des Dividendenbezugs komme (Urt. v. 27.9.2001 – C-16/00 (Cibo Participations), Slg. 2001, I-6663, Rn. 33, 44).

829 EuGH, Urt. v. 29.4.2004 – C-77/01 (EDM), Slg. 2004, I-4295, Rn. 54, 64.

die bezeichneten Dividenden und Veräußerungserlöse anders als steuerfreie Ausgangsumsätze nicht zu einer Vorsteuerabzugskürzung führen.

Damit konnte m.E. aus den Urteilen Abbey National und EDM tatsächlich geschlossen werden, dass der Veräußerer bei einer nichtsteuerbaren Anteilsveräußerung nach der Rspr. des EuGH die Vorsteuer abziehen kann, die auf den Eingangsleistungen lastet, die er anlässlich der Veräußerung bezieht, und zwar insoweit, als seine steuerbaren Ausgangsumsätze steuerpflichtig sind, dass nach der Rspr. des EuGH also vom Veräußerer bezogene Dividenden und Erlöse aus nichtsteuerbaren Beteiligungsveräußerungen nicht zu einer Kürzung des Vorsteuerabzugs führen.

Im Jahr 2007 befasste sich der EuGH im Urteil Investrand mit der Frage, ob bei einer nichtsteuerbaren Anteilsveräußerung der Veräußerer die Vorsteuer abziehen kann, die auf Rechtsberatungsdienstleistungen lastet, die er nach der Anteilsveräußerung für die Durchsetzung der Kaufpreisforderung bezieht, wenn er zum Zeitpunkt der Veräußerung noch keiner wirtschaftlichen Tätigkeit nachging, eine solche aber zum späteren Zeitpunkt des Bezugs der Rechtsberatungsdienstleistungen verfolgt. Dies lehnte der EuGH ab, da nicht nachgewiesen sei, dass diese Dienstleistungen ihren ausschließlichen Grund in der ausgeübten wirtschaftlichen Tätigkeit haben.[830] In der Lit. wurde dazu die Einschätzung geäußert, der EuGH habe den Vorsteuerabzug nur deswegen nicht zugelassen, weil der Veräußerer zum Zeitpunkt der Veräußerung keine unternehmerische Tätigkeit ausgeübt hat.[831] Damit habe er bestätigt, dass bei der nichtsteuerbaren Beteiligungsveräußerung ein direkter und unmittelbarer Zusammenhang zwischen den Kosten für die Eingangsleistungen, die der Veräußerer anlässlich der Veräußerung bezieht, und der wirtschaftlichen Gesamttätigkeit besteht.

Im Jahr 2008 befasste sich der EuGH im Urteil Securenta mit der Frage, ob eine Gesellschaft, die den Erwerb, die Verwaltung und die Verwertung von Immobilien, Wertpapieren, Beteiligungen und Vermögensanlagen jeglicher Art betreibt, die Vorsteuer abziehen darf, die auf den Eingangsleistungen lastet, die sie anlässlich des Einwerbens von Kapital durch Ausgabe von Aktien und stillen Beteiligungen bezieht. Dazu führte er zunächst seine Rspr. an, nach der der Abzug der Vorsteuer dann zulässig ist, wenn der Aufwand für die Eingangsleistungen, auf denen die fragliche Vorsteuer lastet, zu den Kostenelementen der steuerbaren und steuerpflichtigen Ausgangsumsätze gehört.[832] Im Anschluss daran stellte er sich auf den Standpunkt, dass dafür in den Fällen der Kapitalaufnahme zu prüfen sei, ob das eingeworbene Kapital für steuerbare und steuerpflichtige Ausgangsumsätze eingesetzt wird. Genau zu diesem Punkt hatte das vorlegende FG Niedersachsen geäußert, dass in dem dem Verfahren zugrunde liegenden Sachverhalt das eingeworbene Kapital sowohl unternehmerischen als auch nichtunternehmerischen

830 EuGH, Urt. v. 8.2.2007 – C-435/05 (Investrand), Slg. 2007, I-01315, Rn. 38.
831 Englisch/Friedrich-Vache, Anteilsveräußerung, 48.
832 EuGH, Urt. v. 13.3.2008 – C-437/06 (Securenta), Slg. 2008, I-1597, Rn. 27 f.

Tätigkeiten diene, wobei das Halten von Beteiligungen, das nicht mit dem Erbringen von steuerbaren Eingriffsleistungen an die Beteiligungen einhergeht, als nichtunternehmerische Tätigkeit einzuordnen sei.[833] Daran anknüpfend stellte sich auch der EuGH auf den Standpunkt, die Aufwendungen für die Eingangsleistungen in dem dem Urteil zugrunde liegenden Sachverhalt seien nicht ausschließlich wirtschaftlichen Ausgangstätigkeiten der Gesellschaft zuzurechnen.[834]

Weiterhin führte er aus, dass dann, wenn der Aufwand für die Eingangsleistungen ausschließlich wirtschaftlichen Ausgangstätigkeiten der Gesellschaft zuzurechnen gewesen wäre, die fraglichen Eingangsleistungen im direkten und unmittelbaren Zusammenhang mit den wirtschaftlichen Tätigkeiten des Steuerpflichtigen gestanden hätten.[835] Dazu zitierte er seine Rspr. aus den Urteilen Abbey National[836] und Cibo Participations[837], nach der die Vorsteuer auch dann abgezogen werden kann, wenn zwischen einer fraglichen Eingangsleistung und einem oder mehreren zum Vorsteuerabzug berechtigenden Ausgangsumsätzen kein direkter und unmittelbarer Zusammenhang besteht, der direkte und unmittelbare Zusammenhang aber mit der gesamten wirtschaftlichen Tätigkeit gegeben ist.

Das Urteil Securenta verwirrt in zweifacher Hinsicht. Zunächst ist nicht klar, warum der EuGH seine Rspr. zum direkten und unmittelbaren Zusammenhang einer Eingangsleistung mit der gesamten wirtschaftlichen Tätigkeit erwähnte, wo er doch kurz zuvor den Zusammenhang der Eingangsleistungen, auf denen die fraglichen Vorsteuern lasteten, mit einzelnen zum Vorsteuerabzug berechtigenden Ausgangsumsätzen für möglich erachtet hatte. Er ging also wohl doch davon aus, dass die Tatsache, dass die Eingangsleistungen, auf denen die fraglichen Vorsteuern lasteten, anlässlich einer Kapitalaufnahme, also anlässlich eines aus seiner Sicht nichtsteuerbaren Vorgangs bezogen wurden, einen Umstand darstellt, der für das Recht auf Abzug der bezeichneten Vorsteuern einen gewissen Argumentationsaufwand mit sich bringt.

Des Weiteren ist verwirrend, dass der EuGH ausführte, ein direkter und unmittelbarer Zusammenhang einer Eingangsleistung mit der wirtschaftlichen Gesamttätigkeit des den Vorsteuerabzug Begehrenden könne dann nicht angenommen werden, wenn der Aufwand für die Eingangsleistung nicht ausschließlich zu den Kostenelementen der Umsätze gehört, die auf die wirtschaftliche Tätigkeit des den Vorsteuerabzug Begehrenden entfallen. Damit stellte er seine Rspr. zum direkten und unmittelbaren Zusammenhang einer Eingangsleistung mit der gesamten wirtschaftlichen Tätigkeit falsch dar. Es kann nämlich nicht davon ausgegangen werden, dass er damit diese Rspr. fortentwickeln wollte, denn später zitierte er wieder

833 FG Niedersachsen, EuGH-Vorlage v. 5.10.2006 – 5 K 109/05, EFG 2006, 1946, Rn. 73, 68.
834 EuGH, Urt. v. 13.3.2008 – C-437/06 (Securenta), Slg. 2008, I-1597, Rn. 29.
835 EuGH, Urt. v. 13.3.2008 – C-437/06 (Securenta), Slg. 2008, I-1597, Rn. 29.
836 EuGH, Urt. v. 22.2.2001 – C-408/98 (Abbey National), Slg. 2001, I-1361, Rn. 35 f.
837 EuGH, Urt. v. 27.9.2001 – C-16/00 (Cibo Participations), Slg. 2001, I-6663, Rn. 33.

seine ursprüngliche Formel[838]. Wäre allerdings von einer entsprechenden Fortentwicklung dieser Rspr. auszugehen gewesen, hätte er sie damit jeder praktischen Bedeutung beraubt. Schließlich ist sie darauf angelegt, gerade in den Fällen Bedeutung zu erlangen, in denen es am direkten und unmittelbaren Zusammenhang der Eingangsleistung mit steuerbaren Ausgangsumsätzen fehlt. Nach der falsch dargestellten Formel hätte der EuGH im vorliegenden Fall so auch den Vorsteuerabzug der Gesellschaft eigentlich insgesamt verneinen müssen.[839] Schließlich ging er davon aus, dass die Aufwendungen für die Eingangsleistungen nicht ausschließlich wirtschaftlichen Ausgangstätigkeiten der Gesellschaft zuzurechnen sind.

Vielmehr bejahte er teilweise den Vorsteuerabzug. Wenn ein Steuerpflichtiger zugleich steuerpflichtigen oder steuerfreien wirtschaftlichen Tätigkeiten und nichtwirtschaftlichen Tätigkeiten nachgeht, sei der Abzug der Vorsteuer auf Aufwendungen im Zusammenhang mit einer Kapitalbeschaffung nur insoweit zulässig, als diese Aufwendungen der wirtschaftlichen Tätigkeit des Steuerpflichtigen zuzurechnen sind.[840] Unter der Annahme, dass der EuGH das Recht auf Vorsteuerabzug hier nur deswegen bejahte, da er von einem Zusammenhang der Eingangsleistung mit der gesamten wirtschaftlichen Tätigkeit ausging, wich er damit von seiner Rspr. im Urteil EDM ab, nach der beim Vorsteuerabzug, der aufgrund eines direkten und unmittelbaren Zusammenhangs mit der gesamten wirtschaftlichen Tätigkeit gewährt wird, nichtwirtschaftliche Tätigkeiten nicht vorsteuerabzugsschädlich sind.

Es war anzunehmen, dass der EuGH diese Einschränkung auch beim Abzug der Vorsteuer, die auf den Eingangsleistungen lastet, die ein Veräußerer anlässlich einer nichtsteuerbaren Beteiligungsveräußerung bezieht, machen würde.

Im Jahr 2009 beschäftigte sich der EuGH im Urteil AB SKF mit der Frage, ob eine Gesellschaft, die Anteile an anderen Gesellschaften steuerbar aber steuerfrei veräußert, die Vorsteuern abziehen kann, die auf den Eingangsleistungen lasten, die sie anlässlich der Beteiligungsveräußerung bezieht. Dies bejahte er mit der Überlegung, dass er diesen Vorsteuerabzug auch bei einer nichtsteuerbaren Beteiligungsveräußerung dem Veräußerer zugestanden habe und es für die Frage des Abzugs dieser Vorsteuern keinen Unterschied machen dürfe, ob der Veräußerer in die Verwaltung der veräußerten Gesellschaft eingegriffen hat oder nicht.[841] Auch wenn sich den vom EuGH an dieser Stelle zitierten Urteilen nicht entnehmen lässt,

838 Siehe dazu EuGH, Urt. v. 16.7.2015 – C-108/14, C-109/14 (Larentia + Minerva), ABl. EU 2015, DStR 2015, 1673, Nr. C 302, 7, Rn. 23.

839 Dies erklärt wahrscheinlich, warum das Urteil Securenta teilweise so verstanden wurde, dass der EuGH einen Veranlassungszusammenhang einer Eingangsleistung mit einer nichtsteuerbaren Anteilsveräußerung für schädlich für den Abzug der Vorsteuer halte, die auf dieser Eingangsleistung lastet. Für Nachweise dieser Interpretation siehe Englisch/Friedrich-Vache, Anteilsveräußerung, 50 Fn. 206.

840 EuGH, Urt. v. 13.3.2008 – C-437/06 (Securenta), Slg. 2008, I-1597, Rn. 31.

841 EuGH, Urt. v. 29.10.2009 – C-29/08 (AB SKF), Slg. 2009, I-10413, Rn. 66.

dass er bereits vor dem Urteil AB SKF der Auffassung war, dass der Veräußerer bei einer nichtsteuerbaren Beteiligungsveräußerung die bezeichneten Vorsteuern abziehen kann, so lässt sich doch sagen, dass er spätestens mit dem Urteil AB SKF genau davon ausging.[842] Er hielt die Kosten für anlässlich der Beteiligungsveräußerung bezogene Eingangsleistungen für einen Bestandteil der allgemeinen Aufwendungen des Steuerpflichtigen.

Im Urteil AB SKF äußerte der EuGH des Weiteren, das Recht auf Vorsteuerabzug sei dann nicht gegeben, wenn die Eingangsleistungen, auf denen die fragliche Vorsteuer lastet, in direktem und unmittelbarem Zusammenhang mit der steuerfreien Beteiligungsveräußerung stehen, was dann der Fall sei, wenn der Aufwand für die Eingangsleistungen in den Preis der veräußerten Beteiligung eingeht.[843] Es ist davon auszugehen, dass er das so auch bei der nichtsteuerbaren Beteiligungsveräußerung sieht. Im Übrigen führte er unter Verweis auf sein Urteil Securenta noch aus, das Recht auf Abzug der Vorsteuer, die auf Eingangsleistungen lastet, die im Rahmen von Finanztransaktionen bezogen werden, bestehe dann, wenn das durch die jeweilige Transaktion erworbene Kapital den wirtschaftlichen Tätigkeiten des Betroffenen zugeführt wird.[844] Dies kann m.E. nur so verstanden werden, dass hier der Vorsteuerabzug auf seiner Rspr. zum direkten und unmittelbaren Zusammenhang mit der wirtschaftlichen Gesamttätigkeit beruht und sich dieser nach der Verwendung der durch die Veräußerung erhaltenen Gelder für wirtschaftliche und nichtwirtschaftliche Tätigkeiten richtet.

Im Jahr 2015 befasste sich der EuGH im Urteil Larentia + Minerva mit der Frage, ob eine Holding die Vorsteuer abziehen kann, die auf Eingangsleistungen lastet, die sie für die Einwerbung von Kapital bezieht, das sie dann für den Erwerb von Tochtergesellschaften verwendet, denen sie steuerbare Eingriffsleistungen erbringen will. Dazu führte er nach Nennung seiner Rspr. zum direkten und unmittelbaren Zusammenhang einer Eingangsleistung mit der wirtschaftlichen Gesamttätigkeit des sie beziehenden Steuerpflichtigen aus, die Kosten für diese Eingangsleistungen seien als der wirtschaftlichen Tätigkeit der Holding zugeordnet anzusehen.[845] Wenn die Holding allen ihrer Tochtergesellschaften Eingriffsleistungen erbringt, könne sie entsprechend die Vorsteuer vollständig abziehen.[846] Andernfalls sei der

842 Friedrich-Vache, EU-UStB 2011, 33, 37 geht ebenfalls davon aus, dass der EuGH dem Urteil AB SKF die Sichtweise zugrunde gelegt hat, nach der bei einer nichtsteuerbaren Beteiligungsveräußerung der Veräußerer die auf den anlässlich der Veräußerung bezogenen Eingangsleistungen lastende Vorsteuer abziehen darf.

843 EuGH, Urt. v. 29.10.2009 – C-29/08 (AB SKF), Slg. 2009, I-10413, Rn. 62.

844 EuGH, Urt. v. 29.10.2009 – C-29/08 (AB SKF), Slg. 2009, I-10413, Rn. 72.

845 EuGH, Urt. v. 16.7.2015 – C-108/14, C-109/14 (Larentia + Minerva), ABl. EU 2015, Nr. C 302, 7, DStR 2015, 1673, Rn. 24 f.

846 EuGH, Urt. v. 16.7.2015 – C-108/14, C-109/14 (Larentia + Minerva), ABl. EU 2015, Nr. C 302, 7, DStR 2015, 1673, Rn. 28.

Vorsteuerabzug nur teilweise zulässig.[847] Dann seien die Kosten für die Eingangsleistungen nur zum Teil als Teil der allgemeinen Aufwendungen der Holdinggesellschaft anzusehen. Diese Stellen lesen sich so, als sei nach Auffassung des EuGH für die Beantwortung der Frage, ob und wenn ja in welchem Umfang Eingangsleistungen, auf denen die fragliche Vorsteuer lastet, einer wirtschaftlichen Tätigkeit zuzurechnen sind, nicht auf die Verwendung des eingeworbenen Kapitals, sondern auf die Zusammensetzung der Tätigkeit des Steuerpflichtigen vor dem Erwerb des Kapitals abzustellen. Andererseits führte der EuGH im Urteil Larentia + Minerva aus, dass dann, wenn die Beteiligungen, die sich aus den Kapitaltransaktionen einer Holdinggesellschaft ergeben, zum Teil anderen Tochtergesellschaften zugeordnet werden, an deren Verwaltung die Holdinggesellschaft nicht teilnimmt, die für die Kosten dieser Transaktionen gezahlte MwSt nur anteilig abgezogen werden könne.[848] Dies wiederum liest sich doch so, als sei nach Auffassung des EuGH auf die Verwendung der Gelder abzustellen.

Mit dem Urteil Larentia + Minerva hat der EuGH jedoch ganz sicher seine durch das Urteil Securenta vollzogene Rechtsprechungsänderung, nach der nichtwirtschaftliche Tätigkeiten doch vorsteuerabzugsschädlich sind, wenn der Vorsteuerabzug nur auf einen direkten und unmittelbaren Zusammenhang der Eingangsleistung, auf der die fragliche Vorsteuer lastet, mit der wirtschaftlichen Gesamttätigkeit gestützt werden kann, verfestigt. Entsprechend spricht er – leicht von seiner ursprünglichen Formel abweichend – davon, dass die Kosten in diesen Fällen nur zum Teil als Teil der allgemeinen Aufwendungen der Holdinggesellschaft anzusehen seien. Auch spricht er nicht mehr von einem Zusammenhang mit der wirtschaftlichen Gesamttätigkeit, sondern von einem Zusammenhang mit der wirtschaftlichen Tätigkeit.

Es ist anzunehmen, dass der EuGH diese Einschränkung auch beim Abzug der Vorsteuer, die auf den Eingangsleistungen lastet, die ein Veräußerer anlässlich einer nichtsteuerbaren Beteiligungsveräußerung bezieht, machen würde.

Im Übrigen hat der EuGH mit dem Urteil Larentia + Minerva seine Rspr. gefestigt, nach der das Halten einer Beteiligung dann nicht vorsteuerabzugsschädlich sein soll, wenn der Inhaber der Beteiligung der Gesellschaft, an der die Beteiligung besteht, steuerbare Eingriffsleistungen erbringt.

Zusammenfassend ist also anzunehmen, dass der EuGH davon ausgeht, dass bei einer nichtsteuerbaren Beteiligungsveräußerung der Veräußerer die Vorsteuer, die auf den Eingangsleistungen lastet, die er anlässlich der Veräußerung bezieht, insoweit abziehen kann, als er das Entgelt für die veräußerte Beteiligung wirtschaftlichen Tätigkeiten zuführt. Dann soll nämlich von einem direkten und unmittelbaren Zusammenhang der Eingangsleistungen mit diesen wirtschaftlichen Tätigkeiten

847 EuGH, Urt. v. 16.7.2015 – C-108/14, C-109/14 (Larentia + Minerva), ABl. EU 2015, Nr. C 302, 7, DStR 2015, 1673, Rn. 33.

848 EuGH, Urt. v. 16.7.2015 – C-108/14, C-109/14 (Larentia + Minerva), ABl. EU 2015, Nr. C 302, 7, DStR 2015, 1673, Rn. 29.

auszugehen sein. Das Halten von Beteiligungen an Gesellschaften, denen er keine steuerbaren Eingriffsleistungen erbringt, soll dabei keine wirtschaftliche Tätigkeit darstellen. Im Übrigen soll nach Auffassung des EuGH dann, wenn der Aufwand für die Eingangsleistungen Eingang in den Verkaufspreis der veräußerten Anteile findet, davon auszugehen sein, dass kein direkter und unmittelbarer Zusammenhang zwischen der Eingangsleistung, auf der die fragliche Vorsteuer lastet, und der wirtschaftlichen Tätigkeit gegeben ist, mit der Folge, dass der Veräußerer den Vorsteuerabzug nicht geltend machen kann.

Der BFH hat sich nicht mit der Frage befasst, ob bei einer nichtsteuerbaren Beteiligungsveräußerung der Veräußerer die Vorsteuer, die auf den von ihm anlässlich der Veräußerung bezogenen Eingangsleistungen lastet, abziehen darf. Bei der steuerbaren aber steuerfreien Beteiligungsveräußerung hat er das Recht des Veräußerers auf Abzug der bezeichneten Vorsteuer abgelehnt, da der maßgebliche direkte und unmittelbare Zusammenhang zwischen den Eingangsleistungen, auf denen die fragliche Vorsteuer lastet, und der steuerfreien Beteiligungsveräußerung und nicht zwischen den Eingangsleistungen und der wirtschaftlichen Gesamttätigkeit bestehe.[849] Es ist nicht ausgeschlossen, dass der BFH bei der nichtsteuerbaren Beteiligungsveräußerung ebenfalls keinen direkten und unmittelbaren Zusammenhang zwischen den Eingangsleistungen, auf denen die fragliche Vorsteuer lastet, und der gesamten wirtschaftlichen Tätigkeit sehen würde.

Die Verw. ist der Auffassung, der Abzug der Vorsteuer aus Aufwendungen, die im direkten und unmittelbaren Zusammenhang mit der Veräußerung einer gesellschaftsrechtlichen Beteiligung stehen, sei nur insofern zulässig, als diese Veräußerung steuerbar ist und der Vorsteuerabzug nicht nach § 15 Abs. 2 UStG ausgeschlossen ist.[850] Somit scheide der Vorsteuerabzug im Fall der Veräußerung einer nicht im Unternehmensvermögen gehaltenen gesellschaftsrechtlichen Beteiligung wegen des direkten und unmittelbaren Zusammenhangs mit diesem nichtsteuerbaren Umsatz aus.[851] Die Verw. ist also der Auffassung, die vorliegend fragliche Vorsteuer könne nicht abgezogen werden.

Es finden sich keine besonderen Literaturstimmen zum Abzug der Vorsteuer, die bei nichtsteuerbaren Beteiligungsveräußerungen auf den vom Veräußerer bezogenen Eingangsleistungen lasten.

Zur Frage, in welchem Umfang ein Veräußerer bei einer nichtsteuerbaren Beteiligungsveräußerung die Vorsteuer abziehen kann, die auf den Eingangsleistungen lastet, die er anlässlich der Veräußerung bezieht, ist noch Folgendes auszuführen, gleich, ob der Veräußerer das Entgelt für die veräußerte Beteiligung für den Erwerb von zwei oder mehreren Beteiligungen verwendet und nicht allen steuerbare Eingriffsleistungen erbringt, ob er es für seine Gesamttätigkeit, oder ob er es

---

849 BFH, Urt. v. 27.1.2011 – V R 38/09, BStBl. II 2012, 68, BFHE 232, 278, Rn. 34.
850 Abschn. 15.22 Abs. 2 S. 3 UStAE.
851 Abschn. 15.22 Abs. 2 S. 4 UStAE.

für den Erwerb von zwei oder mehreren Beteiligungen, von denen er nicht allen steuerbare Eingriffsleistungen erbringt, und seine Gesamttätigkeit verwendet:

Im Urteil Securenta stellte sich der EuGH auf den Standpunkt, die 6. RL regele nicht, welche Methoden oder Kriterien die Mitgliedstaaten anwenden müssen, wenn sie Bestimmungen erlassen, die eine Aufteilung der Vorsteuerbeträge danach zulassen, ob sich die entsprechenden Aufwendungen auf wirtschaftliche oder auf nichtwirtschaftliche Tätigkeiten beziehen.[852] Die Regelungen in Art. 17 Abs. 5 und Art. 19 6. RL beträfen nämlich ausschließlich die Vorsteuer auf Aufwendungen im Zusammenhang mit wirtschaftlichen Tätigkeiten, wobei sie diese in steuerpflichtige, zum Vorsteuerabzug berechtigende, und steuerfreie, kein solches Recht eröffnende Tätigkeiten unterteilten. Daher und damit die Steuerpflichtigen die notwendigen Berechnungen anstellen können, obliege es den Mitgliedstaaten, unter Beachtung der dem gemeinsamen MwStSyst zugrunde liegenden Prinzipien die hierfür geeigneten Methoden und Kriterien festzulegen.[853] Bei der Wahrnehmung dieser Befugnis hätten die Mitgliedstaaten Zweck und Systematik der RL zu berücksichtigen.[854] Insbesondere sei der Grundsatz der steuerlichen Neutralität zu beachten.[855] Folglich hätten die Mitgliedstaaten ihr Ermessen so auszuüben, dass der Abzug nur für den Teil der MwSt erfolgt, der auf die zum Abzug berechtigenden Umsätze entfällt.[856] Sie müssten also darauf achten, dass die Berechnung des Verhältnisses zwischen wirtschaftlichen und nichtwirtschaftlichen Tätigkeiten objektiv widerspiegelt, welcher Teil der Eingangsaufwendungen jeder dieser beiden Tätigkeiten tatsächlich zuzurechnen ist. Dabei könnten die Mitgliedstaaten einen Investitionsschlüssel, einen Umsatzschlüssel oder jeden anderen geeigneten Schlüssel verwenden und seien nicht verpflichtet, sich auf eine einzige dieser Methoden zu beschränken.[857] Diese Auffassung bestätigte er im Urteil Larentia + Minerva.[858]

Zwar ist nicht ausgeschlossen, dass der BFH bei einer nichtsteuerbaren Beteiligungsveräußerung das Recht des Veräußerers auf Abzug der Vorsteuer, die auf von ihm anlässlich der Veräußerung bezogenen Eingangsleistungen lastet, ablehnen würde. Es sei aber darauf hingewiesen, dass er bzgl. der Aufteilung von Vorsteuerbeträgen, die sich auf wirtschaftliche und nichtwirtschaftliche Tätigkeiten beziehen, auf dem Standpunkt steht, in geeigneten Fällen sei § 15 Abs. 4 UStG, also die Regelung zur Aufteilung von Vorsteuerbeträgen, die auf Eingangsleistungen lasten, die der Unternehmer für steuerpflichtige und nichtsteuerpflichtige

852 EuGH, Urt. v. 13.3.2008 – C-437/06 (Securenta), Slg. 2008, I-1597, Rn. 33.
853 EuGH, Urt. v. 13.3.2008 – C-437/06 (Securenta), Slg. 2008, I-1597, Rn. 34.
854 EuGH, Urt. v. 13.3.2008 – C-437/06 (Securenta), Slg. 2008, I-1597, Rn. 35.
855 EuGH, Urt. v. 13.3.2008 – C-437/06 (Securenta), Slg. 2008, I-1597, Rn. 36.
856 EuGH, Urt. v. 13.3.2008 – C-437/06 (Securenta), Slg. 2008, I-1597, Rn. 37.
857 EuGH, Urt. v. 13.3.2008 – C-437/06 (Securenta), Slg. 2008, I-1597, Rn. 38.
858 EuGH, Urt. v. 16.7.2015 – C-108/14, C-109/14 (Larentia + Minerva), ABl. EU 2015, Nr. C 302, 7, DStR 2015, 1673, Rn. 26.

Ausgangsumsätze verwendet, analog anzuwenden.[859] Mittlerweile ist er der Auffassung, nach dieser Regelung sei eine wirtschaftliche Zurechnung entscheidend, wobei die Aufteilung nach dem Gesamtumsatzschlüssel als eine Methode der wirtschaftlichen Zurechnung anzusehen sei.[860] Die Aufteilung nach dem Gesamtumsatzschlüssel sei aber nur dann zulässig, wenn keine andere präzisere Zurechnung möglich ist. Es sei Sache des Unternehmers, welche Schätzmethode er wählt.[861] Das Finanzamt könne dann lediglich nachprüfen, ob die Schätzung sachgerecht ist. In seinem Vorlagebeschluss XI R 17/11 zeichnete der BFH die Methoden nach, die zur Aufteilung der auf wirtschaftliche und nichtwirtschaftliche Tätigkeiten einer Holding zugleich entfallenden Vorsteuerbeträge vertreten werden, also Umsatzschlüssel, Investitionsschlüssel und Aufteilung anhand verschiedener betriebswirtschaftlicher Größen (Anzahl der mit den Beteiligungen befassten Personen; im Zusammenhang mit den Beteiligungen anfallende Arbeitszeit; Einzelkosten für das Halten der Beteiligungen).[862] Angesichts dieser erheblichen Rechtsunsicherheit drohe eine uneinheitliche Anwendung des Unionsrechts in den Mitgliedstaaten. Daher bat er den EuGH um eine Präzisierung der Berechnungsmethode, um eine möglichst einheitliche Rechtspraxis in den Mitgliedstaaten zu gewährleisten.[863] Jedenfalls in den Fällen der Beschaffung von Kapital für den Erwerb von Beteiligungen, die an Gesellschaften bestehen, denen zum Teil steuerbare Eingriffsleistungen erbracht werden, handele es sich um eine typische Fallkonstellation, die europaweit einheitlicher Anwendung bedürfe.[864] Der EuGH lehnte das im Urteil Larentia + Minerva allerdings ab.

Zwar verneint die Verw. in den Fällen der nichtsteuerbaren Beteiligungsveräußerung das Recht des Veräußerers auf Abzug der Vorsteuer, die auf von ihm anlässlich der Veräußerung bezogenen Eingangsleistungen lastet. Dennoch sei darauf hingewiesen, dass sie der Auffassung ist, dass dann, wenn der Vorsteuerabzug auf einen direkten und unmittelbaren Zusammenhang der Eingangsleistung, auf der die fragliche Vorsteuer lastet, mit der unternehmerischen Gesamttätigkeit gestützt wird und der Unternehmer neben seiner unternehmerischen Tätigkeit auch noch

859 BFH, Urt. v. 3.3.2011 – V R 23/10, BStBl. II 2012, 74, BFHE 233, 274, Rn. 31; Urt. v. 9.2.2012 – V R 40/10, BStBl. II 2012, 844, BFHE 236, 258, Rn. 25, 32; EuGH-Vorlage v. 11.12.2013 – XI R 17/11, BStBl. II 2014, 417, BFHE 244, 79, Rn. 43.

860 Heidner in Bunjes, UStG, § 15 Rn. 388.

861 Heidner in Bunjes, UStG, § 15 Rn. 372.

862 BFH, EuGH-Vorlage v. 11.12.2013 – XI R 17/11, BStBl. II 2014, 417, BFHE 244, 79, Rn. 44.

863 BFH, EuGH-Vorlage v. 11.12.2013 – XI R 17/11, BStBl. II 2014, 417, BFHE 244, 79, Rn. 46.

864 BFH, EuGH-Vorlage v. 11.12.2013 – XI R 17/11, BStBl. II 2014, 417, BFHE 244, 79, Rn. 47.

einer nichtunternehmerischen Tätigkeit nachgeht, die fragliche Vorsteuer nach den Grundsätzen des § 15 Abs. 4 UStG entsprechend aufzuteilen ist.[865]

Zu dieser Frage finden sich keine besonderen Literaturstimmen.[866]

bb) Steuerbare aber steuerfreie Beteiligungsveräußerung

Im Jahr 1995 ging der EuGH im Urteil BLP Group noch davon aus, eine Gesellschaft, die anlässlich eines steuerfreien Anteilsverkaufs Leistungen von Handelsbanken, Rechtsanwälten und Steuerberatern bezieht, dürfe die auf diesen Leistungen lastende Vorsteuer nicht abziehen, weil sie diese Leistungen für einen steuerfreien Umsatz verwende, das Gesetz nicht ausnahmsweise die Abziehbarkeit der Vorsteuer anordne und es auch keine Rolle spiele, wenn sie die Erlöse aus dem Verkauf der Beteiligung für eine wirtschaftliche Tätigkeit verwenden will.[867]

Im Jahr 2009 entschied der EuGH aber im Urteil AB SKF, bei einer steuerfreien Beteiligungsveräußerung dürfe der Veräußerer die Vorsteuer abziehen, die auf den Eingangsleistungen lastet, die er anlässlich der Veräußerung bezieht, da dieses Recht auch dem Veräußerer bei einer nichtsteuerbaren Anteilsveräußerung zustehe.[868] Wie bei der nichtsteuerbaren Beteiligungsveräußerung seien die Kosten für anlässlich der Beteiligungsveräußerung bezogene Eingangsleistungen nämlich Bestandteil der allgemeinen Aufwendungen des Steuerpflichtigen.[869] Der direkte und unmittelbare Zusammenhang dieser Eingangsleistungen mit der wirtschaftlichen Gesamttätigkeit des Veräußerers sei aber dann nicht gegeben, wenn die Kosten für die Eingangsleistungen Eingang in den Preis der Beteiligung finden.[870] Dann könne der Veräußerer die bezeichnete Vorsteuer nicht abziehen.

Im Übrigen führte er unter Verweis auf sein Urteil Securenta noch aus, das Recht auf Abzug der Vorsteuer, die auf Eingangsleistungen lastet, die im Rahmen von Finanztransaktionen bezogen werden, bestehe dann, wenn das durch die jeweilige Transaktion erworbene Kapital den wirtschaftlichen Tätigkeiten des Betroffenen

---

865 Siehe dazu BMF, Schreiben v. 2.1.2012 – IV D 2-S 7300/11/10002, 2011/1014846, BStBl. I 2012, 60 unter II.3.c) Bsp. 2 (nach BMF, Schreiben v. 18.3.2019 – IV A 2-O 2000/18/10001, 2019/0163664, BStBl. I 2019, 270, Anlage 1 Nr. 1637 auch noch anzuwenden) bzgl. der Vorsteuer, die auf Eingangsleistungen lastet, die für die allgemeine Verwaltung bezogen werden und Abschn. 15.21 Abs. 6 S. 1 Nr. 3 S. 3 UStAE bzgl. der Vorsteuer, die auf Eingangsleistungen lastet, die anlässlich einer Kapitalbeschaffung bezogen werden.

866 Nach Englisch/Friedrich-Vache, Anteilsveräußerung, 64 kann es bei der analogen Anwendung von § 15 Abs. 4 UStG bei der Anteilsveräußerung nur auf einen Investitionsschlüssel ankommen, da der Zusammenhang durch die Verwendung der Erlöse aus der Veräußerung für wirtschaftliche Tätigkeiten hergestellt werde.

867 EuGH, Urt. v. 6.4.1995 – C-4/94 (BLP Group), Slg. 1995, I-00983, Rn. 28.

868 EuGH, Urt. v. 29.10.2009 – C-29/08 (AB SKF), Slg. 2009, I-10413, Rn. 66.

869 EuGH, Urt. v. 29.10.2009 – C-29/08 (AB SKF), Slg. 2009, I-10413, Rn. 68.

870 EuGH, Urt. v. 29.10.2009 – C-29/08 (AB SKF), Slg. 2009, I-10413, Rn. 62, 73.

zugeführt wird.[871] M.E. kann das nur so verstanden werden, dass bei der steuerbaren aber steuerfreien Beteiligungsveräußerung der Abzug der Vorsteuer, die auf den anlässlich der Beteiligungsveräußerung bezogenen Eingangsleistungen lastet, auf seiner Rspr. zum direkten und unmittelbaren Zusammenhang mit der wirtschaftlichen Gesamttätigkeit beruht und sich dieser nach der Verwendung der durch die Veräußerung erhaltenen Gelder für wirtschaftliche und nichtwirtschaftliche Tätigkeiten richtet,[872] wobei das Halten einer Beteiligung dann, wenn der Veräußerer der Gesellschaft, an der die Beteiligung besteht, keine steuerbaren Eingriffsleistungen erbringt, keine wirtschaftliche Tätigkeit sein soll.

Während der EuGH also den Vorsteuerabzug zulässt, stehen BFH[873] und Verw.[874] noch auf dem Standpunkt, der Veräußerer dürfe die Vorsteuer, die auf den Eingangsleistungen lastet, die er anlässlich der Veräußerung bezieht, nicht abziehen, da der maßgebliche direkte und unmittelbare Zusammenhang zwischen den fraglichen Eingangsleistungen und der steuerfreien Anteilsveräußerung und nicht zwischen den fraglichen Eingangsleistungen und der wirtschaftlichen Gesamttätigkeit bestehe.

In der Lit. finden sich zur vorliegenden Frage keine besonderen Auffassungen. Es ist aber zu erwähnen, dass es nach Auffassung von *Englisch* und *Friedrich-Vache* für die Bestimmung des direkten und unmittelbaren Zusammenhangs zwischen der Eingangsleistung, auf der die fragliche Vorsteuer lastet, und der wirtschaftlichen Gesamttätigkeit stimmiger wäre, auf diejenigen unternehmerischen Tätigkeiten abzustellen, die die Steuerbarkeit der Beteiligungsveräußerung begründen.[875]

cc) Geschäftsveräußerung im Ganzen[876]

Im Urteil Abbey National führte der EuGH aus, der Veräußerer dürfe bei einer Geschäftsveräußerung im Ganzen die Vorsteuer, die auf den von ihm anlässlich

---

871 EuGH, Urt. v. 29.10.2009 – C-29/08 (AB SKF), Slg. 2009, I-10413, Rn. 72.

872 Englisch/Friedrich-Vache, Anteilsveräußerung, 84 sind ebenfalls der Auffassung, dass nach der Rspr. des EuGH auf die Verwendung des Veräußerungserlöses abzustellen sei.

873 BFH, Urt. v. 27.1.2011 – V R 38/09, BStBl. II 2012, 68, BFHE 232, 278, Rn. 34.

874 Abschn. 15.22 Abs. 2 S. 5 UStAE; BMF, Schreiben v. 26.1.2007 – IV A 5-S 7300-10/07, BStBl. I 2007, 211, Rn. 13 (nach BMF, Schreiben v. 18.3.2019 – IV A 2-O 2000/18/10001, 2019/0163664, BStBl. I 2019, 270, Anlage 1 Nr. 1635 auch noch anzuwenden).

875 Englisch/Friedrich-Vache, Anteilsveräußerung, 85.

876 Die Nichtsteuerbarkeit einer Beteiligungsveräußerung kommt nach EuGH, Urt. v. 30.5.2013 – C-651/11 (X), ABl. EU 2013, Nr. C 225, 18, Rn. 38 nach den Vorschriften zur Geschäftsveräußerung im Ganzen nur dann in Betracht, wenn die Beteiligung Teil einer eigenständigen Einheit ist, die eine selbständige wirtschaftliche Betätigung ermöglicht, und wenn diese dann vom Erwerber fortgeführt wird. Siehe dazu C.II.1.a)bb)(3)(i).

der Geschäftsveräußerung im Ganzen bezogenen Eingangsleistungen lastet, grds. abziehen.[877] Die Kosten für diese Eingangsleistungen gehörten nämlich zu seinen allgemeinen Kosten und gingen als solche in den Preis der Produkte seines Unternehmens ein. Schließlich dürfe nicht willkürlich zwischen den Ausgaben für die Zwecke eines Unternehmens vor der tatsächlichen Aufnahme seiner Tätigkeit sowie während dieser Tätigkeit und Ausgaben zum Zweck der Beendigung dieser Tätigkeit unterschieden werden. Zwischen den Eingangsleistungen und der wirtschaftlichen Gesamttätigkeit des Veräußerers vor der Übertragung bestehe damit ein direkter und unmittelbarer Zusammenhang. Der Veräußerer könne die Vorsteuer aber nur insoweit abziehen, als er steuerpflichtige Umsätze erbringt.[878]

Des Weiteren führte der EuGH aus, dass dann, wenn die bezeichneten Eingangsleistungen einen direkten und unmittelbaren Zusammenhang mit einem klar abgegrenzten Teil der wirtschaftlichen Tätigkeit des Veräußerers aufweisen, auf die Umsätze aus diesem Tätigkeitsbereich abzustellen sei.[879] Das soll so zu verstehen sein, dass eine Zuordnung der bezeichneten Eingangsleistungen zum veräußerten Unternehmensteil, sofern dieser im Vorfeld der Veräußerung steuerbare Umsätze realisiert hat, Vorrang hat vor einer Qualifizierung des Aufwands für die bezeichneten Eingangsleistungen als allgemeine Aufwendungen der gesamten Geschäftstätigkeit des Veräußerers.[880]

In den Urteilen Securenta und Larentia + Minerva entschied der EuGH, eine Gesellschaft könne die Vorsteuer, die auf Eingangsleistungen lastet, die sie anlässlich einer Eigenkapitalaufnahme bezieht, aufgrund eines direkten und unmittelbaren Zusammenhangs der Eingangsleistungen mit ihrer wirtschaftlichen Gesamttätigkeit abziehen, dies aber nur insoweit, als sie keine nichtwirtschaftlichen Tätigkeiten verfolgt, wobei das Halten einer Beteiligung dann, wenn die Gesellschaft der Gesellschaft, an der die Beteiligung besteht, keine steuerbaren Eingriffsleistungen erbringt, keine wirtschaftliche Tätigkeit sei.[881] Diese Vorsteuerabzugsbegrenzung wird wohl auch im vorliegenden Fall der Beteiligungsveräußerungen, die aufgrund einer Einbettung in eine Geschäftsveräußerung im Ganzen nicht steuerbar sind, zu berücksichtigen sein.

Nach dem Urteil AB SKF ist bei steuerbaren aber steuerfreien und bei nichtsteuerbaren Beteiligungsveräußerungen der Abzug der auf den anlässlich der Veräußerung vom Veräußerer bezogenen Eingangsleistungen lastenden Vorsteuer aufgrund der Rspr. des EuGH zum direkten und unmittelbaren Zusammenhang der Eingangsleistung mit der gesamten wirtschaftlichen Tätigkeit des den Vorsteuerabzug Begehrenden zu bejahen, wobei für den direkten und unmittelbaren Zusammenhang auf die Verwendung der durch die Veräußerung eingenommenen

877 EuGH, Urt. v. 22.2.2001 – C-408/98 (Abbey National), Slg. 2001, I-1361, Rn. 35 f.
878 EuGH, Urt. v. 22.2.2001 – C-408/98 (Abbey National), Slg. 2001, I-1361, Rn. 37.
879 EuGH, Urt. v. 22.2.2001 – C-408/98 (Abbey National), Slg. 2001, I-1361, Rn. 40.
880 Englisch/Friedrich-Vache, Anteilsveräußerung, 69.
881 Siehe dazu D.I.3.c)aa).

Gelder abzustellen sein soll.[882] Dazu bezog er sich auf das Urteil Securenta, in dem er bei Finanztransaktionen die Verwendung der durch sie eingenommenen Gelder für maßgeblich hielt. Vor diesem Hintergrund ist es nicht völlig ausgeschlossen, dass der EuGH heute eventuell bei der Geschäftsveräußerung im Ganzen bei der Frage des direkten und unmittelbaren Zusammenhangs der Eingangsleistungen, auf denen die fragliche Vorsteuer lastet, mit der gesamten wirtschaftlichen Tätigkeit ebenfalls auf die Verwendung der durch die Geschäftsveräußerung im Ganzen erlangten Gelder abstellen würde.

Der BFH hat sich nicht besonders zu dieser Frage geäußert.

Die Verw. hat sich nicht eigens zum Abzug der Vorsteuer geäußert, die auf den Eingangsleistungen lastet, die von Gesellschaftern anlässlich der Veräußerung einer Beteiligung bezogen werden, die Teil einer Geschäftsveräußerung im Ganzen ist. Sie ist aber der Auffassung, der Abzug der Vorsteuer aus Aufwendungen, die im direkten und unmittelbaren Zusammenhang mit der Veräußerung einer gesellschaftsrechtlichen Beteiligung stehen, sei nur insofern zulässig, als diese Veräußerung steuerbar ist und der Vorsteuerabzug nicht nach § 15 Abs. 2 UStG ausgeschlossen ist.[883] Entsprechend ist sie der Auffassung, der Vorsteuerabzug scheide im Fall der Veräußerung einer nicht im Unternehmensvermögen gehaltenen gesellschaftsrechtlichen Beteiligung wegen des direkten und unmittelbaren Zusammenhangs mit diesem nichtsteuerbaren Umsatz aus.[884] Vor dem Hintergrund dieser Auffassung und angesichts des Umstands, dass die Verw. in Abschn. 1.5 Abs. 7 S. 1 UStAE auf dem Standpunkt steht, eine nichtsteuerbare Geschäftsveräußerung im Ganzen sei kein Verwendungsumsatz i.S.d. § 15 Abs. 2 UStG, ist wohl davon auszugehen, dass sie den Abzug der vorliegend fraglichen Vorsteuer ablehnt.

Es sei noch kurz darauf hingewiesen, dass in der Lit. vertreten wird, für den Vorsteuerabzug des Veräußerers sei auf die Verwendung des übertragenen Unternehmens oder Unternehmensteils beim Erwerber abzustellen.[885] Des Weiteren findet sich die Auffassung, die Regelungen zur Geschäftsveräußerung im Ganzen solle sich ihrem Sinn und Zweck nach nicht auf den Vorsteuerabzug auswirken, so dass der Vorsteuerabzug so zu gewähren sei, als sei die Geschäftsveräußerung im Ganzen steuerbar.[886]

dd) Steuerbare und steuerpflichtige Beteiligungsveräußerung

Die Rspr. hat sich bisher nicht zum Abzug der bei einer steuerbaren und steuerpflichtigen Beteiligungsveräußerung auf den vom Veräußerer anlässlich der Veräußerung bezogenen Eingangsleistungen lastenden Vorsteuer geäußert. Sie würde

882 Siehe dazu D.I.3.c)aa).
883 Abschn. 15.22 Abs. 2 S. 3 UStAE.
884 Abschn. 15.22 Abs. 2 S. 4 UStAE.
885 Siehe dazu Englisch/Friedrich-Vache, Anteilsveräußerung, 67.
886 Siehe dazu Englisch/Friedrich-Vache, Anteilsveräußerung, 68.

dem Veräußerer aber wohl den vollen Vorsteuerabzug zugestehen. Schließlich werden die Eingangsleistungen, auf denen die fragliche Vorsteuer lastet, anlässlich einer steuerpflichtigen Ausgangsleistung, die grds. das Recht zum Vorsteuerabzug eröffnet, bezogen.

Die Verw. ist der Auffassung, der Abzug der Vorsteuer aus Aufwendungen, die im direkten und unmittelbaren Zusammenhang mit der Veräußerung einer gesellschaftsrechtlichen Beteiligung stehen, sei nur insofern zulässig, als diese Veräußerung steuerbar ist und der Vorsteuerabzug nicht nach § 15 Abs. 2 UStG ausgeschlossen ist.[887] Die Verw. bejaht also den hier fraglichen Vorsteuerabzug.

In der Lit. finden sich keine besonderen Auffassungen zur vorliegenden Frage.

d) Eigene Auffassung

M.E. richtet sich das Recht des Veräußerers einer Gesellschaftsbeteiligung auf Abzug der Vorsteuer, die auf den Eingangsleistungen lastet, die er anlässlich der Veräußerung seiner Beteiligung bezieht, nach der Besteuerung der Eigenkapitalüberlassung, die mit dem Halten seiner Beteiligung einherging. Die bezeichneten Eingangsleistungen stehen nämlich in direktem und unmittelbarem Zusammenhang mit seiner Eigenkapitalüberlassung. Schließlich sind diese Eingangsleistungen von der Eigenkapitalüberlassung veranlasst. Hinzu kommt, dass die Ausgaben des Gesellschafters für diese Eingangsleistungen Kostenbestandteil seiner Eigenkapitalüberlassung sind. Dem steht nicht entgegen, dass die Eingangsleistungen der Beendigung der Eigenkapitalüberlassung dienen. Die Unterscheidung von Ausgaben während einer unternehmerischen Tätigkeit und Ausgaben zum Zweck ihrer Beendigung wäre nämlich willkürlich und ist damit abzulehnen.[888]

Da die Eigenkapitalüberlassung grds. steuerfrei ist, hat der Veräußerer damit gem. § 15 Abs. 2 S. 1 Nr. 1 UStG grds. kein Recht auf Abzug der bezeichneten Vorsteuer. Es kommt nämlich auch keine Ausnahme vom Ausschluss des Vorsteuerabzugs in Betracht. Wenn der seine Beteiligung veräußernde Gesellschafter hingegen gem. § 9 Abs. 1 UStG zur Steuerpflicht seiner Eigenkapitalüberlassung optiert hat, steht § 15 Abs. 2 S. 1 Nr. 1 UStG seinem Recht auf Abzug der Vorsteuer nicht im Weg.[889]

Wenn der Veräußerer seiner Gesellschaft nicht nur Eigenkapital überlassen, sondern daneben auch noch andere steuerbare Leistungen erbracht hat und die Erbringung dieser anderen steuerbaren Leistungen nur aufgrund der Stellung des

---

887 Abschn. 15.22 Abs. 2 S. 3 UStAE.

888 Siehe dazu EuGH, Urt. v. 22.2.2001 – C-408/98 (Abbey National), Slg. 2001, I-1361, Rn. 35.

889 Wenn die Eigenkapitalüberlassung des Gesellschafters nicht während der ganzen Zeit seiner Eigenkapitalüberlassung steuerpflichtig war, richtet sich der Vorsteuerabzug nach dem Verhältnis der steuerpflichtigen Entgelte zur Gesamtheit der von ihm für die Eigenkapitalüberlassung bezogenen Entgelte.

Veräußerers als Gesellschafter möglich war, dann werden die bezeichneten Eingangsleistungen regelmäßig nicht nur mit der Eigenkapitalüberlassung, sondern auch mit diesen anderen steuerbaren Leistungen im direkten und unmittelbaren Zusammenhang stehen. Wenn die Eigenkapitalüberlassung steuerfrei war und die anderen Ausgangsleistungen steuerpflichtig waren oder in der umgekehrten Situation, dann hat dies zur Folge, dass der Veräußerer die auf den Eingangsleistungen lastende Vorsteuer gem. § 15 Abs. 4 S. 1 UStG insoweit nicht abziehen darf, als sie den zum Ausschluss vom Vorsteuerabzug führenden Umsätzen wirtschaftlich zuzurechnen ist. Der den Vorsteuerabzug Begehrende kann dabei generell gem. § 15 Abs. 4 S. 2 UStG die nicht abziehbaren Teilbeträge im Wege einer sachgerechten Schätzung ermitteln. Der BFH ist mittlerweile der Auffassung, die Aufteilung nach dem Gesamtumsatzschlüssel sei als eine Methode der wirtschaftlichen Zurechnung anzusehen.[890] Die Aufteilung nach dem Gesamtumsatzschlüssel sei aber nur dann zulässig, wenn keine andere präzisere Zurechnung möglich ist. Vorliegend besteht die präziseste Aufteilungsmethode m.E. in einem Umsatzschlüssel, der alle Entgelte für die Eigenkapitalüberlassung an die Gesellschaft, an der die Beteiligung bestand, die veräußert wurde, und alle Entgelte für die anderen Umsätze, die der Veräußerer dieser Gesellschaft erbracht hat, in den Blick nimmt.

II. Erwerb einer Beteiligung

1. Umsatzsteuerliche Beurteilung des Vorgangs

Für die umsatzsteuerliche Beurteilung des Vorgangs des Erwerbs einer Beteiligung kann zur Vermeidung von Doppelungen auf die Ausführungen zur umsatzsteuerlichen Beurteilung des Vorgangs der Veräußerung einer Beteiligung verwiesen werden.[891] Bei dem Erwerb und bei der Veräußerung einer Beteiligung handelt es sich nämlich um die beiden Seiten ein und desselben Vorgangs.

2. Vorsteuerabzug

a) Betroffene Vorsteuerbeträge

Beim Erwerb einer Beteiligung geht es um den Abzug der Vorsteuern, die auf den Eingangsleistungen lasten, die der Erwerber anlässlich des Beteiligungserwerbs bezieht, und um den Abzug der Vorsteuern, die eventuell auf der Beteiligung selbst lasten.

---

890 Heidner in Bunjes, UStG, § 15 Rn. 388.

891 Siehe dazu D.I.2.

b) Rechtsprechung, Verwaltung, Literatur

Im Jahr 2001 entschied der EuGH im Urteil Cibo Participations, dass eine Gesellschaft, die drei Beteiligungen erwirbt und diesen dann steuerbare Eingriffsleistungen erbringt, die Vorsteuer abziehen kann, die auf den Eingangsleistungen lastet, die sie anlässlich der Beteiligungserwerbe bezieht.[892] Zwar bestehe kein direkter und unmittelbarer Zusammenhang zwischen den Eingangsleistungen und zum Abzug berechtigenden Ausgangsumsätzen. Die Kosten für die Eingangsleistungen seien aber Teil der allgemeinen Kosten der Gesellschaft. Entsprechend bestehe ein direkter und unmittelbarer Zusammenhang zwischen den Eingangsleistungen und der wirtschaftlichen Gesamttätigkeit der Gesellschaft.

Des Weiteren entschied er in diesem Urteil, Dividenden, die Tochtergesellschaften an eine Holding ausschütten, die wegen anderer Tätigkeiten mehrwertsteuerpflichtig ist und die an diese Tochtergesellschaften Eingriffsleistungen erbringt, müssten im Nenner des Bruchs gem. Art. 19 6. RL, aus dem sich der Pro-rata-Satz des Vorsteuerabzugs ergibt, unberücksichtigt bleiben, da der Bezug von Dividenden nicht in den Anwendungsbereich der MwSt falle.[893]

Im Urteil Securenta entschied der EuGH dann aber, dass nichtwirtschaftliche Tätigkeiten wie das Halten von Beteiligungen, das nicht mit der Erbringung von Eingriffsleistungen an die Gesellschaft, an der die Beteiligung besteht, einhergeht, zu einer Kürzung des Abzugs der Vorsteuer führten, die auf den Eingangsleistungen lastet, die der Gesellschafter anlässlich der Ausgabe von Aktien und atypischen stillen Beteiligungen bezieht.[894] Es ist davon auszugehen, dass der EuGH in diesem Fall von einem direkten und unmittelbaren Zusammenhang der Eingangsleistungen mit der gesamten wirtschaftlichen Tätigkeit ausging und auf dieser Grundlage den Vorsteuerabzug gewährte. Vor diesem Hintergrund war anzunehmen, dass der EuGH auch in der vorliegenden Situation des Beteiligungserwerbs zu einer entsprechenden Kürzung des Vorsteuerabzugs kommen würde.

Im Jahr 2015 befasste sich der EuGH im Urteil Larentia + Minerva mit der Frage, ob eine Gesellschaft die Vorsteuer abziehen kann, die auf den Eingangsleistungen lastet, die sie anlässlich der Beschaffung von Kapital bezieht, das sie für den Erwerb von Beteiligungen verwendet, denen sie Eingriffsleistungen erbringen möchte. Dazu entschied er, dass in diesen Fällen die Kosten für die Eingangsleistungen der wirtschaftlichen Tätigkeit der Gesellschaft zugeordnet seien.[895] Er knüpfte also an seine Rspr. zum direkten und unmittelbaren Zusammenhang einer Eingangsleistung mit der gesamten wirtschaftlichen Tätigkeit an. Da die Kapitalbeschaffung

892 EuGH, Urt. v. 27.9.2001 – C-16/00 (Cibo Participations), Slg. 2001, I-6663, Rn. 10, 11, 32 f.

893 EuGH, Urt. v. 27.9.2001 – C-16/00 (Cibo Participations), Slg. 2001, I-6663, Rn. 44.

894 EuGH, Urt. v. 13.3.2008 – C-437/06 (Securenta), Slg. 2008, I-1597, Rn. 29, 30, 31.

895 EuGH, Urt. v. 16.7.2015 – C-108/14, C-109/14 (Larentia + Minerva), ABl. EU 2015, Nr. C 302, 7, DStR 2015, 1673, Rn. 25.

eine vorbereitende Maßnahme für den Beteiligungserwerb ist, führte er damit seine Rspr. aus dem Urteil Cibo Participations fort. Er stellte aber klar, dass der seiner Auffassung nach in diesem Fall vorliegende den Vorsteuerabzug eröffnende direkte und unmittelbare Zusammenhang zwischen den Eingangsleistungen, auf denen die fragliche Vorsteuer lastet, und der wirtschaftlichen Gesamttätigkeit den Vorsteuerabzug nur insoweit ermöglicht, als die Gesamttätigkeit auch tatsächlich aus wirtschaftlichen Tätigkeiten besteht, und dass das Halten einer Beteiligung nur dann eine wirtschaftliche Tätigkeit darstellt, wenn der Gesellschafter der Gesellschaft, an der die Beteiligung besteht, steuerbare Eingriffsleistungen erbringt.

Der EuGH äußerte im Urteil Securenta, für die Bestimmung des direkten und unmittelbaren Zusammenhangs einer Eingangsleistung mit den den Vorsteuerabzug grds. eröffnenden Ausgangsleistungen sei bei Kapitalaufnahmen die Verwendung der durch die jeweilige Kapitalaufnahme eingeworbenen Gelder entscheidend.[896] Daran anknüpfend führte er im Urteil AB SKF, in dem es um den Abzug der Vorsteuer ging, die auf den Eingangsleistungen lastet, die ein Veräußerer anlässlich einer steuerbaren aber steuerfreien Beteiligungsveräußerung bezieht, aus, bei im Rahmen von Finanztransaktionen bezogenen Eingangsleistungen sei der Vorsteuerabzug zulässig, wenn das durch die jeweilige Finanztransaktion bezogene Kapital wirtschaftlichen Tätigkeiten zugeführt wird.[897] Auch das Urteil Larentia + Minerva ist m.E. so zu lesen, dass es für den Abzug der auf den anlässlich einer Kapitalbeschaffung bezogenen Eingangsleistungen lastenden Vorsteuer auf die Verwendung des beschafften Kapitals ankommt.[898]

Da aber im vorliegenden Fall des Beteiligungserwerbs Kapital verwendet und nicht beschafft wird, war m.E. auch nach dem Urteil Larentia + Minerva davon auszugehen, dass der EuGH in diesen Situationen bei seiner Aussage aus dem Urteil Cibo Participations geblieben war, nach der für die Bestimmung des Umfangs des Vorsteuerabzugs auf die gesamte Tätigkeit des den Vorsteuerabzug Begehrenden zu schauen ist.

Im Jahr 2018 allerdings führte der EuGH im Urteil Ryanair bzgl. des Vorsteuerabzugs aus Eingangsleistungen, die anlässlich eines geplanten Erwerbs einer Beteiligung bezogen werden, der dann auch steuerbare und steuerpflichtige Geschäftsführungsleistungen erbracht werden sollen, zwar wieder aus, dass das Vorsteuerabzugsrecht auch dann bestehen könne, wenn die Eingangsleistungen im direkten und unmittelbaren Zusammenhang mit der wirtschaftlichen Gesamttätigkeit des Steuerpflichtigen stehen.[899] Im Anschluss daran, jedoch davon inhaltlich losgelöst, führte er aber aus, dass für den vollen Vorsteuerabzug die Ausgaben

896 EuGH, Urt. v. 13.3.2008 – C-437/06 (Securenta), Slg. 2008, I-1597, Rn. 27f.

897 EuGH, Urt. v. 29.10.2009 – C-29/08 (AB SKF), Slg. 2009, I-10413, Rn. 72.

898 Siehe dazu EuGH, Urt. v. 16.7.2015 – C-108/14, C-109/14 (Larentia + Minerva), ABl. EU 2015, Nr. C 302, 7, DStR 2015, 1673, Rn. 29.

899 EuGH, Urt. v. 17.10.2018 – C-249/17 (Ryanair), ABl. EU 2018, Nr. C 455, 13, DStR 2018, 2263, Rn. 27.

ausschließlich in der beabsichtigten wirtschaftlichen Tätigkeit begründet sein müssten, nämlich der Erbringung mehrwertsteuerpflichtiger Geschäftsführungsleistungen gegenüber der Zielgesellschaft.[900] Vor diesem Hintergrund ist mittlerweile davon auszugehen, dass für die Ermittlung des Umfangs des direkten und unmittelbaren Zusammenhangs der Eingangsleistungen mit der wirtschaftlichen Gesamttätigkeit des Gesellschafters nach Auffassung des EuGH in der Situation des Erwerbs einer Beteiligung auf die Leistungen zu schauen ist, die der den Vorsteuerabzug Begehrende der von ihm erworbenen Gesellschaft erbringen will.

Im Übrigen hat der EuGH im Urteil Ryanair entschieden, dass der Vorsteuerabzug auch dann zuzulassen sei, wenn es später nicht zu den Leistungen der Holdinggesellschaft an die gekaufte Tochtergesellschaft kommt, da die Absicht im Zeitpunkt des Bezugs der Eingangsleistungen, der gekauften Tochtergesellschaft steuerbare und steuerpflichtige Leistungen zu erbringen, entscheidend sei.[901]

Der BFH vertritt zur vorliegenden Frage keine besondere Auffassung.

Das Erwerben, Halten und Veräußern einer gesellschaftsrechtlichen Beteiligung stellt nach Auffassung der Verw. unter anderem dann eine unternehmerische Tätigkeit dar, wenn, abgesehen von der Ausübung der Rechte als Gesellschafter oder Aktionär, unmittelbar in die Verwaltung der Gesellschaft, an der die Beteiligung besteht, eingegriffen wird, wobei die Eingriffe zwingend durch unternehmerische Leistungen i.S.d. § 1 Abs. 1 Nr. 1 und § 2 Abs. 1 UStG erfolgen müssen.[902] Dann soll die Beteiligung nach ihrer Auffassung auch dem Unternehmen zuzuordnen sein.[903] Des Weiteren ist sie der Auffassung, dass Vorsteuern, die im Zusammenhang mit den im unternehmerischen Bereich gehaltenen gesellschaftsrechtlichen Beteiligungen anfallen, unter den allgemeinen Voraussetzungen des § 15 UStG abziehbar seien.[904] Die Verw. steht damit also auf dem Standpunkt, dass der Erwerber einer Beteiligung die Vorsteuer, die auf den Eingangsleistungen lastet, die er anlässlich des Erwerbs bezieht, dann abziehen kann, wenn er der Beteiligung Eingriffsleistungen erbringt.

Englisch und *Friedrich-Vache* sind (vor dem Urteil Ryanair) der Auffassung, es sei einleuchtender, für den Vorsteuerabzug nicht auf einen direkten und unmittelbaren Zusammenhang zwischen den Eingangsleistungen und der gesamten wirtschaftlichen Tätigkeit, sondern stattdessen auf den direkten und unmittelbaren

900 EuGH, Urt. v. 17.10.2018 – C-249/17 (Ryanair), ABl. EU 2018, Nr. C 455, 13, DStR 2018, 2263, Rn. 30.

901 EuGH, Urt. v. 17.10.2018 – C-249/17 (Ryanair), ABl. EU 2018, Nr. C 455, 13, DStR 2018, 2263, Rn. 32.

902 Abschn. 2.3 Abs. 3 S. 5 Nr. 3 S. 1 und 2 UStAE.

903 Abschn. 15.22 Abs. 1 S. 1 UStAE.

904 Abschn. 15.22 Abs. 1 S. 2 UStAE; BMF, Schreiben v. 26.1.2007 – IV A 5-S 7300-10/07, BStBl. I 2007, 211, Rn. 10 (nach BMF, Schreiben v. 118.3.2019 – IV A 2-O 2000/18/10001, 2019/0163664, BStBl. I 2019, 270, Anlage 1 Nr. 1635 auch noch anzuwenden).

Zusammenhang nur mit den Tätigkeiten abzustellen, aufgrund derer das Halten der erworbenen Beteiligung als wirtschaftliche Tätigkeit einzuordnen ist.[905] Das entspreche auch der Entscheidung des EuGH im Urteil Abbey National, nach der bei der Geschäftsveräußerung im Ganzen von einem direkten und unmittelbaren Zusammenhang zwischen den anlässlich der Veräußerung vom Veräußerer bezogenen Eingangsleistungen und den Tätigkeiten des veräußerten Bereichs auszugehen ist[906].

Weiterhin findet sich in der Lit. die Auffassung, die auf den anlässlich eines Beteiligungserwerbs bezogenen Eingangsleistungen lastende Vorsteuer könne auch dann abgezogen werden, wenn die Beteiligung aus Mitteln erworben wird, die aus einer wirtschaftlichen Tätigkeit stammen, denn auch dann seien die Kosten für die Eingangsleistung Teil der allgemeinen Kosten.[907]

c) Eigene Auffassung

M.E. richtet sich das Recht des Erwerbers einer Gesellschaftsbeteiligung auf Abzug der Vorsteuer, die auf den Eingangsleistungen lastet, die er anlässlich des Erwerbs bezieht, nach der Besteuerung seiner Eigenkapitalüberlassung, die mit dem Halten der erworbenen Beteiligung einhergeht. Diese Eingangsleistungen stehen nämlich in direktem und unmittelbarem Zusammenhang mit dieser Eigenkapitalüberlassung. Schließlich sind diese Eingangsleistungen von ihr veranlasst. Hinzu kommt, dass seine Ausgaben für diese Eingangsleistungen Kostenbestandteil dieser Eigenkapitalüberlassung sind.

Da die Eigenkapitalüberlassung grds. steuerfrei ist, hat der Erwerber einer Gesellschaftsbeteiligung damit gem. § 15 Abs. 2 S. 1 Nr. 1 UStG grds. kein Recht auf Abzug der bezeichneten Vorsteuer. Es kommt nämlich auch keine Ausnahme vom Ausschluss des Vorsteuerabzugs in Betracht. Wenn der Erwerber der Beteiligung hingegen gem. § 9 Abs. 1 UStG zur Steuerpflicht seiner Eigenkapitalüberlassung optiert, steht § 15 Abs. 2 S. 1 Nr. 1 UStG seinem Recht auf Abzug der Vorsteuer nicht im Weg.

Wenn der Erwerber einer Gesellschaftsbeteiligung seiner Gesellschaft auch noch andere steuerbare Leistungen erbringen will und die Erbringung dieser anderen steuerbaren Leistungen nur aufgrund seiner Stellung als Gesellschafter möglich sein wird, dann werden die bezeichneten Eingangsleistungen regelmäßig nicht nur mit der Eigenkapitalüberlassung, sondern auch mit diesen anderen Ausgangsleistungen in direktem und unmittelbarem Zusammenhang stehen. Dies hat zur Folge, dass dann, wenn die Eigenkapitalüberlassung steuerfrei ist, während die anderen Ausgangsleistungen steuerpflichtig sind, und in der umgekehrten

905 Bzgl. Urteil Cibo Participations siehe Englisch/Friedrich-Vache, Anteilsveräußerung, 89.
906 EuGH, Urt. v. 22.2.2001 – C-408/98 (Abbey National), Slg. 2001, I-1361, Rn. 39.
907 Teufel, Beteiligungsverwaltung, 105.

Situation, der Erwerber die auf den bezeichneten Eingangsleistungen lastende Vorsteuer gem. § 15 Abs. 4 S. 1 UStG insoweit nicht abziehen darf, als sie den zum Ausschluss vom Vorsteuerabzug führenden Umsätzen wirtschaftlich zuzurechnen sind. Der BFH ist mittlerweile der Auffassung, die Aufteilung nach dem Gesamtumsatzschlüssel sei als eine Methode der wirtschaftlichen Zurechnung anzusehen, aber nur dann zulässig, wenn keine andere präzisere Zurechnung möglich ist.[908] Vorliegend besteht die präziseste Methode m.E. in einem Umsatzschlüssel, der alle zukünftigen Entgelte für die Eigenkapitalüberlassung und alle zukünftigen Entgelte für die anderen steuerbaren Leistungen in den Blick nimmt. Da zum Zeitpunkt des Leistungsbezugs die tatsächliche Verwendung noch nicht begonnen hat, richtet sich nach der Rspr. der Umfang des Vorsteuerabzugs aber nach der durch objektive Anhaltspunkte belegten vom Leistungsempfänger beabsichtigten Verwendung der Eingangsleistung.[909]

III. Halten einer Beteiligung

1. Umsatzsteuerliche Beurteilung des Vorgangs

a) Rechtsprechung, Verwaltung, Literatur

Die Rspr. steht auf dem Standpunkt, das Halten einer Beteiligung sei keine unternehmerische respektive wirtschaftliche Tätigkeit, womöglich deswegen, weil nach ihrer Auffassung mit dem Halten einer Beteiligung schon gar kein Umsatz verbunden ist.[910] Nur ausnahmsweise sei das Halten einer Beteiligung eine unternehmerische Tätigkeit.[911] Die Verw. hat sich dem im Wesentlichen angeschlossen.[912] In der Lit. wird vertreten, die Unternehmereigenschaft einer Gesellschaft sei unter bestimmten Umständen ihren Gesellschaftern zuzurechnen.[913]

b) Eigene Auffassung

M.E. hingegen geht mit dem Halten einer Beteiligung regelmäßig die Überlassung von Eigenkapital gegen Gewinnausschüttungen oder -entnahmen einher, die einen steuerbaren Umsatz darstellt.[914]

---

908 Heidner in Bunjes, UStG, § 15 Rn. 388.
909 Zu dieser Rspr. siehe Wagner/Oelmaier in Sölch/Ringleb, § 15 Rn. 599.
910 Siehe dazu B.II.1.a).
911 Siehe dazu B.I.1.b).
912 Siehe dazu B.I.2.
913 Siehe dazu B.I.3. und B.I.4.
914 Siehe dazu C.II. bis C.VI.

2. Vorsteuerabzug

a) Betroffene Vorsteuerbeträge

Beim Halten einer Beteiligung geht es um den Abzug der Vorsteuern, die auf den Eingangsleistungen lasten, die der Gesellschafter anlässlich des Haltens seiner Beteiligung bezieht.

b) Rechtsprechung, Verwaltung, Literatur

Die Rspr. hat sich nicht eigens mit dem Abzug der auf den von einem Gesellschafter anlässlich des Haltens seiner Beteiligung bezogenen Eingangsleistungen lastenden Vorsteuer befasst. Der EuGH stellte sich in den Urteilen Cibo Participations und Larentia + Minerva aber auf den Standpunkt, eine Gesellschaft könne die Vorsteuer, die auf den Eingangsleistungen lastet, die sie anlässlich des Erwerbs einer Beteiligung bezieht, der sie dann steuerbare Eingriffsleistungen erbringen möchte, abziehen, und zwar aufgrund eines direkten und unmittelbaren Zusammenhangs zwischen den Eingangsleistungen, auf denen die fragliche Vorsteuer lastet, und der wirtschaftlichen Gesamttätigkeit, aber nur insoweit, als die Gesamttätigkeit auch tatsächlich aus wirtschaftlichen Tätigkeiten besteht, wobei das Halten einer Beteiligung dann eine wirtschaftliche Tätigkeit darstelle, wenn der Gesellschafter der Gesellschaft, an der die Beteiligung besteht, steuerbare Eingriffsleistungen erbringt.[915] M.E. ist davon auszugehen, dass der EuGH den Abzug der vorliegend fraglichen Vorsteuer entsprechend zulassen würde.

Nach Auffassung des EuGH im Urteil Ryanair ist beim Erwerb einer Beteiligung für die Ermittlung des Umfangs des direkten und unmittelbaren Zusammenhangs der Eingangsleistungen mit der wirtschaftlichen Gesamttätigkeit auf die Tätigkeiten abzustellen, die das Halten der erworbenen Beteiligung zu einer wirtschaftlichen Tätigkeit werden lassen, und nicht auf die Gesamttätigkeit des Gesellschafters.[916] Wahrscheinlich würde der EuGH vorliegend entsprechend nur die Leistungen in den Blick nehmen, die der Gesellschafter seiner Gesellschaft erbringt, und nicht auf die Gesamttätigkeit des Gesellschafters abstellen.

Nach Auffassung der Verw. stellt das Erwerben, Halten und Veräußern einer gesellschaftsrechtlichen Beteiligung unter anderem dann eine unternehmerische Tätigkeit dar, wenn, abgesehen von der Ausübung der Rechte als Gesellschafter oder Aktionär, unmittelbar in die Verwaltung der Gesellschaft, an der die Beteiligung besteht, eingegriffen wird, wobei die Eingriffe zwingend durch unternehmerische Leistungen i.S.d. § 1 Abs. 1 Nr. 1 und § 2 Abs. 1 UStG erfolgen müssen.[917] Dann soll die Beteiligung nach ihrer Auffassung auch dem Unternehmen zuzuordnen

915 Siehe dazu D.II.2.b).
916 Siehe dazu D.II.2.b).
917 Abschn. 2.3 Abs. 3 S. 5 Nr. 3 S. 1 und 2 UStAE.

sein.[918] Des Weiteren ist sie der Auffassung, dass Vorsteuern, die im Zusammenhang mit den im unternehmerischen Bereich gehaltenen gesellschaftsrechtlichen Beteiligungen anfallen, unter den allgemeinen Voraussetzungen des § 15 UStG abziehbar seien.[919] Damit steht die Verw. also auf dem Standpunkt, dass ein Gesellschafter die Vorsteuer, die auf den Eingangsleistungen lastet, die er anlässlich des Haltens der Beteiligung bezieht, dann abziehen kann, wenn er der Beteiligung Eingriffsleistungen erbringt.

In der Lit. finden sich keine besonderen Auffassungen zur vorliegenden Frage.

c) Eigene Auffassung

M.E. richtet sich das Recht eines Gesellschafters auf Abzug der Vorsteuer, die auf den Eingangsleistungen lastet, die er anlässlich des Haltens einer Beteiligung bezieht, nach der Besteuerung der mit dem Halten der Beteiligung einhergehenden Eigenkapitalüberlassung. Die bezeichneten Eingangsleistungen stehen nämlich in direktem und unmittelbarem Zusammenhang mit dieser Eigenkapitalüberlassung. Schließlich sind diese Eingangsleistungen von ihr veranlasst. Hinzu kommt, dass seine Ausgaben für diese Eingangsleistungen Kostenbestandteil seiner Eigenkapitalüberlassung sind.

Da die Eigenkapitalüberlassung grds. steuerfrei ist, hat der Gesellschafter damit gem. § 15 Abs. 2 S. 1 Nr. 1 UStG grds. kein Recht auf Abzug der bezeichneten Vorsteuer. Es kommt nämlich auch keine Ausnahme vom Ausschluss des Vorsteuerabzugs in Betracht. Wenn der Gesellschafter hingegen gem. § 9 Abs. 1 UStG zur Steuerpflicht seiner Eigenkapitalüberlassung an seine Gesellschaft optiert hat, steht § 15 Abs. 2 S. 1 Nr. 1 UStG seinem Recht auf Abzug der Vorsteuer nicht im Weg.

Wenn der Gesellschafter seiner Gesellschaft nicht nur Eigenkapital überlässt, sondern daneben auch noch andere steuerbare Leistungen erbringt, und die Erbringung dieser anderen steuerbaren Leistungen nur aufgrund seiner Stellung als Gesellschafter möglich ist, werden die bezeichneten Eingangsleistungen regelmäßig nicht nur mit der Eigenkapitalüberlassung, sondern auch mit diesen anderen steuerbaren Leistungen in direktem und unmittelbarem Zusammenhang stehen. Dies hat zur Folge, dass dann, wenn die Eigenkapitalüberlassung steuerfrei ist, während die anderen Ausgangsleistungen steuerpflichtig sind, und in der umgekehrten Situation, der Erwerber die auf den bezeichneten Eingangsleistungen lastende Vorsteuer gem. § 15 Abs. 4 S. 1 UStG insoweit nicht abziehen darf, als sie den zum Ausschluss vom Vorsteuerabzug führenden Umsätzen wirtschaftlich zuzurechnen sind. Der BFH ist mittlerweile der Auffassung, die Aufteilung nach

---

918 Abschn. 15.22 Abs. 1 S. 1 UStAE.

919 Abschn. 15.22 Abs. 1 S. 2 UStAE; BMF, Schreiben v. 26.1.2007 – IV A 5-S 7300-10/07, BStBl. I 2007, 211, Rn. 10 (nach BMF, Schreiben v. 18.3.2019 – IV A 2-O 2000/18/10001, 2019/0163664, BStBl. I 2019, 270, Anlage 1 Nr. 1635 auch noch anzuwenden).

dem Gesamtumsatzschlüssel sei als eine Methode der wirtschaftlichen Zurechnung anzusehen, aber nur dann zulässig, wenn keine andere präzisere Zurechnung möglich ist.[920] Vorliegend besteht die präziseste Methode m.E. in einem Umsatzschlüssel, der die Entgelte für die Eigenkapitalüberlassung und die Entgelte für die anderen steuerbaren Leistungen in den Blick nimmt, und dabei einen Betrachtungszeitraum zugrunde legt, der der Verwendungsdauer der Eingangsleistung entspricht, auf der die fragliche Vorsteuer lastet.

IV. Gesellschaftsgründung und effektive Kapitalerhöhung

1. Umsatzsteuerliche Beurteilung des Vorgangs

a) Rechtsprechung, Verwaltung, Literatur

Der BFH ist der Auffassung, die Einbringung von Wirtschaftsgütern durch einen Unternehmer in eine Personengesellschaft zu Eigentum gegen Beteiligung an der Personengesellschaft und die Einbringung von Wirtschaftsgütern durch einen Unternehmer in eine Kapitalgesellschaft gegen Beteiligung an der Kapitalgesellschaft seien steuerbare Umsätze.[921] Diese Auffassung dürfte er wohl unabhängig davon vertreten, ob sich die Einbringung im Rahmen einer Gesellschaftsgründung oder im Rahmen einer effektiven Kapitalerhöhung abspielt. Diese Auffassung ist insbesondere deswegen zu kritisieren, da die Gesellschafter ihre Gesellschafterstellung durch den Abschluss des Gesellschaftsvertrags mit ihren Mitgesellschaftern erlangen.[922] In der Erbringung einer Bareinlage durch einen Unternehmer gegen Beteiligung an der Gesellschaft sieht der BFH hingegen keinen steuerbaren Umsatz.[923]

Der EuGH hat sich nicht mit dieser Frage befasst. Die Verw. hingegen hat sich dem BFH angeschlossen.[924] In der Lit. werden dazu keine besonderen Auffassungen vertreten.

b) Eigene Auffassung

Das Halten einer Beteiligung an einer Kapital- oder Personengesellschaft geht m.E. regelmäßig mit der Überlassung von Eigenkapital gegen Gewinnausschüttungen oder -entnahmen einher. Darin ist ein steuerbarer Umsatz zu sehen.[925] Ihren Anfang nimmt die Eigenkapitalüberlassung bspw. mit der Erbringung einer

920 Heidner in Bunjes, UStG, § 15 Rn. 388.
921 Siehe dazu B.I.1.c).
922 Siehe dazu B.II.1.c).
923 Siehe dazu C.II.1.a)bb)(2).
924 Siehe dazu Abschn. 1.6 Abs. 2 S. 4 f. UStAE.
925 Siehe dazu C.II–IV.

Bar- oder Sacheinlage. Wenn bei einer AG bei einer effektiven Kapitalerhöhung die Aktien bspw. nur zum geringsten Ausgabebetrag an ein Emissionsunternehmen ausgegeben werden, wobei dieses dazu verpflichtet ist, den über die angemessene Vergütung hinausgehenden Betrag aus einem Mehrerlös aus dem Aktienverkauf an die Gesellschaft abzuführen,[926] dann führt diese Abführung zu einer entsprechenden Erweiterung der Eigenkapitalüberlassung der Aktionäre, an die das Emissionsunternehmen die Aktien verkauft hat. Mit der Auflösung der Gesellschaft endet die Eigenkapitalüberlassung. Wenn der Gesellschafter, gleich, ob im Rahmen der Gesellschaftsgründung oder im Rahmen einer effektiven Kapitalerhöhung, bspw. Sacheigentum einbringt, tritt neben die dauerhafte Eigenkapitalüberlassung auch noch eine einmalige Lieferung.

Bei der Gesellschaftsgründung, also beim Abschluss des Gesellschaftsvertrags, bringen die Vertragsschließenden die Gesellschaft zur Entstehung. Des Weiteren werden dabei die Gesellschafter und die neu entstandene Gesellschaft gegenseitig verpflichtet. Soweit sich die sich daraus ergebenden Rechte auf die Eigenkapitalüberlassung beziehen, tritt ihre Einräumung – vergleichbar der Situation bei der bereits beschriebenen Rechteübertragung bei der Anteilsübertragung[927] – m.E. hinter die Eigenkapitalüberlassung zurück, ist also umsatzsteuerlich irrelevant. Soweit sich diese Rechte hingegen nicht auf die Eigenkapitalüberlassung beziehen, fehlt es für die Einordung ihrer Einräumung als steuerbarer Umsatz – ebenfalls vergleichbar der Situation bei der bereits beschriebenen Rechteübertragung bei der Anteilsübertragung – m.E. am Entgelt. Es ist nämlich davon auszugehen, dass die Bareinlagen oder die mit der Sacheinlage verbundenen Kapitalübertragungen von den Gesellschaftern auf die Gesellschaft nur der Verschaffung des zu überlassenden Eigenkapitals dienen. Dies stellt sich bei der effektiven Kapitalerhöhung genauso dar wie bei der Gesellschaftsgründung.

2. Vorsteuerabzug

a) Betroffene Vorsteuerbeträge

Bei der Gesellschaftsgründung und bei der effektiven Kapitalerhöhung geht es um die Vorsteuern, die auf den Eingangsleistungen lasten, die der (zukünftige) Gesellschafter anlässlich der Begründung der Beteiligung oder anlässlich der effektiven Kapitalerhöhung bezieht.

---

926 Zu diesem sog. zweistufigen Verfahren siehe Schürnbrand in MüKo AktG, § 186 Rn. 159.

927 Siehe dazu D.I.2.b).

b) Rechtsprechung, Verwaltung, Literatur

Da der BFH dann, wenn ein Unternehmer im Rahmen einer Gesellschaftsgründung oder im Rahmen einer effektiven Kapitalerhöhung eine Sacheinlage erbringt, darin eine Lieferung gegen Beteiligung an der Gesellschaft erkennt, müsste er der Auffassung sein, dass der (zukünftige) Gesellschafter die Vorsteuer, die auf den Eingangsleistungen lastet, die er anlässlich der Gesellschaftsgründung oder der effektiven Kapitalerhöhung bezieht, dann vollständig abziehen kann, wenn die Erbringung der Sacheinlage nicht steuerfrei ist.

Zum Vorsteuerabzug beim Erbringen einer Bareinlage hat sich der BFH aber geäußert. Hier kommt er zum Recht des Unternehmers auf Abzug der bezeichneten Vorsteuerbeträge, wenn die Beteiligung den Zwecken einer unternehmerischen Tätigkeit dient.[928]

Im Jahr 2018 gewährte das FG Niedersachsen einem Gesellschafter den Vorsteuerabzug aus Eingangsleistungen, die er als (unentgeltlichen) Gesellschafterbeitrag in seine Gesellschaft einlegte, der er daneben entgeltliche Buchführungs- und Geschäftsführungsleistungen erbrachte.[929] Die Beteiligung des Gesellschafters ginge aufgrund der entgeltlichen Buchführungs- und Geschäftsführungsleistungen mit Eingriffen in die Verwaltung der Gesellschaft einher, sodass der Gesellschafter als Führungsholding einzuordnen sei.[930] Der vorliegende Fall unterscheide sich von den Fällen des EuGH-Urteils Larentia + Minerva nur insoweit, als dort die Eingangsleistungen der Einwerbung von Geldmitteln dienten, welche als Gesellschafterbeitrag in die Beteiligungsgesellschaften eingelegt wurden, wohingegen im vorliegenden Fall die Eingangsleistungen unmittelbar als Gesellschafterbeitrag eingelegt wurden.[931] Zwischen diesen Sachverhaltskonstellationen seien aber keine Unterschiede von Gewicht gegeben, die eine unterschiedliche rechtliche Beurteilung rechtfertigen könnten. Die Gesellschaft sanierte Wohnungen und veräußerte diese im Anschluss steuerfrei, sodass der Gesellschafter, wenn er die Wohnungen selbst saniert und veräußert hätte, den Vorsteuerabzug nicht hätte geltend machen können, genauso wie die Gesellschaft, wenn sie die Eingangsleistungen direkt bezogen hätte. Darin sei aber kein Missbrauch i.S.d. § 42 AO zu sehen, da der Gesellschafter genügend außersteuerliche Gründe (Nutzung von Größeneffekten durch die Zentralisierung des Einkaufs, Geheimhaltung der

---

928 BFH, Urt. v. 20.1.1988 – X R 48/81, BStBl. II 1988, 557, BFHE 152, 556, Rn. 29.

929 FG Niedersachsen, Urt. v. 19.4.2018 – 5 K 285/16 (Revision eingelegt), DStRE 2019, 711, Rn. 39.

930 FG Niedersachsen, Urt. v. 19.4.2018 – 5 K 285/16 (Revision eingelegt), DStRE 2019, 711, Rn. 42.

931 FG Niedersachsen, Urt. v. 19.4.2018 – 5 K 285/16 (Revision eingelegt), DStRE 2019, 711, Rn. 43.

eigenen Kostenkalkulation, Erschwerung der Haftungsinanspruchnahme im Fall der Insolvenz) anführen könne.[932]

Da sich die Verw. hinsichtlich der umsatzsteuerlichen Beurteilung der vorliegend besprochenen Vorgänge der Auffassung des BFH angeschlossen hat, sollte ihre Auffassung zum Abzug der bezeichneten Vorsteuerbeträge ebenfalls nicht von der des BFH abweichen.

c) Eigene Auffassung

Die Eingangsleistungen, die ein (zukünftiger) Gesellschafter anlässlich einer Gesellschaftsgründung oder einer effektiven Kapitalerhöhung bezieht, stehen m.E. mit der Eigenkapitalüberlassung, die mit dem Halten der begründeten Beteiligung einhergeht, im direkten und unmittelbaren Zusammenhang. Schließlich sind diese Eingangsleistungen von ihr veranlasst. Daneben stehen sie m.E. aber auch mit den Umsätzen im direkten und unmittelbaren Zusammenhang, die sich im Rahmen der Gesellschaftsgründung oder im Rahmen der effektiven Kapitalerhöhung eventuell zur Eigenkapitalüberlassung hinzugesellen, wie etwa eine Lieferung im Rahmen der Einbringung von Sacheigentum. Denn auch hier ist diese Veranlassung gegeben. Genauso stehen diese Eingangsleistungen des Weiteren auch mit steuerbaren Leistungen im direkten und unmittelbaren Zusammenhang, die der (zukünftige) Gesellschafter zukünftig seiner Gesellschaft erbringen möchte und die er nur aufgrund seiner Stellung als Gesellschafter wird erbringen können. Der für diese Eingangsleistungen getätigte Aufwand ist auch Kostenbestandteil der bezeichneten Ausgangsleistungen.

Wenn all diese Umsätze steuerfrei sind, kann der (zukünftige) Gesellschafter die bezeichnete Vorsteuer grds. nicht abziehen. Wenn sie hingegen steuerpflichtig sind, kann er sie vollständig abziehen. Wenn diese Umsätze aber nur teilweise steuerfrei sind, kann er die bezeichnete Vorsteuer nicht vollständig abziehen. Nach § 15 Abs. 4 S. 1 UStG kann die Vorsteuer dann nämlich insoweit nicht abgezogen werden, als sie den zum Ausschluss vom Vorsteuerabzug führenden Umsätzen wirtschaftlich zuzurechnen ist.

Der BFH ist mittlerweile der Auffassung, die Aufteilung nach dem Gesamtumsatzschlüssel sei als eine Methode der wirtschaftlichen Zurechnung anzusehen, aber nur dann zulässig, wenn keine andere präzisere Zurechnung möglich ist.[933] M.E. besteht die präziseste Aufteilungsmethode vorliegend in einem Umsatzschlüssel, der auf alle zukünftigen Entgelte für die Eigenkapitalüberlassung, auf die Entgelte für die Einbringung von Sacheigentum etc. und auf alle zukünftigen Entgelte für die weiteren steuerbaren Leistungen des Gesellschafters an die Gesellschaft, die er nur aufgrund seiner Gesellschafterstellung erbringen kann, abstellt.

932 FG Niedersachsen, Urt. v. 19.4.2018 – 5 K 285/16 (Revision eingelegt), DStRE 2019, 711, Rn. 49.

933 Heidner in Bunjes, UStG, § 15 Rn. 388.

Dabei ist zu beachten, dass es sich bei der Einbringung von Sacheigentum etc. in den meisten Fällen um eine einmalige Leistung handelt, während die Eigenkapitalüberlassung eine dauerhafte Leistung darstellt. Nach der Rspr. richtet sich der Umfang des Vorsteuerabzugs nach der durch objektive Anhaltspunkte belegten vom Leistungsempfänger beabsichtigten Verwendung der Eingangsleistung, wenn zum Zeitpunkt des Leistungsbezugs die tatsächliche Verwendung noch nicht begonnen hat.[934]

V. Austritt und Ausschluss aus einer Gesellschaft und Gesellschaftsauflösung

1. Einleitung

Die freiwillige Veräußerung einer Beteiligung ist eine Form des Ausscheidens aus einer Gesellschaft. Ihre umsatzsteuerliche Beurteilung und die sich daraus ergebenden Folgen für den Abzug der Vorsteuer, die auf den Eingangsleistungen lastet, die der Veräußerer anlässlich der Veräußerung bezieht, waren bereits Thema.[935] Die dabei erlangten Erkenntnisse gelten entsprechend für das Ausscheiden aus einer Gesellschaft im Wege eines Squeeze-out. Bei diesem kommt es nämlich immer durch die Übertragung der Beteiligung auf eine andere Person zum Ausscheiden aus der Gesellschaft. Gegenstand der folgenden Ausführungen sind die verbleibenden Formen des Ausscheidens Austritt und Ausschluss und die Gesellschaftsauflösung.

An dieser Stelle sei noch darauf hingewiesen, dass dann, wenn ein Gesellschaftsanteil gem. § 1922 Abs. 1 BGB im Wege der Gesamtrechtsnachfolge den Inhaber wechselt, und dann, wenn ein Gesellschafter seinen Gesellschaftsanteil schenkweise auf jemand anderen überträgt, aus umsatzsteuerlicher Sicht der Erbe respektive der Beschenkte die Eigenkapitalüberlassung des Erblasser respektive des Schenkers an die Gesellschaft fortführt und der Erblasser respektive der Schenker dem Erben respektive dem Beschenkten dazu die überlassenen Mittel unentgeltlich überträgt.

2. Gesellschaftsrechtliche Einordnung der Vorgänge

Das Ausscheiden aus einer Personengesellschaft, gleich, ob freiwilliger (Austritt) oder unfreiwilliger Natur (Ausschluss), hängt nicht nur von den jeweiligen gesetzlichen Vorgaben, sondern auch von den im Einzelfall getroffenen gesellschaftsvertraglichen Regelungen ab. Die Wege, die zum Ausscheiden führen (Kündigung, Ausschlussbeschluss, Ausschlussklage etc.), sind vorliegend uninteressant.

934 Wagner/Oelmaier in Sölch/Ringleb, § 15 Rn. 599.
935 Siehe dazu D.I.2. und D.I.3.

Hier ist aber von Bedeutung, dass der Ausscheidende in der Regel eine Abfindung erhält, die dem entspricht, was er bei der Auseinandersetzung erhalten würde, wenn die Gesellschaft zur Zeit seines Ausscheidens aufgelöst worden wäre (siehe dazu § 738 Abs. 1 S. 2 BGB). Des Weiteren erhält er seine quoad usum eingebrachten Gegenstände zurück (siehe dazu § 738 Abs. 1 S. 2 BGB). Das Gleiche gilt für die von ihm quoad sortem eingebrachten Gegenstände.[936] Wertveränderungen dieser Gegenstände seit dem Zeitpunkt ihrer Einbringung gehen allerdings je nachdem zugunsten oder zulasten der Gesellschaft (siehe dazu § 733 Abs. 2 S. 2 BGB). Für die OHG ergibt sich das aus den bezeichneten Vorschriften jeweils i.V.m. § 105 Abs. 3 HGB[937] und für die KG zzgl. i.V.m. § 161 Abs. 2 HGB.

In den vorliegend gegenständlichen Fällen des Ausscheidens eines Gesellschafters aus seiner Gesellschaft geht der Gesellschaftsanteil des ausscheidenden Gesellschafters unter. § 738 Abs. 1 S. 1 BGB, nach dem dann, wenn ein Gesellschafter aus seiner Gesellschaft ausscheidet, sein Anteil am Gesellschaftsvermögen den übrigen Gesellschaftern zuwächst, bezieht sich nämlich nicht auf den Gesellschaftsanteil, sondern nur auf die Beteiligung des ausscheidenden Gesellschafters am gesamthänderisch gebundenen Vermögen. Im Übrigen läuft diese Regelung seit der Anerkennung der Rechtsfähigkeit der Außen-GbR[938] bei dieser ins Leere.

Auch wenn über die Rechtsgrundlage Uneinigkeit besteht, so ist doch unumstritten, dass dann, wenn bei einer Zweigesellschafterpersonengesellschaft einer der beiden Gesellschafter ausscheidet oder bei einer Mehrgesellschafterpersonengesellschaft alle Gesellschafter bis auf einen ausscheiden, aus dem Gesellschaftsvermögen Alleineigentum des verbleibenden Gesellschafters wird.[939]

Bei der Auflösung einer GbR gilt in der Regel Folgendes: Die quoad usum eingebrachten Gegenstände sind den Gesellschaftern zurückzugeben (siehe dazu § 732 S. 1 BGB). Des Weiteren sind den Gesellschaftern aus dem nach der Berichtigung der Schulden übrig bleibenden Gesellschaftsvermögen die Einlagen zurückzuerstatten (siehe dazu § 733 Abs. 2 S. 1 BGB). Bei quoad dominium eingebrachten Gegenständen ist dabei der Wert zu ersetzen, den sie zur Zeit der Einbringung gehabt haben (siehe dazu § 733 Abs. 2 S. 2 BGB). Quoad sortem eingebrachte Gegenstände sind den Gesellschaftern zurückzugeben, wobei Wertveränderungen seit der Zeit ihrer Einbringung zugunsten oder zulasten der Gesellschaft gehen (siehe dazu § 732 S. 1 BGB i.V.m. § 733 Abs. 2 S. 2 BGB).[940] Für Einlagen, die in der Leistung von Diensten oder in der Überlassung der Benutzung eines Gegenstands bestanden haben, kann kein Ersatz verlangt werden (siehe dazu § 733 Abs. 2 S. 3 BGB). Wenn nach der Berichtigung der Schulden und der Rückerstattung der Einlagen ein Überschuss

936 Schäfer in MüKo BGB, § 738 Rn. 76.
937 Schmidt in MüKO HGB, § 105 Rn. 269.
938 Schäfer in MüKO BGB, § 705 Rn. 299 ff.
939 Schäfer in MüKo BGB, § 730 Rn. 78 zur GbR; Schmidt in MüKo HGB, § 140 Rn. 9 zur OHG.
940 Siehe dazu C.II.2.b)aa)(2).

verbleibt, so gebührt er den Gesellschaftern nach dem Verhältnis ihrer Anteile am Gewinn (siehe dazu § 734 BGB). Zur Berichtigung der Schulden und zur Rückerstattung der Einlagen ist das Gesellschaftsvermögen, soweit nötig, in Geld umzusetzen (siehe dazu § 733 Abs. 3 BGB). Anders als bei der OHG (siehe dazu § 149 S. 1 HS. 1 HGB) ist es also nicht vollständig in Geld umzusetzen. Damit geht es bei der Verteilung des Überschusses nicht nur um die Verteilung von Geld, sondern ganz allgemein um die Verteilung von Gegenstände des Gesellschaftsvermögens. Diese werden durch Teilung in Natur oder dann, wenn das ausgeschlossen ist, durch Teilung durch Verkauf auf die Gesellschafter verteilt (siehe dazu § 731 S. 2 BGB).

Bei der Auflösung einer OHG oder einer KG gilt in der Regel Folgendes: Auch hier sind die quoad usum eingebrachten Gegenstände den Gesellschaftern zurückzugeben (siehe dazu § 732 S. 1 BGB i.V.m. § 105 Abs. 3 HGB, bzgl. der KG i.V.m. § 161 Abs. 2 HGB).[941] Das gesamte Vermögen ist in Geld umzusetzen (siehe dazu § 149 S. 1 HS. 1 HGB, bzgl. der KG i.V.m. § 161 Abs. 2 HGB). Das nach Berichtigung der Schulden verbleibende Vermögen der Gesellschaft ist dann nach dem Verhältnis der Kapitalanteile unter die Gesellschafter zu verteilen (siehe dazu § 155 Abs. 1 HGB, bzgl. der KG i.V.m. § 161 Abs. 2 HGB).

Das GmbHG enthält keine allgemeine Rechtsgrundlage für den Austritt oder den Ausschluss eines Gesellschafters aus seiner GmbH. Ein Recht zum Austritt und zum Ausschluss aus wichtigem Grund ist bei der GmbH aber anerkannt.[942] Es handele sich um einen notwendigen Bestandteil eines jeden personalen Dauerrechtsverhältnisses. Die Wege, die zum Ausscheiden aus einer GmbH führen, sind vorliegend uninteressant. Interessant ist aber, dass für den Vollzug sowohl des Austritts als auch des Ausschlusses eine Veräußerung des Geschäftsanteils an die Gesellschaft, an Mitgesellschafter oder an Dritte oder die Einziehung des betroffenen Geschäftsanteils in Betracht kommt.[943] In Betracht kommt daneben auch die Durchführung einer effektiven Kapitalherabsetzung.[944] Dabei ist zu sehen, dass in den Fällen der Einziehung und der effektiven Kapitalherabsetzung der Geschäftsanteil des ausscheidenden Gesellschafters untergeht. In diesen Fällen erhält der Gesellschafter eine Abfindung.[945] Völlig unabhängig vom Austritt und vom Ausschluss aus der Gesellschaft aus wichtigem Grund kann der Gesellschaftsvertrag gem. § 34 GmbHG die Einziehung von Geschäftsanteilen zulassen.[946]

Wenn ein Gesellschafter den auf die Stammeinlage eingeforderten Betrag nicht (vollständig) zahlt, muss die Gesellschaft den Gesellschafter unter Einhaltung

941 Schmidt in MüKO HGB, § 105 Rn. 269.
942 Altmeppen in Roth/Altmeppen, GmbHG, § 60 Rn. 61.
943 Siehe Altmeppen in Roth/Altmeppen, GmbHG, § 60 Rn. 79 ff. zum Ausschluss und zu seinem Vollzug und Altmeppen in Roth/Altmeppen, GmbHG, § 60 Rn. 105 ff. zum Austritt und zu seinem Vollzug.
944 Altmeppen in Roth/Altmeppen, GmbHG, § 60 Rn. 63.
945 Altmeppen in Roth/Altmeppen, GmbHG, § 60 Rn. 100 ff. und 115 ff.
946 Altmeppen in Roth/Altmeppen, GmbHG, § 34 Rn. 1.

bestimmter Vorschriften gem. § 21 Abs. 2 S. 1 GmbHG seines Geschäftsanteils und der geleisteten Teilzahlungen zu ihren eigenen Gunsten verlustig erklären. Mittlerweile ist anerkannt, dass die Gesellschaft den Geschäftsanteil dann vorübergehend als eigenen Anteil hält.[947] Gem. § 22 Abs. 1 GmbHG haftet der Gesellschaft der letzte und jeder frühere Rechtsvorgänger des Ausgeschlossenen für die von dem ausgeschlossenen Gesellschafter nicht erfüllte Einlageverpflichtung. Wenn ein Rechtsvorgänger den rückständigen Betrag zahlt, erhält er gem. § 22 Abs. 4 GmbHG den Geschäftsanteil des ausgeschlossenen Gesellschafters. Wenn der rückständige Betrag auch nicht von den Rechtsvorgängern des säumigen Gesellschafters zu erlangen ist, kann die Gesellschaft den Geschäftsanteil gem. § 23 S. 1 GmbHG im Wege öffentlicher Versteigerung verkaufen lassen. Wenn auch so die Stammeinlage nicht gedeckt werden kann, haften die übrigen Gesellschafter gem. § 24 S. 1 GmbHG für den Fehlbetrag. Der Gesellschafter, dessen Anteil kaduziert wurde, haftet gem. § 21 Abs. 3 GmbHG wegen des Ausfalls, welchen die Gesellschaft an dem rückständigen Betrag erleidet. Diese Haftung umfasst nicht nur die ausstehende Einlage, sondern auch die Kosten für die Durchsetzung der Haftung der Rechtsvorgänger oder die Versteigerung des Geschäftsanteils.[948] Dem ausgeschlossenen Gesellschafter steht kein Erstattungsanspruch zu. Das gilt sogar dann, wenn die ausstehende Einlage, deretwegen die Kaduzierung ausgesprochen wurde, im Verhältnis zur bereits erbrachten Einlage unbedeutend ist.[949]

Wenn es zur Auflösung einer GmbH kommt, muss das Vermögen der Gesellschaft gem. § 70 S. 1 HS. 1 GmbHG in Geld umgesetzt werden. Gem. § 72 S. 1 GmbHG wird das Vermögen der Gesellschaft dann unter die Gesellschafter nach dem Verhältnis ihrer Geschäftsanteile verteilt.

Das AktG enthält keine allgemeine Rechtsgrundlage für den Austritt oder den Ausschluss eines Aktionärs aus seiner AG. Anders als bei der GmbH ist bei der AG auch kein Recht zum Austritt oder Ausschluss eines Aktionärs aus wichtigem Grund anerkannt.[950] Gem. § 237 Abs. 1 S. 1 AktG können Aktien aber zwangsweise oder nach Erwerb durch die Gesellschaft eingezogen werden, wobei die Zwangseinziehung gem. § 237 Abs. 1 S. 1 AktG nur zulässig ist, wenn sie vor der Übernahme oder der Zeichnung der betroffenen Aktien in der Satzung vorgesehen war.

Wie bei der GmbH gibt es auch bei der AG die Kaduzierung. Die §§ 64 ff. AktG sehen dabei ein Verfahren vor, das dem bei der GmbH durchzuführenden ähnlich ist.

Wenn es zur Auflösung einer AG kommt, muss ihr Vermögen gem. § 268 Abs. 1 S. 1 AktG in Geld umgesetzt werden. Gem. § 271 Abs. 1 AktG wird das nach der Berichtigung der Verbindlichkeiten verbleibende Vermögen dann unter den Aktionären verteilt. Wenn nicht Aktien mit verschiedenen Rechten bei der Verteilung

947 Schütz in MüKo GmbHG, § 21 Rn. 100.
948 Schütz in MüKO GmbHG, § 21 Rn. 118, 120.
949 Schütz in MüKO GmbHG, § 21 Rn. 91.
950 Bachmann in Spindler/Stilz, Aktiengesetz, § 289 Rn. 31.

des Gesellschaftsvermögens vorhanden sind, wird das Gesellschaftsvermögen gem. § 271 Abs. 2 AktG nach den Anteilen am Grundkapital verteilt. Wenn die Einlagen auf das Grundkapital nicht auf alle Aktien in demselben Verhältnis geleistet sind, werden die geleisteten Einlagen gem. § 271 Abs. 3 S. 1 AktG erstattet und ein Überschuss nach den Anteilen am Grundkapital verteilt.

3. Umsatzsteuerliche Beurteilung der Vorgänge

a) Rechtsprechung, Verwaltung, Literatur

Nach dem bereits erwähnten § 738 Abs. 1 S. 1 BGB wächst dann, wenn ein Gesellschafter einer Personengesellschaft aus seiner Gesellschaft ausscheidet, sein Anteil am Gesellschaftsvermögen den übrigen Gesellschaftern zu. Im Jahr 1960 stellte sich der BFH im Urteil V 170/58 U auf den Standpunkt, diese Zuwachsung sei nicht Gegenstand eines Umsatzes.[951] Unter Verweis auf Rspr. des RFH begründete er das wohl damit, dass die Zuwachsung kraft Gesetz erfolgt. In diesem Urteil stellte er sich des Weiteren auf den Standpunkt, wenn der ausscheidende Gesellschafter mit Gegenständen des Betriebsvermögens abgefunden wird, liege ein Umsatz vor. Worin das Entgelt bestehen soll, führte er allerdings nicht aus. Es ist aber anzunehmen, dass er den Verzicht des Ausscheidenden auf seine Gesellschaftsrechte für das Entgelt hielt. Im Übrigen stellte sich der BFH in diesem Urteil auf den Standpunkt, auch bei der Auflösung einer Personengesellschaft könne ein Umsatz vorliegen.[952] Dieser bestehe in der Verteilung der Wirtschaftsgüter gegen Verzicht der Gesellschafter auf ihre Gesellschaftsrechte.[953] Vergleichbar stellte er sich im Jahr 1969 im Urteil V R 12/66 auf den Standpunkt, die Geräteabgaben einer Arbeitsgemeinschaft in der Rechtsform einer GbR an ihre Mitglieder im Rahmen ihrer Auseinandersetzung seien umsatzsteuerliche Lieferungen, wobei das Entgelt darin bestehe, dass die Auseinandersetzungsguthaben der Mitglieder entsprechend gemindert werden.[954]

---

951 BFH, Urt. v. 17.11.1960 – V 170/58 U, BStBl. III 1961, 86, BFHE 72, 231,Rn. 6.

952 BFH, Urt. v. 17.11.1960 – V 170/58 U, BStBl. III 1961, 86, BFHE 72, 231,Rn. 7.

953 Die vom BFH vorgesehene unterschiedliche Behandlung des Ausscheidens aus einer Personengesellschaft und der Auflösung einer Personengesellschaft führt bei der Zweipersonengesellschaft an ihrem Ende zu Abgrenzungsschwierigkeiten. Nach Auffassung des BFH, Urt. v. 17.11.1960 – V 170/58 U, BStBl. III 1961, 86, BFHE 72, 231, Rn. 8 ist nach seinen Vorgaben zum Ausscheiden aus einer Gesellschaft zu verfahren, wenn das Unternehmen als solches fortbesteht. Nach BFH, Urt. v. 12.3.1964 – V 249/61 U, BStBl. III 1964, 290, BFHE 79, 163, Rn. 7 gilt das auch dann, wenn der nunmehrige Alleininhaber das Geschäft nicht selbst fortführt, sondern noch am Tage der Übernahme an jemand anderen überträgt.

954 BFH, Urt. v. 19.6.1969 – V R 12/66, BStBl. II 1969, 572, BFHE 96, 141,Rn. 7.

Da die Innen-GbRs über kein Gesellschaftsvermögen verfügen, hat diese Rspr., soweit sie sich auf die Zuwachsung bezieht, nach der Anerkennung der Rechtsfähigkeit der Außen-GbR[955] allenfalls nur noch eine sehr eingeschränkte Bedeutung. Im Übrigen verkennt sie m.E. den wirtschaftlichen Gehalt der bezeichneten Vorgänge.

Eine Auffassung geht unter Bezug auf § 738 Abs. 1 S. 1 BGB davon aus, beim Ausscheiden eines Gesellschafters aus einer Personengesellschaft liege ein Umsatz von Gesellschaftsanteilen vor, und zwar eine sonstige Leistung des Ausscheidenden an die verbleibenden Gesellschafter gegen Zahlung der Abfindung.[956] Das ist erstaunlich, da sich § 738 Abs. 1 S. 1 BGB nur auf die gesamthänderische Beteiligung am Gesellschaftsvermögen bezieht, nicht aber auf die Gesellschaftsbeteiligung.

Nach einer anderen Auffassung ist beim Ausscheiden eines Gesellschafters aus einer Personengesellschaft in der Rückgabe der Anteile spiegelbildlich zur Behandlung ihrer Ausgabe durch die Rspr. keine Leistung des Gesellschafters an die Gesellschaft zu sehen.[957] Dass die Aufnahme eines neuen Gesellschafters in eine Personengesellschaft keine Erbringung einer Dienstleistung der Gesellschaft an diesen darstellt, hatte der EuGH unter Bezug auf seine Rspr., nach der die Veräußerung einer Gesellschaftsbeteiligung keine wirtschaftliche Tätigkeit ist, da auch der Erwerb von Gesellschaftsbeteiligungen keine wirtschaftliche Tätigkeit darstellt,[958] in seinem Urteil KapHag Renditefonds 35 entschieden.[959] Bei einer Barabfindung leiste auch die Gesellschaft nichts.[960] Bei einer Sachabfindung hingegen erbringe die Gesellschaft dem ausscheidenden Gesellschafter eine entgeltliche Leistung, wobei das Entgelt in den Gesellschaftsanteilen bestehe.[961] Nach § 738 Abs. 1 S. 2 BGB seien zwar die übrigen Gesellschafter zur Abfindung des ausscheidenden Gesellschafters verpflichtet, es sei aber dennoch ein Umsatz zwischen der Gesellschaft und dem Ausscheidenden anzunehmen, da sich die Verpflichtung aus dem Gesellschaftsverhältnis ergebe und die Abfindung durchweg aus dem Gesellschaftsvermögen erfolge, über das die Gesellschafter nur gemeinsam verfügen können.[962]

955 Schäfer in MüKO BGB, § 705 Rn. 299 ff.
956 Philipowski in Rau/Dürrwächter, UStG, § 4 Nr. 8 Rn. 452 f.
957 Englisch in Tipke/Lang, Steuerrecht, § 17 Rn. 139.
958 EuGH, Urt. v. 20.6.1996 – C-155/94 (Wellcome Trust), Slg. 1996, I-03013, Rn. 33.
959 EuGH, Urt. v. 26.6.2003 – C-442/01 (KapHag Renditefonds 35), Slg. 2003, I-6851, Rn. 40 f.
960 Englisch in Tipke/Lang, Steuerrecht, § 17 Rn. 139.
961 Englisch in Tipke/Lang, Steuerrecht, § 17 Rn. 139; Oelmaier in Sölch/Ringleb, UStG, § 1 Rn. 92, 96. Birkenfeld in Birkenfeld/Wäger, USt-Handbuch, § 93 Rn. 481 hingegen geht von einem tauschähnlichen Umsatz aus, der in der gem. § 4 Nr. 8 lit. f) UStG steuerfreien Aufgabe der Gesellschaftsrechte durch den Gesellschafter gegen Übertragung von Vermögensgegenständen der Gesellschaft bestehen soll.
962 Oelmaier in Sölch/Ringleb, UStG, § 1 Rn. 95.

An dieser Auffassung ist zu kritisieren, dass in den Fällen des Ausscheidens eines Gesellschafters aus seiner Personengesellschaft, auf die sie sich bezieht, der Gesellschaftsanteil nicht zurückgegeben wird, und zwar genauso wenig, wie er bei der Aufnahme eines Gesellschafters ausgegeben wird. Der Gesellschaftsanteil des ausscheidenden Gesellschafters geht unter, während der Gesellschaftsanteil bei der Aufnahme eines Gesellschafters in der Person des aufgenommenen Gesellschafters entsteht. Des Weiteren bedürfte es nach der Anerkennung der Rechtsfähigkeit der Außen-GbR nicht der herangezogenen umständlichen Argumentation, um die Gesellschaft als Leistenden auszumachen.

Ein Umsatz soll auch bei der Gesellschaftsauflösung gegeben sein, und zwar dann, wenn den Gesellschaftern Betriebsvermögen übertragen wird, wobei das Entgelt in der Aufgabe der Gesellschaftsrechte bestehen soll.[963] Diese Auffassung verkennt m.E. den wirtschaftlichen Gehalt der Vorgänge bei der Gesellschaftsauflösung.

Weder Rspr. noch Lit. haben sich dazu geäußert, wie das Ausscheiden aus einer Gesellschaft und die Vorgänge bei der Gesellschaftsauflösung bei den Kapitalgesellschaften zu beurteilen sind. Dies könnte daran liegen, dass es bei diesen grds. nicht zur Rückübertragung des Gegenstands der Sacheinlage auf den Gesellschafter kommt. In Ausnahmefällen kann aber auf die Umsetzung des Gesellschaftsvermögens in Geld verzichtet werden und eine Verteilung in Natur vorgenommen werden.[964] Hier würden die dargestellten Auffassungen wohl zu Ergebnissen kommen, die denen entsprechen, zu denen sie bei den Personengesellschaften kommen.

Die Verw. hat sich zu dem vorliegenden Fragenkomplex überhaupt nicht geäußert.

b) Eigene Auffassung

Gleich, ob es sich um eine Kapitalgesellschaft oder um eine Personengesellschaft handelt, führen die Auszahlung der Abfindung beim Ausscheiden eines Gesellschafters aus seiner Gesellschaft und die Auszahlung des auf die einzelnen Gesellschafter entfallenden Auflösungserlöses bei der Auflösung einer Gesellschaft zum Ende der Eigenkapitalüberlassung des ausscheidenden Gesellschafters respektive aller Gesellschafter. Bei diesen Zahlungen handelt es sich – vergleichbar der Rückzahlung der Valuta eines Darlehens – um umsatzsteuerlich irrelevante Abwicklungszahlungen. Allerdings nur bis zur Höhe des Umfangs des Eigenkapitals, das mit dem jeweiligen Anteil überlassen wurde. Soweit die bezeichneten Zahlungen darüber hinausgehen, handelt es sich bei ihnen um Entgeltzahlungen für die Eigenkapitalüberlassung.[965]

---

963 Englisch in Tipke/Lang, Steuerrecht, § 17 Rn. 139; Oelmaier in Sölch/Ringleb, UStG, § 1 Rn. 91, 96; Birkenfeld in Birkenfeld/Wäger, USt-Handbuch, § 93 Rn. 481.

964 Siehe dazu Koch in MüKo AktG, § 268 Rn. 20.

965 Siehe dazu C.III.2.b).

Wenn einem Gesellschafter beim Ausscheiden aus seiner Gesellschaft die Abfindung oder den Gesellschaftern bei der Auflösung ihrer Gesellschaft der auf sie jeweils entfallende Auflösungserlös teilweise oder vollständig nicht ausgezahlt wird, sondern stattdessen Gegenstände des Betriebsvermögens in entsprechendem Umfang übertragen werden, kann mit der Beendigung der Eigenkapitalüberlassung ein weiterer steuerbarer Umsatz einhergehen. Werden Sachen übertragen, liegt eine Lieferung der Gesellschaft an den oder die Gesellschafter vor. Das gilt auch bei quoad sortem eingebrachten Sachen, die an ihren Einleger zurückübertragen werden. Dem steht nicht entgegen, dass der Gesellschafter bei quoad sortem eingebrachten Sachen grds. das Eigentum an der Sache nicht auf die Gesellschaft überträgt. Nach Auffassung des EuGH umfasst der Begriff der Lieferung von Gegenständen nämlich jede Übertragung eines körperlichen Gegenstands durch eine Partei, die die andere Partei ermächtigt, über diesen Gegenstand faktisch so zu verfügen, als wäre sie sein Eigentümer.[966] Und dazu ist die Gesellschaft bei quoad sortem eingebrachten Gegenständen in der Lage. Die Rückgabe quoad usum eingebrachter Sachen hingegen stellt keine Lieferung dar. Schließlich hat der Gesellschafter in diesen Fällen der Gesellschaft nur das Recht zur Nutzung der Sache eingeräumt. Wenn bspw. dingliche Nutzungsrechte an den Sachen Dritter, Immaterialgüterrechte, bestehende Lizenzen an Immaterialgüterrechten Dritter oder Forderungen gegen Dritte gerichtet auf die Erbringung einer Dienstleistung zurückübertragen werden, liegt eine sonstige Leistung der Gesellschaft an den oder die Gesellschafter vor. Das gilt wie bei der Rückübertragung quoad sortem eingebrachter Sachen auch dann, wenn diese Gegenstände quoad sortem vom Leistungsempfänger eingebracht wurden. Wenn Anteile an einer dritten Gesellschaft oder Geldforderungen übertragen werden, liegt kein weiterer steuerbarer Umsatz vor. Es fehlt nämlich schon an einer umsatzsteuerlichen Leistung. Der Gesellschafter führt in diesen Fällen lediglich die Eigen- oder Fremdkapitalüberlassung der Gesellschaft an die Drittgesellschaft respektive den Drittgläubiger fort.

Das Entgelt für diese Leistungen besteht in der Kürzung oder im vollständigen Untergang der Abfindung oder der Beteiligung des jeweiligen Gesellschafters am Auflösungserlös um den Wert der Lieferung oder sonstigen Leistung zum Zeitpunkt ihrer Erbringung. Es kann nämlich keinen Unterschied machen, ob der Leistende einen bestimmten Geldbetrag erhält, oder ob eine ihn belastende Zahlungsverpflichtung gegenüber dem Leistungsempfänger um den entsprechenden Betrag gekürzt wird oder so sogar ganz untergeht.

Diese Umsätze sind auch steuerbar. Wenn man auf dem Standpunkt stehen sollte, dass einmalige Leistungen nicht zu einer unternehmerischen Tätigkeit führen können, so ist nämlich zu sehen, dass die unternehmerische Tätigkeit der

966 EuGH, Urt. v. 8.2.1990 – C-320/88 (Shipping and Forwarding Enterprise Safe), Slg. 1990, I-00285, Rn. 7.

Gesellschaft diese bezeichneten Umsätze mit sich bringt, sodass sie als sog. Hilfsgeschäfte steuerbar sind.[967]

Wenn aus einer Zweigesellschafterpersonengesellschaft einer der beiden Gesellschafter ausscheidet oder aus einer Mehrgesellschafterpersonengesellschaft alle bis auf den letzten Gesellschafter ausscheiden, dann endet nicht nur die Eigenkapitalüberlassung des ausscheidenden Gesellschafters respektive aller ausscheidenden Gesellschafter, sondern auch die Eigenkapitalüberlassung des verbleibenden Gesellschafters. In diesen Fällen wandelt sich das Gesellschaftseigentum in Alleineigentum des verbleibenden Gesellschafters um. Damit endet nicht nur seine Eigenkapitalüberlassung an die Gesellschaft, sondern es kann auch noch zu steuerbaren Umsätzen der Gesellschaft an ihn kommen. Wenn das Gesellschaftsvermögen ein Unternehmen darstellt, unterliegen diese als Geschäftsveräußerung im Ganzen nicht der USt.

Wenn eine Gesellschaft einen Gesellschaftsanteil kaduziert, fällt er an sie. Wenn auf diesen Gesellschaftsanteil bereits ein Teil der versprochenen Einlage geleistet wurde, endet damit die sich aus dieser Einlageerbringung ergebende Eigenkapitalüberlassung desjenigen Gesellschafters, dessen Gesellschaftsanteil kaduziert wird. Und solange der Gesellschaftsanteil bei der Gesellschaft liegt, geht mit ihm auch keine Eigenkapitalüberlassung einher. Leistender und Leistungsempfänger fallen dann nämlich zusammen. Wenn der Gesellschaftsanteil aber auf einen Rechtsvorgänger des Gesellschafters übertragen wird, bei dem der Gesellschaftsanteil kaduziert wurde, oder wenn der Gesellschaftsanteil im Rahmen einer Versteigerung an einen Dritten übertragen wird, geht mit dem Gesellschaftsanteil ab diesem Zeitpunkt wieder die Überlassung von Eigenkapital einher. Die Zahlung des rückständigen Beitrags respektive die Zahlung des Kaufpreises führen zur Erweiterung der Eigenkapitalüberlassung auf den zugesagten Umfang oder bei einem den rückständigen Beitrag nicht voll erreichenden Kaufpreis zumindest zu einer teilweisen Ausdehnung derselben. Zahlungen des Gesellschafters, bei dem der Gesellschaftsanteil kaduziert wurde, auf die Haftung für die der Gesellschaft entstanden Kosten für die Durchsetzung der Haftung seiner Rechtsvorgänger oder die Versteigerung des bei ihm kaduzierten Gesellschaftsanteils führen aber nicht zu einer Erweiterung der Eigenkapitalüberlassung. Aus der Sicht der Gesellschaft stellen sie sich zusammen mit der zukünftigen Verteilung des Auflösungserlöses auf die Gesellschafter betrachtet nämlich nicht als Leistung dar.

967 Zu den Hilfsgeschäften siehe Abschn. 2.7 Abs. 2 S. 1–4 UStAE mit dem Nachweis der einschlägigen BFH-Rspr.

4. Vorsteuerabzug

a) Betroffene Vorsteuerbeträge

Bei dem Ausscheiden eines Gesellschafters aus seiner Gesellschaft und bei der Auflösung seiner Gesellschaft geht es um den Abzug der Vorsteuern, die auf den Eingangsleistungen lasten, die er anlässlich seines Ausscheidens oder anlässlich der Auflösung seiner Gesellschaft bezieht.

b) Rechtsprechung, Verwaltung, Literatur

Rspr., Verw. und Lit. haben sich nicht eigens mit der Frage befasst, ob die Gesellschafter die Vorsteuer abziehen können, die auf den Eingangsleistungen lastet, die sie anlässlich des Ausscheidens aus ihrer Gesellschaft oder anlässlich der Auflösung ihrer Gesellschaft beziehen. Es ist aber davon auszugehen, dass sie vom Recht auf Abzug der bezeichneten Vorsteuerbeträge ausgehen, wenn der Gesellschafter seiner Gesellschaft steuerbare Eingriffsleistungen erbracht hat oder wenn die Beteiligung einem ihm zugehörigen Unternehmen gedient hat. In den Fällen der Sachabfindung dürften diejenigen, die in ihr einen Umsatz der Gesellschaft an den Gesellschafter sehen, wohl erwägen, das Recht des Gesellschafters auf Abzug der auf diesem Umsatz lastenden Vorsteuer von der weiteren Verwendung des Gegenstands der Sachabfindung durch den Gesellschafter abhängig zu machen.

c) Eigene Auffassung

M.E. kann ein Gesellschafter die Vorsteuer, die auf den Eingangsleistungen lastet, die er anlässlich seines Ausscheidens aus seiner Gesellschaft oder anlässlich ihrer Auflösung bezieht, dann abziehen, wenn seine Eigenkapitalüberlassung an seine Gesellschaft steuerpflichtig war. Diese Eingangsleistungen stehen nämlich in direktem und unmittelbarem Zusammenhang mit der Eigenkapitalüberlassung. Der für sie getätigte Aufwand ist auch Kostenbestandteil der Eigenkapitalüberlassung. Im Übrigen hat der EuGH im Urteil Abbey National entschieden, dass es dem Recht auf Vorsteuerabzug nicht entgegensteht, wenn die Eingangsleistungen, auf denen die fragliche Vorsteuer lastet, der Beendigung einer das Recht auf Vorsteuerabzug eröffnenden Ausgangsleistung dienen.[968]

Der Abzug der auf dem Gegenstand der Sachabfindung lastenden USt hängt von der weiteren Verwendung des Gegenstands der Sachabfindung durch den Gesellschafter ab.

---

968 EuGH, Urt. v. 22.2.2001 – C-408/98 (Abbey National), Slg. 2001, I-1361, Rn. 35.

VI. Eigenkapitalbezug

1. Umsatzsteuerliche Beurteilung des Vorgangs

a) Rechtsprechung, Verwaltung, Literatur

Der Eigenkapitalbezug ist das Gegenstück zur Gesellschaftsgründung und zur effektiven Kapitalerhöhung. Früher stand der BFH auf dem Standpunkt, dass bei der Gründung einer Personengesellschaft und beim Eintritt in eine solche die Gesellschaft dem Gesellschafter den Gesellschaftsanteil gegen Bareinlage oder Sacheinlage erbringe und darin ein steuerbarer aber gem. § 4 Nr. 8 lit. f) UStG steuerfreier Umsatz zu erblicken sei.[969] Im Jahr 2001 äußerte der BFH jedoch Zweifel an dieser Beurteilung, da die Aufnahme des Gesellschafters nicht aufgrund eines gegenseitigen Vertrags des Gesellschafters mit der Gesellschaft, sondern aufgrund eines Gesellschaftsvertrags der Gesellschafter untereinander erfolge, sodass der Gesellschafter seinen Gesellschaftsanteil bei einer am Zivilrecht orientierten Betrachtungsweise möglicherweise nicht von der Gesellschaft, sondern von seinen Mitgesellschaftern erhalte.[970] Vor diesem Hintergrund legte er dem EuGH die Frage vor, ob eine Personengesellschaft bei der Aufnahme eines Gesellschafters gegen Zahlung einer Bareinlage an diesen eine Leistung gegen Entgelt i.S.d. RL erbringt.

In seiner Antwort führte der EuGH im Jahr 2003 im Urteil KapHag Renditefonds 35 zunächst seine Rspr. an, nach der die Veräußerung einer Gesellschaftsbeteiligung keine wirtschaftliche Tätigkeit ist, da auch der Erwerb von Gesellschaftsbeteiligungen keine wirtschaftliche Tätigkeit darstellt.[971] Aus dieser schloss er dann, dass auch die Aufnahme eines neuen Gesellschafters in eine Personengesellschaft keine Erbringung einer Dienstleistung an diesen darstelle.[972] Es komme nicht darauf an, ob die Aufnahme des neuen Gesellschafters als Handlung der Gesellschaft als solcher oder der Mitgesellschafter anzusehen ist.[973] Die Aufnahme eines neuen Gesellschafters stelle in keinem Fall eine Dienstleistung gegen Entgelt i.S.d. RL dar.

Auf diese Rspr. Bezug nehmend entschied der EuGH im Jahr 2005 im Urteil Kretztechnik, auch die Ausgabe von Aktien zur Aufbringung von Kapital stelle keine Dienstleistung gegen Entgelt dar.[974] Dazu führte er des Weiteren aus, eine Gesellschaft, die neue Aktien ausgibt, wolle ihr Vermögen durch die Beschaffung zusätzlichen Kapitals vergrößern, wobei sie jedoch den neuen Anteilseignern ein

---

969 Siehe dazu BFH, EuGH-Vorlage v. 27.9.2001 – V R 32/00, BFHE 196, 349, Rn. 32 f.

970 BFH, EuGH-Vorlage v. 27.9.2001 – V R 32/00, BFHE 196, 349, Rn. 72–74.

971 EuGH, Urt. v. 20.6.1996 – C-155/94 (Wellcome Trust), Slg. 1996, I-03013, Rn. 33.

972 EuGH, Urt. v. 26.6.2003 – C-442/01 (KapHag Renditefonds 35), Slg. 2003, I-6851, Rn. 40 f.

973 EuGH, Urt. v. 26.6.2003 – C-442/01 (KapHag Renditefonds 35), Slg. 2003, I-6851, Rn. 42.

974 EuGH, Urt. v. 26.5.2005 – C-465/03 (Kretztechnik), Slg. 2005, I-4357, Rn. 25.

Eigentumsrecht an einem Teil des auf diese Weise erhöhten Kapitals einräume.[975] Vom Standpunkt der ausgebenden Gesellschaft aus bestehe das Ziel im Erwerb von Kapital und nicht in der Erbringung einer Dienstleistung. Aus der Sicht des Anteilseigners stelle die Zahlung der zur effektiven Kapitalerhöhung nötigen Beträge keine Gegenleistung, sondern eine Investition oder Kapitalanlage dar. BFH[976] und Verw.[977] haben diesen Standpunkt des EuGH übernommen. In der Lit. findet sich keine besondere Meinung dazu.

b) Eigene Auffassung

Da der Eigenkapitalbezug das Gegenstück zur Gesellschaftsgründung und zur effektiven Kapitalerhöhung ist, gilt auch hier das dort Gesagte: M.E. geht mit dem Halten einer Beteiligung an einer Kapital- oder Personengesellschaft regelmäßig die Überlassung von Eigenkapital gegen Gewinnausschüttungen oder -entnahmen einher. Darin ist ein steuerbarer Umsatz zu sehen. Ihren Anfang nimmt die Eigenkapitalüberlassung bspw. mit der Erbringung einer Bar- oder Sacheinlage. Mit der Auflösung der Gesellschaft endet sie. Aus der Sicht der Gesellschaft zeigt sie sich aber als Eigenkapitalbezug, also als Eingangsleistung. Wenn der Gesellschafter, gleich, ob im Rahmen der Gesellschaftsgründung oder im Rahmen einer effektiven Kapitalerhöhung, bspw. Sacheigentum einbringt, tritt neben die dauerhafte Eigenkapitalüberlassung auch noch eine einmalige Lieferung.

Gleich, ob sich der Eigenkapitalbezug im Rahmen einer Gesellschaftsgründung oder im Rahmen einer effektiven Kapitalerhöhung vollzieht, ist die Einräumung der gesellschaftsbezogenen Rechte, gleich, ob sie sich auf die Eigenkapitalüberlassung beziehen oder nicht, umsatzsteuerlich irrelevant. Wenn sich diese Rechte auf die Eigenkapitalüberlassung beziehen, tritt ihre Einräumung hinter die Eigenkapitalüberlassung zurück. Wenn sie sich hingegen nicht auf die Eigenkapitalüberlassung beziehen, fehlt es für die Einordung ihrer Einräumung als steuerbarer Umsatz am Entgelt.

2. Vorsteuerabzug

a) Betroffene Vorsteuerbeträge

Beim Eigenkapitalbezug geht es um den Abzug einerseits der Vorsteuern, die auf den Eingangsleistungen lasten, die die Gesellschaft anlässlich des Eigenkapitalbezugs bezieht, und anderseits um die Vorsteuern, die eventuell auf dem Eigenkapitalbezug selbst lasten.

---

975 EuGH, Urt. v. 26.5.2005 – C-465/03 (Kretztechnik), Slg. 2005, I-4357, Rn. 26.
976 BFH, Urt. v. 1.7.2004 – V R 32/00, BStBl. II 2004, 1022, BFHE 205, 555, Rn. 29.
977 Abschn. 1.6 Abs. 2 S. 1 und 2 UStAE.

b) Rechtsprechung, Verwaltung, Literatur

Der EuGH hat seine Sicht auf das Recht einer Gesellschaft auf den Abzug der Vorsteuer, die auf den Eingangsleistungen lastet, die sie anlässlich eines Eigenkapitalbezugs bezieht, im Jahr 2005 im Urteil Kretztechnik niedergelegt. In diesem Urteil stellte er sich auf den Standpunkt, bei der Ausgabe von Aktien handele es sich um einen Umsatz, der nicht in den Anwendungsbereich der 6. RL fällt.[978] In dem dem Urteil zugrunde liegenden Sachverhalt habe die Gesellschaft die Aktien aber mit dem Ziel ausgegeben, ihr Kapital zugunsten ihrer wirtschaftlichen Tätigkeit im Allgemeinen zu stärken. Damit seien die Kosten der von der Gesellschaft anlässlich der Aktienausgabe bezogen Dienstleistungen Teil ihrer allgemeinen Kosten und gehörten damit zu den Preiselementen ihrer Produkte. Solche Dienstleistungen hingen nämlich direkt und unmittelbar mit der wirtschaftlichen Gesamttätigkeit des Steuerpflichtigen zusammen. Folglich sei die Gesellschaft zum Abzug der bezeichneten Vorsteuer berechtigt.[979] Führe die Gesellschaft sowohl Umsätze aus, für die ein Recht auf Vorsteuerabzug besteht, als auch Umsätze, für die dieses Recht nicht besteht, könne sie den Vorsteuerabzug aber nur für den Teil der MwSt vornehmen, der dem Betrag der erstgenannten Umsätze entspricht.

Diese Rspr. entwickelte der EuGH im Jahr 2008 in seinem Urteil Securenta fort, indem er sich auf den Standpunkt stellte, dass dann, wenn ein Steuerpflichtiger zugleich steuerpflichtigen oder steuerfreien wirtschaftlichen Tätigkeiten und nichtwirtschaftlichen Tätigkeiten nachgeht, der Abzug der Vorsteuer auf Aufwendungen im Zusammenhang mit einer Kapitalbeschaffung nur insoweit zulässig ist, als diese Aufwendungen der wirtschaftlichen Tätigkeit des Steuerpflichtigen zuzurechnen sind.[980]

Damit wich er von seiner in den Urteilen Abbey National und EDM niedergelegten Rspr. ab, nach der beim Vorsteuerabzug, der auf einen direkten und unmittelbaren Zusammenhang der Eingangsleistung, auf der die fragliche Vorsteuer lastet, mit der gesamten wirtschaftlichen Tätigkeit gestützt wird, nichtwirtschaftliche Tätigkeiten nicht vorsteuerabzugsschädlich sind.[981] Diese Rspr. verfestigte er in seinem Urteil Larentia + Minerva. Entsprechend passte er in diesem Urteil die ursprüngliche Formel dahingehend an, dass die Kosten in diesen Fällen nur zum Teil als Teil der allgemeinen Aufwendungen der Holdinggesellschaft anzusehen seien. Auch sprach er nicht mehr von einem Zusammenhang mit der wirtschaftlichen Gesamttätigkeit, sondern von einem Zusammenhang mit der wirtschaftlichen Tätigkeit.

---

978 EuGH, Urt. v. 26.5.2005 – C-465/03 (Kretztechnik), Slg. 2005, I-4357, Rn. 36.
979 EuGH, Urt. v. 26.5.2005 – C-465/03 (Kretztechnik), Slg. 2005, I-4357, Rn. 37.
980 EuGH, Urt. v. 13.3.2008 – C-437/06 (Securenta), Slg. 2008, I-1597, Rn. 31.
981 Siehe dazu D.I.3.c)aa).

Es ist noch darauf hinzuweisen, dass sich der EuGH im Urteil Securenta auf den Standpunkt stellte, für die Beantwortung der Frage, ob zwischen den anlässlich einer Kapitalaufnahme bezogenen Eingangsleistungen und den grds. den Vorsteuerabzug eröffnenden steuerbaren und steuerpflichtigen Ausgangsumsätzen ein direkter und unmittelbarer Zusammenhang besteht, sei der Einsatz des bezogenen Kapitals maßgeblich.[982] Den Vorsteuerabzug bejahte er aber, da die fraglichen Eingangsleistungen mit der gesamten wirtschaftlichen Tätigkeit direkt und unmittelbar zusammenhingen. Dennoch sind die Ausführungen zum Einsatz des bezogenen Kapitals m.E. von Bedeutung und dahingehend zu verstehen, dass der Einsatz des bezogenen Kapitals für die Bestimmung des Umfangs des Zusammenhangs der Eingangsleistungen, auf denen die fragliche Vorsteuer lastet, mit der wirtschaftlichen Tätigkeit i.S.d. Urteils Larentia + Minerva maßgeblich ist.

An diese EuGH-Rspr. anknüpfend steht der BFH auf dem Standpunkt, die Kosten, die von einer Holdinggesellschaft im Zusammenhang mit dem Erwerb von Beteiligungen an Tochtergesellschaften getragen werden, an deren Verwaltung sie teilnimmt und insoweit eine wirtschaftliche Tätigkeit ausübt, seien als der wirtschaftlichen Tätigkeit der Holdinggesellschaft zugeordnet anzusehen, sodass die für diese Kosten bezahlte MwSt ein Recht auf vollständigen Vorsteuerabzug eröffne.[983] Dieser Zusammenhang fehle aber, wenn das eingeworbene Kapital und das in die Beteiligung investierte Kapital außer Verhältnis stehen. Auch könne der Vorsteuerabzug zur Vermeidung einer missbräuchlichen Praxis versagt werden.[984]

Die Verw. hat sich mehr oder weniger der Auffassung des EuGH angeschlossen.[985] Sie steht auf dem Standpunkt, für die Ermittlung der den Vorsteuerabzug eröffnenden Ausgangsumsätze sei darauf abzustellen, wofür das bezogene Kapital verwendet wird. An die bezeichnete Rspr. des BFH anknüpfend, steht sie zudem auf dem Standpunkt, ein Unternehmer dürfe die Vorsteuer, die auf im Zusammenhang mit dem Einwerben von Kapital zur Anschaffung einer gesellschaftsrechtlichen Beteiligung bezogenen Eingangsleistungen lastet, dann nicht abziehen, wenn das eingeworbene Kapital in keinem Verhältnis zu der im unternehmerischen Bereich gehaltenen gesellschaftsrechtlichen Beteiligung steht oder wenn die Umsätze, die das Vorsteuerabzugsrecht begründen sollen, eine missbräuchliche Praxis darstellen.[986]

---

982 EuGH, Urt. v. 13.3.2008 – C-437/06 (Securenta), Slg. 2008, I-1597, Rn. 27 f.

983 BFH, Urt. v. 6.4.2016 – V R 6/14, BStBl. II 2017, 577, BFHE 253, 456, Rn. 34.

984 BFH, Urt. v. 1.6.2016 – XI R 17/11, BStBl. II 2017, 581, BFHE 254, 164, Rn. 34.

985 Abschn. 15.21 Abs. 4 S. 2, Abs. 5 S. 1 und Abs. 6 S. 2 Nr. 1–3 UStAE.

986 Abschn. 15.22 Abs. 1 S. 4 UStAE.

c) *Eigene Auffassung*

Sowohl der Abzug der Vorsteuer, die auf den Eingangsleistungen lastet, die die Gesellschaft anlässlich des Eigenkapitalbezugs bezieht, als auch der Abzug der Vorsteuer, die eventuell auf dem Eigenkapitalbezug selbst lastet, richtet sich m.E. danach, wofür die Gesellschaft das Eigenkapital einsetzt. Dient es der Finanzierung steuerpflichtiger Umsätze, ist sie zum Abzug dieser Vorsteuern berechtigt. Dient es hingegen der Finanzierung steuerfreier Umsätze, ist sie nicht zum Abzug dieser Vorsteuern berechtigt, es sei denn, die Umsätze sind aufgrund einer echten Steuerbefreiung steuerfrei. Wenn sich nicht klären lässt, welche Umsätze mit dem bezogenen Eigenkapital finanziert werden, darf nicht sofort auf die Gesamtheit der Ausgangsumsätze abgestellt werden. Zunächst ist der Versuch zu unternehmen, aus dieser die Umsätze herauszufiltern, die eindeutig einer anderen Fremd- oder Eigenkapitalfinanzierung zugeordnet werden können. Das Verhältnis der steuerpflichtigen Umsätze zu der Summe der steuerpflichtigen und der nichtsteuerpflichtigen Umsätze unter den verbleibenden Ausgangsumsätzen bestimmt dann den Umfang des Rechts auf den Abzug der bezeichneten Vorsteuern. Nur wenn keine Umsätze herausgefiltert werden können, die eindeutig einer anderen Fremd- oder Eigenkapitalfinanzierung zugeordnet werden können, darf auf die Gesamtheit der Ausgangsumsätze abgestellt werden. Das ergibt sich aus der Rspr., nach der der Gesamtumsatzschlüssel nur dann zum Einsatz kommen darf, wenn keine präzisere Aufteilungsmethode in Betracht kommt[987].

VII. Fremdkapitalbezug

1. Umsatzsteuerliche Beurteilung des Vorgangs

a) *Rechtsprechung, Verwaltung, Literatur*

Das Gegenstück zum Fremdkapitalbezug ist die Fremdkapitalüberlassung. Bei dieser fragt der EuGH zunächst danach, ob sie überhaupt in den Anwendungsbereich der MwSt fällt, ob sie also überhaupt einen Umsatz darstellt.[988] Anschließend fragt er danach, ob derjenige, der das Fremdkapital überlässt, auch als Steuerpflichtiger handelt.[989] Das soll dann der Fall sein, wenn die Fremdkapitalüberlassung selbst eine wirtschaftliche Tätigkeit darstellt oder wenn es sich bei ihr um eine unmittelbare,

---

987 Heidner in Bunjes, UStG, § 15 Rn. 388.

988 Siehe dazu EuGH, Urt. v. 11.7.1996 – C-306/94 (Régie dauphinoise), Slg. 1996, I-03695, Rn. 17; Urt. v. 14.11.2000 – C-142/99 (Floridienne, Berginvest), Slg. 2000, I-9567. Rn. 26; Urt. v. 29.4.2004 – C-77/01 (EDM), Slg. 2004, I-4295, Rn. 65.

989 Siehe dazu EuGH, Urt. v. 11.7.1996 – C-306/94 (Régie dauphinoise), Slg. 1996, I-03695, Rn. 18; Urt. v. 14.11.2000 – C-142/99 (Floridienne, Berginvest), Slg. 2000, I-9567. Rn. 27; Urt. v. 29.4.2004 – C-77/01 (EDM), Slg. 2004, I-4295, Rn. 66.

dauerhafte und notwendige Erweiterung einer wirtschaftlichen Tätigkeit handelt und sie nicht als Hilfsumsatz der wirtschaftlichen Tätigkeit einzuordnen ist.

Auf der ersten Stufe angesiedelt führte der EuGH bspw. zur Geldanlage auf einem Bankkonto[990] und zur Darlehensgewährung einer Holdinggesellschaft an eine Tochtergesellschaft[991] aus, diese fielen in den Anwendungsbereich der MwSt. Die Zinszahlungen beruhten nämlich nicht auf dem bloßen Eigentum eines Wirtschaftsguts, sondern stellten das Entgelt für die Überlassung von Kapital an einen Dritten dar.

Ebenfalls auf der ersten Stufe angesiedelt stellte sich der EuGH im Jahr 1997 im Urteil Harnas & Helm allerdings auf den Standpunkt, die Fremdkapitalüberlassung im Rahmen des Haltens einer Schuldverschreibung stelle keine steuerbare Leistung dar.[992] Schließlich flössen die Zinsen aus dem bloßen Eigentum an den Schuldverschreibungen. Damit griff er auf seine Argumentation zurück, nach der das Halten einer Beteiligung grds. keine wirtschaftliche Tätigkeit darstellt[993]. Im Jahr 2004 dann entschied er im Urteil EDM aber, die Fremdkapitalüberlassung im Rahmen des Haltens von Wertpapieren wie Schatzanweisungen und Zertifikaten sei eine umsatzsteuerbare Leistung.[994] Die Zinsen beruhten nämlich nicht auf dem bloßen Eigentum an dem Gegenstand, sondern stellten die Gegenleistung für die Überlassung von Kapital an einen Dritten dar. Da sich Wertpapiere wie Schatzanweisungen und Zertifikate in ihrer Grundkonstruktion in nichts von Schuldverschreibungen unterscheiden, könnte der EuGH mit diesem Urteil von seiner bezeichneten Harnas & Helm-Rspr. abgekehrt sein.

Genauso auf der ersten Stufe angesiedelt stellte sich der EuGH im Jahr 2000 im Urteil Floridienne, Berginvest auf den Standpunkt, die Fremdkapitalüberlassung eines Gesellschafters an seine Gesellschaft im Rahmen eines einfachen Darlehens sei dann keine umsatzsteuerliche Leistung, wenn es sich bei dem Kapital um von der Gesellschaft stammende und bei ihr stehengelassene Dividenden handelt.[995] Die Zinsen aus solchen Darlehen müssten dann nämlich als Ertrag der bloßen Innehabung der Aktie angesehen werden.

Auf der zweiten Stufe angesiedelt führte der EuGH im Urteil Floridienne, Berginvest aus, die Tätigkeit einer Holdinggesellschaft, die im Überlassen von Kapital an ihre Tochtergesellschaften besteht, sei nur dann selbst eine wirtschaftliche

990 EuGH, Urt. v. 11.7.1996 – C-306/94 (Régie dauphinoise), Slg. 1996, I-03695, Rn. 17; Urt. v. 29.4.2004 – C-77/01 (EDM), Slg. 2004, I-4295, Rn. 69.

991 EuGH, Urt. v. 14.11.2000 – C-142/99 (Floridienne, Berginvest), Slg. 2000, I-9567. Rn. 26; Urt. v. 29.4.2004 – C-77/01 (EDM), Slg. 2004, I-4295, Rn. 65.

992 EuGH, Urt. v. 6.2.1997 – C-80/95 (Harnas & Helm), Slg. 1997, I-745, Rn. 18.

993 EuGH, Urt. v. 22.6.1993 – C-333/91 (Sofitam), Slg. 1993, I-03513, Rn. 12; Urt. v. 6.2.1997 – C-80/95 (Harnas & Helm), Slg. 1997, I-00745, Rn. 15.

994 EuGH, Urt. v. 29.4.2004 – C-77/01 (EDM), Slg. 2004, I-4295, Rn. 69.

995 EuGH, Urt. v. 14.11.2000 – C-142/99 (Floridienne, Berginvest), Slg. 2000, I-9567. Rn. 30.

Tätigkeit in Gestalt der Nutzung dieses Kapitals zur nachhaltigen Erzielung von Einnahmen in Form von Zinsen, wenn sie nicht nur gelegentlich ausgeübt wird und sich nicht wie die eines privaten Anlegers auf die Verwaltung von Anlagen beschränkt, sondern im Rahmen eines Unternehmensziels oder zu einem geschäftlichen Zweck erfolgt, der insbesondere durch das Interesse an der Rentabilisierung des investierten Kapitals geprägt ist.[996]

Ebenfalls auf der zweiten Stufe angesiedelt führte der EuGH im Urteil EDM aus, Fremdkapital werde dann von einem Steuerpflichtigen überlassen, wenn die betreffenden Umsätze im Rahmen eines Unternehmensziels oder zu einem geschäftlichen Zweck erfolgen und unter anderem durch eine Absicht der Rentabilisierung des investierten Kapitals geprägt sind.[997] Ein solches Handeln eines Unternehmens sei gegeben, wenn das Unternehmen Mittel, die Teil seines Vermögens sind, einsetzt, um Dienstleistungen zu erbringen, die eine wirtschaftliche Tätigkeit i.S.d. 6. RL darstellen, wie etwa die Gewährung verzinslicher Darlehen durch eine Holdinggesellschaft an ihre Beteiligungsgesellschaften, gleich, ob diese Darlehen als wirtschaftliche Unterstützung der Beteiligungsgesellschaften, als Anlage von Finanzüberschüssen oder aus anderen Gründen gewährt werden.[998]

Im Jahr 1973 stellte sich der BFH im Urteil V R 2/70 auf den Standpunkt, die Unterhaltung von Giro-, Bauspar- und Sparkonten begründe für sich allein nicht die Unternehmereigenschaft einer natürlichen Person, da keine Leistungen im wirtschaftlichen Sinn vorlägen.[999] Mit dieser Begründung ordnete er im selben Jahr im Urteil V R 14/73 dann auch das Halten festverzinslicher Wertpapiere als nichtunternehmerische Tätigkeit ein.[1000] Im Jahr 2012 zeigte er im Urteil V R 40/10, dass er die Rspr. des EuGH zur Fremdkapitalüberlassung einer Holdinggesellschaft an ihre Beteiligungsgesellschaften kannte, äußerte sich aber nicht zu ihr.[1001] Im Jahr 2016 dann aber übernahm er im Urteil XI R 38/12 die Rspr. des EuGH.[1002]

Die Verw. hingegen ist noch auf dem Stand der beiden Urteile aus dem Jahr 1973.[1003] Nach *Wäger* stellt die Vergabe von Darlehen auch dann eine unternehmerische Tätigkeit dar, wenn so Geldmittel angelegt werden, die aus einer unternehmerischen Tätigkeit stammen oder sonstige Umstände vorliegen, durch die sich die Geldanlage von der eines Privatanlegers unterscheidet.[1004] *Stadie* kritisiert

---

996 EuGH, Urt. v. 14.11.2000 – C-142/99 (Floridienne, Berginvest), Slg. 2000, I-9567. Rn. 28.

997 EuGH, Urt. v. 29.4.2004 – C-77/01 (EDM), Slg. 2004, I-4295, Rn. 67.

998 EuGH, Urt. v. 29.4.2004 – C-77/01 (EDM), Slg. 2004, I-4295, Rn. 68.

999 BFH, Urt. v. 1.2.1973 – V R 2/70, BStBl. II 1973, 172, BFHE 107, 494, Leitsatz, Rn. 10.

1000 BFH, Urt. v. 11.10.1973 – V R 14/73, BStBl. II 1974, 47, BFHE 110, 439, Rn. 8.

1001 Siehe dazu BFH, Urt. v. 9.2.2012 – V R 40/10, BStBl. II 2012, 844, BFHE 236, 258, Rn. 31.

1002 BFH, Urt. v. 19.1.2016 – XI R 38/12, BStBl. II 2017, 567, BFHE 252, 516, Rn. 54.

1003 Abschn. 2.3 Abs. 1 S. 5 UStAE.

1004 Wäger in Sölch/Ringleb, UStG, § 4 Nr. 8 Rn. 1.

daran zurecht, es könne nicht auf die Herkunft der Mittel ankommen, da die Wirkung beim Darlehensnehmer stets die gleiche sei.[1005] Eine unternehmerische Tätigkeit sei folglich in allen Fällen zu bejahen.

b) Eigene Auffassung

M.E. kann der Auffassung des EuGH, nach der die Fremdkapitalüberlassung im Rahmen des Haltens einer Schuldverschreibung keine steuerbare Leistung ist, nicht gefolgt werden. Für diese Auffassung führte er an, die Zinsen flössen aus dem bloßen Eigentum an den Schuldverschreibungen. Bei der Frage, ob das Halten einer Beteiligung eine wirtschaftliche Tätigkeit darstellt, hatte er vergleichbar argumentiert. Damit überzeugte er nicht.[1006] Auch vorliegend trägt diese Argumentation nicht. Sie übersieht nämlich den wirtschaftlichen Gehalt des Haltens einer Schuldverschreibung. Es ist nicht zu sehen, warum die Fremdkapitalüberlassung im Rahmen des Haltens einer Schuldverschreibung umsatzsteuerlich anders eingeordnet werden sollte als die, die mit der Geldanlage auf einem Bankkonto oder der Darlehensvergabe an eine Tochtergesellschaft verbunden ist.

Genauso kann der Auffassung des EuGH, eine Fremdkapitalüberlassung sei dann keine steuerbare Leistung, wenn es sich bei dem überlassenen Kapital um stehengelassene Dividenden handelt, nicht gefolgt werden. Für die Frage, ob eine Fremdkapitalüberlassung eine steuerbare Leistung ist, kann die Quelle, aus der das überlassene Kapital stammt, keine Rolle spielen. Außerdem kann schon der Einordnung des Dividendenbezugs nicht gefolgt werden.[1007]

Die Rspr. setzt die Schwelle, ab der Umsätze als unternehmerische Umsätze einzuordnen sind, m.E. generell zu hoch an.[1008] Abgesehen davon, dass die diesbezüglich vom EuGH zur Fremdkapitalüberlassung gemachten Vorgaben völlig unverständlich sind, ist die Fremdkapitalüberlassung m.E. bereits dann als unternehmerische Tätigkeit einzuordnen, wenn sie nachhaltig, also nicht nur gelegentlich ausgeübt wird. Das dürfte bereits bei einer Fremdkapitalüberlassung, die nicht nur kurz dauert, der Fall sein.

Die Fremdkapitalüberlassung ist aber gem. § 4 Nr. 8 lit. a) UStG steuerfrei. Derjenige, der das Fremdkapital überlässt, kann jedoch gem. § 9 Abs. 1 UStG zur Steuerpflicht optieren. Schließlich ist erstens die das Fremdkapital beziehende Gesellschaft m.E. aufgrund ihrer Eigenkapitalüberlassung stets Unternehmer und wird zweitens die Fremdkapitalüberlassung damit auch für ihr Unternehmen ausgeführt.

1005 Stadie in Rau/Dürrwächter, UStG, § 2 Rn. 424.
1006 Siehe dazu B.II.1.a).
1007 Siehe dazu B.II.1.a).
1008 Siehe dazu C.IV.3. und 4.

2. Vorsteuerabzug

a) Betroffene Vorsteuerbeträge

Beim Fremdkapitalbezug geht es um den Abzug einerseits der Vorsteuern, die auf den Eingangsleistungen lasten, die die Gesellschaft anlässlich des Fremdkapitalbezugs bezieht, und andererseits der Vorsteuern, die eventuell auf der Fremdkapitalüberlassung lasten.

b) Rechtsprechung, Verwaltung, Literatur

Im Jahr 1995 führte der EuGH im Urteil BLP aus, ein Unternehmer, der für sein Unternehmen ein Bankdarlehen aufnimmt, habe das Recht auf Abzug der Vorsteuer, die auf den Dienstleistungen eines Finanzberaters lastet, die für die Aufnahme des Darlehens benötigt werden.[1009] Die Kosten dieser Dienstleistungen gehörten nämlich zu den allgemeinen Kosten des Unternehmens und damit zu den Kostenelementen der Produkte. Der EuGH griff in diesem Urteil also nicht auf seine Rspr. zum direkten und unmittelbaren Zusammenhang der Eingangsleistung, auf der die fragliche Vorsteuer lastet, mit der wirtschaftlichen Gesamttätigkeit zurück. Dies lässt den Rückschluss zu, dass er die Darlehensaufnahme nicht für einen nichtsteuerbaren Vorgang hielt, den es bei der Prüfung des Rechts auf Abzug der Vorsteuer, die auf anlässlich der Darlehensaufnahme bezogenen Eingangsleistungen lastet, argumentativ zu überwinden gilt.

Der EuGH hat sich nicht mit anderen Formen des Fremdkapitalbezugs befasst. Vor dem Hintergrund seiner Rspr. zum Abzug der Vorsteuer, die auf Eingangsleistungen lastet, die Gesellschaften anlässlich eines Eigenkapitalbezugs beziehen, ist aber anzunehmen, dass er Vorgänge wie die Ausgabe von Schuldverschreibungen für nichtsteuerbare Vorgänge hielte und so Gesellschaften den Abzug der Vorsteuer, die auf Eingangsleistungen lastet, die sie anlässlich dieser Formen des Fremdkapitalbezugs beziehen, gestützt auf einen direkten und unmittelbaren Zusammenhang dieser Eingangsleistungen mit ihrer wirtschaftlichen Gesamttätigkeit zugestehen würde.

Auf diesem Standpunkt steht wohl auch der BFH. Im Jahr 2010 führte er im Urteil V R 29/09 nämlich unter Verweis auf ein Urteil des EuGH aus, dass dann, wenn der Unternehmer Schuldverschreibungen ausgibt um sein Kapital zugunsten seiner wirtschaftlichen Tätigkeit im Allgemeinen zu stärken, die Kosten der Dienstleistungen, die er hierfür bezieht, Teil seiner allgemeinen Kosten seien und damit zu den Preiselementen seiner Produkte gehörten[1010]. Die bezogenen Dienstleistungen hingen dann direkt und unmittelbar mit der wirtschaftlichen Gesamttätigkeit des Steuerpflichtigen zusammen.

1009 EuGH, Urt. v. 6.4.1995 – C-4/94 (BLP Group), Slg. 1995, I-00983, Rn. 25.
1010 BFH, Urt. v. 6.5.2010 – V R 29/09, BStBl. II 2010, 885, BFHE 230, 263, Rn. 34.

Es ist also davon auszugehen, dass der EuGH unabhängig von der Art des Fremdkapitalbezugs zum Abzug der bezeichneten Vorsteuern kommt.

Im Jahr 2009 stellte sich der EuGH im Urteil Securenta, in dem es um die Ausgabe von Aktien und stillen Beteiligungen ging, bzgl. der Frage, ob zwischen den anlässlich einer Kapitalaufnahme bezogenen Eingangsleistungen und den den Vorsteuerabzug eröffnenden steuerbaren und steuerpflichtigen Ausgangsumsätzen ein direkter und unmittelbarer Zusammenhang besteht, auf den Standpunkt, dass dafür der Einsatz des bezogenen Kapitals maßgeblich sei.[1011] Es liegt nahe, dass der EuGH auch beim Fremdkapitalbezug die Verwendung des Kapitals für den bezeichneten Zusammenhang für maßgeblich hält.

Unter Verweis auf das angesprochene BFH-Urteil V R 29/09 steht die Verw. auf dem Standpunkt, dass die Kosten für die Begebung von Inhaberschuldverschreibungen zu den allgemeinen Kosten des Unternehmers gehörten und somit grds. direkt und unmittelbar mit dessen wirtschaftlicher Tätigkeit zusammenhingen.[1012] Damit sollte sie auch in den anderen Fällen des Fremdkapitalbezugs grds. zum Abzug der bezeichneten Vorsteuern kommen.

c) Eigene Auffassung

Sowohl der Abzug der Vorsteuer, die auf den Eingangsleistungen lastet, die die Gesellschaft anlässlich des Fremdkapitalbezugs bezieht, als auch der Abzug der Vorsteuer, die eventuell auf der Fremdkapitalüberlassung selbst lastet, richtet sich m.E. danach, wofür die Gesellschaft das Fremdkapital einsetzt. Finanziert sie damit steuerpflichtige Umsätze, kann sie die Vorsteuer abziehen. Finanziert sie damit hingegen steuerfreie Umsätze, ist sie nicht zum Abzug der Vorsteuer berechtigt, es sei denn, es handelt sich um echt steuerfreie Umsätze. Wenn sich nicht klären lässt, für welche Umsätze das bezogene Fremdkapital eingesetzt wird, ist wie beim Eigenkapitalbezug auf die Ausgangsumsätze zu schauen, die nicht ausschließlich einer Fremd- oder Eigenkapitalfinanzierung zugeordnet werden können. Das Verhältnis der steuerpflichtigen Umsätze zu der Summe der steuerpflichtigen und der nicht steuerpflichtigen Umsätze unter diesen Ausgangsumsätzen bestimmt dann den Umfang des Rechts auf Abzug der bezeichneten Vorsteuern.

VIII. Zusammenfassung

Die Auffassungen, die zum Recht von Holdings auf Abzug der Vorsteuern, die auf Eingangsleistungen lasten, die sie bspw. beim Erwerb, Halten und Veräußern von Beteiligungen beziehen, vertreten werden, sind nicht auf einen Blick zu überschauen. Daher sei im Folgenden nur meine Auffassung dazu zusammengefasst:

1011 EuGH, Urt. v. 13.3.2008 – C-437/06 (Securenta), Slg. 2008, I-1597, Rn. 27 f.

1012 Abschn. 15.21 Abs. 5 S. 1 UStAE.

M.E. überlassen Gesellschafter ihren Gesellschaften regelmäßig Eigenkapital. Wenn die Eigenkapitalüberlassung aus der Sicht desjenigen, um dessen Vorsteuerabzug es geht, Ausgangsleistung ist, richtet sich der Abzug der Vorsteuer, die auf den Eingangsleistungen lastet, die er anlässlich des Erwerbs, des Haltens oder der Veräußerung der Beteiligung, der Gründung der Gesellschaft oder einer effektiven Kapitalerhöhung, des Ausscheidens aus der Gesellschaft oder der Auflösung derselben bezieht, m.E. danach, ob die besagte Eigenkapitalüberlassung steuerpflichtig ist oder nicht, denn die Eingangsleistungen stehen mit dieser im direkten und unmittelbaren Zusammenhang. Hinzu kommt, dass die Ausgaben für diese Eingangsleistungen Kostenbestandteil der Eigenkapitalüberlassung sind.

Wenn der Gesellschafter seiner Gesellschaft nicht nur Eigenkapital überlässt, sondern daneben auch noch andere steuerbare Leistungen erbringt und die Erbringung dieser anderen steuerbaren Leistungen nur aufgrund seiner Stellung als Gesellschafter möglich ist, werden die bezeichneten Eingangsleistungen regelmäßig nicht nur mit der Eigenkapitalüberlassung, sondern auch mit diesen anderen steuerbaren Leistungen im direkten und unmittelbaren Zusammenhang stehen, was sich auf den Umfang des Rechts zum Vorsteuerabzug auswirkt.

Bei der Gesellschaftsgründung und bei der effektiven Kapitalerhöhung können daneben auch noch weitere Umsätze zur Eigenkapitalüberlassung treten. Bei der Einbringung einer Sache bspw. eine Lieferung des Gesellschafters an die Gesellschaft. Auch diese Umsätze wirken sich auf den Umfang des Rechts zum Abzug der Vorsteuern aus, die auf den bezeichneten Eingangsleistungen lasten.

Wenn jemand Eigen- oder Fremdkapital bezieht, dann richtet sich sein Recht auf Abzug der Vorsteuern, die eventuell den Eigen- oder Fremdkapitalbezug belasten, und der Vorsteuern, die auf den anlässlich des Eigen- oder Fremdkapitalbezugs bezogenen Eingangsleistungen lasten, m.E. danach, wofür er das Eigen- oder Fremdkapital verwendet.

E. Vorsteuerabzug bei Vorliegen einer Organschaft

I. Rechtsprechung

Der EuGH gewährt Gesellschaftern, die ihren (zukünftigen) Tochtergesellschaften steuerbare Eingriffsleistungen erbringen (wollen), grds. das Recht auf Abzug der Vorsteuer, die auf den Eingangsleistungen lastet, die sie im Zusammenhang mit dem Erwerb, dem Halten oder der Veräußerung dieser Beteiligungen beziehen. Dazu führt er in fast allen Fällen aus, es bestehe zwar kein direkter und unmittelbarer Zusammenhang zwischen den besagten Eingangsleistungen und Ausgangsleistungen, die das Vorsteuerabzugsrecht eröffneten. Die Kosten für die Eingangsleistungen seien aber Teil der allgemeinen Kosten des Gesellschafters, so dass ein direkter und unmittelbarer Zusammenhang zwischen den Eingangsleistungen und der wirtschaftlichen Tätigkeit des Gesellschafters bestehe, soweit der Gesellschafter einer wirtschaftlichen Tätigkeit nachgeht respektive bei der Beteiligungsveräußerung mit den aus der Beteiligungsveräußerung eingenommenen Geldern einer solchen nachgehen will. Dabei sei das Halten von Beteiligungen, denen er steuerbare Eingriffsleistungen erbringt respektive erbringen will, in allen Fällen nicht vorsteuerabzugsschädlich.

Da eine Rechtsfolge der Organschaft ist, dass die sog. Innenumsätze nichtsteuerbar sind,[1013] stellt sich die Frage, ob die Gesellschafter nach der angeführten Rspr. auch dann zum vollständigen Abzug der bezeichneten Vorsteuer berechtigt sind, wenn sie mit ihren Tochtergesellschaften organschaftlich verbunden sind. Denn dann erbringen sie keine steuerbaren Ausgangsleistungen, an die die Rspr. anknüpfen könnte, nach der das Halten einer Beteiligung wohl dann eine wirtschaftliche Tätigkeit darstellt, wenn es mit steuerbaren Eingriffsleistungen einhergeht.

GA Mengozzi hat sich im Jahr 2015 im Verfahren Larentia + Minerva mit dieser Frage beschäftigt.[1014] Ausgelöst wurde dies durch Überlegungen des BFH, die dieser im Jahr 2013 im Vorlagebeschluss dieses Verfahrens angestellt hatte. Gegenstand des Verfahrens war die Frage, in welchem Umfang einer Holding das Recht auf Abzug der Vorsteuer zusteht, die auf den Eingangsleistungen lastet, die sie anlässlich des Erwerbs von Beteiligungen bezieht, denen sie steuerbare Eingriffsleistungen erbringen will.[1015] Dazu stellte sich der BFH auf den Standpunkt, es sei

1013 Das ergibt sich aus § 2 Abs. 2 Nr. 2 S. 2 und 3 UStG. Siehe dazu Treiber in Sölch/Ringleb, UStG, § 2 Rn. 262.

1014 Siehe dazu EuGH, Schlussanträge des GA v. 26.3.2015 – C-108/14 (Larentia + Minerva), Rn. 50 ff.

1015 Siehe dazu EuGH, Schlussanträge des GA v. 26.3.2015 – C-108/14 (Larentia + Minerva), Rn. 1.

möglich, dass der Holding der Vorsteuerabzug nicht vollumfänglich zu gewähren sei, da sich die Eingangsleistungen nicht nur auf die steuerbaren Eingriffsleistungen, sondern auch auf das aus seiner Sicht nichtwirtschaftliche Erwerben und Halten der Beteiligungen bezögen.[1016]

Darauf aufbauend brachte er die Überlegung auf, das aus seiner Sicht nichtwirtschaftliche Erwerben und Halten der Beteiligungen an den Tochtergesellschaften könnte aber dann eventuell nicht als vorsteuerabzugsschädlich zu berücksichtigen sein, wenn die Holding mit ihren Tochtergesellschaften eine Organschaft bildet.[1017] Dann nämlich könnten der Erwerb und das Halten dieser Beteiligungen sowie die Aufnahme eines Gesellschafters zur Beschaffung zusätzlichen Kapitals eventuell als wirtschaftliche Tätigkeit im Allgemeinen zu beurteilen sein, mit der Folge, dass für anlässlich solcher Beteiligungserwerbe bezogene Dienstleistungen ein uneingeschränktes Recht auf Vorsteuerabzug besteht. Für diese Auffassung verwies er auf die bereits angesprochenen Urteile KapHag Renditefonds 35 und Kretztechnik, in denen der EuGH entschieden hatte, dass die Eigenkapitalaufnahme keine wirtschaftliche Tätigkeit darstelle, der Abzug der Vorsteuer, die auf anlässlich der Eigenkapitalaufnahme bezogenen Eingangsleistungen lastet, aber zulässig sei, wenn dies der Stärkung des Kapitals der Gesellschaft zugunsten ihrer wirtschaftlichen Tätigkeit im Allgemeinen dient, da die Kosten der Eingangsleistungen dann Teil ihrer allgemeinen Kosten seien und damit zu den Preiselementen ihrer Produkte gehörten[1018].

Zu diesen Überlegungen äußerte sich GA Mengozzi dergestalt, dass der Abzug der auf den bezeichneten Eingangsleistungen lastenden Vorsteuer mit der Begründung, es bestehe ein direkter und unmittelbarer Zusammenhang mit der gesamten wirtschaftlichen Tätigkeit, bei Vorliegen einer Mehrwertsteuergruppe nicht bejaht werden könne, da die Mehrwertsteuergruppe zur Folge habe, dass die Leistungen, an die diese Rspr. anknüpft, umsatzsteuerlich nichtexistent sind.[1019]

Der EuGH hat sich zu diesen Überlegungen noch nicht geäußert. Es ist aber nicht ausgeschlossen, dass er sich bei Gelegenheit der Sicht des GA anschließt.

Zu der Überlegung des BFH sind zwei Anmerkungen zu machen: Zunächst ist zu sehen, dass seine Überlegung vielleicht schon zum Zeitpunkt ihrer Äußerung überflüssig war und das zumindest heute ist. Es lässt sich nämlich zwar nicht sagen, ob der EuGH das Halten einer Beteiligung, das mit steuerbaren Eingriffsleistungen einhergeht, für eine wirtschaftliche oder nichtwirtschaftliche Tätigkeit

---

1016 BFH, EuGH-Vorlage v. 11.12.2013 – XI R 38/12, BStBl. II 2014, 428, BFHE 244, 94, Rn. 43.

1017 BFH, EuGH-Vorlage v. 11.12.2013 – XI R 38/12, BStBl. II 2014, 428, BFHE 244, 94, Rn. 56.

1018 EuGH, Urt. v. 26.6.2003 – C-442/01 (KapHag Renditefonds 35), Slg. 2003, I-6851, Rn. 43; Urt. v. 26.5.2005 – C-465/03 (Kretztechnik), Slg. 2005, I-4357, Rn. 36.

1019 EuGH, Schlussanträge des GA v. 26.3.2015 – C-108/14 (Larentia + Minerva), Rn. 52.

hält, es kann aber als sicher gelten, dass er in diesen Fällen das Halten der Beteiligung nicht für vorsteuerabzugsschädlich hält.[1020]

Des Weiteren ist anzumerken, dass das Vorliegen einer Organschaft zwar dazu führt, dass die sog. Innenumsätze umsatzsteuerlich nichtexistent sind, sodass für die Zwecke des Vorsteuerabzugs nur auf die Ausgangsumsätze der Organschaft abgestellt werden kann, dies aber nicht bedeutet, dass nicht ein gewisser Zusammenhang zwischen den Eingangsleistungen, auf denen die fraglichen Vorsteuern lasten, und den den Vorsteuerabzug eröffnenden Ausgangsleistungen bestehen muss. So soll es darauf ankommen, dass die Eingangsleistungen in die Ausgangsleistungen einfließen oder einfließen sollen.[1021] Daher kann man nicht, wie es der BFH getan hat, das Halten einer Beteiligung als Nichtumsatz einordnen und gleichzeitig schlicht behaupten, das Recht auf Vorsteuerabzug sei gegeben. Es lässt sich nämlich, wenn man von der grds. Einordnung des Haltens einer Beteiligung durch die Rspr. als Nichtumsatz ausgeht, nicht sagen, dass die für den Beteiligungserwerb bezogenen Eingangsleistungen in die Ausgangsleistungen der Organgesellschaft einfließen.

II. Eigene Auffassung

M.E. geht mit dem Halten einer Beteiligung regelmäßig eine Eigenkapitalüberlassung gegen Gewinnausschüttungen oder -entnahmen einher, die als Innenumsatz ihre Steuerbarkeit verliert, wenn der Gesellschafter mit seiner Gesellschaft organschaftlich verbunden ist.

In der Folge sind für die Frage des Abzugs der Vorsteuer, die auf den Eingangsleistungen lastet, die der Gesellschafter bspw. für den Erwerb, das Halten oder die Veräußerung der Beteiligungen bezieht, die Ausgangsumsätze der Organgesellschaften maßgeblich. Vor dem Hintergrund, dass die Eigenkapitalüberlassung m.E. ein steuerbarer Umsatz ist, ist nämlich auch problemlos davon auszugehen, dass die Eingangsleistungen, auf denen die fragliche Vorsteuer lastet, in die Ausgangsleistungen der Organgesellschaften einfließen.

1020 Siehe dazu B.II.1.b)aa) und D.I.3.c)aa).

1021 Stadie in Rau/Dürrwächter, § 2 Rn. 963, 965.

F. Fremdkapitalüberlassung und Factoring

I. Einleitung

Die bei der umsatzsteuerlichen Beurteilung der Eigenkapitalüberlassung gewonnenen Erkenntnisse sind auch bei der umsatzsteuerlichen Einordnung der Fremdkapitalüberlassung und des Factorings zu berücksichtigen.

II. Fremdkapitalüberlassung

1. Rechtsprechung, Verwaltung, Literatur

Der EuGH geht in den meisten Fällen davon aus, die Fremdkapitalüberlassung falle in den Anwendungsbereich der MwSt.[1022] Bei der sich daran anschließenden Frage, ob derjenige, der das Fremdkapital überlässt, auch als Steuerpflichtiger handelt, ist er aber schon deutlich restriktiver.[1023]

Des Weiteren gehen Rspr., Verw. und Lit. beinahe geschlossen davon aus, die Abtretung einer Geldforderung stelle eine sonstige Leistung dar.[1024] *Stadie* hingegen lehnt das Vorliegen einer sonstigen Leistung mit der Begründung, die Abtretung verschaffe dem Erwerber keinen geldwerten Nutzen, sondern lediglich einen Anspruch auf die Zahlung von Geld, ab.[1025]

2. Eigene Auffassung

M.E. fällt die Fremdkapitalüberlassung immer in den Anwendungsbereich der MwSt.[1026] Des Weiteren handelt derjenige, der das Fremdkapital überlässt, m.E. bereits dann als Steuerpflichtiger, wenn er Fremdkapital nachhaltig, also nicht nur gelegentlich überlässt.[1027] Die Fremdkapitalüberlassung ist aber gem. § 4 Nr. 8 lit. a) UStG steuerfrei. Jedoch kann derjenige, der das Fremdkapital überlässt, gem. § 9 Abs. 1 UStG zur Steuerpflicht optieren, wenn er das Fremdkapital einem anderen Unternehmer für dessen Unternehmen überlässt.

1022 Siehe dazu D.VII.1.a).

1023 Siehe dazu D.VII.1.a).

1024 BFH, Beschl. v. 15.7.1997 – V B 122/96, BFH/NV 1998, 499, Rn. 10; Urt. v. 13.11.2003 – V R 79/01, BStBl. II 2004, 375, BFHE 204, 332, Rn. 39; Abschn. 2.4 Abs. 3 S. 5 und Abschn. 10.5 Abs. 6 UStAE; Heidner in Bunjes, UStG, § 4 Nr. 8 Rn. 20; Wäger in Sölch/Ringleb, UStG, § 4 Nr. 8 Rn. 131.

1025 Stadie, UStG, § 1 Rn. 29.

1026 Siehe dazu D.VII.1.b).

1027 Siehe dazu D.VII.1.b).

Stadies Auffassung zur Frage, ob bei der Abtretung einer Geldforderung eine umsatzsteuerliche Leistung vorliegt, ist im Ergebnis zuzustimmen. Das ergibt sich m.E. aber aus der maßgeblichen wirtschaftlichen Betrachtung[1028] des Vorgangs. Bei dieser zeigt sich, dass der Zessionar die Fremdkapitalüberlassung des Zedenten an den Schuldner fortführt, genauso wie der Neugesellschafter die Eigenkapitalüberlassung des Altgesellschafters an die Gesellschaft fortsetzt[1029]. Die Zahlung des Kaufpreises für die Geldforderung steht entsprechend anstelle der andernfalls nötigen Rückzahlung des Kapitals durch den Schuldner an den Zedenten und der Neuauszahlung des Kapitals durch den Zessionar an den Schuldner. Sowohl die Rückzahlung als auch die Neuauszahlung des Kapitals wären umsatzsteuerlich irrelevante Abwicklungszahlungen. Dann muss aber auch die Kaufpreiszahlung als abkürzende Zusammenfassung dieser beiden Abwicklungszahlungen umsatzsteuerlich irrelevant sein.

Diesem Ergebnis stehen auch § 4 Nr. 8 lit. c) UStG und Art. 135 Abs. 1 lit. d) MwStSystRL nicht entgegen, nach denen die Umsätze im Geschäft mit Forderungen steuerfrei sind. Diese Regelungen beziehen sich nämlich allgemein auf Forderungen und nicht nur auf Geldforderungen, sodass ihnen auch bei der hier vertretenen Auffassung ein Anwendungsbereich verbleibt.

Auch dann, wenn der Kaufpreis für die Geldforderung nicht ihrem Nennwert entspricht, stehen hinter der Kaufpreiszahlung die Rückzahlung des vom Zedenten an den Schuldner überlassenen Kapitals an den Zedenten und die Zahlung von Kapital in gleichem Umfang durch den Zessionar an den Schuldner. Zu diesen beiden umsatzsteuerlich irrelevanten Abwicklungszahlungen gesellt sich dann aber noch eine weitere Zahlung, die ebenfalls in der Kaufpreiszahlung aufgeht. Sie fließt entweder vom Zessionar zum Zedenten oder umgekehrt. Der erste Fall tritt ein, wenn der Kaufpreis den Nennwert der Geldforderung übersteigt. Der zweite tritt ein, wenn der Kaufpreis hinter dem Nennwert der Geldforderung zurückbleibt. Auch diese Zahlung ist umsatzsteuerlich irrelevant. Sie führt nämlich lediglich zu einer Umverteilung zwischen Zedent und Zessionar erstens der Entgelte, die Zedent und Zessionar für die Fremdkapitalüberlassung erhalten, und zweitens eines eventuellen (teilweisen) Forderungsausfalls. Umsatzsteuerlich ist nur die Leistungserbringung gegen Entgelt relevant, nicht aber die Verteilung dieses Entgelts. Die Verlustverteilung ist ebenfalls umsatzsteuerlich irrelevant. Damit ist die Kaufpreiszahlung auch dann, wenn sie dem Nennwert der Geldforderung nicht entspricht, umsatzsteuerlich irrelevant.

Wenn mit der Abtretung einer Forderung die Zahlung von Stückzinsen einhergeht, ist diese Zahlung ebenfalls als umsatzsteuerlich irrelevant einzuordnen, denn es handelt sich bei ihr ebenfalls um eine Form der Entgeltverteilung.

1028 Siehe dazu Fn. 116.
1029 Siehe dazu D.I.2.b).

III. Factoring

1. Einleitung

Beim sog. echten Factoring übernimmt der Factor das Risiko des Forderungsausfalls. Beim sog. unechten Factoring hingegen verbleibt dem Factor im Falle der Uneinbringlichkeit der Forderung die Möglichkeit des Rückgriffs auf den Anschlusskunden. Damit trägt das echte Factoring mehr die Züge eines Kaufgeschäfts, während das unechte Factoring mehr die Züge eines Kreditgeschäfts trägt.[1030] Insgesamt soll es sich beim Factoringvertrag um einen Vertrag eigener Art handeln, der mehrere der gesetzlich geregelten Vertragstypen miteinander kombiniert.

2. Rechtsprechung, Verwaltung, Literatur

Beim echten Factoring nahm der BFH früher an, die Abtretung sei eine steuerfreie Leistung des sog. Anschlusskunden, also des Kunden des Factors, an den Factor, und der Factor erbringe umgekehrt dem Anschlusskunden keine Leistung.[1031] Dann entschied der EuGH aber, der Factor erbringe beim echten Factoring dem Anschlusskunden sehr wohl eine Leistung, und zwar indem er ihn vom Einzug der Forderungen und vom Risiko des Ausfalls derselben entlastet.[1032] Umgekehrt erbringe der Anschlusskunde dem Factor aber keine Leistung. Das Entgelt für die Leistung des Factors bestehe in der Differenz von Nennwert und Kaufpreis der Forderung. Der BFH übernahm diesen Standpunkt.[1033] Beim unechten Factoring hingegen stand er schon zuvor auf dem Standpunkt, der Factor erbringe für den Anschlusskunden verschiedene Leistungen wie das Inkasso, der Anschlusskunde umgekehrt leiste aber nicht an den Factor.[1034] Die Verw. geht ebenfalls davon aus, dass in beiden Varianten des Factorings der Factor dem Anschlusskunden Leistungen erbringe, umgekehrt der Anschlusskunde aber nicht an den Factor leiste.[1035]

Auf Vorlage des BFH[1036] hin entschied der EuGH, diese Rspr. sei bei der Abtretung zahlungsgestörter Forderungen nicht anzuwenden.[1037] In diesen Fällen stelle

---

1030 Roth/Kieninger in MüKo BGB, § 398 Rn. 156.

1031 BFH, Urt. v. 10.12.1981 – V R 75/76, BStBl. II 1982, 200, BFHE 134, 470, Rn. 34; Urt. v. 27.5.1987 – X R 2/81, BStBl. II 1987, 739, BFHE 150, 375, Rn. 14.

1032 EuGH, Urt. v. 26.6.2003 – C-305/01 (MKG-Kraftfahrzeuge-Factoring), Slg. 2003, I-06729, Rn. 49.

1033 BFH, Urt. v. 4.9.2003 – V R 34/99, BStBl. II 2004, 667, BFHE 203, 209, Rn. 30.

1034 BFH, Urt. v. 10.12.1981 – V R 75/76, BStBl. II 1982, 200, BFHE 134, 470, Rn. 37; Urt. v. 27.5.1987 – X R 2/81, BStBl. II 1987, 739, BFHE 150, 375, Rn. 14.

1035 Abschn. 2.4 Abs. 1 S. 2 und 3, Abs. 3 S. 1 UStAE.

1036 BFH, EuGH-Vorlage v. 10.12.2009 – V R 18/08, BStBl. II 2010, 654, BFHE 227, 528, Leitsatz 1 und Rn. 32 ff.

1037 EuGH, Urt. v. 27.10.2011 – C-93/10 (GFKL Financial Services), Slg. 2011, I-10791, Rn. 26.

nämlich die Differenz zwischen dem Nennwert der Forderung und dem Kaufpreis keine Vergütung dar, mit der unmittelbar eine vom Käufer der veräußerten Forderung erbrachte Dienstleistung entgolten werden soll.[1038] Der BFH schloss sich dieser Auffassung an.[1039] In diesen Fällen soll in der Forderungsabtretung also lediglich eine steuerfreie Leistung des Anschlusskunden an den Factor zu sehen sein.

An dieser Rspr. wird zurecht kritisiert, dass es für das Vorliegen einer umsatzsteuerbaren Leistung des Factors an den Anschlusskunden nicht darauf ankommen kann, ob die übertragene Forderung zahlungsgestört ist oder nicht.[1040] Vielmehr müsse entscheidend sein, ob Factor und Anschlusskunde eine entgeltliche Einzugsleistung verabredet haben oder nicht.

3. Eigene Auffassung

M.E. ist in allen Fällen des Factorings, genauso wie in allen anderen Fällen der Forderungsabtretung, unabhängig davon, ob die betroffenen Forderungen zahlungsgestört sind oder nicht, nie davon auszugehen, dass die Abtretung der Forderung durch den Anschlusskunden an den Factor eine umsatzsteuerliche Leistung darstellt. Der Factor führt die Fremdkapitalüberlassung des Anschlusskunden an den Schuldner fort. M.E. ist grds. auch davon auszugehen, dass der Factor dem Anschlusskunden keine steuerbare Leistung erbringt, es sei denn, Factor und Anschlusskunde haben eine entgeltliche Leistung verabredet. Dabei könnte das Entgelt in einem Abschlag vom Kaufpreis bestehen.

1038 EuGH, Urt. v. 27.10.2011 – C-93/10 (GFKL Financial Services), Slg. 2011, I-10791, Rn. 24 f.

1039 BFH, Urt. v. 26.1.2012 – V R 18/08, BStBl. II 2015, 962, BFHE 236, 250, Rn. 30, 31; Urt. v. 4.7.2013 – V R 8/10, BStBl. II 2015, 969, BFHE 242, 271, Rn. 27.

1040 Siehe dazu Robisch in Bunjes, UStG, § 1 Rn. 58 Stichwort: Factoring.

G. Gesamtzusammenfassung

Holdings als Unternehmer
Sowohl der EuGH als auch der BFH – mittlerweile dabei an die Rspr. des EuGH anknüpfend – stehen auf dem Standpunkt, der bloße Erwerb und das bloße Halten einer Beteiligung seien keine wirtschaftlichen respektive unternehmerischen Tätigkeiten.[1041] Diese Auffassung ist insbesondere dafür zu kritisieren, dass sie übersieht, dass mit dem Halten einer Gesellschaftsbeteiligung bei der maßgeblichen wirtschaftlichen Betrachtung regelmäßig eine Eigenkapitalüberlassung einhergeht.[1042]

Nach Auffassung von EuGH und BFH soll aber dann etwas anderes gelten, wenn die Beteiligung unbeschadet der Rechte, die dem Gesellschafter in seiner Eigenschaft als Gesellschafter zustehen, mit unmittelbaren oder mittelbaren Eingriffen in die Verwaltung der Gesellschaft einhergeht, an der die Beteiligung besteht, wobei die Eingriffe des Gesellschafters in die Verwaltung seiner Gesellschaft als wirtschaftliche Tätigkeit anzusehen seien, soweit sie die Vornahme von Tätigkeiten einschließen, die der MwSt unterliegen, wie etwa die Erbringung von administrativen, finanziellen, kaufmännischen und technischen Dienstleistungen.[1043] Sollte diese Auffassung so zu verstehen sein, dass in diesen Fällen das Halten selbst eine wirtschaftliche Tätigkeit darstellt, dann wäre der EuGH insbesondere dafür zu kritisieren, dass es nicht ansatzweise nachvollziehbar ist, warum eine Tätigkeit, die seiner Auffassung nach grds. nichtwirtschaftlich ist, weil es seiner Auffassung nach schon an einem Umsatz fehlt, plötzlich doch wirtschaftlich sein soll, wenn sie mit steuerbaren Leistungen einhergeht.[1044] Sollte diese Auffassung als Hinweis darauf zu verstehen sein, dass die Eingriffsleistungen steuerbar sein können, wenn sie gegen Entgelt erbracht werden, dann hätte der EuGH damit lediglich eine Selbstverständlichkeit angemerkt.

Die Auffassung des BFH, die Gesellschafter könnten mit einer Sacheinlage gegen Beteiligung an der Gesellschaft einen steuerbaren Umsatz erbringen, ist insbesondere deswegen zu kritisieren, da die Gesellschafter die Gesellschaftsbeteiligung durch den Abschluss des Gesellschaftsvertrags mit ihren Mitgesellschaftern erhalten und die Gesellschaftsbeteiligung damit als Entgelt der Gesellschaft für das Erbringen einer Sacheinlage ausfallen muss.[1045] Auch ist zu sehen, dass die Gesellschaftsbeteiligung als Ansammlung von Rechten und Pflichten gar kein einheitliches Entgelt sein könnte.

1041 Siehe dazu B.I.1.a).
1042 Siehe dazu B.II.1.a).
1043 Siehe dazu B.I.1.b)aa).
1044 Siehe dazu B.II.1.b)aa).
1045 Siehe dazu B.II.1.c).

Die Verw. hat im Großen und Ganzen die Auffassung der Rspr. übernommen.[1046] Damit ist an ihr die gleiche Kritik wie an der Rspr. zu üben.[1047]

Nach einer Auffassung sind einem Gesellschafter die Umsätze seiner Gesellschaft zuzurechnen, wenn er mit dieser organschaftlich verbunden ist.[1048] Die an dieser Stelle auszutauschenden Argumente sprechen m.E. weder eindeutig für noch gegen diese Auffassung.[1049] Es ist aber zu sehen, dass bei einer reinen Finanzholding das Vorliegen der wirtschaftlichen Eingliederung nur schwer bejaht werden könnte. Des Weiteren führt die Organschaftsregelung zwar dazu, dass die sog. Innenumsätze nichtsteuerbar sind. Es ist aber nicht klar, ob nach ihr auch nichtwirtschaftliche Tätigkeiten auszublenden sind. Es könnte also sein, dass das Vorliegen der Organschaft dem Organträger für den Abzug der Vorsteuer, die auf den von ihm bezogenen Eingangsleistungen lastet, womöglich überhaupt nicht weiterhülfe.

Nach einer weiteren Auffassung sind einem Gesellschafter, der seiner Gesellschaft unentgeltlich Leistungen erbringt, die Ausgangsleistungen seiner Gesellschaft für die Zwecke des Abzugs der Vorsteuern, die auf den Eingangsleistungen lasten, die er für die unentgeltlichen Leistungen an seine Gesellschaft bezieht, zuzurechnen.[1050] Vergleichbar sollen einer geschäftsleitenden Holding die Umsätze ihrer Tochtergesellschaften zuzurechnen sein. Gegen die erste Zurechnung spricht insbesondere, dass sich nicht sagen lässt, dass die Eingangsleistungen des Gesellschafters unmittelbar durch seine Gesellschaft verwendet werden.[1051] Es ist nämlich der Gesellschafter, der die Eingangsleistungen verwendet, und zwar für seine unentgeltlichen Leistungen an seine Gesellschaft. Gegen die zweite Zurechnung spricht insbesondere, dass sich § 1 Abs. 1 Nr. 1 S. 1 UStG ganz eindeutig entnehmen lässt, dass Unternehmer nur sein kann, wer eigene Leistungen erbringt.

Eigene Auffassung – Leistung
M.E. überlassen die Gesellschafter von Kapital- und Personengesellschaften ihren Gesellschaften regelmäßig Eigenkapital.

Sowohl bei den Kapital- als auch bei den Personengesellschaften darf man für die korrekte umsatzsteuerliche Einordnung der Bareinlage nicht nur die Geldzahlung des Gesellschafters an seine Gesellschaft betrachten, sondern muss darüber hinaus auch noch seine Beteiligung am Auflösungserlös in den Blick nehmen.[1052] Dann zeigt sich, dass der Gesellschafter seiner Gesellschaft nicht nur einmalig Kapital überträgt, sondern ihr dieses während der Zeit ihres Bestehens dauerhaft überlässt. Die Gesellschaft kann mit diesem Kapital wirtschaften, erhält also

1046 Siehe dazu B.I.2.
1047 Siehe dazu B.II.2.
1048 Siehe dazu B.I.3.
1049 Siehe dazu B.II.3.
1050 Siehe dazu B.I.4.
1051 Siehe dazu B.II.4.
1052 Siehe dazu C.II.1.a)bb)(2).

einen verbrauchbaren Vorteil. Dass sich diese Eigenkapitalüberlassung eventuell außerhalb einer Leistung i.S.d. § 241 BGB abspielt, steht der Annahme, dass sie eine umsatzsteuerliche Leistung darstellt, nicht entgegen. Für die Annahme, die Erbringung einer Bareinlage und die spätere Beteiligung des Gesellschafters am Auflösungserlös seien zusammen als Eigenkapitalüberlassung und diese als umsatzsteuerliche Leistung aufzufassen, spricht auch, dass die Fremdkapitalüberlassung eine umsatzsteuerliche Leistung darstellt und die Finanzierung durch eine Bareinlage bei späterer Beteiligung des sie Erbringenden am Auflösungserlös und die Finanzierung durch die Überlassung von Fremdkapital hinreichend gleich sind.

Der Annahme, die Eigenkapitalüberlassung sei eine umsatzsteuerliche Leistung, stehen nicht entgegen:[1053] die Regelung zur Geschäftsveräußerung im Ganzen; die Rspr., nach der für einen steuerbaren Umsatz Leistungen nicht nur im rechtlichen, sondern auch im wirtschaftlichen Sinn vorliegen müssen; der Umstand, dass die Gesellschafter mit ihren Mitspracherechten erstens Einfluss auf Dauer und Umfang ihrer Eigenkapitalüberlassung an ihre Gesellschaft und zweitens auf die Verwendung des überlassenen Eigenkapitals nehmen können; der Umstand, dass nach den Vorschriften der aktuellen Gesellschaftsteuerrichtlinie Kapitalzuführungen in manchen Fällen noch einer Gesellschaftsteuer unterworfen werden können; der Umstand, dass die aktuelle Gesellschaftsteuerrichtlinie grds. indirekte Steuern auf Kapitalzuführungen verbietet; die Regelungen zur umsatzsteuerlichen Organschaft; der Umstand, dass Eigenkapital der Natur der Sache nach nicht dem privaten Endverbraucher überlassen werden kann; der Umstand, dass nach einer Auffassung Voraussetzung einer umsatzsteuerlichen Leistung ist, dass sie unmittelbar privaten Endverbrauch nach sich zieht oder als Vorleistung mittelbar Eingang in eine Leistung finden können muss, die dann privaten Endverbrauch nach sich zieht; eine durch sie selbst hervorgerufene ungerechtfertigte Ungleichbehandlung der Kapitalgesellschaften gegenüber den Einzelunternehmern oder der Abnehmer der Kapitalgesellschaften gegenüber den Abnehmern der Einzelunternehmer; der Umstand, dass die Gesellschafter das Kapital, das sie ihrer Gesellschaft überlassen, bei der Auflösung ihrer Gesellschaft eventuell nicht vollständig zurückerhalten; der Sinn und Zweck der USt.

Vorgänge, die bei wirtschaftlicher Betrachtung identisch sind, dürfen umsatzsteuerlich nicht unterschiedlich beurteilt werden. Bei den Kapitalgesellschaften sind die Sacheinlage, die verdeckte Sacheinlage i.e.S. und die Nebenleistungen, denen eine höhere Beteiligung am Gewinn und Auflösungserlös gegenübersteht, daher so aufzufassen, dass der Gesellschafter seiner Gesellschaft Eigenkapital überlässt und daneben noch einen weiteren Umsatz erbringt.[1054]

Bei den offenen und verdeckten Sachübernahmen und den verdeckten Sacheinlagen, die bei systematischer Betrachtung einer verdeckten Sachübernahme entsprechen, liegt ohnehin eine Bareinlage vor, zu der sich dann noch ein

1053 Siehe dazu C.II.1.a)bb)(2).
1054 Siehe dazu C.II.1.b), c) und d).

Verkehrsgeschäft zwischen dem Gesellschafter und seiner Gesellschaft gesellt.[1055] Der Gesellschafter überlässt also auch in diesen Fällen seiner Gesellschaft Eigenkapital und erbringt ihr daneben noch einen weiteren Umsatz.

Abhängig von dem Gegenstand dieser weiteren Umsätze liegt eine Lieferung (bei Sacheigentum), eine sonstige Leistung (bspw. bei Nutzungsrechten an Sachen und Immaterialgüterrechten, dinglichen Nutzungsrechten an Sachen Dritter, Immaterialgüterrechten, bestehenden Lizenzen an Immaterialgüterrechten Dritter und bei Forderungen gegen Dritte gerichtet auf die Erbringung von Dienstleistungen) oder auch gar keine umsatzsteuerliche Leistung (bei Gesellschaftsanteilen und gegen Dritte gerichteten Geldforderungen) vor.[1056]

Da Vorgänge, die bei wirtschaftlicher Betrachtung identisch sind, umsatzsteuerlich nicht unterschiedlich beurteilt werden dürfen, ist bei den Personengesellschaften bei der Einbringung eines Gegenstands quoad dominium oder quoad sortem davon auszugehen, dass der Gesellschafter seiner Gesellschaft Eigenkapital überlässt und daneben noch einen weiteren Umsatz erbringt.[1057] Wie bei den Kapitalgesellschaften liegt abhängig vom Gegenstand dieses Umsatzes eine Lieferung, eine sonstige Leistung oder gar kein steuerbarer Umsatz vor. Bei der Einbringung eines Gegenstands quoad usum liegt eine Nutzungsüberlassung vor.[1058] Wenn ein Gesellschafter seiner Gesellschaft Dienstleistungen erbringt und dafür eine höhere Beteiligung an Gewinn und Auflösungserlös erhält,[1059] und dann, wenn der Haftung des Gesellschafters für die Verbindlichkeiten seiner Gesellschaft eine höhere Beteiligung an Gewinn und Auflösungserlös gegenübersteht,[1060] ist davon auszugehen, dass der Gesellschafter der Gesellschaft weiteres Eigenkapital überlässt und ihr dazu noch einen weiteren steuerbaren Umsatz erbringt.

Eigene Auffassung – Gegen Entgelt ausgeführt

Die ausgeschütteten oder entnommenen Gewinne sind Entgelt für die Eigenkapitalüberlassung.[1061]

Die von der Rspr. im Laufe der Zeit diskutierten Anforderungen an das Verhältnis von Leistung und Entgelt sind nämlich entweder nicht zu stellen oder bei der Eigenkapitalüberlassung gegen ausgeschüttete oder entnommene Gewinne erfüllt:

Die Leistung muss nicht auf den Erhalt des Entgelts gerichtet sein.[1062] Wenn man doch der Auffassung sein sollte, dass die Leistung auf den Erhalt des Entgelts gerichtet sein muss, ist m.E. aber davon auszugehen, dass die Gesellschafter die Eigenkapitalüberlassung zumindest auch deswegen erbringen, um die

1055 Siehe dazu C.II.1.c).
1056 Siehe dazu C.II.1.b)bb).
1057 Siehe dazu C.II.2.b)bb)(1) und (3).
1058 Siehe dazu C.II.2.b)bb)(2).
1059 Siehe dazu C.II.2.c)bb)(1).
1060 Siehe dazu C.II.2.c)bb)(2).
1061 Siehe dazu C.III.1.
1062 Siehe dazu C.III.1.a)bb)(1).

Gewinnausschüttungen oder -entnahmen zu erhalten. Auch muss das Entgelt nicht auf den Erhalt der Leistung gerichtet sein.[1063] Irgendeinen Zusammenhang von Leistung und Entgelt verlangt die Regelung der Steuerbarkeit aber.[1064] Dieser ist anhand des Ziels der USt, die Leistungsfähigkeit des Endverbrauchers ausgedrückt durch seinen Verbrauchsaufwand zu besteuern, zu ermitteln. Dieses Ziel verlangt die Steuerbarkeit in all den Situationen, in denen der Leistungsempfänger für einen vergangenen, gegenwärtigen oder zukünftigen Leistungsbezug zahlt.

Gleich, ob man davon ausgeht, Gesellschaften müssten ihre Gesellschafter so lange nicht am Gewinn beteiligen, bis sie das versprochene Eigenkapital zur Verfügung gestellt haben (wofür einiges spricht), oder ob man annimmt, Gesellschaften müssten ihre Gesellschafter auch dann ungeschmälert am Gewinn beteiligen, wenn sie ihnen das versprochene Eigenkapital nicht zur Verfügung stellen, ist davon auszugehen, dass die ausgeschütteten oder entnommenen Gewinne bei ordnungsgemäßer Zurverfügungstellung des Eigenkapitals für die Eigenkapitalüberlassung gezahlt werden. Einem Gesellschafter, der seiner Gesellschaft das versprochene Eigenkapital nicht vollumfänglich überlässt, droht nämlich der Verlust seiner Stellung als Gesellschafter und damit auch der Verlust seiner Gewinnausschüttungen oder -entnahmen. Außerdem ist im Interesse einer erfolgreichen Harmonisierung eine gewisse Loslösung von den nationalen zivilrechtlichen Vorgaben nötig.

Dass die ausgeschütteten oder entnommenen Gewinne für die Eigenkapitalüberlassung gezahlt werden, zeigt sich auch daran, dass sich die Höhe der Gewinnausschüttungen oder -entnahmen in der Regel nach dem Umfang der Eigenkapitalüberlassung bemisst. Das gilt auch im Hinblick auf die Dauer der Eigenkapitalüberlassung, da der Markt für Gesellschaftsanteile für eine Verteilung der Gewinnausschüttungen oder -entnahmen auf die Gesellschafter nach der Dauer ihrer Eigenkapitalüberlassung an ihre Gesellschaft sorgt.

Das Merkmal des unmittelbaren Zusammenhangs von Leistung und Entgelt kann nicht mehr als die Kausalität der Leistung für das Entgelt verlangen.[1065] Es muss kein Rechtsverhältnis zwischen dem Leistenden und dem Leistungsempfänger bestehen.[1066] Selbst wenn man ein Rechtsverhältnis für entscheidend hielte, wäre es im vorliegenden Fall mit dem Gesellschaftsvertrag gegeben. Im Hinblick auf das Ziel der USt, die Leistungsfähigkeit des Endverbrauchers ausgedrückt durch seinen Verbrauchsaufwand umfassend zu besteuern, dürfen die Merkmale der Gegenseitigkeit von Leistung und Entgelt und des Austauschs von Leistung und Entgelt nicht so verstanden werden, dass Leistung und Entgelt in einem synallagmatischen Verhältnis zueinander stehen müssen.[1067] Das Merkmal, nach dem

1063 Siehe dazu C.III.1.a)bb)(2).
1064 Siehe dazu C.III.1.a)bb)(3).
1065 Siehe dazu C.III.1.a)bb)(4)(ii).
1066 Siehe dazu C.III.1.a)bb)(4)(iii).
1067 Siehe dazu C.III.1.a)bb)(4)(iv) und (v).

die vom Leistenden empfangene Vergütung den tatsächlichen Gegenwert für die dem Leistungsempfänger erbrachte Dienstleistung bilden muss, ist gänzlich abzulehnen.[1068]

Die ausgeschütteten oder entnommenen Gewinne sind auch deswegen Entgelt für die Eigenkapitalüberlassung, weil die neben der Frage des Verhältnisses des potenziellen Entgelts zur Leistung an das potenzielle Entgelt zu stellenden Anforderungen erfüllt sind:

Der Gesellschafter kann eine potenzielle Umsatzsteuerbelastung auf die Gesellschaft abwälzen.[1069] Die Gewinnausschüttungen und -entnahmen stellen Kostenbestandteile von Leistungen, die privaten Endverbrauch nach sich ziehen, dar.[1070] Es ist irrelevant, dass zum Zeitpunkt der Verpflichtung des Gesellschafters bspw. zur Erbringung einer Bareinlage noch nicht klar ist, wie hoch die zukünftigen Gewinnausschüttungen oder -entnahmen sein werden oder ob es überhaupt zu diesen kommen wird.[1071] Mit der Feststellung des Umfangs der an den einzelnen Gesellschafter auszuzahlenden Gewinnausschüttung oder mit der Anforderung der Gewinnentnahme durch den einzelnen Gesellschafter ist das Entgelt nämlich erfassbar und bemessbar, sodass mit diesem Moment dann der Umsatz vorliegt. Es kommt auch nicht zu einer unzulässigen Doppelbesteuerung.[1072]

Wenn eine Nichtausschüttung oder eine Nichtentnahme eines auf einen Personengesellschafter entfallenden Gewinnanteils zu einer Fremdkapitalposition dieses Gesellschafters führt, dann ist in Höhe dieser Fremdkapitalposition ebenfalls ein Entgelt für seine Eigenkapitalüberlassung zum Zeitpunkt der Entstehung dieser Fremdkapitalposition gegeben.[1073] Eventuelle Auflösungsgewinne sind auch Entgelt für die Eigenkapitalüberlassung.[1074] Ein eventueller Veräußerungsgewinn eines Gesellschafters hingegen stellt kein Entgelt für seine Eigenkapitalüberlassung dar.[1075] Entnahmen aus dem Kapitalanteil sind wiederum Entgelt für die Eigenkapitalüberlassung.[1076] Bei den Zahlungen aufgrund einer effektiven Kapitalherabsetzung handelt es sich um die teilweise Rückzahlung überlassenen Eigenkapitals.[1077] Die auf einem Gewinnabführungsvertrag beruhenden Gewinnabführungen sind, soweit sie nicht als Ausgleichszahlungen an die außenstehenden Aktionäre weiterzuleiten sind, Entgelt für die Eigenkapitalüberlassung, wenn derjenige, mit dem der Gewinnabführungsvertrag besteht, auch Aktionär der Gesellschaft ist.[1078] Die

1068 Siehe dazu C.III.1.a)bb)(4)(vi).
1069 Siehe dazu C.III.1.b).
1070 Siehe dazu C.III.1.c).
1071 Siehe dazu C.III.1.d).
1072 Siehe dazu C.III.1.e).
1073 Siehe dazu C.III.2.a).
1074 Siehe dazu C.III.2.b).
1075 Siehe dazu C.III.2.c).
1076 Siehe dazu C.III.2.d).
1077 Siehe dazu C.III.2.e).
1078 Siehe dazu C.III.2.f).

ebenfalls auf dem Gewinnabführungsvertrag beruhenden Ausgleichszahlungen an die außenstehenden Aktionäre sind genauso als Entgelt für ihre Eigenkapitalüberlassung einzuordnen. Die beim Bestehen eines Beherrschungsvertrags zu zahlenden Ergänzungsdividenden sind entsprechend Entgelt für die Eigenkapitalüberlassung der außenstehenden Aktionäre.

Eigene Auffassung – Von einem Unternehmer ausgeführt
Gesellschafter, die ihren Gesellschaften Eigenkapital überlassen, sind stets Unternehmer. Erstens erfüllen sie nämlich mit ihrer Eigenkapitalüberlassung immer die geschriebenen Tatbestandsmerkmale des § 2 Abs. 1 S. 1 und 3 UStG. Und zweitens sind die von der Rspr. zur Unternehmereigenschaft aufgeworfenen ungeschriebenen Merkmale allesamt irrelevant:

Gesellschafter, die ihrer Gesellschaft Eigenkapital überlassen, üben eine selbständige, nachhaltige, gewerbliche oder berufliche Tätigkeit zur Erzielung von Einnahmen aus.[1079]

Wenn die Beteiligung an der Gesellschaft, der der Gesellschafter das Eigenkapital überlässt, nicht einer anderen unternehmerischen Tätigkeit des Gesellschafters dient, spricht viel dafür, dass die Eigenkapitalüberlassung eine private Vermögensverwaltung darstellt. Das steht ihrer Einordnung als unternehmerische Tätigkeit aber nicht entgegen.[1080] Aber auch dann, wenn man doch dazu kommen sollte, dass die private Vermögensverwaltung grds. keine unternehmerische Tätigkeit darstellt, müsste man die Eigenkapitalüberlassung als Gegenstandsnutzung i.S.d. Art. 9 Abs. 1 UAbs. 2 S. 2 MwStSystRL für eine unternehmerische Tätigkeit halten.

Für die Einordnung einer entgeltlichen Leistungserbringung als unternehmerische Tätigkeit muss sie keinen Mindestumfang erreichen.[1081] Es ist auch nicht zu verlangen, dass mit ihr ein bestimmter Zeit- und Arbeitskrafteinsatz verbunden ist.[1082] Es bedarf auch keiner Marktbeteiligung[1083] oder eines Geschäftslokals[1084]. Die Tätigkeit des potenziellen Unternehmers muss auch nicht über eine bloße Gefälligkeit gegen Aufwandsersatz hinausgehen.[1085]

Wenn man diese Merkmale hingegen doch für relevant hielte, müsste man zumindest in den folgenden drei Fällen zum Ergebnis kommen, dass die Eigenkapitalüberlassung eine unternehmerische Tätigkeit darstellt:[1086] Erstens, wenn ein Gesellschafter nicht nur einer Gesellschaft oder einem festen Kreis von Gesellschaften Eigenkapital überlässt, sondern für verschiedene Eigenkapitalinvestments

1079 Siehe dazu C.IV.3.
1080 Siehe dazu C.IV.4.c)aa).
1081 Siehe dazu C.IV.4.c)bb).
1082 Siehe dazu C.IV.4.c)cc).
1083 Siehe dazu C.IV.4.c)dd).
1084 Siehe dazu C.IV.4.c)ee).
1085 Siehe dazu C.IV.4.c)ff).
1086 Siehe dazu C.IV.5.

offen ist und sich entsprechend ständig auf der Suche nach möglichen Engagements befindet. Zweitens, wenn der Gesellschafter zur Aufstellung eines Konzernabschlusses und eines Konzernlageberichts oder zur Unterstützung eines Mutterunternehmens bei der Aufstellung eines Konzernabschlusses und eines Konzernlageberichts verpflichtet ist. Drittens, wenn die Eigenkapitalüberlassung eines solchen Umfangs ist, dass der Gesellschafter für sie jährlich zumindest um die 5 000 Euro Entgelt erhält.

Eigene Auffassung – Im Rahmen seines Unternehmens ausgeführt[1087]
Da die Eigenkapitalüberlassung selbst die Gesellschafter zu Unternehmern macht, führen sie die Eigenkapitalüberlassung auch im Rahmen ihres Unternehmens aus.

Eigene Auffassung – Im Inland ausgeführt[1088]
Gem. § 3a Abs. 2 S. 1 UStG wird die Eigenkapitalüberlassung an dem Ort ausgeführt, von dem aus der Empfänger der Eigenkapitalüberlassung sein Unternehmen betreibt. Gem. § 3a Abs. 2 S. 2 UStG ist dann aber, wenn die Eigenkapitalüberlassung an die Betriebsstätte eines Unternehmers ausgeführt wird, statt des Orts, von dem aus der Empfänger der Eigenkapitalüberlassung sein Unternehmen betreibt, der Ort der Betriebsstätte maßgebend. Da sich bis auf ganz wenige Ausnahmen nicht eindeutig feststellen lässt, an welche Betriebsstätte die Eigenkapitalüberlassung ausgeführt wird, ist regelmäßig davon auszugehen, dass die Eigenkapitalüberlassung an dem Ort, von dem aus der Empfänger der Eigenkapitalüberlassung sein Unternehmen betreibt, ausgeführt wird.

Eigene Auffassung – Steuerfreiheit[1089]
Die Eigenkapitalüberlassung ist aber gem. Art. 135 Abs. 1 lit. f) MwStSystRL steuerfrei. Falls sich § 4 Nr. 8 lit. f) UStG nicht dahingehend richtlinienkonform auslegen lassen sollte, dass die Eigenkapitalüberlassung steuerfrei ist, ergäbe sich ihre Steuerfreiheit im Wege der unmittelbaren Wirkung von RL direkt aus Art. 135 Abs. 1 lit. f) MwStSystRL. Diese Regelung ist nämlich hinreichend genau und inhaltlich unbedingt.

Eigene Auffassung – Option zur Steuerpflicht[1090]
Die Gesellschafter können jedoch gem. § 9 Abs. 1 UStG zur Steuerpflicht ihrer Eigenkapitalüberlassung optieren.

Eigene Auffassung – Zeitpunkt der Entstehung der USt[1091]
Wenn der Gesellschafter die USt nach vereinbarten Entgelten berechnet, entsteht die USt mit Ablauf des Voranmeldungszeitraums, in den die Feststellung des Umfangs der Gewinnausschüttung oder die Anforderung der Gewinnentnahme

1087 Siehe dazu C.V.
1088 Siehe dazu C.VI.
1089 Siehe dazu C.VII.
1090 Siehe dazu C.VIII.
1091 Siehe dazu C.IX.

durch den Gesellschafter fällt. Berechnet der Gesellschafter die USt nach vereinnahmten Entgelten, entsteht die USt mit Ablauf des Voranmeldungszeitraums, in dem es zur Gewinnausschüttung oder -entnahme kommt.

Eigene Auffassung – Reverse Charge[1092]
Wenn derjenige, der einer Gesellschaft, die von einem im Inland gelegenen Ort aus ihr Unternehmen betreibt, Eigenkapital überlässt, im Ausland ansässig ist, schuldet die Gesellschaft die USt auf die Eigenkapitalüberlassung. Auch im umgekehrten Fall, in dem derjenige, der einer Gesellschaft, die von einem im übrigen Gemeinschaftsgebiet gelegenen Ort aus ihr Unternehmen betreibt, Eigenkapital überlässt, im Inland ansässig ist, schuldet die Gesellschaft die USt auf die Eigenkapitalüberlassung.

Eigene Auffassung – Überlegungen zur Umsetzung[1093]
Wenn man sich dazu entschlösse, die Eigenkapitalüberlassung wie vorliegend vorgeschlagen zu behandeln, müsste man den Gesellschaftern eine Übergangsfrist einräumen, in der sie den Gesellschaftsvertrag respektive die Satzung ihrer Gesellschaft so anpassen können, dass es allen Gesellschaftern untersagt ist, zur Steuerpflicht zu optieren. Des Weiteren ist zu überlegen, bei sammelverwahrten Aktien die auszahlende Stelle zur Abführung der USt, zur Ausstellung der Rechnung über die Eigenkapitalüberlassung und zu ihrer Übermittelung an die AG zu verpflichten. So lange Aktien noch klassisch verwahrt werden und sich nicht eindeutig sagen lässt, welchen Umfangs die Eigenkapitalüberlassung ist, die mit dem Halten einer Aktie einhergeht, sollte es die Verw. nicht beanstanden, wenn bei der Ermittlung des Auflösungsgewinns der durchschnittliche Eigenkapitalüberlassungsumfang herangezogen wird.

Vorsteuerabzug – Veräußerung einer Beteiligung
Nach der h.M. sind Beteiligungsveräußerungen sonstige Leistungen respektive Dienstleistungen.[1094] Der EuGH geht in den Fällen des gewerblichen Wertpapierhandels und dann, wenn der Veräußerer der Gesellschaft, an der er beteiligt war, steuerbare Eingriffsleistungen erbracht hat, von einer wirtschaftlichen Tätigkeit aus.[1095] Gleiches gilt, wenn der Veräußerer die Beteiligung veräußert, um den Veräußerungserlös für seine wirtschaftliche Tätigkeit oder die einer seiner Konzerngesellschaften einzusetzen. In der Lit. wird angenommen, dass sich aus der Rspr. des EuGH ergebe, dass auch die Beteiligungsveräußerungen der Verwalter von Investmentvermögen wirtschaftliche Tätigkeiten sind. Die Verw. steht über die Rspr. des EuGH hinausgehend auf dem Standpunkt, Veräußerungen von Gesellschaftsbeteiligungen stellten auch dann eine unternehmerische Tätigkeit dar, wenn

1092 Siehe dazu C.X.
1093 Siehe dazu C.XI.
1094 Siehe dazu D.I.2.a)aa).
1095 Siehe dazu D.I.2.a)cc)(1).

die veräußerte Beteiligung nicht um ihrer selbst willen gehalten wurde, sondern der Förderung einer unternehmerischen Tätigkeit diente, oder wenn der Veräußerer ein Finanzinvestor ist, der sanierungsreife Gesellschaften erwirbt, um sie nach erfolgter Sanierung gewinnbringend zu veräußern.[1096] Nach *Englisch* sind Beteiligungsveräußerungen neben den Fällen des gewerblichen Wertpapierhandels und der professionellen Fondsverwaltung nur dann unternehmerische Tätigkeiten, wenn sie als Hilfsgeschäft einzuordnen sind.[1097] Die steuerbaren Beteiligungsveräußerungen sind aber steuerfrei.[1098]

M.E. können Gesellschaftsbeteiligungen schon gar nicht Gegenstand eines Umsatzes sein.[1099] Sie sind Ansammlungen von Rechten und Pflichten. Damit sind bei der Übertragung einer Gesellschaftsbeteiligung grds. vielmehr zwei Umsätze gegeben. Der Altgesellschafter überträgt dem Neugesellschafter seine gesellschaftsbezogenen Rechte, während der Neugesellschafter die gesellschaftsbezogenen Pflichten des Altgesellschafters von diesem übernimmt und ihn so von diesen befreit. Die Kaufpreiszahlung ist der Saldo der Entgelte für diese beiden Leistungen.

Geht das Halten einer Gesellschaftsbeteiligung allerdings mit der Überlassung von Eigenkapital einher, führt der Neugesellschafter bei der maßgeblichen wirtschaftlichen Betrachtung die Eigenkapitalüberlassung des Altgesellschafters an die Gesellschaft fort. Dann treten die Übertragung der gesellschaftsbezogenen Rechte und die Übernahme der gesellschaftsbezogenen Pflichten, soweit sie mit der Eigenkapitalüberlassung in Zusammenhang stehen, hinter die fortgeführte Eigenkapitalüberlassung zurück, sodass ihre Übertragung respektive Übernahme umsatzsteuerlich irrelevant ist.

Des Weiteren stehen dann hinter der Kaufpreiszahlung zwei Zahlungen. Die erste ist die Rückzahlung des vom Altgesellschafter an die Gesellschaft überlassenen Kapitals durch die Gesellschaft an den Altgesellschafter. Die zweite ist die Zahlung von Kapital in gleichem Umfang vom Neugesellschafter an die Gesellschaft. Beide wären vergleichbar der Auszahlung und Rückzahlung der Valuta bei einem Darlehen als umsatzsteuerlich irrelevante Abwicklungszahlungen einzuordnen. Dann muss aber auch die diese beiden Zahlungen zusammenfassende Kaufpreiszahlung umsatzsteuerlich irrelevant sein.

Der EuGH geht davon aus, dass bei einer nichtsteuerbaren Beteiligungsveräußerung der Veräußerer die Vorsteuer, die auf den Eingangsleistungen lastet, die er anlässlich der Veräußerung bezieht, insoweit abziehen kann, als er das Entgelt für die veräußerte Beteiligung wirtschaftlichen Tätigkeiten zuführt.[1100] Dann sei nämlich von einem direkten und unmittelbaren Zusammenhang der Eingangsleistungen

1096 Siehe dazu D.I.2.a)cc)(2).
1097 Siehe dazu D.I.2.a)cc)(3).
1098 Siehe dazu D.I.2.a)dd).
1099 Siehe dazu D.I.2.b).
1100 Siehe dazu D.I.3.c)aa).

mit diesen wirtschaftlichen Tätigkeiten auszugehen. Das Halten von Beteiligungen an Gesellschaften, denen er keine steuerbaren Eingriffsleistungen erbringt, soll dabei keine wirtschaftliche Tätigkeit darstellen. Der BFH hat sich nicht mit dem Abzug dieser Vorsteuer befasst. Es ist aber nicht ausgeschlossen, dass er hier wie bei der steuerbaren aber steuerfreien Beteiligungsveräußerung den direkten und unmittelbaren Zusammenhang zwischen den Eingangsleistungen, auf denen die fragliche Vorsteuer lastet, und der nichtsteuerbaren Beteiligungsveräußerung sehen würde, damit den Vorsteuerabzug ablehnen und so der Auffassung der Verw. folgen würde.

Zu der nach seiner Auffassung in den vorliegenden Fällen für die Bestimmung des Umfangs des Vorsteuerabzugs manchmal nötigen Prüfung, in welchem Umfang der Erlös aus der Beteiligungsveräußerung für wirtschaftliche Tätigkeiten verwendet wird, ist zu sehen, dass sich der EuGH wiederholt auf den Standpunkt gestellt hat, es obliege den Mitgliedstaaten, für die Aufteilung von Vorsteuerbeträgen danach, ob sich die entsprechenden Aufwendungen auf wirtschaftliche oder auf nichtwirtschaftliche Tätigkeiten beziehen, die hierfür geeigneten Methoden und Kriterien festzulegen. Es ist zwar möglich, dass der BFH in den vorliegenden Fällen den Vorsteuerabzug ablehnen würde. Es sei aber darauf hingewiesen, dass er zur Aufteilung von Vorsteuerbeträgen, die sich auf wirtschaftliche und auf nichtwirtschaftliche Tätigkeiten beziehen, auf dem Standpunkt steht, in geeigneten Fällen sei § 15 Abs. 4 UStG analog anzuwenden. Die Verw. lehnt den Vorsteuerabzug in den vorliegenden Fällen ab. Es sei aber darauf hingewiesen, dass auch sie bei der Aufteilung von Vorsteuerbeträgen auf wirtschaftliche und auf nichtwirtschaftliche Tätigkeiten § 15 Abs. 4 UStG analog anwenden möchte.

Bei der steuerfreien Beteiligungsveräußerung lässt der EuGH den Abzug der bezeichneten Vorsteuer zu.[1101] Er stützt ihn auf seine Rspr. zum direkten und unmittelbaren Zusammenhang zwischen den von der bezeichneten Vorsteuer belasteten Eingangsleistungen und der wirtschaftlichen Gesamttätigkeit. Sein Umfang soll sich nach der Verwendung der durch die Veräußerung erhaltenen Gelder für wirtschaftliche und nichtwirtschaftliche Tätigkeiten richten. BFH und Verw. hingegen stehen noch auf dem Standpunkt, der Veräußerer dürfe die Vorsteuer nicht abziehen, da der maßgebliche direkte und unmittelbare Zusammenhang zwischen den von der bezeichneten Vorsteuer belasteten Eingangsleistungen und der steuerfreien Anteilsveräußerung und nicht zwischen diesen Eingangsleistungen und der wirtschaftlichen Gesamttätigkeit bestehe.

Nach Auffassung des EuGH darf der Veräußerer bei einer Geschäftsveräußerung im Ganzen die bezeichnete Vorsteuer abziehen.[1102] Die Kosten für diese Eingangsleistungen gehörten nämlich zu seinen allgemeinen Kosten und gingen als solche in den Preis der Produkte seines Unternehmens ein. Es ist aber davon auszugehen, dass der Vorsteuerabzug insoweit zu kürzen ist, als der Veräußerer die

1101 Siehe dazu D.I.3.c)bb).
1102 Siehe dazu D.I.3.c)cc).

eingenommen Gelder für nichtwirtschaftliche Tätigkeiten verwendet. Die Verw. würde den Abzug der bezeichneten Vorsteuerbeträge wohl ablehnen.

Die Rspr. hat sich nicht mit dem Vorsteuerabzug bei der steuerbaren und steuerpflichtigen Beteiligungsveräußerung beschäftigt.[1103] Es ist aber davon auszugehen, dass sie ihn wie die Verw. zuließe.

M.E. richtet sich der Abzug der bezeichneten Vorsteuer nach der Besteuerung der Eigenkapitalüberlassung, die mit dem Halten der veräußerten Beteiligung einherging.[1104] Die von ihr belasteten Eingangsleistungen stehen nämlich in direktem und unmittelbarem Zusammenhang mit dieser Eigenkapitalüberlassung. Der für sie getätigte Aufwand ist auch Kostenbestandteil der Eigenkapitalüberlassung.

Wenn der Veräußerer seiner Gesellschaft nicht nur Eigenkapital überlassen hat, sondern daneben auch noch andere steuerbare Leistungen erbracht hat und ihre Erbringung nur aufgrund seiner Stellung als Gesellschafter möglich war, werden die bezeichneten Eingangsleistungen regelmäßig nicht nur mit der Eigenkapitalüberlassung, sondern auch mit diesen anderen steuerbaren Leistungen in direktem und unmittelbarem Zusammenhang stehen. Wenn die Vorsteuer nach § 15 Abs. 4 UStG aufgeteilt werden muss, besteht die präziseste Methode m.E. in einem Umsatzschlüssel.

Vorsteuerabzug – Erwerb einer Beteiligung
Der EuGH ist der Auffassung, der Erwerber einer Beteiligung könne die Vorsteuer, die auf den von ihm anlässlich des Beteiligungserwerbs bezogenen Eingangsleistungen lastet, abziehen, wenn er der Gesellschaft, an der er dann beteiligt ist, steuerbare Eingriffsleistungen erbringen möchte.[1105] Zwar bestehe kein direkter und unmittelbarer Zusammenhang zwischen diesen Eingangsleistungen und zum Abzug berechtigenden Ausgangsumsätzen. Die Kosten für die Eingangsleistungen seien aber Teil der allgemeinen Kosten des Erwerbers. Entsprechend bestehe ein direkter und unmittelbarer Zusammenhang zwischen den Eingangsleistungen und seiner wirtschaftlichen Gesamttätigkeit. Der Vorsteuerabzug sei aber nur insoweit zulässig, als die wirtschaftliche Gesamttätigkeit aus wirtschaftlichen Tätigkeiten besteht. Für die Ermittlung des Umfangs des direkten und unmittelbaren Zusammenhangs der Eingangsleistungen mit der wirtschaftlichen Gesamttätigkeit soll auf die Tätigkeiten abzustellen sein, die das Halten der erworbenen Beteiligung zu einer wirtschaftlichen Tätigkeit werden lassen, und nicht auf die Gesamttätigkeit des Gesellschafters. Die Verw. steht auf dem Standpunkt, der Erwerber einer Beteiligung könne die bezeichnete Vorsteuer dann abziehen, wenn er der Beteiligung Eingriffsleistungen erbringt.

1103 Siehe dazu D.I.3.c)dd).
1104 Siehe dazu D.I.3.d).
1105 Siehe dazu D.II.2.b).

M.E. richtet sich der Abzug der bezeichneten Vorsteuer nach der Besteuerung der Eigenkapitalüberlassung, die mit dem Halten der erworbenen Beteiligung einhergeht.[1106] Die Eingangsleistungen, auf denen die fragliche Vorsteuer lastet, stehen nämlich in direktem und unmittelbarem Zusammenhang mit dieser Eigenkapitalüberlassung. Der für sie getätigte Aufwand ist auch Kostenbestandteil der Eigenkapitalüberlassung.

Vorsteuerabzug – Halten einer Beteiligung

Die Rspr. steht auf dem Standpunkt, das Halten einer Beteiligung sei nur ausnahmsweise eine unternehmerische respektive wirtschaftliche Tätigkeit.[1107] Dem hat sich die Verw. im Wesentlichen angeschlossen. In der Lit. wird vertreten, die Unternehmereigenschaft einer Gesellschaft sei unter bestimmten Umständen ihren Gesellschaftern zuzurechnen. M.E. hingegen geht mit dem Halten einer Beteiligung regelmäßig die steuerbare Überlassung von Eigenkapital gegen Gewinnausschüttungen oder -entnahmen einher.[1108]

Die Rspr. hat sich nicht eigens mit dem Abzug der Vorsteuer befasst, die auf den Eingangsleistungen lastet, die von einem Gesellschafter anlässlich des Haltens einer Beteiligung bezogen werden.[1109] Es ist aber davon auszugehen, dass der EuGH in den Fällen, in denen der Gesellschafter seiner Gesellschaft steuerbare Eingriffsleistungen erbringt, ihren Abzug aufgrund eines direkten und unmittelbaren Zusammenhangs zwischen den Eingangsleistungen, auf denen sie lastet, und seiner wirtschaftlichen Gesamttätigkeit zulassen würde, aber nur insoweit, als seine Gesamttätigkeit aus wirtschaftlichen Tätigkeiten besteht.

Die Verw. steht auf dem Standpunkt, ein Gesellschafter könne die bezeichnete Vorsteuer dann abziehen, wenn er der Beteiligung Eingriffsleistungen erbringt.

M.E. richtet sich der Abzug der bezeichneten Vorsteuer nach der Besteuerung der mit dem Halten der Beteiligung einhergehenden Eigenkapitalüberlassung.[1110] Die mit der fraglichen Vorsteuer belasteten Eingangsleistungen stehen nämlich in direktem und unmittelbarem Zusammenhang mit dieser Eigenkapitalüberlassung. Der für sie getätigte Aufwand ist auch Kostenbestandteil der Eigenkapitalüberlassung.

Vorsteuerabzug – Gesellschaftsgründung und effektive Kapitalerhöhung

Der BFH ist der Auffassung, die Einbringung von Wirtschaftsgütern durch einen Unternehmer in eine Personengesellschaft zu Eigentum gegen Beteiligung an der Personengesellschaft und die Einbringung von Wirtschaftsgütern durch einen Unternehmer in eine Kapitalgesellschaft gegen Beteiligung an der

1106 Siehe dazu D.II.2.c).
1107 Siehe dazu D.III.1.a).
1108 Siehe dazu D.III.1.b).
1109 Siehe dazu D.III.2.b).
1110 Siehe dazu D.III.2.c).

Kapitalgesellschaft seien steuerbare Umsätze.[1111] Bei der Erbringung einer Bareinlage hingegen sieht er keinen steuerbaren Umsatz. Dem hat sich die Verw. angeschlossen.

M.E. geht mit dem Halten einer Beteiligung regelmäßig die Überlassung von Eigenkapital einher.[1112] Wenn der Gesellschafter bspw. Sacheigentum einbringt, tritt neben diese dauerhafte Leistung auch noch eine einmalige Lieferung. Die Einräumung gesellschaftsbezogener Rechte ist umsatzsteuerlich irrelevant. Soweit sie mit der Eigenkapitalüberlassung in Zusammenhang stehen, tritt ihre Einräumung hinter diese zurück. Soweit sie nicht mit der Eigenkapitalüberlassung in Zusammenhang stehen, steht ihrer Einräumung kein Entgelt gegenüber.

Der BFH müsste der Auffassung sein, dass der (zukünftige) Gesellschafter die Vorsteuer, die auf den Eingangsleistungen lastet, die er anlässlich der Gesellschaftsgründung oder einer effektiven Kapitalerhöhung bezieht, vollständig abziehen kann, wenn die Erbringung der Sacheinlage nicht steuerfrei ist.[1113] Bei der Erbringung einer Bareinlage kommt der BFH zum Abzug der bezeichneten Vorsteuer, wenn die Beteiligung den Zwecken einer unternehmerischen Tätigkeit dient. Da sich die Verw. hinsichtlich der umsatzsteuerlichen Beurteilung der vorliegend besprochenen Vorgänge der Auffassung des BFH angeschlossen hat, sollte ihre Auffassung zum Abzug der bezeichneten Vorsteuerbeträge ebenfalls nicht von der des BFH abweichen.

M.E. richtet sich der Abzug der bezeichneten Vorsteuer nach der Besteuerung der mit dem Halten der Beteiligung einhergehenden Eigenkapitalüberlassung.[1114] Die mit der fraglichen Vorsteuer belasteten Eingangsleistungen stehen nämlich in direktem und unmittelbarem Zusammenhang mit dieser Eigenkapitalüberlassung. Der für sie getätigte Aufwand ist auch Kostenbestandteil der Eigenkapitalüberlassung.

Vorsteuerabzug – Ausscheiden aus einer Gesellschaft und Gesellschaftsauflösung
Nach Auffassung des BFH liegt in den Fällen des Ausscheidens aus einer Personengesellschaft nur dann ein Umsatz vor, wenn der Gesellschafter mit Gegenständen des Betriebsvermögens abgefunden wird.[1115] Das Entgelt soll wohl im Verzicht des Ausscheidenden auf seine Gesellschaftsrechte liegen. In den Fällen der Auflösung einer Personengesellschaft geht er entsprechend dann vom Vorliegen eines Umsatzes aus, wenn die Wirtschaftsgüter der Gesellschaft auf die Gesellschafter verteilt werden. Das Entgelt liege im Verzicht der Gesellschafter auf ihre Gesellschaftsrechte.

1111 Siehe dazu D.IV.1.a).
1112 Siehe dazu D.IV.1.b).
1113 Siehe dazu D.IV.2.b).
1114 Siehe dazu D.IV.2.c).
1115 Siehe dazu D.V.3.a).

In der Lit. wird vertreten, dass dann, wenn ein Gesellschafter gegen die Zahlung einer Abfindung aus einer fortbestehenden Personengesellschaft ausscheidet, in der Rückgabe der Anteile spiegelbildlich zur Behandlung ihrer Ausgabe durch die Rspr. keine Leistung des Gesellschafters an die Gesellschaft zu sehen sei. Bei einer Barabfindung leiste auch die Gesellschaft nichts. Bei einer Sachabfindung hingegen erbringe die Gesellschaft dem ausscheidenden Gesellschafter eine entgeltliche Leistung, wobei das Entgelt in den Gesellschaftsanteilen bestehe. Ein Umsatz sei auch im Fall der Auflösung der Gesellschaft gegeben, und zwar dann, wenn den Gesellschaftern Betriebsvermögen übertragen wird, wobei das Entgelt in der Aufgabe der Gesellschaftsrechte bestehe.

Zu den Vorgängen des Ausscheidens aus einer Gesellschaft und der Gesellschaftsauflösung bei den Kapitalgesellschaften finden sich in Rspr. und Lit. keine eigenen Ausführungen. Die Verw. hat sich zu dem vorliegenden Fragenkomplex überhaupt nicht geäußert.

Gleich, ob es sich um eine Kapitalgesellschaft oder um eine Personengesellschaft handelt, führen die Auszahlung der Abfindung und des auf die einzelnen Gesellschafter entfallenden Auflösungserlöses m.E. zum Ende der Eigenkapitalüberlassung des ausscheidenden Gesellschafters respektive aller Gesellschafter.[1116] Bei diesen Zahlungen handelt es sich vergleichbar der Rückzahlung der Valuta eines Darlehens um umsatzsteuerlich irrelevante Abwicklungszahlungen. Allerdings nur bis zur Höhe des Umfangs der mit dem jeweiligen Anteil einhergehenden Eigenkapitalüberlassung. Soweit die bezeichneten Zahlungen darüber hinausgehen, handelt es sich bei ihnen um Entgeltzahlungen für die Eigenkapitalüberlassung.

Wenn einem Gesellschafter die Abfindung oder der auf ihn entfallende Auflösungserlös teilweise oder vollständig nicht ausgezahlt wird, sondern stattdessen Gegenstände des Betriebsvermögens in entsprechendem Umfang übertragen werden, kann m.E. mit der Beendigung der Eigenkapitalüberlassung ein weiterer steuerbarer Umsatz einhergehen.

Es ist davon auszugehen, dass Rspr., Verw. und Lit. vom Recht auf Abzug der Vorsteuern ausgehen, die auf den Eingangsleistungen lasten, die ein Gesellschafter anlässlich seines Ausscheidens oder der Auflösung bezieht, wenn er seiner Gesellschaft steuerbare Eingriffsleistungen erbracht hat oder wenn die Beteiligung einem ihm zugehörigen Unternehmen gedient hat.[1117]

M.E. kann ein Gesellschafter die bezeichnete Vorsteuer dann abziehen, wenn seine Eigenkapitalüberlassung an seine Gesellschaft steuerpflichtig war.[1118] Die Eingangsleistungen stehen nämlich in direktem und unmittelbarem Zusammenhang mit ihr. Der für die Eingangsleistungen getätigte Aufwand ist auch Kostenbestandteil der Eigenkapitalüberlassung.

1116 Siehe dazu D.V.3.b).
1117 Siehe dazu D.V.4.b).
1118 Siehe dazu D.V.4.c).

Vorsteuerabzug – Eigenkapitalbezug

Der Eigenkapitalbezug ist das Gegenstück zur Gesellschaftsgründung und zur effektiven Kapitalerhöhung. Der BFH stand früher auf dem Standpunkt, bei der Gründung einer Personengesellschaft und beim Eintritt in eine solche erbringe die Gesellschaft dem Gesellschafter den Gesellschaftsanteil gegen Bareinlage oder Sacheinlage, worin ein steuerbarer aber gem. § 4 Nr. 8 lit. f) UStG steuerfreier Umsatz zu erblicken sei.[1119] Mittlerweile geht die Rspr. einheitlich davon aus, dass in beiden Situationen keine Leistung der Gesellschaft an den Gesellschafter vorliegt. Dem hat sich auch die Verwaltung angeschlossen.

Da der Eigenkapitalbezug das Gegenstück zur Gesellschaftsgründung und zur effektiven Kapitalerhöhung ist, gilt auch hier das dort Gesagte:[1120] M.E. geht mit dem Halten einer Beteiligung an einer Kapital- oder Personengesellschaft regelmäßig die Überlassung von Eigenkapital gegen Gewinnausschüttungen oder -entnahmen einher. Aus der Sicht der Gesellschaft zeigt sich diese Eigenkapitalüberlassung als Eigenkapitalbezug, also als Eingangsleistung.

Beim Eigenkapitalbezug geht es einerseits um den Abzug der Vorsteuern, die auf den Eingangsleistungen lasten, die die Gesellschaft anlässlich des Eigenkapitalbezugs bezieht, und anderseits um den Abzug der Vorsteuern, die eventuell auf dem Eigenkapitalbezug selbst lasten.[1121]

Der EuGH bejaht den Abzug der Vorsteuer, die auf den Eingangsleistungen lastet, die eine Gesellschaft anlässlich eines Eigenkapitalbezugs bezieht.[1122] Es bestehe nämlich ein direkter und unmittelbarer Zusammenhang dieser Eingangsleistungen mit der wirtschaftlichen Gesamttätigkeit der Gesellschaft. Aus seiner Sicht nichtwirtschaftliche Tätigkeiten wie das Halten von Beteiligungen, denen die Gesellschaft keine Eingriffsleistungen erbringt, sollen aber zur Kürzung des Vorsteuerabzugs führen. Für die Bestimmung des Umfangs des Zusammenhangs der Eingangsleistungen, auf denen die fragliche Vorsteuer lastet, mit der wirtschaftlichen Tätigkeit hält er den Einsatz des bezogenen Kapitals für maßgeblich. BFH und Verw. teilen diese Auffassung im Wesentlichen.

M.E. richtet sich der Abzug sowohl der Vorsteuer, die auf den Eingangsleistungen lastet, die die Gesellschaft anlässlich des Eigenkapitalbezugs bezieht, als auch der Vorsteuer, die eventuell auf dem Eigenkapitalbezug selbst lastet, danach, wofür die Gesellschaft das Eigenkapital einsetzt.[1123]

Vorsteuerabzug – Fremdkapitalbezug

Das Gegenstück zum Fremdkapitalbezug ist die Fremdkapitalüberlassung. Abweichend von der Auffassung des EuGH[1124] stellt die entgeltliche

1119 Siehe dazu D.VI.1.a).
1120 Siehe dazu D.VI.1.b).
1121 Siehe dazu D.VI.2.a).
1122 Siehe dazu D.VI.2.b).
1123 Siehe dazu D.VI.2.c).
1124 Siehe dazu D.VII.1.a).

Fremdkapitalüberlassung m.E. immer einen Umsatz dar[1125]. Auch ist die Schwelle, ab der Umsätze als unternehmerische Umsätze einzuordnen sind, generell deutlich niedriger anzusetzen. Damit ist die Fremdkapitalüberlassung bereits dann als unternehmerische Tätigkeit einzuordnen, wenn sie nachhaltig, also nicht nur gelegentlich ausgeübt wird. Das dürfte bereits dann der Fall sein, wenn sie nicht nur kurz dauert. Die Fremdkapitalüberlassung ist aber gem. § 4 Nr. 8 lit. a) UStG steuerfrei. Derjenige, der das Fremdkapital überlässt, kann jedoch gem. § 9 Abs. 1 UStG zur Steuerpflicht optieren.

Beim Fremdkapitalbezug geht es einerseits um den Abzug der Vorsteuern, die auf den Eingangsleistungen lasten, die die Gesellschaft anlässlich des Fremdkapitalbezugs bezieht, und andererseits um den Abzug der Vorsteuern, die eventuell auf der Fremdkapitalüberlassung selbst lasten.[1126]

Beim Fremdkapitalbezug durch ein Bankdarlehen bejahte der EuGH den Abzug der Vorsteuer, die auf den anlässlich des Fremdkapitalbezugs bezogenen Dienstleistungen eines Finanzberaters lastet, da die Kosten dieser Dienstleistungen zu den allgemeinen Kosten des Unternehmens und damit zu den Kostenelementen seiner Produkte gehörten.[1127] Der EuGH hat sich nicht mit anderen Formen des Fremdkapitalbezugs befasst. Vor dem Hintergrund seiner Rspr. zum Abzug der Vorsteuer, die auf Eingangsleistungen lastet, die Gesellschaften anlässlich eines Eigenkapitalbezugs beziehen, ist aber anzunehmen, dass er Vorgänge wie die Ausgabe von Schuldverschreibungen für nichtsteuerbare Vorgänge hielte und so Gesellschaften den Abzug der Vorsteuer, die auf Eingangsleistungen lastet, die sie anlässlich dieser Formen des Fremdkapitalbezugs beziehen, gestützt auf einen direkten und unmittelbaren Zusammenhang dieser Eingangsleistungen mit ihrer wirtschaftlichen Gesamttätigkeit zugestehen würde. Auf diesem Standpunkt stehen wohl auch der BFH und die Verw.

M.E. richtet sich der Abzug sowohl der Vorsteuer, die auf den Eingangsleistungen lastet, die eine Gesellschaft anlässlich eines Fremdkapitalbezugs bezieht, als auch der Vorsteuer, die eventuell auf der Fremdkapitalüberlassung selbst lastet, danach, wofür die Gesellschaft das Fremdkapital einsetzt.[1128]

Vorsteuerabzug bei Vorliegen einer Organschaft

Der EuGH gewährt Gesellschaftern, die ihren (zukünftigen) Tochtergesellschaften steuerbare Eingriffsleistungen erbringen (wollen), grds. das Recht auf Abzug der Vorsteuer, die auf den Eingangsleistungen lastet, die sie im Zusammenhang mit dem Erwerb, dem Halten oder der Veräußerung dieser Beteiligungen beziehen.[1129] Dazu führt er in fast allen Fällen aus, es bestehe zwar kein direkter und

1125 Siehe dazu D.VII.1.b).
1126 Siehe dazu D.VII.2.a).
1127 Siehe dazu D.VII.2.b).
1128 Siehe dazu D.VII.2.c).
1129 Siehe dazu E.I.

unmittelbarer Zusammenhang zwischen den besagten Eingangsleistungen und Ausgangsleistungen, die das Vorsteuerabzugsrecht eröffneten. Die Kosten für die Eingangsleistungen seien aber Teil der allgemeinen Kosten des Gesellschafters, so dass ein direkter und unmittelbarer Zusammenhang zwischen den Eingangsleistungen und der wirtschaftlichen Tätigkeit des Gesellschafters bestehe, soweit der Gesellschafter einer wirtschaftlichen Tätigkeit nachgeht respektive bei der Beteiligungsveräußerung mit den aus der Beteiligungsveräußerung eingenommenen Geldern einer solchen nachgehen will. Dabei sei das Halten von Beteiligungen, denen er keine steuerbaren Eingriffsleistungen erbringt respektive erbringen will, in allen Fällen nicht vorsteuerabzugsschädlich.

Da eine Rechtsfolge der Organschaft ist, dass die sog. Innenumsätze nichtsteuerbar sind, stellt sich die Frage, ob die Gesellschafter nach der angeführten Rspr. auch dann zum vollständigen Abzug der bezeichneten Vorsteuer berechtigt sind, wenn sie mit ihren Tochtergesellschaften organschaftlich verbunden sind. Denn dann erbringen sie keine steuerbaren Ausgangsleistungen, an die die Rspr. anknüpfen könnte, nach der das Halten einer Beteiligung wohl dann eine wirtschaftliche Tätigkeit darstellt, wenn es mit steuerbaren Eingriffsleistungen einhergeht.

GA Mengozzi steht auf dem Standpunkt, beim Vorliegen einer Mehrwertsteuergruppe könne der Vorsteuerabzug nicht bejaht werden, da die Mehrwertsteuergruppe zur Folge habe, dass die Leistungen, an die die bezeichnete Rspr. anknüpft, umsatzsteuerlich nichtexistent sind. Der EuGH hat sich zu diesen Überlegungen noch nicht geäußert.

M.E. geht mit dem Halten einer Beteiligung regelmäßig eine Eigenkapitalüberlassung gegen Gewinnausschüttungen oder -entnahmen einher, die als Innenumsatz ihre Steuerbarkeit verliert, wenn der Gesellschafter mit seiner Gesellschaft organschaftlich verbunden ist.[1130]

In der Folge sind für die Frage des Abzugs der Vorsteuer, die auf den Eingangsleistungen lastet, die der Gesellschafter bspw. für den Erwerb, das Halten oder die Veräußerung der Beteiligungen bezieht, die Ausgangsumsätze der Organgesellschaften maßgeblich. Vor dem Hintergrund, dass die Eigenkapitalüberlassung m.E. ein steuerbarer Umsatz ist, ist nämlich auch problemlos davon auszugehen, dass die Eingangsleistungen, auf denen die fragliche Vorsteuer lastet, in die Ausgangsleistungen der Organgesellschaften einfließen.

Fremdkapitalüberlassung und Factoring

Die bei der umsatzsteuerlichen Beurteilung der Eigenkapitalüberlassung gewonnenen Erkenntnisse sind auch bei der umsatzsteuerlichen Einordnung der Fremdkapitalüberlassung und des Factorings zu berücksichtigen. Abweichend von der Auffassung der Rspr. fällt die Fremdkapitalüberlassung m.E. immer in den Anwendungsbereich der MwSt.[1131] Wenn das Fremdkapital nachhaltig, also nicht nur

1130 Siehe dazu E.II.
1131 Siehe dazu F.II.2.

gelegentlich überlassen wird, wird es m.E. auch schon von einem Steuerpflichtigen überlassen. Die Fremdkapitalüberlassung ist aber gem. § 4 Nr. 8 lit. a) UStG steuerfrei. Jedoch kann derjenige, der das Fremdkapital überlässt, gem. § 9 Abs. 1 UStG zur Steuerpflicht optieren, wenn er das Fremdkapital einem anderen Unternehmer für dessen Unternehmen überlässt.

Des Weiteren stellt die Abtretung einer Geldforderung abweichend von der h.M. m.E. keine sonstige Leistung dar. Das ergibt sich aus der maßgeblichen wirtschaftlichen Betrachtung des Vorgangs. Bei dieser zeigt sich, dass der Zessionar die Fremdkapitalüberlassung des Zedenten an den Schuldner fortführt, genauso wie der Neugesellschafter die Eigenkapitalüberlassung des Altgesellschafters an die Gesellschaft fortsetzt. Die Zahlung des Kaufpreises für die Geldforderung steht entsprechend anstelle der andernfalls nötigen Rückzahlung des Kapitals durch den Schuldner an den Zedenten und der Neuauszahlung des Kapitals durch den Zessionar an den Schuldner. Sowohl die Rückzahlung als auch die Neuauszahlung des Kapitals wären umsatzsteuerlich irrelevante Abwicklungszahlungen. Dann muss aber auch die Kaufpreiszahlung als abkürzende Zusammenfassung dieser beiden Abwicklungszahlungen umsatzsteuerlich irrelevant sein.

Diese Sicht auf die Abtretung von Geldforderungen wirkt sich auch auf die umsatzsteuerliche Beurteilung des Factorings aus. Rspr. und Verw. sehen sowohl beim echten als auch beim unechten Factoring eine Leistung des Factors an den Anschlusskunden.[1132] Das Entgelt für diese Leistung soll dabei in der Differenz von Nennwert und Kaufpreis der Forderung bestehen. Bei der Abtretung von zahlungsgestörten Forderungen hingegen soll die Differenz zwischen dem Nennwert der Forderung und dem Kaufpreis keine Vergütung für eine Leistung des Factors darstellen. Stattdessen soll die Abtretung eine steuerfreie Leistung des Anschlusskunden an den Factor sein.

M.E. ist in den Fällen des Factorings, genauso wie in allen anderen Fällen der Forderungsabtretung, unabhängig davon, ob die betroffenen Forderungen zahlungsgestört sind oder nicht, nie davon auszugehen, dass die Abtretung der Forderung durch den Anschlusskunden an den Factor eine umsatzsteuerliche Leistung darstellt.[1133] Der Factor führt die Fremdkapitalüberlassung des Anschlusskunden an den Schuldner fort. M.E. ist grds. auch davon auszugehen, dass der Factor dem Anschlusskunden keine steuerbare Leistung erbringt, es sei denn, Factor und Anschlusskunde haben eine entgeltliche Leistung verabredet. Dabei könnte das Entgelt in einem Abschlag vom Kaufpreis bestehen.

1132 Siehe dazu F.III.2.

1133 Siehe dazu F.III.3.

H. Literaturverzeichnis

Ahrens, Claus: Gewerblicher Rechtsschutz, Tübingen 2008.

Altmeppen, Holger/Roth, Günter: Gesetz betreffend die Gesellschaften mit beschränkter Haftung, 8. Auflage, München 2015 (zitiert: *Bearbeiter* in Roth/Altmeppen, GmbHG).

Bachem, Rolf Georg: Holdinggesellschaft. Umsatzsteuerliche Organträgerschaft und Vorsteuerabzug?, BB 1994, 1608.

Baumbach/Hopt, Handelsgesetzbuch: 37. Auflage, München 2016 (zitiert: *Bearbeiter* in Baumbach/Hopt).

Baumbach/Hueck, Gesetz betreffend die Gesellschaften mit beschränkter Haftung: Hueck, Alfred (Hrsg.), 21. Auflage, München 2017 (zitiert: *Bearbeiter* in Baumbach/Hueck, GmbHG).

Becker, Stefanie/Englisch, Joachim: Zur Umsatzsteuerbarkeit der Geschäftsführung für Personengesellschaften, UR 2009, 701.

Beck'scher Online-Kommentar BGB: Bamberger, Heinz Georg/Roth, Herbert/Hau, Wolfgang/Poseck, Roman (Hrsg.), 43. Edition, Stand: 15.6.2017 (zitiert: *Bearbeiter* in BeckOK BGB).

Berk, Jonathan/DeMarzo, Peter: Grundlagen der Finanzwirtschaft. Analyse, Entscheidung und Umsetzung, Hallbergmoos 2016, Originalausgabe: Corporate Finance, 3rd edition (zitiert: Finanzwirtschaft).

Berninger, Axel: Vermögenszuordnung zwischen Gesellschaft und Gesellschafter bei der Einbringung quoad sortem (dem Werte nach). Zugleich eine Anmerkung zum Beschluss des BGH vom 15.6.2009, II ZR 242/08, DStR 2010, 874.

Birkenfeld, Wolfram: Unternehmer und Unternehmen. Neue Entwicklungen im Umsatzsteuerrecht, DStR 1994, 81.

Birkenfeld, Wolfram/Wäger, Christoph (Hrsg.): Das große Umsatzsteuer-Handbuch, 77. Ergänzungslieferung, Köln November 2017 (zitiert: *Bearbeiter* in Birkenfeld/Wäger, USt-Handbuch).

Blanke, Gernot: Umsatzsteuerrechtliche Behandlung von Gesellschafterbeiträgen bei Personengesellschaften, Köln 1991 (zitiert: Blanke, Gesellschafterbeiträge).

Bletz, Ralf D.: Zur umsatzsteuerrechtlichen Behandlung des Sonderbetriebsvermögens bei der Mitunternehmerschaft, BB 1987, 1788.

Blümich, EStG, KStG, GewStG: Band 4 (§§ 1–40 KStG, §§ 27–54a KStG a.F., §§ 1–37 GewStG), Heuermann, Bernd/Brandis, Peter (Hrsg.), 139. Ergänzungslieferung, München November 2017 (zitiert: *Bearbeiter* in Blümich, EStG/KStG/GewStG).

Bunjes, Umsatzsteuergesetz. Kommentar: 16. Auflage, München 2017 (zitiert: *Bearbeiter* in Bunjes, UStG).

Calliess, Christian/Ruffert, Matthias (Hrsg.): EUV/AEUV. Das Verfassungsrecht der Europäischen Union mit Europäischer Grundrechtecharta, 5. Auflage, München 2016 (zitiert: *Bearbeiter* in Calliess/Ruffert, EUV, AEUV).

Eikelau, Dieter: Einlagen und Beiträge bei Personengesellschaften im Umsatz- und Mehrwertsteuerrecht, UR 1967, 236.

Emmerich/Habersack, Aktien- und GmbH-Konzernrecht: 8. Auflage, München 2016 (zitiert: *Bearbeiter* in Emmerich/Habersack, Aktien- und GmbH-Konzernrecht).

Englisch, Joachim: Umsatzsteuerrechtliche Behandlung gesellschaftsrechtlicher Beteiligungen. Anmerkung zum BMF-Schreiben vom 26.1.2007, UR 2007, 290.

Englisch, Joachim/Friedrich-Vache, Heidi: Umsatzsteuerrechtliche Aspekte der Anteilsveräußerung (IFSt-Schrift Nr. 477), Berlin 2011 (zitiert: Englisch/Friedrich-Vache, Anteilsveräußerung).

Friedrich-Vache, Heidi: Umsatzsteuerliche Behandlung des Share Deal. Neuerungen durch das EuGH-Urteil AB SKF?, EU-UStB 2011, 33.

Giesberts, Franz J.: Ableitungen aus dem Leistungsbegriff für die Beurteilung des Kommissionsgeschäfts im Umsatzsteuerrecht. Zum Urteil des BFH vom 25.11.1986. Zugleich eine Erwiderung auf Wolfgang Schön, Die Kommission im Umsatzsteuerrecht, UR 1988, 1, UR 1988, 137.

– Zum Leistungsbegriff und zum Beginn eines Unternehmens im Sinne des Umsatzsteuerrechts. Eine kritische Stellungnahme zu Wagner „Beginn, Ruhen und Ende eines Unternehmens“, StuW 1991, 61, StuW 1991, 175.

– Zur Qualifizierung des Unternehmerbegriffs i.S.d. § 2 UStG als Typusbegriff. Versuch einer Konkretisierung, UR 1993, 279.

Gosch, Dietmar (Hrsg.): Körperschaftsteuergesetz, 3. Auflage, München 2015 (zitiert: *Bearbeiter* in Gosch, KStG).

Grigoleit, Hans Christoph (Hrsg.): Aktiengesetz. Kommentar, München 2013 (zitiert: *Bearbeiter* in Grigoleit, AktG).

Henssler, Martin/Strohn, Lutz (Hrsg.): Gesellschaftsrecht, 3. Auflage, München 2016 (zitiert: *Bearbeiter* in Henssler/Strohn, Gesellschaftsrecht).

Herrmann/Heuer/Raupach, Einkommensteuergesetz, Körperschaftsteuergesetz. Kommentar: Hey, Johanna/Wendt, Michael (Hrsg.), 282. Ergänzungslieferung, Köln Oktober 2017 (zitiert: *Bearbeiter* in Herrmann/Heuer/Raupach, EStG/KStG).

Hüttemann, Rainer: Leistungsstörungen bei Personengesellschaften, Köln 1963 (zitiert: Personengesellschaften).

– Die Besteuerung der öffentlichen Hand, 2002 (zitiert: öffentliche Hand).

Jauernig, Bürgerliches Gesetzbuch. Kommentar: Stürner, Rolf (Hrsg.), 16. Auflage, München 2015 (zitiert: *Bearbeiter* in Jauernig, BGB).

Klein, Abgabenordnung. Einschliesslich Steuerstrafrecht: 13. Auflage, München 2016 (zitiert: *Bearbeiter* in Klein, AO).

Larenz, Karl: Methodenlehre der Rechtswissenschaft (Studienausgabe), 2. Auflage, Berlin 1992 (zitiert: Larenz, Methodenlehre).

Lipps, Wolfgang: Umsatzsteuerfragen bei Leistungen gegen Gewinnbeteiligung, BB 1969, 625.

Mankiw, N. Gregory/Taylor, Mark P.: Grundzüge der Volkswirtschaftslehre, 6. Auflage, Stuttgart 2016, Originalausgabe: Economics, 3rd edition (zitiert: Mankiw/Taylor, Volkswirtschaftslehre).

Maunz/Dürig, Grundgesetz. Kommentar: Band 3 (Art. 16–22), Herzog, Roman/-Herdegen, Matthias/Scholz, Rupert/Klein, Hans H. (Hrsg.), 81. Ergänzungslieferung, München September 2017 (zitiert: *Bearbeiter* in Maunz/Dürig, GG).

Mayer, Dieter: Grenzen von Aktionärsvereinbarungen, MittBayNot 2006, 281.

Michalski, Kommentar zum Gesetz betreffend die Gesellschaften mit beschränkter Haftung (GmbHG): Heidinger, Andreas/Leible, Stefan/Schmidt, Jessica (Hrsg.), 3. Auflage, München 2017 (zitiert: *Bearbeiter* in Michalski, GmbHG).

Monfort, Bertrand: Johannes Popitz (1884–1945) zum 70. Todestag, UR 2015, 100.

Mösslang, Gerhard: Der Unternehmerbegriff des deutschen Umsatzsteuergesetzes und die Harmonisierung des Umsatzsteuerrechts, UR 1994, 10.

Münchener Kommentar zum Aktiengesetz: Band 1 (§§ 1–75), Goette, Wulf/Habersack, Mathias (Hrsg.), 4. Auflage, München 2016; Band 4 (§§ 179–277), Goette, Wulf/Habersack, Mathias (Hrsg.), 4. Auflage, München 2016 (zitiert: *Bearbeiter* in MüKo AktG).

Münchener Kommentar zum Bilanzrecht: Band 2 (§§ 238–342e HGB), Hennrichs, Joachim/Kleindiek, Detlef/Watrin, Christoph (Hrsg.), München 2013 (zitiert: *Bearbeiter* in MüKO Bilanzrecht).

Münchener Kommentar zum Bürgerlichen Gesetzbuch: Band 1 (§§ 1–240, ProstG, AGG), Säcker, Franz Jürgen u.a. (Hrsg.), 7. Auflage, München 2015; Band 2 (Schuldrecht – Allgemeiner Teil), Säcker, Franz Jürgen u.a. (Hrsg.), 7. Auflage, München 2016; Band 3 (Schuldrecht – Besonderer Teil I, §§ 433–534, Finanzierungsleasing, CISG) Säcker, Franz Jürgen u.a. (Hrsg.), 7. Auflage, München 2016; Band 6 (Schuldrecht – Besonderer Teil IV, §§ 705–853, Partnerschaftsgesellschaftsgesetz, Produkthaftungsgesetz), Säcker, Franz Jürgen u.a. (Hrsg.), 7. Auflage, München 2017; Band 7 (Sachenrecht, §§ 854–1296, WEG, ErbbauRG), Säcker, Franz Jürgen u.a. (Hrsg.), 7. Auflage, München 2017 (zitiert: *Bearbeiter* in MüKo BGB).

Münchener Kommentar zum Gesetz betreffend die Gesellschaften mit beschränkter Haftung (GmbHG): Band 1 (§§ 1–34), Fleischer, Holger/Goette, Wulf (Hrsg.), 2. Auflage, München 2015; Band 3 (§§ 53–85), Fleischer,

Holger/Goette, Wulf (Hrsg.), 2. Auflage, München 2016 (zitiert: *Bearbeiter* in MüKo GmbHG).

MÜNCHENER KOMMENTAR ZUM HANDELSGESETZBUCH: Band 1 (§§ 1–104a), Schmidt, Karsten (Hrsg.), 4. Auflage, München 2016; Band 2 (§§ 105–160), Schmidt, Karsten (Hrsg.), 4. Auflage, München 2016 (zitiert: *Bearbeiter* in MüKo HGB).

OFFERHAUS, KLAUS: Der Unternehmer im Umsatzsteuerrecht, UR 1991, 279.

PAUL, STEPHAN U.A.: Unternehmerische Finanzierungspolitik. Eine wertorientierte Einführung, Stuttgart 2017 (zitiert: Paul u.a., Finanzierungspolitik).

POPITZ, JOHANNES: Kommentar zum Umsatzsteuergesetze vom 24. Dezember 1919 und zu den Ausführungsbestimmungen vom 12. Juni 1920, I. Halbband, 2. Auflage, Berlin 1921 (zitiert: Popitz, UStG 1919 I).

– Handbuch der Finanzwissenschaft, 1. Auflage, Tübingen 1927 (zitiert: Popitz, Handbuch).

POPITZ, JOHANNES/KLOSS, RICHARD/GRABOWER, ROLF: Kommentar zum Umsatzsteuergesetz in der Fassung vom 8. Mai 1926, 3. Auflage, Berlin 1928 (zitiert: Popitz/Kloß/Grabower, UStG 1926).

RAU/DÜRRWÄCHTER, UMSATZSTEUERGESETZ: Rau, Günter/Dürrwächter, Erich/Flick, Hans/Geist, Reinhold (Hrsg.), 174. Ergänzungslieferung, Köln Oktober 2017 (zitiert: *Bearbeiter* in Rau/Dürrwächter, UStG).

REINHARDT, BÄRBEL: Die Einlage quoad sortem und ihre Darstellung in der Handelsbilanz, DStR 1991, 588.

REISS, WOLFRAM: Zur Umsatzsteuer, StuW 1983, 364.

– Die Stille Gesellschaft im Umsatzsteuerrecht, BB 1986, 1407.

– Gesellschafter und Gesellschafterbeitrag im Umsatzsteuerrecht, UR 1988, 298.

ROBISCH, MARTIN: Unternehmereigenschaft und Vorsteuerabzug von Holdinggesellschaften, UR 2001, 100.

RÖDDER, THOMAS: Holding und umsatzsteuerliche Unternehmereigenschaft, DStR 1993, 635.

SCHÄFER, CARSTEN: Gesellschaftsrecht, 4. Auflage, München 2015.

SCHMIDT-LIEBIG, AXEL: Die „neuere Rechtsprechung" des Bundesfinanzhofs zum umsatzsteuerlichen Unternehmer, BB 1994, Beilage 20 zu Heft 29, 1.

SCHÖN, WOLFGANG: Anmerkung zu Giesberts, Ableitungen aus dem Leistungsbegriff für die Beurteilung des Kommissionsgeschäfts im Umsatzsteuerrecht, UR 1988, 137, UR 1988, 142.

– Personengesellschaften und Bruchteilsgemeinschaften im Umsatzsteuerrecht, in: Woerner, Lothar (Hrsg.), Umsatzsteuer in nationaler und europäischer Sicht (Deutsche Steuerjuristische Gesellschaft Band 13), Köln 1990, 81 (zitiert: Schön, DStJG 13).

- Die vermögensverwaltende Personenhandelsgesellschaft. Ein Kind der HGB-Reform, DB 1998, 1169.

SÖHN, HARTMUT: Zur Umsatzsteuer, StuW 1975, 164.

- Der Leistungsaustausch im Umsatzsteuerrecht, in: Klein, Franz/Vogel, Klaus (Hrsg.), Der Bundesfinanzhof und seine Rechtsprechung: Grundfragen, Grundlagen, FS für Hugo von Wallis zum 75. Geburtstag, Bonn 1985, 439 (zitiert: Söhn, FS für von Wallis).

SÖLCH/RINGLEB, UMSATZSTEUERGESETZ. KOMMENTAR: Wagner, Wilfried (Hrsg.), 81. Ergänzungslieferung, München Oktober 2017 (zitiert: *Bearbeiter* in Sölch/Ringleb, UStG).

SPINDLER, GERALD/STILZ, EBERHARD (HRSG.): Kommentar zum Aktiengesetz, 3. Auflage, München 2017 (zitiert: *Bearbeiter* in Spindler/Stilz, Aktiengesetz).

STADIE, HOLGER: Der Mitunternehmer im Umsatzsteuerrecht, UR 1986, 137.

- Umsatzsteuergesetz, 3. Auflage, Köln 2015 (zitiert: Stadie, UStG).

- Modifizierung der Rechtsprechung des EuGH zur Unternehmereigenschaft der Holding im Umsatzsteuerrecht?, UR 2007, 1.

TEHLER, HERMANN-JOSEF: Der Begriff „Leistungsaustausch" im Umsatzsteuerrecht. Versuch einer systemgerechten Auslegung, DStR 1983, 215.

TEUFEL, OLIVER: Beteiligungsverwaltung, Kapitalüberlassung und Kapitalbeschaffung im System der Mehrwertsteuer, Heidelberg 2010 (zitiert: Teufel, Beteiligungsverwaltung).

TIEDE, KAI: Die Holding als umsatzsteuerlicher Unternehmer, Lohmar 2001 (zitiert: Tiede, Holding).

TIPKE/LANG, STEUERRECHT: 22. Auflage, Köln 2015 (zitiert: *Bearbeiter* in Tipke/Lang, Steuerrecht).

VON WALLIS, GEORG: Die Holding als Steuersubjekt nach deutschem und europäischem Umsatzsteuerrecht, in: Breuninger, Gottfried E./Müller, Welf/Strobl-Haarmann, Elisabeth (Hrsg.), Steuerrecht und europäische Integration, FS für Albert J. Rädler zum 65. Geburtstag, München 1999, 639 (zitiert: von Wallis, FS für Rädler).

WEISS, EBERHARD: Umsatzsteuer aktuell, in: Hörstmann, Franz/Niemann, Ursula/Rose, Gerd (Hrsg.), Steuerberater-Jahrbuch 1975/1976, Köln 1976, 249 (zitiert: Weiß, Steuerberater-Jahrbuch 1975/1976).

- Anmerkung zum BFH-Urteil V R 47/76 v. 7.5.1981, UR 1981, 149.

- Wert und Wertbemessung bei der Umsatzsteuer, in: Raupach, Arndt (Hrsg.), Werte und Wertermittlungen im Steuerrecht. Steuerbilanz, Einheitsbewertung, Einzelsteuern und Unternehmensbewertung (Jahrestagung der Deutschen Steuerjuristischen Gesellschaft 1983), Köln 1984, 351 (zitiert: Weiß, DStJG 1983).

- Die Bemessung der Umsatzsteuer, UR 1986, 83.

– Anmerkung zum BFH-Urteil V R 56/79 v. 7.5.1987, UR 1987, 229.

Wertenbruch, Johannes: Begründung von Nachschusspflichten in der Personengesellschaft, DStR 2007, 1680.

Widmann, Werner: Beschränkung auf Teilentgelte schließt die wirtschaftliche Tätigkeit der öffentlichen Hand nicht aus. Zum EuGH-Urteil vom 29.10.2009 in der Rechtssache C-246/08 – Kommission/Finnland, UR 2010, 221.

– Vorsteuerabzug bei Holding-Gesellschaften, in: Rödder, Thomas/Günkel, Manfred/Niemann, Ursula (Hrsg.), Steuerberater-Jahrbuch 2012/2013, Köln 2013 (zitiert: Widmann, Steuerberater-Jahrbuch 2012/2013).

Windbichler, Christine: Gesellschaftsrecht, 24. Auflage, München 2017.

I. Abkürzungsverzeichnis

Abs.:	Absatz
Abschn.:	Abschnitt
AEUV:	Vertrag über die Arbeitsweise der Europäischen Union
a.F.:	alter Fassung
AG:	Aktiengesellschaft
AktG:	Aktiengesetz
AO:	Abgabenordnung
BB:	Betriebs-Berater
BGB:	Bürgerliches Gesetzbuch
BGBL.:	Bundesgesetzblatt
Beschl.:	Beschluss
BT:	Bundestag
bzgl.:	bezüglich
DepotG:	Gesetz über die Verwahrung und Anschaffung von Wertpapieren
Drs.:	Drucksache
DStR:	Deutsches Steuerrecht
DStRE:	Deutsches Steuerrecht Entscheidungsdienst
EU-UStB:	EU-Umsatz-Steuer-Berater
GRC:	Charta der Grundrechte der Europäischen Union
EGV:	Vertrag zur Gründung der Europäischen Gemeinschaft
Erl.:	Erlass
EuGH:	Europäische Gerichtshof
EUV:	Vertrag über die Europäische Union
FS:	Festschrift
GA:	Generalanwalt
GbR:	Gesellschaft bürgerlichen Rechts
GewSt:	Gewerbesteuer
GmbH:	Gesellschaft mit beschränkter Haftung
GmbHG:	Gesetz betreffend die Gesellschaften mit beschränkter Haftung
HS.:	Halbsatz
i.d.F.:	in der Fassung
i.e.S.:	im engeren Sinn
IFSt:	Institut Finanzen und Steuern
i.H.v.:	in Höhe von
i.S.d.:	im Sinn des/im Sinn dieser/im Sinne der
i.V.m.:	in Verbindung mit
KG:	Kommanditgesellschaft
KGaA:	Kommanditgesellschaft auf Aktien
KSt:	Körperschaftsteuer
KVStG:	Kapitalverkehrsteuergesetz

Lit.:	Literatur
m.E.:	meines Erachtens
MittBayNot:	Mitteilungen des Bayerischen Notarvereins, der Notarkasse und der Landesnotarkammer Bayern
m.w.N.:	mit weiteren Nachweisen
MwSt:	Mehrwertsteuer
MwStR:	Mehrwertsteuerrecht
MwStSyst:	Mehrwertsteuersystem
MwStSystRL:	Richtlinie 2006/112/EG des Rates vom 28. November 2006 über das gemeinsame Mehrwertsteuersystem, ABl. L 347 vom 11.12.2006, 1
MwStVO:	Durchführungsverordnung (EU) Nr. 282/2011 des Rates vom 15. März 2011 zur Festlegung von Durchführungsvorschriften zur Richtlinie 2006/112/EG über das gemeinsame Mehrwertsteuersystem
OFD:	Oberfinanzdirektion
OHG:	Offene Handelsgesellschaft
PartGG:	Partnerschaftsgesellschaftsgesetz – Gesetz über Partnerschaftsgesellschaften Angehöriger Freier Berufe
PublG:	Publizitätsgesetz – Gesetz über die Rechnungslegung von bestimmten Unternehmen und Konzernen
RAO:	Reichsabgabenordnung
RFH:	Reichsfinanzhof
RL:	Richtlinie
Rspr.:	Rechtsprechung
RT:	Reichstag
S.:	Satz
Slg.:	Sammlung der Rechtsprechung des Gerichtshofes und des Gerichts Erster Instanz
StuW:	Steuer und Wirtschaft
u.a.:	und andere
UAbs.:	Unterabsatz
UR:	Umsatzsteuer-Rundschau
UrkStG:	Urkundensteuergesetz
Urt.:	Urteil
USt:	Umsatzsteuer
UStAE:	Umsatzsteuer-Anwendungserlass
UStDB:	Umsatzsteuer-Durchführungsbestimmungen
UStR:	Umsatzsteuer-Richtlinien
v.:	vom
Verw.:	Verwaltung
Vfg.:	Verfügung
zzgl.:	zuzüglich

1. RL: Erste Richtlinie des Rates vom 11. April 1967 zur Harmonisierung der Rechtsvorschriften der Mitgliedstaaten über die Umsatzsteuer (67/227/EWG), ABl. 71 vom 14.4.1967, 1301

2. RL: Zweite Richtlinie des Rates vom 11. April 1967 zur Harmonisierung der Rechtsvorschriften der Mitgliedstaaten über die Umsatzsteuern – Struktur und Anwendungsmodalitäten des gemeinsamen Mehrwertsteuersystems (67/228/EWG), ABl. 71 vom 14.4.1967, 1303

6. RL: Sechste Richtlinie des Rates vom 17. Mai 1977 zur Harmonisierung der Rechtsvorschriften der Mitgliedstaaten über die Umsatzsteuern – Gemeinsames Mehrwertsteuersystem: einheitliche steuerpflichtige Bemessungsgrundlage (77/388/EWG), ABl. L 145 vom 13.6.1977, 1